씨앗에서 음료까지

Coffee Coffee Coffee

집필진 소개

이정기 (사)한국커피협회 고문
문 순 한국커피교육학원 원장
손혜경 전남과학대학교 호텔커피칵테일과 교수
김경임 혜전대학교 외식창업조리과 교수

씨앗에서 음료까지

Coffee Coffee Coffee

초판 발행 2026년 1월 15일

지은이 (사)한국커피협회
펴낸이 류원식
펴낸곳 교문사

편집팀장 성혜진 | **책임진행** 김성남 | **디자인** 김도희 | **본문편집** 우은영

주소 10881, 경기도 파주시 문발로 116
대표전화 031-955-6111 | **팩스** 031-955-0955
홈페이지 www.gyomoon.com | **이메일** genie@gyomoon.com
등록번호 1968.10.28. 제406-2006-000035호

ISBN 978-89-363-2584-8 (93590)
정가 25,000원

씨앗에서 음료까지

Coffee Coffee Coffee

이정기, 문순, 손혜경, 김경임

교문사

머리말

Coffee Coffee Coffee. 씨앗에서 음료까지.

이 제목을 선택하고 결정하기까지 거의 4년이 지났고. 어쩌면 다 담아내지도 못할 내용들인데 제목으로 잡아도 괜찮을까라는 불편함이 내내 자리 잡았지만 어차피 부족함이란 모든 것들의 밑바탕에 대부분 깔려 있으니 의지적 낙천으로 마음을 편하게 가지면서 위의 제목으로 결정하였다.

인류 최초의 조상 루시가 발견된 에티오피아에서 아라비카 커피 품종이 처음 발견되었고 춤추는 염소로 유래된 커피 이야기는 목동 칼디에 의해 전파된다. 동아프리카 지구대의 한 나라인 에티오피아는 원산지가 되어, 인류와 커피가 같은 나라에서 시작되었다는 흥미로운 사실은 커피의 어원이 '힘'이라는 사실에서 고개가 끄덕여졌다.

"커피, 커피, 나는 커피를 마셔야만 해. 아, 아, 아, 그냥 커피 한 잔 주시면 되어요~."

위 제목의 첫 이끌림은 바흐의 커피 칸타타를 들었을 때였다. 커피를 제한하는 아버지를 떠나 신랑에게 커피를 마실 자유를 약속받기 위하여 결혼을 선택하는 여주인공 리스헨의 아리아에서 커피, 커피, 커피는 반복되어 불려진다. 천 번의 키스보다 달콤하다는 커피 예찬, 커피 칸타타에는 막을 수 없는 커피의 중독성이 느껴진다. 바흐의 마음이 아니었을까.

바흐를 지나 베토벤의 커피는 더욱 지독하게 지명되는 특별함이 있다. 천재라는 단어가 부족한 악성(樂聖) 베토벤의 커피 60알의 집착은 창작에의 집중을 위한 도구였다. 반드시 60알의 커피를 직접 갈아서 자신이 제조한 커피 한 잔을 들고 창작의 고통에 몰두하였다는 베토벤의 커피는 커피에 대한 가치를 충분히 설명해 준다. 창작의 연료였고 진정한 힘이었다.

노인과 바다. 헤밍웨이 소설의 시작과 끝은 커피에 닿아 있다고 해도 과언이 아니다. 노인의 혈투 끝에 대어를 낚았으나 어떻게 낚은 건데, 다 뜯기어 결국엔 다 잃고 돌아온 노인에게 소년 마놀린은 커피를 건넨다. 인생은 패배하도록 창조되지 않았다는 불멸의 강인함은 소년이 건넨 커피 한 잔으로 위로받고 있다. 이대로 파멸할 수는 없기에 다시 힘을 내기 위하여 마시는 커피 한 잔.

"싸우는 거지, 뭐, 죽을 때까지 싸우는 거야."

바흐와 베토벤, 헤밍웨이의 커피를 지나 인류에게 있어 커피는 공인된 마약으로 불리며 진한 향기의 달콤함은 막을 수 없는 존재감을 드러낸다. 어느 나라에서도 죽지 않는 산업의 한 축이 되어 모든 불황의 여파에도 너끈히 버텨내고 수입량은 더욱 늘어나는 추세가 이어진다. 오히려 불씨가 되어 다시 일어나는 경제 산업의 바탕이 되어 주는. 커피, 그 씨앗의 가치는 어디까지인가.

2005년 한국커피교육협의회의 출발은 이 땅에 올바른 커피 교육을 통한 커피 문화의 발전을 꾀하였고 이제는 사단법인 한국커피협회로, 커피 교육을 통해 이루어 낸 성과를 통하여 대한민국 전체 커피 산업을 발전시키고 K-coffee 문화 양성 등 다양한 커피 문화 발전에 이바지하고 있다.

이러한 (사)한국커피협회 발전에 걸맞은 양질의 커피 교재 발간을 추천하게 되었고 추천인인 본인을 팀장으로 세 분의 교수님을 모시고 시작한 발자취가 이제 발간을 맞이하게 되었다. 너무 늦어진 발간에 죄송함을 전하며 그러나 그래도 주어진 환경에서 최선을 다해 집필해 주신 이정기 선생님. 손혜경 교수님. 김경임 교수님에게 말로 표현되기 어려운 고마움을 이 자리를 빌려 대신합니다.

집필진의 바쁜 일정과 많은 게으름에도 기다려 주고 집필을 위한 안내를 성실하게 끝까지 도와준 출판사, 교문사 모든 분들께도 감사함을 전하며 대한민국의 모든 분들이 몸에 유익한 건강한 커피를 마시며 힘을 얻게 되는, 대한민국의 올바른 커피 문화에 일조하게 되기를 바랍니다.

감사합니다.

2025년 12월

문 순

차례

2장 커피 식물학

3장 커피 생산지별 향미 특성

5장 커피의 분쇄와 추출

6장 에스프레소

7장 커피 향미의 감별

8장 커피와 건강, 그리고 서비스

COFFEE COFFEE COFFEE

씨앗에서

음료까지

커피 커피 커피

1장

커피의 발견과 전파

1. 커피의 역사
2. 커피나무와 커피 문화의 전파
3. 우리나라 커피 문화의 발전

1장

커피의 발견과 전파

현대 사회에서 커피와 차는 생명수인 물과 함께 대중적으로 마시는 음료이다. 커피가 전 세계인의 관심을 받게 되고 수요가 증가함에 따라 수익성이 좋은 작목으로 분류되면서 커피나무를 경작하는 나라도 90개국 이상으로 늘어나는 추세에 있다.

이처럼 커피의 가파른 상승세를 반영해 세간에서는 전 세계적으로 무역량이 많은 원자재 순위를 이야기할 때 1위 석유에 이어 2위를 커피로 들고 있다. 자국에서 생산하여 자국에서 소비하는 작물이 많기 때문에, 커피 벨트에 한정해서 재배되는 커피가 무역량으로 보면 우선순위에 오를 수도 있다. 하지만 실제로는 석유, 구리, 알루미늄, 밀가루, 설탕, 콩 등이 생커피를 앞지르는 수치를 보인다. 무역량의 실측이 가능한 요즘 세상에 '커피무역량 2위설'은 커피 산업의 예상하지 못한 성장세에 과장이 더해져 만들어진 이야기로 판명되었다.

음료의 역사를 비교하자면 8,000년 전부터 마셔 온 와인과, 5,000년 전부터 마셔 온 차에 비하여 볶은 커피는 약 400년 전부터 음용하기 시작하여 매우 빠른 속도로 전파되었음을 짐작할 수 있다. 커피를 마셨다는 가장 오래된 증거는 15세기 중반 아라비아 반도 남쪽인 예멘에 거주했던 수피교도(이슬람교도의 한 종파)로 보고된다. 이로 짐작해 볼 때 이슬람 신도의 종교적 의식으로부터 시작된 커피가 튀르키예, 이탈리아를 비롯한 유럽 전역으로 전파된 것으로 보인다. 커피가 황금알을 낳는 작물로 인식되어 커피가 잘 자라는 환경을 찾아 식민지가 개척되면서 아시아, 아프리카, 아메리카 등 전역으로 확산되었다.

1) 커피의 역사

1.1 커피의 전설들

커피나무가 최초로 발견된 곳은 아프리카의 아비시니아(Abyssinia, 지금의 에티오피아) 지역의 카파(Kaffa, 지금의 짐마)라고 보는 것이 정설이다. 이 지역의 산악지대에서 야생으로 자라난 커피가 발견되었고, 그 후 커피나무를 경작하기 좋은 예멘(에티오피아의 식민지)에서 재배가 시작된 것으로 전해진다. 커피나무의 기원과 관련하여 많은 학설이 있어서 초기에는 커피나무가 경작되고 모카항을 통해 전 세계로 유통되었다는 예멘설이 압도적이었다. 그러나 지금

커피나무

자료 Naukeurige beschryving van Aise Dapper, Olfert Published : 1680

은 에티오피아에서 커피에 곡물을 갈아서 공처럼 만들어 식용으로 사용한 식문화(커피볼[1]) 등을 고려하여 에티오피아 원조설에 힘이 실어졌다.

이와 관련하여 누가 커피 열매를 처음으로 발견하여 먹었는지에 대한 여러 가지 가설이 전해지고 있는데, 이는 우리가 매일 먹고 있는 쌀을 누가 제일 먼저 발견하여 먹기 시작했는지, 누가 처음 밀을 발견하여 빵을 만들어 먹었는지 묻는 질문과도 같다. 그러므로 어떤 학설을 제시하더라도 근거가 미약하여 신뢰도가 떨어질 수밖에 없을 것이다. 하지만 사람은 빵만으로는 살 수 없기에 커피와 와인을 마시며 행복한 순간을 즐기면서 동물과 차별화된 인간 고유의 문화를 만들어 왔다는 것은 분명한 사실이다.

커피에 대한 전설은 커피가 단순히 먹거리에 그치지 않고 문화로 승격하는 데 필수 요소로 인식되어 다양한 형태로 대두되었다. 신화와 전설은 언어의 유희이기도 하지만, 특정한 인물의 영웅화, 대상의 신격화, 비즈니스를 위한 스토리텔링 등 다양한 목적으로 시도된 결과물이라 할 수 있다. 더불어 아랍의 이슬람교도들이 연금술을 발견하였듯이 일찍부터 커피의 약리

1 커피볼 : 에티오피아의 고지대에 살던 유목민(오로모족)이 이동하면서 먹기 위해 "커피를 곡물과 함께 갈아서 식량으로 먹었다"는 이야기가 전해 내려온다. 곡물에 볶은 커피, 커피 잎, 동물 기름을 넣어 뭉쳐서 주먹밥 형태로 만들어 먹었을 것으로 추정된다. 에티오피아 현지에서는 관광 상품으로 커피볼을 판매하고 있다.

칼디와 춤추는 염소들

자료 The Project Gutenberg E Book of All About Coffee, by William H. Ukers

효과를 인지하였고, 이교도의 음료인 와인을 금지하는 대신에 커피가 이슬람 문화의 대표적인 음료로 자리 잡았다고 볼 수 있다. 이처럼 다른 식물에 비하여 유독 커피가 원산지 논쟁이 분분한 것은 세계 3대 음료의 하나로서 그만큼 관심도가 높기 때문이다.

1.1.1 칼디의 전설

커피와 관련하여 가장 널리 알려진 학설은 에티오피아의 목동이 처음 발견했다는 '칼디설(Kaldi Story)'이다. '커피'라는 용어가 직접 쓰인 것은 아니지만 문헌에 처음으로 등장한 것은 페르시아 의사였던 라제스(Rhazes)가 남긴 "분춤은 따뜻하고 건조하며 위에 좋다"는 기록에서다. 여기에서 분춤, 분크, 분나, 분 등의 표현이 커피를 지칭한다고 추측할 뿐이다.

'커피'라는 용어가 처음으로 기록된 것은 1671년 나이로니(Naironi)가 발표한 〈커피에 관한 토론 : 사실과 효능(De Saluberrima Potione Cahue seu Cafe Nuncupata Discursus)〉에서였다. 나이로니라는 인물에 대한 설도 분분하여 레바논 지역 출신으로 로마에서 동양언어를 가르쳤다는 설과 이탈리아 출신의 동양언어학자로 소르본대학의 신학 교수였다는 설이 전해진다. 그의 논문이 1710년에 영어로 번역되어 런던에서 간행되면서 세상에 알려졌다.

커피의 역사에서 처음으로 '칼디'라는 이름이 등장한 기록은 1922년 윌리엄 우커스(William Ukers)의 《올 어바웃 커피(All About Coffee)》이다. 나이로니의 커피설을 인용하

오마르와 커피나무와 새

자료 The Legendary Discovery Of The Coffee Drink From drawings by a modern French artist

면서 〈칼디와 춤추는 염소들〉이라는 삽화를 추가하였는데, 그 제목으로 붙여진 이름이었다(Kaldi는 아랍어로 '뜨겁다'는 의미).

약 9세기경 아비시니아 지역의 목동 칼디는 염소들이 빨간 열매를 따 먹고 흥분하는 모습을 발견하였다. 이상하게 여겨 그 열매를 먹어 보았더니 피로감이 사라지고 힘이 솟는 느낌을 받았다. 칼디가 그 열매를 수도원의 수도사에게 전달하였더니 악마의 장난이라며 불 속에 던져 버렸다. 열매가 불에 타면서 나는 향기가 수도사의 마음을 끌었고, 열매를 끓여서 마시면서 커피의 효능에 관심을 갖게 되었다. 신과 교통하기 위하여 기도와 수행을 하던 수행자들에게 쏟아지는 잠은 최대 적이었기에 커피는 대환영을 받았다. 결과적으로 이슬람 계율에 따라 술을 마실 수 없었던 수도사들이 커피 열매를 끓여 마시게 되면서 수행자의 음료로서 널리 전파되었다.

1.1.2 오마르 전설

아랍의 승려였던 오마르(Omar)는 성자로 추앙받는 실존 인물이었다. 셰이크[2] 오마르는 1258년에 스승인 샤드힐리를 따라 모카에 정착하였는데, 당시 모카는 전염병이 창궐하던 시기였다.

2 셰이크 : 이슬람교 교주를 뜻함

병을 고치는 능력이 있었던 오마르는 모카의 공주를 치료하는 과정에서 사랑에 빠졌고, 왕의 노여움을 산 오마르는 쿠사브(Qusab)로 추방되었다. 이리저리 헤매다 굶주림에 죽어 가던 오마르는 오자브(Ousab)산에서 빨간 열매를 먹고 있는 새를 보고 따라서 먹으며 연명하였다. 열매 덕분에 기적처럼 살아난 오마르는 모카로 돌아와 커피를 이용하여 환자를 치료하였다. 이 사실을 알게 된 왕이 오마르를 사면하였고, 본격적인 치료 활동을 통하여 커피의 효능을 널리 알리게 되었다.

1.1.3 마호메트 전설

수행 중 가브리엘 천사의 계시를 받은 마호메트

마호메트(Mohammed)는 이슬람의 예언자로 메카(Mecca)에서 유복자로 태어났으나 6세가 되던 해 어머니마저 세상을 떠나자 친척들 손에 키워졌다. 그는 메카의 대상(大商) 행렬에 끼어 예멘을 다녀왔고, 상단에서 일을 배워 부유한 미망인의 대상단에 합류하여 25세에 미망인인 하디자와 결혼하였다. 경제적으로 자유로워진 마호메트는 정신적 만족을 얻기 위해 산에 들어가 명상과 기도로 시간을 보냈다. 610년경 히라산에서 영적 체험을 통하여 사람들에게 신의 계시를 전달할 사명이 주어졌음을 깨닫고, 613년경부터 이슬람교 전도에 헌신하였다.

마호메트가 신의 계시를 전달하는 메시지를 모아서 제자들이 《코란(Koran)》을 만들었는데, 수행 과정에서 꿈에 천사 가브리엘(Angel Gabriel)이 나타나 커피 열매를 보여 주며 커피 음용법을 알려 주었다. 더불어 병을 치료하고 신도들의 기도 생활에 효험이 있을 것이라는 예언을 주었다고 전해진다. 이슬람교가 처음 아라비아 반도에서 전파된 시기와 커피가 아랍 지역에 알려진 것이 비슷한 시기로 추정되므로 이 가설에도 일리가 있다.

마호메트는 우상숭배 반대, 계급 타파, 만민 평등(알라 앞에서는 누구나 평등하다)을 주장함으로써 약자들의 환영을 받았다. 그러나 기득권층으로부터 기존 질서를 파괴하는 위험인물로 여겨져 메디나(Medina)로 추방되었다. 하지만 메디나에서 성공을 거둔 마호메트는 630년에 많은 추종자를 이끌고 메카로 진격하여 무혈입성하였고, 정치적 능력을 발휘하여 아라비아를 통일하였다. 다신교의 신전인 카바를 최고 신전으로 삼은 마호메트가 이슬람교를 기독교, 불교와 함께 세계 3대 종교로 자리매김하는 데 커피가 큰 역할을 했다고 할 수 있다.

1.1.4 셰이크 게말레딘 이야기

예멘의 이슬람교 율법학자였던 게말레딘(Sheik Gemaleddin)은 다반(Dhabhan) 출신으로 에티오피아를 여행하던 중 커피의 효능을 체험하였다. 예멘으로 돌아온 후에 건강이 악화된 게말레딘은 에티오피아에서 경험했듯이 커피를 마시고 병이 치유되었다. 또한 병 치료와 함께 잠을 쫓는 효과도 있음을 알게 되어 수도사나 학자 등 밤늦게까지 일하는 사람들이 애용하였다는 기록이 있다. 이후에도 의사였던 무하메드 알하드라미(Muhammed Alhadrami)가 게말레딘을 도와서 커피의 활용과 전파에 힘을 실어 주었다.

1.2 커피의 어원

오늘날 세계적으로 통용되는 '커피'라는 단어의 어원은 에티오피아에서 그 유래를 찾을 수 있다. 초기에는 상당 기간 커피나무의 원조를 예멘으로 보는 견해가 있었다. 그러나 커피나무의 DNA를 분석한 결과 에티오피아 남서부의 산악지대인 카파(Kaffa)가 커피나무의 시원이라는 사실이 입증되었다. 문자로 남아 있는 기록이 없어서 단언하기는 어렵지만, 칼디의 전설에 부합하는 지역이 카파이고, 그 지역에는 아직도 원시적인 형태로 커피를 내려 마시는 커피 세리머니의 원형이 남아 있다. 커피는 아라비아어의 '카와(Qahwah)' 또는 '카후아(Cahuha, 힘)'라는 어원에서 비롯되었다고 하는데, 음료 전체를 통칭하는 용어여서 주로 와인을 지칭하였다고 전해진다.

커피 열매를 볶아서 끓여 낸 커피를 마시는 풍습이 시작된 곳은 예멘의 모카(Mocha)였다. 1260년경 모카의 종교 지도자인 알리 이븐 오마르 알샤드힐리(Ali Ibn Omar Al-Shadhili)가 커피 열매를 볶아서 끓여 마셨다고 전해지는데, 예멘인들은 이렇게 만든 커피를 키쉬르

세계 각국의 커피에 대한 명칭			
국가	명칭	국가	명칭
미국, 영국	Coffee	한국	커피
이탈리아	Caffé	일본	コーヒー
프랑스	Café	튀르키예	Kahve
독일	Kaffee	핀란드	Kahvi
네덜란드	Koffie	세르비아	Kafa
노르웨이	Kaffe	아이슬란드	Kaffi

콘스탄티노플의 커피하우스. 〈커피 즐기기〉(작자미상, 이스탄불 페라 박물관 소장)

자료 Enjoying Coffee(painting by unknown artist, first half of the 18th century, Pera Museum, Istanbul)

(Kisher)라고 부른다. 이후 아라비아 전체에 커피가 전파되었는데, 1475년에 아라비아의 메카에, 1510년에 이집트의 카이로에 전해졌다.

커피의 어원에 대해서도 다양한 학설이 있다. 첫째, 커피나무가 처음으로 발견된 지역인 에티오피아 카파[3]의 지역명에서 유래되었다. 둘째, 아랍어로 힘과 에너지를 의미하는 카후아(Cahuha)와, 와인을 의미하는 카와(Qahwah)도 10세기 이전에는 커피 열매의 과육을 발효시켜 와인을 만들어 마셨다는 기록에서 유래되었다. 즉, 원래 아라비아에 '카와'라는 술이 있었는데, 마호메트 이후 이교도의 음료인 데다 식욕이 떨어지는 부작용도 있어 금지하게 되었다. 그 후 아랍인들은 유럽인의 포도주를 대신할 음료를 찾던 중에 커피나무의 잎과 열매를 이용하여 음료를 만들게 되었고, 같은 이름인 '카와'라 불렀다.

1536년 예멘이 튀르크의 지배를 받게 되면서 언어도 함께 들어와 커피는 튀르키예어로 카흐베(Kahveh)라 하였다. 튀르키예의 세력이 확장되면서 16세기 말에는 발칸 제국까지 지배하면서 헝가리에서는 '카베(Kave)'라 불렸다. 커피를 부르는 호칭은 이탈리아에서는 'Caffé', 프랑스에서는 'Café', 독일에서는 'Kaffee', 네덜란드에서는 Koffie, 덴마크에서는 Kaffe 등 다양하게 국가별 언어로 표기하다 영국의 표기법인 Coffee가 세계적으로 통용되기에 이르렀다.

3 카파[Kaffa = Ka(신) + afa(땅)]. 신이 주신 풍요로운 땅

2) 커피나무와 커피 문화의 전파

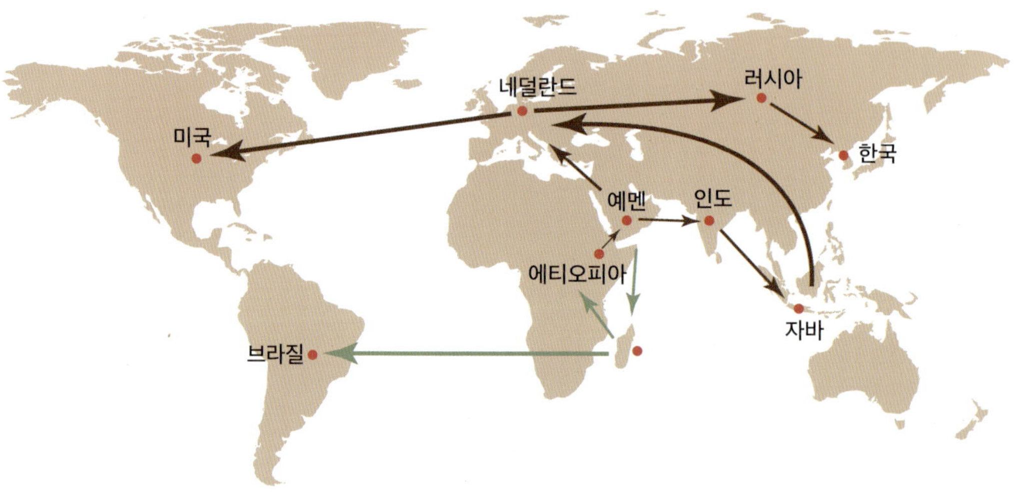

커피(커피 음료)의 전파 경로도

고가의 황금이나 귀한 명품같이 사람들이 선호하는 물건은 널리 퍼져 나가게 되어 있다. 커피도 예외가 아니어서 세계적인 확산은 예견된 일이었다. 이 과정에서 중요한 역할을 한 인물로 바바 부단(Baba Budan)과 해군장교 가브리엘 드 클리외(Gabriel de Clieu)를 들 수 있다. 커피나무의 전파 경로를 국가별로 살펴보면 다음과 같다.

2.1 에티오피아에서 예멘, 아랍으로

에티오피아 남부 산악지대에서 야생의 커피나무 잎(카티, 카티시아)과 열매를 이용하여 마시던 커피는 예멘으로 전달되어 경작되기 시작하였다. 그 당시에 커피는 음료라기보다는 약용이나 종교의식을 수행하기 위한 목적으로 사용된 것으로 보인다.

커피의 음용이나 커피나무와 관련된 기록은 히포크라테스의 정신을 이어받은 의학자 라제스(본명 알라지, 864~925)에 의하여 증명된다. 당대 위대한 철학자이자 천문학자였던 그는 이라크의 수도 바그다드에서 의학을 공부한 후 병원을 설립하여 운영하였다. 라제스에 대한 기록은 후대 프랑스의 커피 상인이자 철학자였던 필리프(Philippe Sylvestre Dufour, 1622~1687)가 그의 논문에서 "커피의 특성을 처음으로 기록한 이는 라제스이며, 분출

이슬람 수피교도들의 세마의식

(Bunchum)으로 커피를 소개했다"고 설명하였다. 라제스의 기록에 따르면 "분춤(커피)의 성질은 뜨겁고, 건조하며 위장에 좋다"고 나와 있으며 커피의 약리 작용에 대하여 언급하고 있다. 무엇보다도 고대 아라비아인들이 콩과 나무를 '분(Bunn)'이라 하였고, 그 콩으로 만든 음료를 '분춤'이라고 하였다는 점에서도 분춤이 커피를 가리키는 표현임을 확인할 수 있다.

이와 같이 커피의 기원에 관한 다양한 설이 있는데, 에티오피아에서 홍해를 건너 정치적 영향 관계에 있는 예멘으로 전달되어 아라비아 반도로 전파되었을 것이라 추측된다. 아랍 무역상들과 이슬람 순례자들에 의해 아라비아 반도에 들어온 커피는 초기에는 수피교도들 사이에서 종교의식을 지낼 때 졸음 방지용으로 음용되기 시작했다. 수피교도들은 수피즘(신과 합일하는 체험을 추구하는 신비주의 종교관)이라 하여 내 안에 들어와 있는 신을 만나기 위해 커피를 마시고 몇 시간씩 빙글빙글 도는 특별한 세마의식[4]을 통하여 무아지경에 빠져드는 의식을 치른다.

4 세마의식 : 이슬람 신비주의 종파인 수피즘의 독특한 종교 의식으로, '수피 댄스'라고도 한다. 세마의식은 단순한 춤이 아니라, 신과의 합일을 추구하는 극한의 기도 형태이다. 종교 지도자를 통하여 신의 뜻을 전달하는 주류와 달리, 직접 신을 만나려는 소수파로 핍박을 받기도 하였다. 이 의식은 2008년에 유네스코 세계무형문화유산으로 지정되었다.

2.2 아랍에서 유럽으로

초창기 이슬람 교도들이 마시기 시작한 커피는 아덴(Aden)을 거쳐 15세기 후반에는 메카와 메디나로 전해졌다. 이슬람 금욕주의 수도사들은 종교의식을 치를 때마다 반드시 커피를 준비하게 되었다. 예멘의 수도사들에 의하여 이집트 카이로에도 전달되어 야간 종교의식에서 수도사들 위주로 음용하다 의식이 끝나면 참여한 평신도들에게도 커피를 마실 기회가 주어졌다. 그 후 커피의 맛과 향에 매료된 메카 사람들은 종교의식과 관계없이 커피를 즐기기 시작하여 아랍 최초의 대중적 커피하우스인 '카베 카네스(Kaveh Kanes)'가 생겨나 일상적인 음료로 자리매김하였다. 커피하우스 안에서는 시사 토론을 비롯하여 춤과 노래 등 유희성의 사회적 활동이 이루어졌다. 그러나 위정자들은 사람들이 모여서 정책을 비판하는 커피하우스를 달갑지 않게 생각하였고, 커피의 유통과 소비를 금지하고 커피하우스도 운영하지 못하게 하는 시기도 있었다.

1500년경 이슬람 신도들이 코란에서 금지하는 와인 대신에 커피를 종교의식에 사용하면서 아라비아 반도에서 커피가 공식적인 음료가 되었고, 메카 순례자들이 커피를 가져가서 인도로 전파되었다. 커피가 고가에 거래되자 상품성을 인식한 예멘은 수출을 독점하기 위하여 커피 씨앗과 커피나무의 반출을 금지하여 볶은 원두만 출하하도록 제한하였다. 그러나 어떤 형태로든 커피 종자는 밖으로 유출되었고, 예멘 이외의 지역에서도 커피나무가 자라게 되어 오늘날 커피 벨트를 형성하게 되었다.

2.2.1 오스만 튀르크

1517년에 오스만 튀르크 제국(지금의 튀르키예)의 셀림 1세가 이집트를 정복하면서 당시 수도였던 콘스탄티노플(이스탄불의 옛 이름)에 커피가 소개되었다. 커피는 예멘의 모카항을 통해서 당시 최강국인 오스만 튀르크로 수출되기 시작하였다. 커피에 대한 관심이 고조되고 대중적으로 인기가 높아지면서 1554년에 처음 커피하우스가 문을 열었다. 초기에 종교의식이나 의료 목적으로 사용되던 커피가 비로소 음료로서 대중과 함께하는 시대를 맞이하게 된 것이다.

이스탄불의 커피하우스는 '카흐베하네(Kahvehane)'라 불렸는데, '카흐베'는 여관이나 선술집을 의미하고, '하네'는 무역이나 성지순례를 의미한다. 그러므로 이런 목적의 여행자를 위한 숙소를 겸한 선술집으로서 음주가 허용된 특별한 공간이라는 뜻을 담고 있었다. 즉, 선술집은 사회적, 종교적으로 이단아 취급을 받는 사람들이 출입하는 곳이었다. 특히 초기에는 정통 이슬람교도들의 경전인 코란에서 허용하는 음료가 아닌 커피를 수피교도가 전파하는 곳이라 마

카흐베하네 내부 모습

자료 ©Victoria and Albert Museum, London

찰이 있었으나, 주된 메뉴가 와인에서 커피로 바뀌어 가는 시대적 흐름에 따라 자연스럽게 커피가 확산되었다. 따라서 카흐베하네는 '술을 팔지 않는 선술집'으로 변해 갔다. 즉, 커피는 '이슬람 와인'의 다른 이름이었고, 카흐베하네는 술을 팔지 않는 커피바의 원형이라 하겠다. 공식적으로 술을 마시지 못하게 하는 사회에서 음성적으로 와인을 판매하던 카흐베하네는 매력적인 커피를 제공함으로써 이스탄불에만 600여 곳에서 성업을 이루었다. 여행객을 상대로 하는 선술집에서 커피하우스로의 전환이 빠르게 진행된 이유이다.

커피 벨트는 십자군 전쟁을 비롯하여 노예와 식민지의 아픈 역사의 흔적이 남아 있는 땅이다. 오스만 튀르크가 해상권을 장악하고 중계무역으로 엄청난 부를 축적하자 이에 불만을 품은 무역 적자국들이 새로운 길을 찾기 시작하였다. 튀르키예의 영향권에서 벗어나고자 콜럼버스를 비롯하여 지구 반대쪽의 항로를 개척하려는 사람들에 의해 대항해 시대가 열리게 되었고, 항해술에서 앞선 열강이 식민지를 개척해 나가는 제국의 시대로 이어졌다.

2.2.2 인도

1600년경 인도의 이슬람 승려인 바바 부단[5]이 메카에 성지순례를 왔다가 몰래 커피 씨앗 7개를 들여와서 인도 남부의 마이소르(Mysore, 당시 지명은 말라바)에 심었다. 인도를 대표하는 몬순(Monsoon)커피는 아라비카종으로 '우기'라는 의미를 가지고 있다. 수출하기 위해 선박으로 운송하던 중 해풍으로 인하여 습한 기운에 장기간 노출되면서 독특한 맛과 향을 지니게 되면서 인도를 커피 산지로 만들어 준 효자상품이다.

세계 최초의 스페셜티 커피로 '몬순드 말라바AA'가 있다. 아라비카종으로 산도가 낮고 흙냄새와 구수한 단맛이 나는 몬순커피이다. 지금도 마이소르 지역에서는 해발 1,500 m 이상의 고지대에서 아라비카 품종을 재배하는데, 정부에서 품질관리를 위해 A급 재배지에 '너깃(Nugget, 금덩어리)'이라는 이름을 붙이면서 스페셜티 커피인 '마이소르 너깃 엑스트라 볼드'가 생산되고 있다.

2.2.3 네덜란드

네덜란드는 커피가 생산되지 않는 나라임에도 커피의 전파에 가장 큰 영향력을 끼친 나라이다. 1616년에 네덜란드인이 예멘의 모카에서 커피 묘목을 훔쳐서 들여오지만 기후가 맞지 않아 재배할 수 없다는 사실을 알고 식물원에서 관상용으로만 길렀다. 그 후 네덜란드 식민지였던 1658년 실론(Ceylon, 지금의 스리랑카)과 1696년 인도네시아 자바(Java)에서 커피나무 재배에 성공하였고, 이후로도 수마트라, 셀레브스(술라웨시의 옛 이름), 티모르, 발리 등 다른 식민지에도 커피 재배를 시도하여 커피를 널리 확산시키는 역할을 하였다. 이리하여 해상무역의 강국이었던 네덜란드는 당시 유럽에서 최대 커피 수출국이라는 타이틀을 얻게 되었다.

2.2.4 이탈리아

초창기 커피는 이집트의 카이로를 경유하여 콘스탄티노플에 알려지게 되었고, 이탈리아의 베네치아에는 1615년에 전해져서 1645년에는 산마르코 광장에 커피하우스가 오픈되었다.

예멘의 모카항을 통하여 출하되는 커피는 베네치아 상인들에 의하여 이탈리아에 상륙하였다. 1720년 베네치아에 카페 플로리안(Caffé Florian)이 개점하였는데, 지명도 높은 예술가들

5 바바 부단(Baba Budan)의 '바바'는 종교적 수장을 나타내는 말로, 가톨릭의 '파파', 기독교의 '아버지'와 같은 의미로 해석된다.

베네치아의 카페 플로리안

이 자주 찾던 카페로 지금도 산마르코 광장에서 성업 중이다. 카페 플로리안은 300년이 넘도록 유지하면서 역사성이 살아 있는 카페로 사랑받고 있다.

커피에 세례를 베푼 교황 클레멘스 8세 (Giuseppe Cesari 그림)

특히 이탈리아를 비롯한 유럽에서는 르네상스 시대에 들어서면서 커피가 생활 속에 중요한 요소로 자리잡았다. 당시에는 커피를 이교도(이슬람교)인들이 마시는 음료라 하여 금지하였지만, 지식인과 예술가들이 애호하는 음료가 되면서 커피에 대한 태도가 관대해졌다. 결정적인 사건은 가톨릭 교도들이 '이교도들이 마시는 검은 음료를 마시면 악령에게 영혼을 빼앗길 것'이라며 커피를 금지시켜 달라는 청원을 하였으나, 교황 클레멘스 8세가 커피를 마셔 본 후 오히려 커피에 세례를 내린 일이었다. 이후 로마, 피렌체, 밀라노 등 다른 도시로 퍼져 나가기 시작하여 유럽 전역에 커피하우스가 생겨나게 되었다.

2.2.5 영국

영국 최초의 커피하우스는 1650년 유태인 야곱(Jacob)에 의하여 옥스퍼드에 문을 열었고, 그로부터 2년 후 런던에서도 파스콰 로제(Pasqua Rosée)가 커피하우스를 오픈하였다. 1688년에

17세기 런던의 커피하우스(작자미상)

는 무역상인으로 활동하던 대니얼 에드워드(Daniel Edwards)가 튀르키예에서 커피의 존재를 알게 되어 런던에 커피하우스를 열었다. 이 로이드(Lloyd's) 커피하우스는 오늘날 '보험회사의 보험회사'라고 할 수 있는 세계적인 로이드 보험회사로 성장하였다. 무역상이었던 대니얼 에드워드로 인해 커피하우스에 모인 무역상들을 대상으로 항해 일정과 배에 선적하는 상품 리스트, 해난사고에 대응하기 위한 보험 상담 등을 제안하면서 보험회사로 발전하는 계기가 된 것으로 전해진다.

특히 영국의 커피하우스는 다양한 계층의 사람들이 모여 의견을 교환하는 토론의 장으로 운영되어 '페니 대학(Penny University)'이라는 애칭을 갖게 되었다. 남성들에게 인기가 많았던 커피하우스는 남편을 빼앗긴 여성들과 기득권을 누려 온 전통적인 주류업자들로부터 강한 저항을 받았다. 커피하우스 이용자가 늘면서 주류의 매출이 급감했기 때문이다. 커피하우스의 역할 가운데 하나는 무역선에 실려 오는 물품에 대한 정보를 상인들에게 제공하는 것도 있었다. 이때 약간의 돈을 지불하는 사람에게는 고급 정보를 제공하였는데, 박스에 쓰여 있던 '신속한 보장을 위함(To Insure Promptitude)'이라는 글귀가 오늘날 팁(TIP) 문화의 기원이 된 것으로 보고 있다. 다시 말해, 빠르고 더 좋은 서비스를 원하는 손님이 팁박스에 동전을 주던 관습에서 비롯된 것이다.

1714년 런던에는 8,000곳이 넘는 커피하우스가 있었으나 25년 후인 1739년에는 551곳으로 줄어들었다. 식민지 개척과 산업혁명을 통해 부를 축적한 사람들은 신분의 고하를 막론하고 자유롭게 어울리는 대중적인 공간에서 벗어나고 싶어 했다. 영국에서는 같은 생각을 하며 마음이 통하는 사람들과 어울리고 싶어 하는 클럽 문화가 싹트고 있었다. 정치적 성향이나 사회문제를 함께 나누고 싶은 그룹을 비롯하여 사냥하다 부상당한 사람들의 모임, 못생긴 사람들의 모임 등 회원들과 공감할 수 있는 클럽을 선호하였다. 클럽에서 마침 유행하기 시작한 홍차를 마시게 되면서 영국은 커피와 멀어진 차 문화를 형성해 나갔다.

2.2.6 프랑스

1700년대 커피가 유럽을 풍미하게 되자 프랑스도 커피를 재배하기 위해 노력하였으나 실패를 거듭하였다. 외부의 문물이 들어오는 창구 역할을 하는 항구도시 마르세유에는 파리보다 먼저 커피가 소개되었다. 1669년에는 파리에 부임한 오스만 튀르크의 술레이만 대사와 루이 14세의 만남을 계기로 도자기 잔에 커피를 마시는 문화를 접하면서 파리 상류사회로 확산되기 시작하였다.

그 후 1714년에 네덜란드 암스테르담의 시장과 루이 14세가 만나서 조약을 맺으면서 받은 커피나무 한 그루가 파리의 식물원에서 자라게 된다. 이 커피나무가 후일 중앙아메리카, 남아

파리의 카페 드 플뢰르

커피나무를 돌보는 클리외

자료 The Project Gutenberg E Book of All About Coffee (by William H. Ukers)

메리카 등 프랑스 식민지였던 나라에서 커피를 재배하는 기폭제가 되었다. 여기에는 프랑스 식민지였던 마르티니크(카리브해의 섬)에서 복무 중이던 해군 장교 클리외(Gabriel-Mathieu Francois D'ceus de Clieu)가 어렵게 파리에서 커피나무를 구해 온 공로를 간과할 수 없다. 1723년 클리외가 프랑스의 낭트를 출발하여 마르티니크로 가는 긴 여행 동안 사람이 마실 물도 부족한 상황에서 기적적으로 커피나무를 살려 냈다. 마르티니크섬에 도착하여 심었던 한 그루의 커피나무가 1777년에는 1,900만 그루로 번성함으로써 프랑스를 당당히 커피 수출국의 반열에 올려놓았다. 또한 프랑스의 식민지였던 베트남에서도 커피나무를 재배하여 현재 세계 2위의 생산국이 되었다.

파리에서는 코메디 프랑세즈(프랑스 국립극장) 맞은편에 최초의 커피하우스인 카페 르 프로코프(Le Procope)가 생겨났다. 극장가에서 자연스럽게 극작가, 배우, 음악가들이 모이는 장소가 되었고, 지식인과 예술가들이 모여드는 카페가 함께하면서 커피는 시민들의 인권의식, 계몽사상, 혁명의식을 일깨워 준 각성제 역할을 하였다고 볼 수 있다.

커피 전파의 커다란 역사적 흐름에서 보면 커피는 하층민이 아니라 종교 지도자를 비롯한 상류층을 중심으로 전파되었다. 권력이 커피를 원하였고, 커피 또한 돈을 벌고 싶은 욕망에 권력 친화적으로 접근했을 것이다. 전쟁사에서 최초로 군대에 커피를 보급품으로 보낸 사람이 나폴레옹이라는 기록도 있다.[6] 그런데 그보다 앞서 오스만 튀르크가 오스트리아를 침공하였을 때 병사들에게 커피를 보급하였고, 퇴각할 때 다량의 커피를 남겨 두고 떠났다는 것이 역사

6 우스이 류이치로 저, 김수경 역, 《세계사를 바꾼 커피 이야기》, 사람과나무사이, 2022

적 사실이다. 후에 미국 남북전쟁에서 군인들에게 지급된 총의 개머리판에 커피 분쇄용 그라인더가 달려 있는 것을 보더라도 커피가 전쟁의 필수품이었음을 짐작할 수 있다.

2.2.7 오스트리아

비엔나커피라는 고유명사를 만들어 낸 오스트리아의 커피 문화는 '전쟁이 가져다준 선물'로 평가된다. 1683년 오스만 튀르크족이 오스트리아를 침공하였으나 2차에 걸친 빈 포위에 실패하였고, 긴박하게 퇴각하느라 커피 자루를 두고 간 것이 오늘날 오스트리아를 커피의 도시로 만들어 준 시작이었다고 전해진다. 이 역사적 사건에는 튀르키예에서 커피를 마셔 본 경험이 있는 콜쉬츠키(Georg Kolschitzky)가 등장한다. 오스트리아와 오스만 튀르크가 한창 전쟁 중에 튀르크족으로 위장하고 전령으로 활동한 경력이 있다고 한다. 튀르크군 기지의 상황을 잘 알고 있는 콜쉬츠키가 전쟁이 끝나자 적군의 정보를 가져다준 공로를 인정받아 버리고 간 커피 자루를 인수하게 되었고, 이를 이용하여 1683년 비엔나에 최초의 커피하우스를 연 것이 바로 '파란 병 아래의 집(Blue Bottle)'*이다.

콜쉬츠키는 체즈베(Cezve)에 달이는 튀르키예식 커피뿐만 아니라 여과식 커피를 도입하여 새로운 문화를 선도하였으며, 커피의 각성효과를 즐기는 아랍식 커피에서 벗어나 유럽 사람들

콜쉬츠키가 오픈한 커피하우스 '파란 병 커피 집' 풍경(작자미상)

의 구미에 맞게 우유나 꿀을 첨가하였다. 이런 다양한 시도들이 오늘날 비엔나의 명물이라 할 수 있는 '아인슈페너'를 만들어 낸 원동력이 되었다.

*** 파란병 아래의 집(Hof zur Blauen Flasche)과 블루보틀(Blue Bottle)**

콜쉬츠키의 이력에 매료된 미국의 한 청년이 2000년대 상업주의에 찌든 강하게 볶은 커피에 반기를 들었다. 캘리포니아의 음악가이면서 커피광이었던 제임스 프리먼이 커피 본연의 맛을 찾기 위하여 스스로 로스팅을 시도하였고, '블루보틀 커피(Blue Bottle Coffee)'라는 카페를 창업하였다. 콜쉬츠키에 대한 존경하는 마음을 담아서 대형 프랜차이즈(스타벅스)에 도전장을 냈고, 미국 커피 산업에서 제3의 물결이라는 획을 그었다.

2.2.8 독일

독일의 의사이자 식물학자였던 레온하르트 라우볼프(Leonhard Rauwolf, 1535~1596)가 중동 지역을 돌아보고 쓴 여행기인《동방여행》(1582~1583)에는 중동지역 사람들에게 커피는 이미 일상생활에 깊숙이 자리 잡고 있었다고 기록되어 있다. 커피(카우베 또는 차우베)의 외관에 대해서는 "이 음료는 거의 잉크처럼 검고, 만성병 특히 위장병에 효과가 있다."고 표현하였다. 라우볼프는 이슬람인들이 알레포(튀르키예)에서 억류되어 살아가는 모습을 관찰하면서 음료 가운데 커피에 대한 이야기를 장황하게 묘사하고 있다. 배가 아플 때면 "차우베(Chaube)라는 검은 음료를 약처럼 뜨겁게 마셨고, 공공장소에서도 사교용으로 마시고 있음을 확인하였다. 특히 이들은 이 음료를 만들기 위해 분누(Bunnu)라는 나무열매를 이용한다."고 전하고 있다.

그로부터 100년 후인 1680년경 함부르크에 첫 커피하우스가 문을 열었다. 그러나 커피가 게르만 민족의 식탁에서 맥주를 대신하게 된 것은 그로부터 또 100년이 지난 18세기 후반이었으니 독일에서는 비교적 더디게 뿌리를 내린 셈이다.

독일도 다른 유럽 국가들과 마찬가지로 항구도시인 함부르크에 커피가 유입되고 영국인들에 의해 커피하우스가 생겨났다. 그 후 베를린을 비롯하여 독일 전역으로 커피가 퍼져 나갔으나 커피의 가격이 비싸서 대중들의 원성이 높아졌다. 이에 프리드리히 대왕은 성명서를 발표하여 맥주 소비를 권장하고 커피 소비를 제한하도록 하였다. 또한 왕명으로 커피의 유통과 소비를 통제하였기 때문에 커피 대신에 맛과 색이 비슷한 치커리 등 커피대용 산업이 번성하여 독일 커피의 이미지를 만들어 냈다.

커피를 대표하는 음악으로 바흐가 1732년경 작곡한 〈커피 칸타타(Kaffee Kantata)〉가 손꼽힌다. 칸타타는 이탈리아어 '칸타레(Cantare, 노래하다의 의미)'가 어원이다. 연기 없이 노래

바흐의 〈커피 칸타타〉

캔커피 칸타타와 고흐의 명화 컬래버(롯데칠성음료)

로만 이루어진 오페라 형식을 취하였는데, 서민들도 즐길 수 있도록 칸타타 양식을 빌려 세태를 반영한 이야기에 유머와 위트를 담아 라이프치히의 '짐머만 커피하우스'에서 발표하였다. 지금은 근거 없는 학설이 되었지만 당시 의사들은 커피를 마시면 피부가 검게 되고, 불임의 원인이라 하여 여성은 커피를 마시지 못하게 하였다. 이 곡의 내용은 커피를 못 마시게 말리는 아버지와 커피를 갈망하는 딸의 대화로 이루어져 있다.[7] 커피에 빠진 딸 리센은 아버지의 설득과 회유에 맞서다가 커피를 마시면 결혼을 허락하지 않겠다는 협박에 굴복하지만, 실제로는 혼인서약서에 '커피 자유 섭취' 조항을 넣어 결혼과 커피 시음권을 모두 얻게 된다는 내용을 담고 있다. 당시 독일의 커피하우스는 남성 전용 공간이라 여성은 출입이 금지되어 있었다. '커피 칸타타'의 공연에서도 딸 역할을 남성이 맡아 관객에게 큰 웃음을 주면서 더욱 화제가 되었다.

이렇게 커피를 반대하는 사회적 분위기 속에서도 바흐가 살았던 18세기 이후 커피는 더욱 확산되었고, 〈커피 칸타타〉는 우리나라 대기업의 RTD(Ready To Drink) 캔커피 브랜드로 재탄생되어 구스타프 클림트, 빈센트 반 고흐 등의 명화와 컬래버하여 긴 생명력을 보여 주고 있다.

7 오페라 가사 가운데 딸 리센의 대사 일부
"아, 커피 맛은 정말 기가 막히지. 수천 번의 입맞춤보다 더 달콤하고, 맛있는 포도주보다 더 부드럽지. 커피, 난 커피를 마셔야 해. 내게 즐거움을 주려거든 제발 내게 커피 한 잔을 주세요."

2.3 유럽에서 미국, 남미로

15세기 대항해 시대의 개막과 함께 유럽 열강들의 식민지 개척이 본격화되었다. 네덜란드를 비롯하여 포르투갈, 프랑스, 영국 등 유럽의 강대국들은 아메리카 대륙에서 식민지를 개척하여 커피를 재배할 수 있는 땅을 찾아 영토를 확장해 나갔다. 네덜란드는 1718년 기아나(지금의 수리남)에서 커피를 재배하기 시작하였고, 프랑스는 1723년 식민지인 기니에서 커피를 가져와 브라질 파라 지역에서 재배를 시도하였다는 기록이 남아 있다. 영국은 1730년 자메이카에서 커피 재배를 시작하였고, 1750~1760년에는 과테말라에 커피나무가 전파되고, 1752년에는 포르투갈의 식민지가 된 브라질에서, 1790년에는 멕시코에서 커피가 재배되었다.

2.3.1 미국

오늘날 가장 많은 커피를 소비하면서 세계의 커피 문화를 선도하고 있는 미국에서는 1676년 보스턴에 최초의 커피하우스가 문을 열었다. 처음에는 커피와 차, 맥주를 함께 파는 바를 겸한 커피하우스였다. 영국은 부족한 세수를 메우기 위해 당시 식민지였던 미국에 인지세, 설탕세, 차세 등 무거운 세금을 물리자 영국 정부에 대한 반발이 거세게 일어났다. 이를 계기로 1773년 일어난 보스턴 티 파티(Boston Tea Party) 사건으로 차 시장은 위축되고, 대신에 애국하는 마음으로 커피 소비가 빠른 속도로 확산되었다.

미국 시애틀의 스타벅스 창업자 3인

출처 https : //archive.starbucks.com/record

커피의 소비는 추출도구의 개발을 필요로 하였고, 1945년에는 이탈리아 밀라노의 아킬레 가지아(Achille Gaggia)가 개발한 에스프레소 기계를 대량으로 공급하였다. 초기에는 원두를 지속적으로 구매한다는 조건으로 커피머신을 무료로 설치해 주는 영업방식을 택하였는데, 이탈리아를 비롯한 유럽과 북아메리카 대륙이 주요 대상이었다.

한편 1966년 알프레드 피트(Alfred Peet)가 캘리포니아 버클리에 '피츠커피앤티(Peet's Coffee & Tea)'라는 전문점을 오픈한 것을 계기로 좋은 커피를 로스팅하는 데 관심을 갖게 되었다. 그리고 스타벅스의 창업자에게 원두를 납품하면서 로스팅 공법을 전수함으로써 1971년 미국 시애틀에서 제리 볼드윈(Jerry Baldwin), 지브 시글(Zev Siegl), 고든 보커(Gordon Bowker)에 의하여 커피하우스 '스타벅스(Starbucks)'가 시작되었다. 그 후 1982년에 하워드 슐츠(Howard Schultz)가 합류하면서 거대한 다국적 기업으로 발전하였다. 스타벅스는 단순히 커피만 판매하는 것이 아니라 좋은 커피를 즐기는 문화를 판매한다는 전략으로 쾌적한 인테리어와 브랜드 이미지를 갖춘 커피전문점의 연출에 선도적 역할을 하였다.

2.3.2 일본

일본에 커피가 처음 소개된 것은 신대륙에서 생산된 커피를 소비하기 위해서였다. 이탈리아인으로 원나라에서 17년간 생활한 경험이 있는 마르코 폴로는《동방견문록》에서 "동방에 가면 황금의 나라 지팡구가 있다."고 기록하였다. 이 책을 읽고 성장한 크리스토퍼 콜럼버스가 향신료를 찾아 인도로 항해를 떠났다가 아메리카 대륙을 개척하게 되었다. 대항해 시대에 향신료와 황금을 찾았으나 목표를 이루지 못하자 원주민을 착취하여 생산한 사탕수수와 커피 등을 팔아서 큰 수확을 거두었다. 이런 시대적 배경하에 네덜란드, 스페인, 포르투갈, 영국, 프랑스 등 유럽 열강들이 신대륙에서 생산한 물건을 판매하기 위한 무역로를 찾는 과정에서 일본을 찾아왔다. 그들에게 황금의 나라로 알려진 일본은 커피를 소비해 줄 고객으로 생각하였던 것이다.

1700년경 규슈 나가사키 앞 데지마(出島)에 있는 네덜란드 상관에서 마셨던 커피가 상인들에 의하여 일본에 유입되었을 것으로 추정된다. 커피에 관한 최초의 기록인 1782년 시즈키 다다오가 쓴《만국관규(萬國管窺)》에 "네덜란드에서 커피라 부르는 것은 콩과 비슷하나 실은 나무 열매다."라고 쓰여 있다.

그러나 일본에서도 커피가 일상화되기까지는 더 많은 시간이 필요했다. 제3회 파리 만국박람회가 열렸던 1889년에 쇼군인 도쿠가와 요시노부를 초청하였으나 쇄국정책을 펴던 시기여서 동생인 도쿠가와 아리타케가 다녀왔다. 그는 항해일지에 "식사 후에 '카헤'라는 콩을 볶은 탕국이 나왔다. 설탕, 우유를 넣어 마신다. 가슴이 매우 상쾌하다."라고 기록하였다.

일본은 네덜란드에 의하여 1854년 개항하였고, 1888년에 최초의 커피하우스인 '가히사칸(可否茶館)'을 개점하였다. 당시 일본의 신기술이라 할 수 있는 통조림 포장 기술을 활용하여 캔커피 원조국으로 부상하였고, 세계 스페셜티 커피를 소비하는 나라가 되었다.

3 우리나라 커피 문화의 발전

3.1 커피의 국내 유입

서양 열강들의 식민지 개척과 문호개방을 요구하는 압력은 조선의 경우도 예외가 아니어서 1882년 미국을 비롯하여 영국, 독일과 수교를 맺고 1897년 커피전문점이 문을 열었다. 한국에 커피가 들어온 것은 구한말 고종 때였다. 서양에서 들어온 검은 액체를 '양탕국'이라 하여 사발에 담아 마셨다고 전해진다. 손탁호텔에서 커피를 즐겨 마셨으나 의전의 번거로움을 피하여 궁내에 커피를 마시는 공간을 만들었다고 전해진다. 그곳이 바로 한국 최초 궁내의 카페라 할 수 있는 '정관헌'이다. 정관헌은 덕수궁 뒤편 언덕에 위치한, 우리나라에서 가장 오래된 궁내 근대 건축물로 1900년 한국의 전통 양식에 서양 건축 양식을 더하여 지어졌다. '고요하게(靜)

덕수궁 내부에 조성된 정관헌

바라보는(觀) 집(軒)'이란 뜻으로 휴식을 취하거나 연회를 위한 공간으로 사용하였다.

한편, 한국인 최초로 커피를 마신 사람은 고종황제로 러시아 공관으로 피신하여 즐겨 마셨다는 사실은 바로잡을 여지가 있다. 고종황제가 1895년 을미사변으로 명성황후가 시해당하였고, 커피를 이용한 독살 시도에 세자마저 생명의 위협을 느끼자 **1896년** 2월 11일 새벽에 궁녀의 가마를 타고 러시아 공사관으로 피신하였다. 역사에서는 이 사건을 '아관파천'이라 하는데 당시 러시아 공사 베베르(Waeber)와 공사관에서 일하던(프랑스 출생이지만 독일 국적을 가진) 손탁(Sontag)의 소개로 커피를 접하게 되었다고 알려져 있다.

그러나 고종보다 더 빠른 기록으로는 **1884년** 3월 27일 자《한성순보》에 "이탈리아 정부는 시험 삼아 차와 가배(=커피)를 시칠리아에 심었다"는 기사가 실렸다.

1884년부터 조선에서 활동한 첫 의료선교사였던 호러스 알렌(Allen)은 회고록에 "궁중에서 시종들로부터 홍차와 커피를 대접받았다."고 기록하였다.

미국의 천문학자인 퍼시벌 로웰(Percival Lowell)이 1885년에 출판한《조선, 조용한 아침의 나라(Chosön, The Land of the Morning Calm)》에서는 1884년 12월에 조미수호통상사절단으로 다녀온 민영익, 유길준, 홍영식 등과 함께 왕실의 초청을 받아 커피를 마신 내용을 상세하게 기록하고 있다.[8]

퍼시벌 로웰과 미국에 다녀온 유길준도 **1895년** 국한문혼용체로 쓰인《서유견문록》에서 "서양 사람들은 차와 커피를 우리 숭늉 마시듯 한다."라고 기록하였다. 이 표현으로는 조선에서 커피를 마신다는 표현은 없으나《조선, 조용한 아침의 나라》의 내용으로 보아 커피가 음용되었다는 사실을 전해 주는 것으로 보인다. 이와 같이 아관파천을 단행한 1896년보다 12년 앞서서 이미 커피를 마셨다는 기록들로 보아 한국에서 최초로 커피를 마신 인물로 고종황제를 지명하는 설에는 무리가 있어 보인다.

또한 손탁은 4개 국어에 능통하여 청나라와 일본을 견제한 공로를 인정받아 고종으로부터 1895년 '정동화옥(정동의 꽃처럼 아름다운 집)'을 하사받았다. 몰려드는 귀빈들을 다 수용할 수 없게 되자 기존 건물을 허물고 1902년 러시아풍의 2층짜리 빨간 벽돌집을 짓고, 객실 30칸의 '손탁호텔'을 운영하였다. 이것을 보더라도 고종황제가 손탁호텔(1902)[9]에서 커피를 즐겨

8 "조선 고위 관리의 초대를 받아 한강변 언덕에 있는 슬리핑 웨이브(Sleeping Waves)라는 별장에 가서 식후에 당시 조선에서 유행하던 커피를 마셨다." 슬리핑 웨이브는 안평대군이 지은 마포나루의 '담담정'을 가리킨다.

9 손탁호텔 내부에는 '정동구락부'라는 레스토랑이 있었으며, 이곳은 명성황후 시해를 규탄하는 반일 성향 지식인들이 커피를 마시며 일제에 저항하는 운동을 벌여서 의미 있는 공간이다. 이후 손탁호텔은 1905년 조선총독부 통감인 이토 히로부미의 숙소로 사용되면서 조선의 대신들을 불러 회유하거나 협박하는 장소로 전락하였다. 이 호텔을 배경으로 항일운동을 하던 인물들의 활동상을 그린 소설《손탁호텔》(2019)도 출간된 바 있다.

러시아 양식의 손탁호텔

마셨으나 의전의 번거로움을 피하여 궁내에 커피를 마시는 공간인 정관헌(1900)을 만들었다는 설에는 모순이 있다.

1910년 한일합방으로 국권을 상실한 암흑기의 조선과 관련하여《조선왕조실록》에는 커피에 대한 기록이 2회 나온다. 1898년 9월 12일 "(독을 넣은 차 사건) 고종황제와 황태자의 건강이 나빠진 원인을 경무청에서 규명하게 하다"와, 1915년 3월 4일 "백작 이완용에게 가배 기구를 하사하다"라는 제목의 기사이다.

3.2 커피 산업의 발전

커피가 한국에 처음 소개되었을 때는 한자 표기를 빌려서 '가배' 또는 '가비'라 하였는데, 지금은 영문 표기 coffee를 외래어 표기법에 따라 '커피'라고 한다. 우리나라에 커피가 들어온 것은 러시아를 통해서였지만, 일반인들이 커피를 마시게 된 것은 일제 강점기에 조선을 지배하기 위해 몰려온 일본인들이 서울에 일본식 찻집인 깃사텐(喫茶店)을 열고 커피를 판매하면서 본격적으로 시작되었다. 초기에는 주로 일본인이 주요 고객이었으나 점차 지식인과 다양한 분야의 예술가들이 드나들었다. 1940년대 이후 제2차 세계대전이 끝나 가던 종전 무렵에는 커피 수급이 어려워지자 가짜커피가 유통되다가 결국 다방들이 폐업하게 되었다. 이미 커피 애호가가 되어 버린 사람들이 커피 금단 현상을 달래기 위해 치커리, 백합 뿌리, 대두(콩), 인삼 등을 볶은 뒤 사카린을 첨가하여 만든 음료를 마시며 지내던 시절도 있었다.

1945년 해방을 맞아 일본인이 물러간 후에는 1950년 한국전쟁으로 미군이 주둔하면서 간편한 인스턴트커피가 등장했고, 다방의 급격한 증가는 인스턴트커피의 대중화를 가져오게 된 계기가 되었다. 일제 강점기에는 주로 지식인들이 출입하면서 정치와 사회 문제를 논하던 장소였던 커피전문점은 점차 일반인, 대학생들의 약속 장소로 애용되었고, 커피는 대부분 미군부대에서 공급되었다. 그 후 커피의 합법적인 유통질서가 확립되었고, 외화 낭비를 막기 위하여 자체적인 인스턴트커피의 생산을 허가함으로써 우리나라 커피 문화 발전의 촉매제가 되었다.

1968년 미주산업이 MJC원두커피를, 1970년대 초 동서식품이 미국 회사와 제휴하여 '맥스웰하우스'라는 브랜드로 인스턴트커피를 생산하여 한국 커피 시장을 장악하였다. 뿐만 아니라 1976년 커피믹스를 개발하여 한국에서 커피의 대중화를 이끌었다. 커피를 마시는 대중의 취향도 1980년대부터는 점차 고급화를 추구하게 되자 고급 인스턴트커피인 '맥심'을 개발하였고, 디카페인 인스턴트커피 '맥스웰 상카(Sanka)'를 제조하기에 이르렀다.

1980년대 후반부터 우리나라에 원두커피 전문 체인점이 등장하였는데, 압구정동의 '쟈뎅'이 그 시초였다. 이후로도 '미스터커피', '도토루' 같은 카페들이 다방을 대체하기 시작하였다. 한편, 인스턴트커피 시장에서도 두산그룹과 네슬레가 합작하여 '테이스터스 초이스'를 생산하면서 맥심과 함께 양대산맥을 이루었다.

커피 애호가들이 인스턴트커피에서 원두커피로 옮겨 가게 되자 원두의 품질이 커피 소비의 기준이 되고, 스타벅스의 출현으로 본격적인 커피전문점의 시대가 열리게 되었다.

1999년 (주)스타벅스가 국내에 진출하여 이화여대 앞에 1호점을 연 것을 기점으로 국내 에스프레소 커피전문점의 시장 규모는 확대일로에 있다. 2023년 기준 전 세계 매장 수는 36,380개 점포인데, 1위가 미국 본토로 6,664개이고, 2위가 한국으로 1,838개를 보유하고 있다.

스타벅스 외에도 커피빈(Coffee Bean and Tea Leaf), 파스쿠치(Pascucci) 등 외국계 브랜드와 쟈뎅,[10] 이디야커피를 비롯한 국내 원두커피 전문점들[11]이 치열한 경쟁을 벌이고 있다.

한국은 석유 한 방울 안 나는 나라이지만, 원유를 수입하여 정제한 정유를 재수출하고 있듯이, 커피의 경우에도 커피가 생산되지 않는 나라이지만 커피믹스를 발명함으로써 커피를 수입한 후 재가공하여 인스턴트커피를 수출하는 국가로 분류되고 있다.

10 쟈뎅(Jardin). 프랑스어로 '정원'이라는 의미

11 국내 원두커피 전문점으로는 쟈뎅(Jardin, 1988), 할리스커피(Hollys, 1989), 탐앤탐스(TOM N TOMS, 1999) 등 선두 그룹을 비롯하여, 2000년대 이후 이디야커피(Ediya Coffee, 2001), 엔젤리너스(Angel-in-us, 2003), 카페베네(Caffébene, 2008), 빽다방(Paik's Coffee), 메가커피(MEGA COFFEE), 매머드커피(MAMMOTH COFFEE), 더벤티(The Vanti) 등이 있다.

Top-15 Countries by Number of Licensed Starbucks
(*Sum(Number of Stores)*)

1	Total	36,380
2	United States	6,664
3	South Korea	1,838
4	United Kingdom	894
5	Mexico	793
6	Turkey	665
7	Indonesia	567
8	Taiwan	560
9	Canada	476
10	Thailand	465
11	Philippines	439
12	Saudi Arabia	421
13	Malaysia	393
14	India	348
15	UAE - Dubai	286
16	France	227

스타벅스의 세계 점포 현황

출처 knoema.com

3.3 커피의 대중화

2010년 이후 한국의 커피 시장 규모는 이미 2조 원을 넘어섰으며, 이 가운데 커피믹스는 1조 1,000억 원, 커피전문점은 6,000억 원, 나머지는 원두커피 완제품과 기계 및 원부자재 시장인 것으로 파악된다.

국내 커피 시장의 급격한 성장과 함께 원두커피에 대한 소비자들의 소양도 높아져서 고급 커피를 찾는 수요가 증가하는 추세이다. 따라서 커피를 생산하는 업체들도 고급화, 프리미엄화를 추구하면서 세계적인 유명커피 브랜드도 국내 커피 시장에 진출하고 있다.

2009년 서울에 오픈한 벨라빈스(BELLA BEANS) 커피는 한때 커피애호가들 사이에서 명품커피로 인식되었던 인도네시아산 '코피 루왁'을 도입하였다. 커피 가격이 상식을 초월하여 비싸지자 인간의 탐욕은 사향고양이를 사육하여 강제로 루왁커피를 생산하기에 이르렀으나, 동물보호단체와 커피인들의 노력으로 명품 반열에서 내려와 있는 형편이다.

원두의 고급화를 위한 노력의 하나로 매일유업은 2010년 독일 프로밧(Provat)사로부터 고가의 로스터기를 도입하여 고급 원두커피 생산에 도전장을 내고, 호주의 세계 바리스타 챔피

한국 전통가옥을 이용한 스타벅스 환구단점

언십 출신인 폴 바셋을 영입하여 '커피스테이션 폴 바셋(Coffee Station Paul Bassett)'이라는 커피전문점을 열었다.

그동안 한국 커피 시장은 미국 브랜드와 국내 업체로 양분되어 오다가 점차 이탈리아, 스위스 등 유럽의 브랜드가 유입되었다. 2007년에는 일리가 이탈리안바 '에스프레사멘테 일리(Espressamente Illy)'로 한국 시장에 진입하였고, 2010년에는 이탈리아 브랜드 라바짜(LAVAZZA)가 압구정점을 오픈하였다.

이후 새로운 현상으로 가정이나 사무실에서도 간편하게 원두커피를 즐길 수 있는 캡슐커피와 캡슐커피용 머신의 등장을 들 수 있다. 스위스의 네스프레소(네슬레의 자회사)는 2007년 캡슐커피와 커피머신 제품으로 우리나라에 들어와서 연매출 45% 이상 성장을 보이고 있다.

또한 커피에 대한 소비자들의 긍정적 인식 변화도 있어 왔다. 언론 매체를 통하여 커피의 효능이 부각되면서 긍정적으로 선회하였다. 원두커피를 마심으로써 집중력이 좋아져서 업무 효율성이 올라가고, 다이어트 효과가 있으며, 항산화 효과, 지구력 강화 등이 소개되면서 커피믹스 제품 가운데서도 카누와 같이 원두커피만으로 이루어진 블랙커피가 다양하게 개발되고 있다. 남양유업은 카제인나트륨을 없애고 무지방우유를 첨가하였다는 '프렌치카페 카페믹스'로 커피믹스 시장에 도전장을 내밀었다.

3.4 커피나무 재배와 커피 농장의 현황

대한민국은 커피나무가 자라기에 적합하지 않았기에 유통의 마지막 단계인 소비가 주를 이루었다. 2024년 6월 30일 통계청 국가통계포털에 의하면 2022년 말 기준 전국의 커피전문점 매장 수는 10만 729개이고, 1인당 연중 커피 소비량은 405잔으로 세계적인 커피 소비국으로 자리매김하였다. 다른 나라의 예를 보더라도 유럽, 미국, 일본 등 경제적 도약기에 주로 커피의 소비가 급증하는 경향을 보이는데 대한민국도 예외가 아니었다.

스페셜티 커피에 대한 수요가 늘어나면서 커피 생산량이 증가해야 하지만 현실적으로는 기후변화로 인하여 경작지가 점점 줄어들고 있는 실정이다. 월드커피리서치는 "기후변화가 현재와 같은 속도로 계속된다면 아라비카 커피 재배에 적합한 토지는 계속 줄어들어 2050년까지 현재 재배지의 절반인 1,600만 헥타르만 남을 것"이라는 예상을 내놓았다(World Coffee Research 2015).

이런 우려에 착안하여 전라남도 화순의 '두베이커피팜'[12]에서, '커피나무는 커피 벨트에서만 자라는 것이 아니라 커피나무가 좋아하는 환경을 만들어 주면 고품질의 생두를 확보할 수 있다'는 가정에서 새로운 시도를 진행하였다. 한국이 보유한 과학적인 영농기술과 스마트농법을 활용하여 그 식물이 좋아하는 조건만 만들어 주면 계절과 관계없이 꽃이 피고 열매를 맺듯이, 원산지 개념이 사라진 세상이라는 점에서 커피나무를 선택하였다. 좋은 품질의 커피를 생산하면 정유처럼 전 세계가 찾을 것이라는 기대에서였다. 이 농장은 기후변화로 커피의 재배면적이 감소하고 있는 현실에 대응하여 과학적인 영농법을 적용한 스마트팜을 운영하고 있다. 더불어 세계적 추세인 ESG 경영을 수용하여 최소한의 전기와 물을 사용하는 탄소저감형 쿨링포그시스템(냉각순환수)을 채용하였다. 또한 토양의 환경도 제어하여 고산지대의 배수조건과 호기성 미생물의 활용으로 커피나무에 최적의 환경을 만들고, 오존 나노기포로 바이러스를 제어하는 기술을 개발하였다. 뿐만 아니라 커피 펵과 낙엽의 퇴비화로 자연순환 시스템을 가동시켜서 폐기물 배출을 최소화하고 있다. 즉, 커피의 품질을 높이는 기술력의 확보로 커피 산업계에 도전장을 냈는데, '기후모사'라 하여 에티오피아의 기후환경을 온실에 적용하여 동일한 품종의 향미를 지닌 커피의 생산을 위한 커피스마트팜을 구축하였다. 커피나무를 경작하여 수확하고, 가공 · 유통 · 소비하는 과정을 통하여 새로운 커피 문화의 메카를 만들고, 지역적 문화유산과 융합하여 6차산업화하려는 원대한 계획을 가지고 있다.

12 공식 명칭은 마이크로맥스영농조합법인

한국 최대 규모로 기후모사 스마트팜을 운영하는 두베이커피팜(화순 소재)

현재 한국에는 약 80여 개의 소규모 커피 농장이 있는데, 몇몇 농장을 제외하면 대부분 소규모이며 관광산업의 볼거리와 체험활동 위주로 운영되고 있는 실정이다.

3.5 커피와 ESG 경영

ESG(Environmental, Social, Governance) 경영은 친환경과 사회적 책임, 지배구조 개선까지 반영하여 '착한 기업' 운영을 요구하고 있다. 그런 의미에서 본다면 커피 산업은 재배 과정에서 식량을 심어야 할 대지에 기호 식품을 위해 땅을 내주어야 하고, 가공 과정에서도 대량의 물과 열원을 필요로 한다. 또한 소비 과정에서도 일회용품의 사용이 많은 반(反)ESG 경영의 예로 손꼽히는 산업이다.

이런 이미지를 개선하기 위한 노력의 일환으로 국내의 한 음료회사가 커피 제품으로 '환경성적표지 인증'을 획득하였다. 이 인증은 지속적인 환경개선을 유도하는 제도로 탄소발자국, 자원발자국, 산성비 등을 고려하여 환경부가 기획하고 한국환경산업기술원이 관리하고 있다. 이에 따라 앞서가는 기업들은 'ESG 경영'을 선포하여 탄소 중립 달성, 플라스틱 순환경제와 친환경 공급망을 구축하는 등 투명한 정보 공개로 신뢰받는 기업 이미지를 얻기 위하여 노력하고 있다.

세계는 기후변화로 인하여 계절의 구분이 모호해져서 각종 농작물에 심각한 타격이 우려되고 있다. 가뭄과 폭우가 반복되면서 탄소배출을 줄이기 위하여 ESG 경영을 요구받고 있는 실정이다. 특히 전 세계가 코비드 19를 겪는 동안 비대면이 일상화되고 택배 서비스가 폭증하

'환경성적표지 인증'을 획득한 칸타타 커피 제품들

면서 쓰레기를 양산하게 되었다. 환경을 생각하는 기업 가운데 일회용품을 줄이기 위하여 다회용품을 생산하고 관리하는 '트래쉬버스터즈'가 있다. 사용한 용기를 수거하고 세척하여 제공하는 비용이 일회용품을 사용하는 비용보다 저렴하다면 카페를 운영하는 입장에서 사용하지 않을 이유가 없다.

단기간에 대규모 인원이 운집하는 전국의 문화관광축제는 약 2,000여 개에 이르는데, 대부분 일회용품을 사용하고 있어 대량의 쓰레기가 발생한다. 여기에 착안하여 일회용품을 줄이기 위한 방안으로 축제 평가에 가산점을 주어 다회용품을 사용하도록 권장하고 있다.

특히 최근 주목을 받고 있는 'RE100(Renewable Energy 100)'은 기업에서 소비하는 전력의 100%를 화석연료에서 재생에너지로 대체하고자 하는 민간 차원의 캠페인이다. 그러나 이미 세계 주요 기업들이 RE100에 참여 중이며, 구글, 애플, BMW 등의 기업은 협력사에도 동참을 요구하고 있다. 즉, 실천하지 않으면 기업이 불이익을 보게 되는 상황이 현실화되고 있어서 친환경 경영에 동참하지 않는 기업은 산업 생태계에서 도태되는 결과를 가져올 수도 있다.

이런 세계적 동향에 비추어 볼 때 카페 관련 용품 가운데 일회용품과 포장재에도 각별히 신경을 쓸 필요가 있다. 맞춤형 친환경 포장재 플랫폼인 '칼렛스토어' 사례를 보면, 다양한 포장재 생산 기업과 전략적 파트너십을 맺어서 친환경적인 포장재를 취급하고 있다. 팬데믹을 기점으로 택배 이용이 폭발적으로 증가하자 쓰레기를 줄이기 위해 테이프를 사용하지 않고 견고한 포장을 하는 방법과 재활용을 쉽게 할 수 있게 아이디어 박스를 제작하여 공급하고 있다.

또한 탄소발자국 제로를 지향하여 도입한 '스텝 포 넷 제로(Step for Net Zero)'를 도입하였다. 비닐 소재라 하더라도 사탕수수, 옥수수 전분을 사용하여 90일이면 분해되는 친환경 소재를 개발하고, 음식물을 담는 용기도 식물의 섬유질을 펄프화하여 사용하고 있다. 소각 과정에서 다이옥신이 배출되는 스티로폼 대신에 안전한 '전분보냉박스'를 사용하고, 보냉제도 젤

커피 산업계에도 ESG 경영의 적용 요구로 다회용품 사용이 증가 추세에 있다.

타입이 아닌 물을 사용하여 지구를 살리기 위한 방안을 모색하고 있다.

커피전문점에서 사용하는 대한민국의 테이크아웃용 제품들이 한류에 힘입어 K-팝, K-푸드, K-방역과 함께 K-커피, K-포장재라는 이름으로 세상을 향하여 도전하는 중이다.[13]

탄소발자국 제로 인증마크와 친환경적인 다양한 포장재들

13 영국 옥스퍼드 대학교 출판부에서 1884년에 시작된 영어사전이 44년 후인 1928년에 초판본이 간행되었다. 1890년에 한국에 관련된 단어로 'Corea'가 수록된 이래 2020년까지 23개의 한국어(한글, 태권도, 김치 등)가 등재되었다. 2021년에는 한 국가에서 한 해에 26개의 단어가 등재되는 이변이 일어났는데, 치맥, 먹방과 함께 K-팝, K-드라마, K-푸드 등 접두사 K-가 붙는 것을 정식 영어 표현으로 인정하였다.

COFFEE COFFEE COFFEE

씨앗에서

음료까지

커피 커피 커피

2장

커피 식물학

2장 커피 식물학

1 커피의 식물학적 특성

커피나무는 생물 분류 방식에 따르면 식물계 > 피자식물문 > 쌍떡잎식물강 > 용담목 > 꼭두서니과 > 커피속 > 커피나무종으로 분류되는 식물이다. 일반적으로 그린빈(Green Bean)이라 하여 콩으로 오인할 수 있으나, 실제로는 앵두에 비유한다면 열매 속의 씨앗을 먹는 셈이다.

현재 세계 90여 개 국가에서 생산되고 있는 커피나무는 꼭두서니과(Rubiaceae)의 코페아(Coffea)속으로 분류되는 다년생 아열대 식물이다. 커피나무의 원산지는 에티오피아의 고원이라고 알려져 있으며, 1753년 스웨덴의 식물학자 린네(Linnaeus)가 커피나무를 아프리카 원산의 꼭두서니과의 코페아속에 속하는 다년생 상록수인 쌍떡잎식물로 분류하였다. 모든 코페아종은 이배체(2n = 22)이지만, 아라비카종은 이질사배체(2n = 44)로서 다른 코페아 품종이 지닌 염색체 수의 두 배이다. 세포와 분자유전학 연구에 의하면, 아라비카종은 부계인 코페아 카네포라(*C. canephora*)종과 모계인 코페아 유게니오이데스(*C. eugenioides*)종의 우연한 결합에 의해 탄생되었다고 한다.

물빠짐이 좋은 경사진 땅에서 잘 자라는 커피나무의 뿌리는 지지대 역할을 하면서, 우기에 물을 저장해 두었다가 건기에 사용하는 역할도 한다. 또한 잔뿌리를 통하여 토양층의 영양분과 미네랄을 흡수하면서 약 3 m까지 깊게 뿌리를 내린다. 뿌리가 끌어올리는 흙의 향이 커피의 향을 좌우하며, 기후 · 강우량과 함께 떼루아(Terroir)의 중요한 요소 가운데 하나이다.

커피나무는 품종에 따라 10 m까지 자라기도 하는데, 수확의 편의를 위해 2 m 이내로 높이를 유지시킨다. 커피나무는 수형이 옆으로 퍼지거나 가지 끝이 처져서 손수확하기 유리한 편이다. 커피나무는 2~3년이 지나면 흰 꽃을 피우는데, 재스민과 유사한 향기를 가지고 있다. 꽃이 피는 시기는 산지에 따라 차이가 있으며, 꽃잎은 모여나기형(아라비카종과 로부스타종 5장, 리베리카종 7~9장)으로 개화한 지 2~3일 후에 진다. 꽃이 지면 녹색 열매가 열려서 6~11개월이면 붉은색 열매로 익는데 이를 커피체리(Coffee Cherry)라 부른다.

생두를 수확하기까지 아라비카는 약 6~9개월, 로부스타는 약 9~11개월이 걸린다. 그러나 상품성을 갖게 되기까지는 5년 정도 시간이 필요하다. 수확하는 방법으로는 기계를 이용하기도 하지만, 완숙도가 다르기 때문에 사람의 손으로 잘 익은 열매만 따낸다.

커피체리 안에는 열매의 씨앗이 들어 있는데, 겉껍질 안에 과육이 있고, 단단한 섬유질의

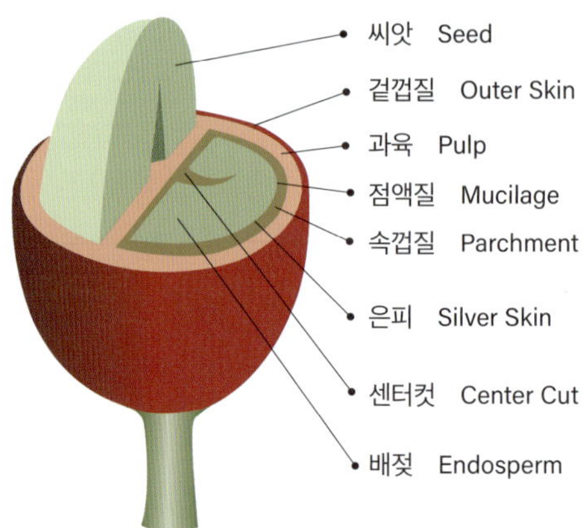

커피 열매의 구조와 명칭

중간 껍질인 속껍질(Parchment), 은색의 얇은 껍질로 둘러싸인 은피(Silver Skin)가 있다. 그 안에 보통 두 개의 씨앗이 평평한 면을 마주하고 있다.

일반적으로 체리 안에는 생커피(Green Bean) 두 쪽이 마주 보는 형태를 하고 있다. 주로 가지 끝에 열리는 체리 안에 한 개의 둥근 씨앗이 있는 것을 피베리(Peaberry)라고 하며, 일반 생두에 비하여 크기가 작고 신맛이 강한 특징이 있다. 드물게 세 쪽이 들어 있는 경우 '트라이앵글러 빈(Triangular Bean)'이라 한다. 이것은 깨진 콩으로 보여 결점두로 분류되기도 하지만, 못생겼을 뿐 커피 맛에 부정적인 영향을 주지는 않는다.

2) 커피나무의 생육 환경

2.1 커피나무의 재배 조건

커피나무가 자라기 좋은 생육조건을 갖춘 재배지역은 북위 25도, 남위 25도 사이의 열대 또는 아열대 기후 지역이다. 이 지역은 세계지도에서 보면 적도를 중심으로 벨트와 같은 모양을 하고 있어서 커피 벨트(Coffee Belt) 또는 커피 존(Coffee Zone)이라 한다.

커피 재배 지역(커피 벨트)

전 세계 커피 생산량의 30%[1]를 차지하는 브라질과 콜롬비아를 비롯하여 자메이카, 과테말라, 코스타리카, 하와이, 에티오피아, 케냐, 예멘, 인도, 인도네시아, 베트남 등 대부분의 커피 산지가 이 커피 벨트에 속해 있다.

2.1.1 커피나무가 자라기 좋은 기후

커피나무는 기온, 강우량, 일조량 등 환경적 요소에 따라 성장과 결실에 영향을 받는다.

아라비카종은 연평균 기온 15~24℃가 적당하고, 강우량은 1,400~2,000 mm, 강한 햇볕과 폭염에 약하기 때문에 밤낮의 기온차가 심한 고지대인 800~2,000 m에서 주로 재배된다. 또한 아라비카종은 병충해에 약하기 때문에 곰팡이나 벌레가 살기 어려운 추운 지역으로 올라가다 보니 자연스럽게 해발고도가 높은 곳에서 재배되고 있다. 중미에서는 대부분 높은 산의 급경사에서 재배되는데 한낮의 강한 직사광선을 피하기 위하여 바나나, 망고처럼 잎이 넓은 과일나무를 심어서 그늘재배를 하기도 한다.

카네포라종(로부스타)은 연평균 기온 24~30℃가 적당하며, 강우량은 2,000~2,500 mm 정도가 좋다. 환경 적응력이 좋고 병충해에도 강한 로부스타는 저지대에서도 잘 자란다. 로부스

1 예멘, 자바의 뒤를 이어서 브라질이 1920년에 세계 커피 생산량의 80%를 생산하던 시기도 있었다. 커피 생산지역이 점점 확대되어 지금은 브라질의 점유율은 약 30%로 줄어들었다. 하지만 많은 나라에서 커피가 생산됨에 따라 비율이 줄었을 뿐 여전히 세계 1위 생산국이며, 생산량도 점점 증가하고 있다.

타가 병충해에 강한 특성을 가지고 있기는 하지만, 저지대의 따뜻한 지역에서 서식하는 벌레로부터 스스로를 보호하기 위하여 쓴맛을 내기 때문에 커피도 쓴맛이 특징이다.

2.1.2 커피나무가 자라기 좋은 토양

커피나무를 경작하기에 좋은 환경과 토양은 생두의 향미에도 좋은 영향을 미친다. 커피 재배에 적합한 토양은 유기물이 풍부한 화산 석회질이며, 약간 습하면서도 배수가 잘되는 토양이다. 구체적으로 말하자면 아라비카종은 주로 비옥한 토양에서, 카네포라종은 어떤 토양이든 가리지 않고 잘 적응하는 특성을 가지고 있다.

커피나무가 자라기에 좋은 최적의 지역으로 아프리카 고원지대와 중앙아메리카의 고산지대, 남아메리카의 안데스산 주변 지역 등을 들 수 있다. 이 지역의 토양은 대부분 화산활동의 작용으로 화산재와 부식토가 잘 배합되어 고품질의 커피를 생산하는 데 적합한 환경을 가지고 있다. 이러한 토양은 유기물이 풍부하고 습기가 적당하며, 배수가 잘되는 비옥한 토양으로, 커피나무가 자라기 좋은 땅이다. 브라질의 테라 로사[2]도 현무암으로 이루어진 용암지대로 땅이 붉은색을 띠고 있고, 에티오피아의 아비시니아 고원도 화강암의 풍화작용으로 만들어진 부식토 함량이 높은 토양이라 커피나무가 자라기 좋은 토양으로 볼 수 있다.

토질은 커피 맛에 지대한 영향을 끼치는데, 일반적으로 산성의 토양에서 수확된 커피는 신맛이 강한 편이다. 브라질의 리우데자네이루 지역의 토양은 요오드 냄새가 강하게 나는데, 수확하여 가공하는 단계에서 생두를 땅 위에서 건조시키기 때문에 '리오취'라는 독특한 향이 난다. 동일한 품종이라도 자메이카의 화산성 토양과 석회질 토양, 예멘의 모래 토양 등 재배된 땅의 특성에 의하여 전혀 다른 커피 맛을 보여 준다.

2.1.3 지형과 고도

커피나무 재배에 적합한 땅으로 경사진 언덕이 좋다고 하는 이유는, 표토층이 깊고 배수가 잘되어 작물을 경작하기에 좋은 조건을 가지고 있기 때문이다. 습한 땅에서는 해충이나 곰팡이로 인하여 병충해에 노출되기 쉽고, 특히 과실류는 건조한 땅에서 높은 당도의 결실을 얻을 수 있다. 대체로 아라비카종은 일교차가 큰 고지대에서 최적화된 품종이며, 로부스타종은 반대로 고온다습한 저지대에서 잘 자란다. 고지대일수록 기온이 떨어지면 생존을 위하여 과육에 당

2 테라 로사(Terra Roxa) : 포르투갈어로 '테라'는 '땅', '로사'는 '자주색'이라는 뜻이다. 테라 로사는 물 빠짐이 좋고 무기질이 풍부하여 커피 재배에 최적의 땅으로 평가된다.

분을 저장하여 자율적으로 냉해에 대비하는 기제가 작동한다. 그로 인하여 커피체리의 당도가 높아지고 씨앗의 밀도가 높아져 향미가 풍부하고 좋은 산도를 가진 열매를 얻게 된다. 마치 김장용 가을무는 당도가 높지만, 더운 여름에 재배되는 열무는 잎을 공격하는 벌레를 막아 내기 위하여 스스로 쓰고 자극적인 맛을 만들어 내는 현상과 같다. 이런 원리를 적용하면 저지대에서 생산되는 로부스타는 덥고 습도가 높은 환경에서 재배되기 때문에 커피의 향미와 산도가 아라비카에 떨어지는 경향이 있다.

그렇다고 하여 일괄적으로 고지대에서 재배된 커피나무가 품질이 높다고 규정할 수는 없다. 커피 품종에 따라 적절한 기온과 강우량, 토양, 밤과 낮의 기온차 등을 만들어 주면 저지대에서도 고품질의 커피를 얻을 수 있기 때문이다. 고도는 등급을 결정하는 조건에 해당하므로 중요한 요건이지만, 각 산지의 독특한 지형이 갖고 있는 생육 조건이 더 중요하다고 할 수 있다.

2.2 커피나무의 성장 과정

현재 커피를 생산하고 있는 국가는 전 세계의 약 30%인 90개국 정도이다. 커피나무는 씨앗을 심은 지 3~5년 후에 꽃이 피고 열매를 맺는데, 자연상태에서는 6~8 m까지 자라지만 재배용은 수확하기 편리하도록 2 m 이하로 관리한다. 커피나무의 껍질은 회백색이고, 쌍떡잎식물이라서 가지의 좌우에서 두 장의 잎이 마주 보고 나는데 잎의 표면은 광택이 난다.

열매는 보통 붉게 익어서 적갈색이 될 때 수확하는데 익는 정도가 일정하지 않아서 사람의 손으로 수확한다. 그러나 기계를 투입할 수 있는 저지대에서 대량으로 경작하는 경우에는 기계화되어 있는 곳도 있다.

식물의 경작에는 적당한 기후와 함께 강우량, 일조량 등 다양한 조건이 충족되어야 한다. 커피나무를 재배하여 좋은 향미를 가진 생두를 수확하기 위해서는 커피나무 생리에 맞는 환경과 조건을 만들어 주는 것이 중요하다. 성장 과정에 따라 가지치기와 물 주기, 비료 주기, 수확 시기의 결정, 노령화된 나무의 교체 등 전 과정에서 적용되는 고도의 농경기술이 생두의 품질을 좌우한다. 수확 시기를 잘못 결정하면 익지 않은 열매와 너무 익은 열매가 섞이게 되어 커피 맛에 부정적인 영향을 준다. 커피 열매를 수확하기까지의 과정을 살펴보면 다음과 같다.

구분	관련 사진	내용
파종		• 파치먼트(Parchment) 상태의 씨앗을 준비한다. • 흙과 퇴비를 혼합한 묘판이나 화분에 심는다.
발아		• 파종하여 1~2개월 지나면 싹이 난다. • 파종 후 발아가 되면 묘판에 옮겨 심기도 한다. • 매치스틱 스테이지(Matchstick Stage, 성냥개비 모양)와 솔저 스테이지(Soldier Stage, 병정 모양)로 구분된다.
묘목 이식		• 떡잎이 나오고 약 한 달 후면 5~6 cm로 자란다. • 6개월 후 잎이 6~8장 나오면 땅에 심는다. • 뿌리가 곧고 실뿌리가 많은 것이 좋은 묘목이다.
커피나무		• 이식 전 해충과 질병에 유의하여 예방조치를 한다. • 그물망, 그늘나무를 이용하여 직사광선을 차단한다. • 약 6년 후 가지치기로 나무 형태를 다듬는다.
개화		• 건기가 지나서 기온이 내려가고 비가 내린 뒤에 꽃이 핀다. • 약 5장의 하얀 꽃은 재스민과 유사한 향이 난다. • 꽃은 2~3일 후면 시든다. • 꽃이 시들고 4~5일 후에 열매가 맺힌다.
결실		• 처음에는 녹색의 열매가 열린다(쓰고 떫은 맛). • 작은 열매 6~8개가 모여서 열리고 붉게 익어 간다. • 모양과 색이 체리와 비슷하여 커피체리라고 한다.
수확		• 열매 익는 속도가 달라 잘 익은 것부터 딴다(핸드피킹, Hand Picking). • 열매 익기를 기다렸다 가지를 훑거나 떨어뜨린다(스트리핑, Stripping). • 기계를 시용하여 수확하기도 한다(기계수확, Mechanical Harvesting).
가공		• 가공 과정에 따라 커피의 향미와 품질이 결정된다. • 수확 후 바로 가공하지 않으면 급속도로 변질된다. • 체리와 생두를 분리하여, 수분을 12%까지 건조시킨다. • 가공 방법에는 건식과 습식 등이 있다.
분류 평가		• 이물질과 결점두를 골라낸다. • 크기와 컬러에 따라 분류한다. • 수작업으로 진행, 전자기계는 고가라서 최종단계에 적용한다.
보관		• 삼베 자루에 주로 60 kg(1bag) 단위로 포장한다. • 생커피 보호를 위해 파치먼트 상태로 보관한다. • 차광되어 서늘하고 바람이 잘 통하는 곳에 보관한다. • 20℃ 이하의 온도, 40~60%의 습도를 유지한다.

* 커피 씨앗 싹 틔우기 요령

❶ 커피 씨앗은 대부분 원두로 소비되고, 일부는 파종을 위하여 남겨진다. 종자로 사용될 씨앗은 잘 익은 커피 열매를 골라 과육을 제거하여 파치먼트 상태로 보관한다. 보관 상태가 좋으면 몇 년 후에도 싹을 틔울 수 있다.
❷ 발아가 잘 되도록 모래판(또는 티슈)에 절반 정도 묻어서 촉촉하게 유지한다.
❸ 싹이 난 씨앗은 묘판에 20 cm 간격, 4~5 cm 깊이로 심는다.
❹ 1~2개월 후 싹이 나오고, 4~5개월 지나서 20~30 cm로 자라면 재배지로 옮겨 심는다.

2.3 커피의 생산 과정 : 그늘 재배와 햇볕 재배

커피나무도 식물이라서 따뜻한 곳에서 잘 자라지만 너무 뜨거우면 오히려 잎이 타서 말라 죽는다. 그래서 전통적인 방법으로 뜨거운 태양열과 강풍을 피하기 위하여 커피나무 사이에 잎이 큰 나무를 심는다. 이런 재배방식을 그늘 재배(Shade-grown Coffee)*라고 한다. 예전에는 단순하게 햇볕을 가리기 위하여 바나나처럼 키가 크고 잎이 넓은 식물을 심었지만, 요즘은 더욱 다양한 이유로 나무를 엄선하여 식재한다. 현대적인 재배 방법은 관개수로와 비료를 사용하는 데 막대한 초기 투자비용이 들어가기 때문에, 효율성을 고려하여 상업적인 재배에만 사용되고 있다.

이와 반대로 사이경작을 하지 않고 커피나무만으로 이루어진 농법을 햇볕 재배(Sun-grown

* 그늘 재배의 장점

❶ 태양열과 강풍으로부터 커피나무를 보호한다.
❷ 인도에서는 키가 큰 나무에 넝쿨식물인 후추나무를 심어서 고수익을 올린다.
❸ 차광나무로 질소고정 식물을 심으면 공기 중의 질소를 뿌리로 끌어내리는 뿌리혹박테리아와 협업, 단백질을 생성하여 땅에 비료를 제공한다.
❹ 우기에는 그늘나무 뿌리에 수분을 저장하고, 건기에는 이 물을 사용하여 가뭄에 대비한다.
❺ 경사지에서 튼튼한 뿌리로 토양의 침식을 막고 땅을 비옥하게 해 준다.
❻ 수분 증발과 땅이 과열되는 것을 막아 준다.
❼ 열매가 천천히 익도록 하여 밀도 높은 커피가 생산된다.

Coffee)라고 한다. 하와이나 말레이시아의 경우 스콜 현상이 있어서 햇볕이 강렬한 시간에 단시간에 비가 내리는데, 그때 형성되는 비구름이 차광나무 역할을 하여 천혜의 혜택을 받는 셈이다.

2.4 환경친화적 재배방식과 인증제도

커피 소비가 늘어나면서 소비 현장만이 아니라 생산지에 대한 관심도 높아져 지구온난화에 대한 대책을 묻는 목소리와 함께 지속가능한 커피(Sustainable Coffee)가 관심의 대상이 되고 있다. 이런 움직임의 결과, 생산자에게 친환경적인 재배를 요구하면서 소비자에게도 공동의 책임을 인식시켜서 지속가능한 커피 산업을 위한 인증제도가 생겨나게 되었다.

생산자와 구매자의 소통이 어려웠던 과거에는 생산지의 결과에 따라 수동적으로 대응하였다. 그러나 지금은 교통, 통신의 발달로 생산지의 정보와 재배 과정을 실시간으로 공유할 수 있게 되면서, 적극적이고 능동적으로 요구하는 입장이 되었다. 더불어 환경운동가들의 활동 덕분에 커피 산업이 지구 환경에 미치는 부정적인 해악과 생산지의 열악한 노동 환경, 다국적 기업들의 횡포를 알리는 계기가 되었다. 그로 인하여 경작방식이 환경친화적으로 바뀌고, 커피 재배에 참여하는 농부와 노동자들에게 합리적인 인건비를 지불하자는 캠페인에 소비자들도 공감하여 다양한 제도가 생겨났다.

2.4.1 유기농 커피(Organic Coffee)

친환경적인 재배 방법의 하나로 재배, 가공, 저장, 유통, 로스팅 등 전 단계에서 지구 환경에 유해한 인공적인 방법이나 화학비료를 사용하지 않았음을 인증하는 유기농 커피가 있다. 구매자가 농장에 직접 요구하는 경우가 많으며, 농장은 환경친화적으로 관리하여 지속가능한 방식인 재배 순환 계획에 따라야 한다. 유전자 조작은 법적으로 금지되어 있고, 그 지역에 자생하는 동물에 대해서도 피해를 주지 않는 자연친화적인 조건으로 재배되어야 한다.

현재 미국에서는 OCIA(Organic Crop Improvement Association)를 비롯하여, QAI(Quality Assurance International), FVO(Farm Verified Organic)와 같은 공인된 기관에서 유기농 인증을 시행하고 있다.

한국과 세계 각국의 유기농 인증마크

2.4.2 공정거래 커피

공정거래 커피(Fair-Trade Coffee)란 거대기업의 횡포로부터 커피 농가를 보호하기 위해서 국제적으로 합의된 가격에 커피를 판매하는 공증방식이다. 커피를 생산하는 농민조합과 소비자 간에 공정한 거래가 이루어지도록 통제하여 생산자가 받아야 할 공정한 가격을 보장하는 것이다. 여기에 가입된 생산자들은 좋은 품질의 커피를 생산하기 위하여 유기농법이나 그늘 재배 농법을 사용하고, 대부분 공정거래 협동조합에 가입되어 있다.

국제공정무역상표기구(FLO, Fairtrade Labeling Organizations International)에서는 커피에 적용되는 생산공정을 투명하게 관리하고, 사회개발을 위한 투자와 인증기준에 따라 공정거

국제공정무역기구와 공정거래 인증마크들

래 커피로 인증한다. '공정무역'이라는 용어가 사용되었다는 것은 그 제품이 민주적으로 조직된 농민의 협동조합에서 생산되었다는 의미이다. 또한 소비자가 지불한 가격에서 생산자에게 더 많은 비율로 노동의 대가를 제공함으로써 빈곤에서 벗어날 수 있도록 지원해 주기 위한 것이기도 하다. 즉, 이 협동조합에서 공정거래로 판매하여 얻은 수익금은 농민들의 삶의 질과 커피의 품질 향상을 위해 사용된다.

2.4.3 그늘 재배 커피(Shade-grown Coffee)

'사이경작'의 일종으로 커피나무 주변과 그 사이에 다른 종류의 작물과 함께 경작하는 유기농법이며, 버드 프렌들리 커피(Bird-Friendly Coffee), 열대우림 커피 등이 있다. 이 가운데 버드 프렌들리 인증제는 계절에 따라 이주하는 새들을 연구하는 스미소니언학회 철새연구소(The Smithsonian Institution's Migratory Bird Center)에 의해서 시작되었다. 커피 농장의 나무는 철새들에게 서식지를 제공하고, 농장은 숲속에서 커피나무를 재배하는 듯한 자연친화적인 풍경이 만들어진다. 버드 프렌들리 방식을 활용하면 나무를 베어 내지 않아 새들에게 서식지를 제공하게 된다. 새가 벌레를 잡아 주고 새의 배설물이 있어서 살충제와 비료 구입 비용도 줄어든다. 또한 나무에서 떨어진 잎이 썩으면 자연 퇴비가 되어 열매에 영양분을 공급하게 된다. 이로 인하여 생산 비용을 줄이면서 환경도 살리고, 고품질의 친환경 커피를 생산할 수 있다는 장점이 있다. 이런 환경에서 생산된 커피는 유기농 커피에 준하는 이미지를 주어 긍정적인 평가를 받지만, 이 인증제를 모든 커피 경작지에 적용할 수 없다는 문제가 있다.

비교적 시원한 브라질이나 하와이, 자연적으로 구름이 많이 끼는 블루마운틴 같은 온화한 기후의 지역에서는 가능하지만, 강우량이 적은 예멘 등에서는 적용하기 어려운 특성을 가지고 있다. 또한 아라비카 품종은 한 종류의 작물 특성에 맞추어 세심한 관리를 해야 하는 어려움도

버드 프렌들리 인증마크

있다. 그러나 새들도 서식할 수 있게 여러 종류의 작물과 커피나무를 함께 심는 이 경작법을 지지하는 환경보호론자들이 있어서 중앙아메리카 지역 위주의 커피 생산국들은 '그늘 재배 커피' 인증을 받았다.

예를 들면, 1970년대부터 시작된 개발 붐으로 1990년대까지 콜롬비아 커피 농지에서 60% 이상의 숲이 사라지면서 숲에 살던 다양한 새들의 개체수도 줄어들었다. 북아메리카 지역에 사는 철새가 겨울을 나기 위해 열대지방인 중남미 지역으로 이동하는데, 서식지가 사라져서 더 이상 오지 못하게 되었다. 나무를 베어 내고 커피나무를 심으면 단기간에 커피 수확량을 늘릴 수 있지만, 생태계가 파괴되어 지속가능한 커피 재배는 어려워진다. 이러한 한계를 극복하기 위해 지속가능한 커피 재배방식을 시도하고 있는 것이다.

2.4.4 열대우림연합

열대우림연합(The Rainforest Alliance)은 환경친화적인 재배 과정과 지역적 특성이 주는 야생의 건강함, 제한된 농약 사용, 농장에서 일하는 노동자에 대한 복지, 사회 · 경제적 기준까지 포함하여 까다로운 기준을 통과한 커피에만 부여되는 인증제이다.

에코-오케이 커피(Eco-OK Coffee)라고도 하며, '열대우림동맹'에서 파견된 검사관들이 커피를 재배하는 과정에서 자연환경에 미치는 영향을 평가한다. 커피 농장에서 일하는 노동자들의 복지까지 고려하여 환경영향평가를 하는 인증제이다.

2.4.5 지속가능 커피

지속가능 커피(Sustainable Coffee)는 친환경적이고 지속가능한 재배 환경을 만들어서 후대를 위한 선대의 노력을 보여 주는 인증제이다. 환경영향평가를 위한 기준은 물론이고, 노동자들의 작업환경, 합리적인 인건비, 노동자 복지 등 광범위하고 철저한 기준을 제시하고 있다. 이것을 모두 충족하는 커피 생산자에게 부여되는 이 인증제도는 SCAA로 알려진 미국의 고급 커피위원회에서 마련한 기준이다.

2.4.6 파트너십 커피

커피를 매개체로 하여 서로 이해관계에 있는 커피 생산자들의 협동조합과 대형 로스팅 회사가 협정을 맺어 생산하는 것을 파트너십 커피(Partnership Coffee)라고 한다. 이 협정에 의하면 로스팅 회사는 판매하는 커피 수익금에서 약속한 금액을 생산지의 환경 개선을 위하여 쓰도록

파트너십 커피에 참여하는 인증 레이블

기부하게 된다. 또한 생산자들도 소비자에게 질 좋은 커피를 공급하기 위하여 고품질의 커피를 생산하자는 취지로 동맹관계를 형성하여 긴밀한 관계를 유지하는 인증제이다.

3 커피의 수확과 가공

모든 식물의 열매는 생태계의 질서에 따라 동물이나 새들의 좋은 먹거리로 사용되어 왔다. 동물이 열매를 따 먹고 씨앗을 버리는 과정이나, 동물 뱃속에서 소화되지 않은 씨앗이 배설물로 나오는 과정은 종족을 널리 퍼뜨리는 역할을 한다. 그러나 대부분의 동물은 자연상태의 열매를 따 먹는 행위에 그치지만, 인간은 가장 맛있는 형태로 조리하여 먹는 유일한 동물이다. 처음에는 동물과 같은 방법으로 따 먹다가 점점 다양한 방법으로 가공법을 찾아내어 커피 문화라는 거대한 산업의 한 축을 이루기에 이르렀다.

3.1 커피의 수확

3.1.1 손수확

핸드피킹(Hand Picking)이라고 하며, 커피체리가 익는 정도가 제각기 달라서 잘 익은 체리만을 골라 일일이 손으로 수확하는 방법이다. 이렇게 수확하면 커피의 품질은 우수하지만 노동력이 많이 든다는 단점이 있다. 가지를 잡고 통째로 훑어 내리는 스트리핑(stripping) 방식은 수확의 속도는 높일 수 있지만, 나뭇잎, 가지, 덜 익은 체리가 섞일 수 있어서 수확하는 시기의 선택이 중요하다.

3.1.2 기계수확

기계수확(Mechanical Harvesting)은 열매를 수확하기 위해 고안된 기계를 사용하는 방식으로, 장착된 봉이 나뭇가지를 흔들어서 체리를 수확하는 방법이다. 작업하는 속도도 빠르고 인건비가 적게 들지만, 결과적으로 덜 익은 체리를 골라내야 하는 추가 공정이 필요하고, 이물질이 섞여 있어 품질이 떨어지는 단점이 있다.

핸드피킹

스트리핑

기계수확

커피 열매의 수확 방법

3.2 커피의 가공

커피 열매의 구조는 겉껍질 → 과육 → 점액질 → 속껍질 → 은피 → 씨앗의 순서로 이루어져 있는데, 씨앗을 감싸고 있는 속껍질(파치먼트)까지 제거하여 생커피(Green Bean)를 얻기까지의 과정을 가공이라 한다. 과육은 수분과 당분으로 이루어져 있어서, 벌레가 생기거나 과육이 상할 우려가 있으므로 커피 열매를 수확한 즉시 가공해야 한다. 가공하지 않은 상태로 두면 급속도로 변질되므로 이 과정을 어떻게 처리하느냐에 따라 커피의 품질이 달라진다.

일반적으로 수확시기에 이른 커피 열매는 수분 함유량이 65%를 넘지 않는다. 커피 가공과정에서 가장 중요한 작업이 수분 함유량을 관리하는 것이다. 그래서 열매에서 과육을 분리하여 보관할 때 곰팡이가 생기지 않도록 수분율을 12% 이하로 건조시킨다. 지금은 수분측정기가 있어 정확한 측정이 가능하지만, 예전에는 손바닥으로 비벼서 속껍질이 벗겨지는 정도를 보고 건조상태를 가늠하였다. 과육과 씨를 분리하는 방법에는 자연건조 방식(Dry Processing)과 세척 방식(Wet Processing), 이러한 두 가지 방식을 절충한 방식 등이 있다.

3.2.1 건식법(자연건조 방식)

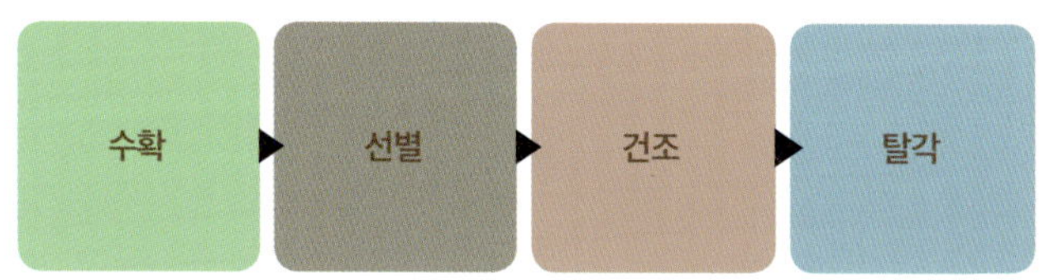

건식법은 수확한 체리를 그대로 햇볕에 말려서 과육과 씨앗을 분리하는 가공법이다. 초기에는 넓은 바닥이나 선반에 수확한 체리를 펼쳐서 햇볕에 말렸다. 커피를 생산하는 국가들이 더운 지역인 데다 물 부족으로 식수도 넉넉하지 않은 형편이어서 당연한 선택이었을 것이다. 이 자연건조 방식은 세척 방식에 비하여 비용이 덜 드는 방식으로, 햇볕 건조(Sun Dried)가 있다.

햇볕에 건조하는 방식에도 어떤 형태로 말리느냐에 따라서 몇 가지 방식이 있다. 첫째, 파티오(Patio)[3]라고 하는 넓은 평지나 시멘트 위에서 말리는 방법이다. 균일하게 건조하기 위해서 주기적으로 뒤집어 주어야 한다. 둘째, 아프리칸 베드(African Bed)라 하여 허리 높이로 테이블이나 침대 같은 건조대를 올려서 작업하는 방법이다. 위아래로 통풍이 되어 잘 마르며, 노동의 강도를 줄여 주는 효율성이 높은 방식이다. 넓은 공간이 없는 곳에서 고안된 것으로 아프리카에서 많이 사용하여 '아프리칸 베드'라는 별칭이 붙여졌다. 셋째, 비닐하우스를 이용하여 건조시간을 단축하는 방식이 있는데, 대량으로 작업할 때는 시멘트 바닥에 펼쳐서 건조하는 파티오 방식이 주로 사용된다. 나무판에서 말리면 이물질로 인하여 커피가 상할 우려가 있지만, 파티오에서 건조하면 콘크리트 바닥에서 올라오는 복사열을 이용하여 빨리 건조시키는 효과까지 얻을 수 있기 때문이다.

3 파티오(Patio) : 스페인어로 '하늘이 보이는 건물 내의 뜰'을 가리키는데, 건물에 둘러싸인 스페인식 정원에서 유래되었다. 커피의 가공 과정에서 파티오는 체리나 생두를 말리는 공간을 가리킨다.

자연건조 방식 : 파티오 방식과 아프리칸 베드 방식

출처 https://stibee.com/api/v1.0/emails/share/ojBBEDMyQU-jtVSr_m-LNLVyv7wh0rM
http://a.to/25Jw21O

건조된 열매는 탈각(Hulling)[4] 과정에서 과육과 파치먼트를 동시에 제거하여 생커피를 얻게 되는데, 이전 단계에서 이물질을 골라내는 선별과정 없이 그대로 건조시키면 결점두의 발생률이 높아서 맛에 부정적인 영향을 미치기도 한다.

이런 건조 방식을 내추럴커피(Natural Coffee 또는 Natural Process)라고도 하는데, 서아프리카 지역에서 주로 사용한다. 세척 방식으로 생산한 커피에 비하여 바디가 강하고, 과일향과 단맛이 두드러진다.

수확한 열매는 먼저 덜 익거나 과숙, 상한 것을 골라내 이물질을 제거한다. 밤이 되면 기온이 떨어지므로 열매를 보호하기 위해 덮개를 씌우고, 비가 내리면 건조실로 옮겨 난방열을 이용하여 45~60℃로 유지한다. 생두가 최적의 수분함량을 유지하면서도 외피가 잘 제거되도록 건조하려면 약 4주가 소요된다.

건조가 끝나면 탈각기(Huller)를 이용하여 껍질을 벗겨 낸다. 이 과정에서 나오는 이물질은 체를 이용하거나 손으로 골라낸다. 이렇게 얻어진 생두는 최적의 수분함량인 12%가 될 때까지 건조시킨다. 생커피가 충분히 건조되지 않으면 수분으로 인해 박테리아, 곰팡이, 진균 등이 생겨서 상할 수 있고, 너무 건조되면 속껍질을 벗기는 과정에서 부서지게 된다.

자연건조 방식으로 가공된 커피는 과일향, 단맛, 강한 바디, 거친 느낌 등 자연에 가까운 커피 맛을 낸다. 물이 부족한 지역에서 사용하지만, 건조기간이 길고 많은 시간과 노동력이 필요하다. 주로 에티오피아, 브라질, 인도네시아 일부지역에서 사용하는 가공 방법이다.

4 헐링(Hulling)과 허스킹(Husking)의 차이 : 탈각(껍질 제거) 과정에는 허스킹과 헐링이 있다. 허스킹은 건식 가공에서 겉껍질과 속껍질을 한꺼번에 제거하고, 헐링은 습식 가공에서 속껍질을 제거하는 과정이다.

3.2.2 습식법(세척 방식)

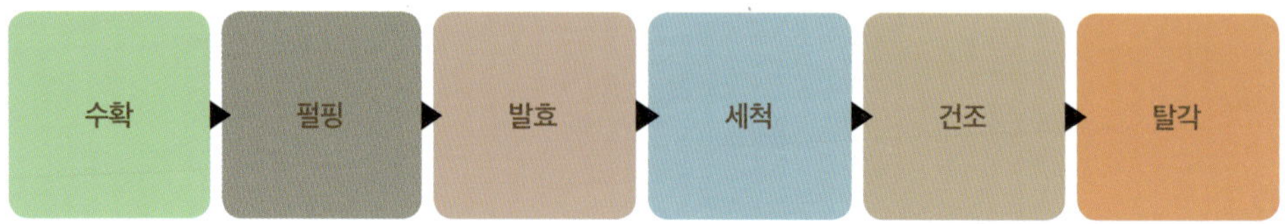

세척 방식은 물로 씻어서 점액질까지 깨끗하게 제거하여 생커피 본래의 품질을 유지하고 균일한 커피를 생산하는 방법이다. 세척법은 수확 후 24시간 이내에 커피체리가 공기에 노출되는 시간을 최소화하여 가공할 수 있어서 선호도가 높지만, 가공 공정에 따른 설비를 갖춰야 하므로 생산비가 올라가서 비싼 값으로 거래된다. 또한 자연건조법으로 생산된 커피에 비하여 발효과정이 있어서 산도가 높은 편이며, 깔끔한 맛을 낸다.

가공 공정은 과육을 제거하여 물탱크 속에 넣고 점액질이 남아 있는 상태에서 발효시킨다. 발효가 진행되면서 생두에 영향을 주는 물질들을 제거하기 위해서 3~5회 정도 깨끗한 물로 갈아 준다.

일반적으로 물탱크에 넣어 숙성시키는 습식발효(Wet Fermentation)를 한다. 숙성시간은 1~2일 소요되는데, 생두의 상태와 농장이 위치한 고도와 기후에 따라 다르며, 발효과정이 세척 방식의 핵심이라 할 수 있다.

또 다른 방식으로 외피를 벗겨 내고 물이 없는 탱크에 넣어 발효시키는 건식발효(Dry Fermentation)가 있다. 어떤 방식을 선택하든 점액질을 제거하고 파치먼트 상태를 얻기 위하여 물로 충분히 씻어 낸다. 그 과정이 끝나면 저장하기에 최적 수분함량인 12%를 유지할 수 있도록 건조실에서 잘 말린다.

이 세척 방식은 건식법에 비해 절반 정도로 짧아서 약 2주가 소요된다. 주요 커피 생산국들이 깔끔하고 일관된 맛과 향, 산도를 가진 생커피를 얻기 위하여 물로 세척하는 방식으로 생산한다. 대표적인 국가로 케냐, 에티오피아 등이 있다.

세척 방식의 가공 과정
출처 http://a.to/25Jw21O

3.2.3 펄프드 내추럴 방식

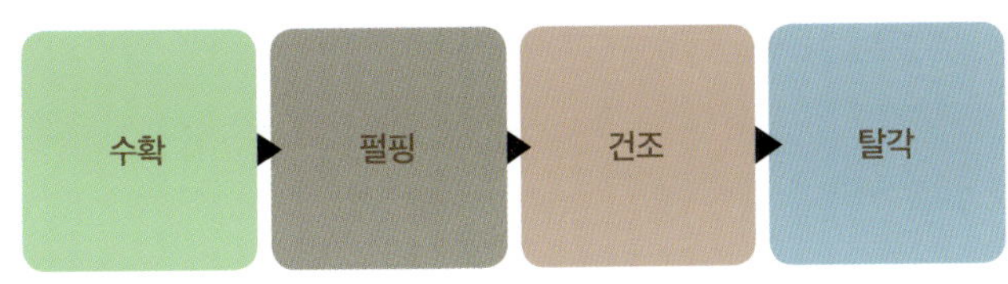

잘 익은 커피 열매만을 수확하여 즉시 기계를 이용하여 과육을 제거하고, 점액질이 붙어 있는 상태로 건조시킨다. 이 가공 방법은 커피 열매의 껍질을 제거하는 과정(Pulping, 펄핑)에서 미성숙두를 제거할 수 있으므로 건식법에 비해 결점두가 적은 편이다. 품질이 균일하지 않은 건식법의 단점을 보완하기 위하여 브라질에서 개발하였다. 건식법과 습식법의 특성을 모두 가지고 있으며, 점액질이 묻은 상태로 건조하므로 단맛, 과일맛, 꽃향기가 특징이고, 강한 바디와 적당한 신맛도 있다. 펄핑 작업 시 파치먼트에 남아 있는 점액질의 양과 건조 조건에 따라 화이트허니, 옐로허니, 레드허니, 블랙허니 등으로 나눈다.

인도네시아 수마트라섬에서도 이 방식으로 가공하는데, 과육을 제거하고 씨앗에 점액질이 묻은 파치먼트 상태에서 반쯤 건조한 후 탈각하여 청녹색의 생두를 얻는다. 수확에서 건조까지 시간이 단축되어 약 3주가 소요된다.

3.3 생커피의 선별과 분류

건식이나 습식으로 가공을 마치면 파치먼트 상태에서 내추럴은 1~3개월, 워시드는 약 2주간의 휴지 기간을 거친다. 그 후 탈각(헐링)한 생커피는 색깔, 크기, 밀도에 따라 선별 과정을 거쳐 등급이 매겨진다.

깨진 생두나 과발효된 것들을 제거하는 과정을 거치는데, 컨베이어 벨트 위를 통과하면 숙련공들이 수작업으로 골라내는 작업이다. 요즘에는 육안으로 구별하기 어려운 결점두까지도 레이저 전자기계를 이용하여 빠르게 선별할 수 있다. 그러나 비용이 많이 들기 때문에 인건비가 저렴한 생산국에서는 수작업으로 진행하고, 정밀기계를 이용한 선별은 고급 생커피를 수작업 후에 최종 단계에서 사용하고 있다.

3.3.1 생커피의 등급 분류 기준

커피 생산국에서 수확한 생커피는 각국의 분류 기준에 따라 등급을 정한다. 생산국에서 정하고 있는 분류 기준은 커피를 유통할 때 생산자와 구매자 간의 소통을 원활하게 하기 위한 것이다. 일반적으로 분류 기준을 정할 때는 재배 고도와 생커피의 크기, 그리고 향미에 부정적인 영향을 주는 결점두의 정도에 비중을 두고 있다.

① **재배 고도** : 커피의 품질을 결정하는 기준에는 여러 가지가 있는데, 커피나무가 재배되는 고도에 따라 향미에 영향을 주기 때문에 고도는 중요한 기준이 되고 있다. 고도가 높은 고지대는 일교차가 커서 저지대의 커피보다 천천히 자라서 밀도가 높아진다.

커피를 생산하는 국가들의 고도를 보면 멕시코(1,700 m 이상), 엘살바도르와 온두라스(1,200 m 이상), 과테말라(1,350 m 이상), 코스타리카(1,200 m 이상) 등 고급 커피는 대부분 고지대에서 생산되는 특징이 있다.

과테말라의 등급 분류 기준표	
등급	생두의 재배 고도
SHB(Strictly Hard Bean)	해발 1,370 m 이상
HB(Hard Bean)	해발 1,220~1,370 m
Semi Hard Bean	해발 1,160 m

② **크기** : 생커피의 크기*는 생산자의 소득에 영향을 주기 때문에 중요한 기준이 된다. 콜롬비아에서는 스크린 사이즈 17 이상을 수프리모(Supremo)라 하고, 14~16을 엑셀소(Excelso)로 분류한다. 탄자니아와 케냐에서는 스크린 사이즈 17 이상을 최고등급인 AA로 정한다.

생커피의 등급 분류 기준표		
국가	분류 명칭	등급 기준
콜롬비아	• Supremo • Excelso	• Screen Size 17 • Screen Size 15~16
케냐/탄자니아	• AA • AB	• Screen Size 17~18 • Screen Size 15~16
하와이	• Kona Extra Fancy • Kona Fancy • Kona Prime	• Screen Size 19 • Screen Size 17~18 • Screen Size 무관

* 생커피의 스크린 사이즈 결정

크기가 다른 구멍이 뚫려 있는 체에 생두를 통과시켜 스크린 사이즈를 측정한다.

- 스크린 사이즈 = 구멍 크기의 단위, 64분의 1인치(약 0.4 mm)
- 스크린 사이즈 17 : 64분의 17인치(약 6.74 mm)
- 스크린 사이즈 17 이하의 생커피는 아래로 떨어지고 그 이상만 체에 남는다.

즉, 생커피의 스크린 사이즈 수치는 콩의 크기를 말한다.

수동식 스크리너

기계식 스크리너

생커피의 크기는 외견상의 규격을 나타내는 것으로, 커피 향미의 품질을 말하는 것은 아니다.

③ **결점두의 종류와 수** : 커피의 품질을 결정하는 결점두(Defect Bean)는 커피나무의 재배, 수확, 가공, 보관 과정에서 생기며, 물리적 또는 화학적인 변화로 인하여 품질과 맛을 저하시킬 수 있는 결함 있는 생커피를 말한다. 에티오피아, 인도네시아, 브라질 등 많은 커피 생산국에서는 300 g*의 생커피를 기준으로 결점두 수에 따라 품질 등급을 분류한다. 에티오피아는 Grade 1~8, 브라질은 No. 2~6, 인도네시아는 Grade 1~6으로 나눈다.

* SCA와 CoE의 샘플 심사 기준

SCA(Specialty Coffee Association)에서 샘플 중량 기준은 350 g이며, CoE(Cup of Excellence)에서는 샘플의 중량이나 결점두 수에 대한 기준이 없다. 이것은 품질을 엄격하게 관리하여 결점두가 없는 우수한 생커피만을 인정하기 때문이다.

농장의 환경에서 생기는 결점두			
결점두	발생 원인	특징	맛
Black bean	곰팡이 침투	검고 어두운 표면	잿가루맛, 강한 맛
Insect-damaged bean	커피 열매 천공충	벌레 먹은 흔적, 둥근 구멍	저자극적인 맛, 쓴맛
Dark brown bean	벌레 먹거나 미성숙두	갈색, 흑색 표면	과일맛, 자극적인 맛
Shell or Malformed bean	발육 불량, 영양 결핍	기형적 형태	낮은 산도, 밋밋한 맛
Rioy Bean	토양	약품 냄새	약맛, 요오드 맛

수확 과정에서 생기는 결점두			
결점두	발생 원인	특징	맛
Immature	덜 익은 열매	주름진 표면	낮은 산도, 떫은맛, 쓴맛
Quaker	덜 익음	밝은 갈색	자극적이지 않은 맛, 쓴맛
Sour	곰팡이	겉은 밝고, 속은 갈색 또는 붉은빛	신맛
Foreign matter	선별 과정의 잘못	나뭇가지, 돌, 잎	쓴맛, 나무맛, 자극적이지 않은 맛

가공 과정에서 생기는 결점두			
결점두	발생 원인	특징	맛
broken bean	기계적 손상	조각난 상태	탄 맛 · 쓴맛(빠른 로스팅)
Zebra bean	안테스티아 벌레 (Antestia bug)	얼룩말 줄무늬	생감자맛
Over-fermented or Stinker bean	오염	거의 인식되지 않음	썩은 맛
Moldy bean	잘못된 건조	눈에 보이는 곰팡이	곰팡이맛
Earthy bean	젖은 땅에서 건조	젖은 땅의 냄새	흙맛
Rubbery bean	아스팔트에서 건조	인식되지 않음	고무맛, 유황맛
Funky bean	오염된 땅에서 건조	인식되지 않음 수마트라 만델링	강한 향, 와인맛, 과숙성
Hidey bean	건조기 과열	노란색~갈색	밋밋한 맛(향미 손상)
Faded bean	보관 잘못 : 공기 순환 불량, 주변의 높은 온도	흐릿한 색상	가죽맛, 밋밋한 맛
Hulls or husks	기계 세팅 오류	부분적으로 마른 체리 또는 파치먼트	자극적이지 않고, 중성적인 맛
Parchment bean	탈곡기 세팅 오류	파치먼트 상태	밋밋한 맛, 나무맛(불균일한 로스팅)

SCAA에서 인정하는 결점두	
결점두 종류와 모양	특징
Black bean	 검은 생커피
Sour bean	발효된 갈색 생커피
Dried cherry	 마른 껍질에 싸인 생커피
Parchment bean	파치먼트 상태의 생커피
Floater	 물에 뜨는 가벼운 생커피
Foreign matter	 돌, 나뭇가지, 잎 등 이물질
Insect damaged bean	 벌레 먹은 생커피
Fungus damaged bean	곰팡이가 생겨 변색된 생커피
Immature/Unripe	 덜 익은 생커피
Shell	 조개껍질 모양의 생커피

4) 생커피의 보관과 유통

4.1 보관

일반적으로 건조 과정을 마친 생커피는 품질의 유지를 위하여 파치먼트 상태로 보관하다 출하하기 직전에 탈각 과정을 거친다. 쌀도 밥맛을 유지하기 위하여 볍씨 상태로 보관하다 소비자에게 전달하기 직전에 도정하는 원리와 같다. 즉, 생커피는 껍질과 씨앗이 분리된 상태이며, 품질을 유지하고 보호하기 위해서 실버스킨에 둘러싸인 상태로 창고에 보관된다.

창고의 위치와 설비는 습도조절을 위해서 매우 중요하다. 창고의 위치는 생산지와 가깝고, 산소량이 적은 높은 고도, 40~60%의 습도를 유지할 수 있는 곳이 바람직하다. 이런 조건을 갖춘 안전한 곳에 설치되어 있는 창고 안에서도 생커피 자체가 함유하고 있는 물질들이 화학반응을 일으켜서 손상될 우려가 있다.

생커피는 곡물의 일종으로 수분을 함유하고 있어서 생커피에 변화가 없도록 보관하는 것이 중요하다. 포장재는 통기성이 좋아서 장기간 보관할 수 있는 황마나 삼베로 만든 자루에 담아

생커피의 포장

보관한다. 대규모 창고에서는 수분함량을 유지해주는 그레인프로(Gtain-pro)백이나, 진공질소 충전 포장을 사용하기도 한다. 생커피의 포장은 각 국가별 포장 단위에 따라 차이가 있어서 1자루(Bag)는 60 kg이 일반적이지만, 45 kg, 69 kg, 70 kg도 사용한다.

4.2 커피의 유통 과정

커피는 산지에서 수확하여 가공을 거친 후, 로스터에게 전달되기까지 복잡한 유통 과정을 거친다. 이 과정은 크게 수출입에 통관 절차가 필요한 국제 유통과 국내 유통 단계로 나눌 수 있다.

국제 유통 체계에는 커머셜 커피를 뉴욕과 런던 선물 시장에서 중개 무역상을 통하여 유통하는 간접 거래 방식과 스페셜티 커피를 생산자와 구매자가 직접 거래하는 간접 거래 방식이 있다.

생커피는 다음과 같은 통관 절차를 거쳐서 수입되어 국내에서 유통된다.

5) 커피의 3대 원종과 품종의 종류

오늘날 전 세계에서 생산되고 있는 커피의 품종은 약 4,000여 종이라는 설이 있다. 새로운 종이 계속 개발되기도 하고, 같은 품종이지만 지역에 따라 다른 이름으로 불리기도 한다. 그중에는 생산성이 낮고 품질이 떨어져 존재만 할 뿐 재배하지 않는 품종들도 있어 정확한 개체수를 제시하기는 어렵다. 코페아 아라비카종, 코페아 카네포라종, 코페아 리베리카종을 3대 원종이라 하는데, 최근에는 아라비카종과 로부스타종이 대부분이고, 리베리카종은 거의 생산되지 않는다. 아라비카종이 60~70% 이상, 로부스타종이 30~40%로 두 품종이 대부분을 차지한다.

코페아 아라비카종
(*Coffea Arabica*)

코페아 카네포라종
(*Coffea Canephora*)

코페아 리베리카종
(*Coffea Liberica*)

커피의 3대 품종

아라비카와 로부스타 품종 비교		
구분	아라비카	로부스타
원산지	에티오피아	콩고(현, 콩고민주공화국)
발견 시기	6~7세기	1895년
주요 생산국	아프리카, 중남미	베트남, 인도네시아, 인도 등
유전자 염색체수	44(2n=44)	22(2n=22)
번식 방법	자가수분	타가수분
생산 비율	60~80%	20~40%
생산량(ha당)	약 3,000 kg	2,000~4,000 kg
재배 고도	600~2,200 m(고지대)	800 m(저지대)
연평균 기온	15~24℃	24~30℃
강우량	1,500~2,000 mm	2,000~3,000 mm
병충해	약함	강함

아라비카와 로부스타 품종 비교 (계속)		
구분	아라비카	로부스타
뿌리	깊다(가뭄에 강함)	얕다(가뭄에 취약)
성숙기간	6~9개월	9~11개월
개화 시기	비 내린 후	불규칙
열매 익는 시기	가을	연중 수시
익은 체리	떨어진다	달려 있다
카페인 함량	약 1%	2~3%
향미	풍부하고, 신맛, 단맛	향미 약하고, 쓴맛, 강한 바디
소비 형태	원두커피	인스턴트 커피, 블렌딩용

5.1 코페아 아라비카(Coffea Arabica)

커피의 역사에서 최초의 아라비카 원종은 에티오피아 서쪽에 위치한 카파지역에서 발견되었다고 한다. 이 야생의 커피나무가 전 세계로 퍼져 나가 아라비카라는 커피의 품종으로 자리 잡아 전체 생산량의 60~80%를 차지한다. 아라비카종은 고온다습한 환경에 약해서 비교적 고도가 높은 서늘한 지역에서 주로 재배되고 있다. 토양은 비옥하고 배수가 잘되는 곳을 선호한다. 또한 아라비카종은 카페인을 적게 함유하고 있으며, 긍정적인 풍성한 향미를 가지고 있어 고품질의 커피로 취급되고 있다.

20세기 초에 나타난 카투라, 문도 노보, 게이샤 등이 좋은 품종으로 알려졌지만, 아라비카 변종 중에서 가장 오랜 이력을 가지고 품질을 인정받고 있는 품종으로는 티피카와 버번이 있다. 그리고 브라질에서 발견된 품종으로 생두의 크기가 압도적으로 커서 '코끼리빈'이라는 별명을 가진 마라고지페도 이 돌연변이종이다.

아라비카는 상록수로서 타원형의 진초록색 잎을 가지며, 자연상태로 방치하면 10 m까지 자라기도 한다. 꽃이 피고 경제성 있는 열매를 맺기 위해서는 3~5년 기다려야 하며, 재배 과정에서 많은 열매가 열리도록 가지치기를 한다. 이때 수확하기 편하도록 나무의 높이를 2 m 내외로 유지하며, 30년이 지나면 생산량이 현저하게 감소하므로 어린나무로 대체된다.

아라비카종이 잘 자라기 위한 환경조건은 연중 강우량이 약 1,500 mm로 습하지 않아야 한다. 특히 따뜻하면서도 서늘한 곳을 좋아하는 특성에 맞추어 적도 부근의 고도가 높은 곳에서 연평균 15~24℃를 유지해야 한다. 토양은 화산재가 쌓인 부드러운 땅이나 미네랄이 풍부한 곳이 좋고, 뿌리는 깊게 내리지만 로부스타에 비하여 재배 조건이 까다로운 편이다.

아라비카종의 꽃은 5개의 꽃잎을 가진 하얀 꽃이 모여서 피고, 재스민과 유사한 향이 나는데, 수정한 후 2~3일 지나면 시들어 버린다. 커피나무는 연중 열매를 맺지만 고도가 높은 지역의 나무들은 1년에 한 번만 수확하는 경향이 있다.

대표적인 아라비카 품종		
품종	내용	특징
Typica/티피카	아라비카 원종에 가장 가까운 품종	• 예멘 원종이며 생산량이 적다. • 병충해에 약하다. • 씨앗이 긴 편이고, 향미가 좋다.
Bourbon/버번	Typica의 돌연변이종	• 예멘 원종이다. • 센터컷이 S자형이다. • 병충해에 약하나 생산성이 좋다.
Mundo Novo/문도 노보	Typica와 Bourbon 교배종 (수마트라의 자연교배종)	• 문도 노보는 '신세계'라는 의미다. • 브라질에서 발견되었다. • 다양한 지역에서 재배된다. • 환경 적응력이 우수하다.
Caturra/카투라	Bourbon의 돌연변이종	• 브라질에서 발견되었다. • 병충해와 풍해에 강하다. • 버번과 유사성이 많다.
Catuai/카투아이	Mundo Novo와 Caturra의 교배종	• 병충해와 환경의 변화에 순응한다. • 카투라보다 고품질로 평가된다. • 커피나무의 수명이 짧다.
Kent/켄트	인도 고유 품종	• 씨앗의 크기가 중간 정도이다. • 병충해에 강하며 생산성이 높다.
Amarello/아마렐로	노란색 체리	• 유전적인 변종이다. • 생산성이 높다. • 키가 작고, 바디감이 강하다.
Catimor/카티모르	HdT와 Caturra 교배종	• 생산량이 많다. • 열매 크기가 다른 품종보다 크다. • 커피 녹병에 특히 강하다.
Timor/티모르	아라비카와 로부스타의 교배종	• 하이브리드종이다. • 병충해에 강하다. • 씨앗의 크기가 크다. • 쓴맛이 두드러진다.
Maragogype/마라고지페	Typica 돌연변이종	• 씨앗이 커서 별칭이 '코끼리빈'이다. • 주로 중남미에서 재배된다. • 비교적 카페인이 적다.

5.1.1 티피카(Typica)

티피카

에티오피아 원종이 예멘 지역에서 재배되었는데, 네덜란드인에 의해 자바로 전파되고, 프랑스 해군 장교 가브리엘 드 클리외에 의해 카리브해의 마르티니크섬에 전해진 것으로 추정된다. 대표적인 클래식 품종으로 전 세계에 넓게 분포되어 많은 교배종이 생겨나고 있다. 이 품종은 질병과 해충에 약하고 수확량이 적은 편이다. 어린잎의 끝부분이 구릿빛을 띠는 특징이 있으며(브론즈팁), 열매의 모양은 길고 넓적한 타원형이다. 이에 해당하는 품종으로 자메이카의 블루마운틴, 하와이의 코나, 파푸아뉴기니(PNG) 등이 있으며 모두 좋은 평판을 얻고 있다.

5.1.2 버번(Bourbon)

버번

티피카와 함께 아라비카의 대표적인 품종으로 전 세계에 많은 교배종이 생겨나고 있다. 에티오피아 원종으로 프랑스 식민지였던 부르봉(버번)섬에 심어서 재배되는 품종이다. 버번종은 고도가 높은 1,100~2,000 m에서 잘 자라며, 잎 모양이 다른 종에 비해 넓은 편이다. 티피카종에 비하면 30% 정도 많은 생산량을 보여 생산자들이 선호하는 품종이다. 열매는 빨리 익지만, 비바람에 쉽게 떨어져 관리가 어렵다. 열매 크기는 작고 둥근 모양이며, 센터컷은 S자형으로 단단하여 좋은 향미를 나타낸다. 레드버번, 옐로버번 등 열매의 색에 따라 다양하게 재배되는 품종이다.

5.1.3 문도 노보(Mundo Novo)

문도 노보

티피카와 버번의 자연교배종으로 1950년경 브라질 전역에서 재배되기 시작하여 현재는 카투아이와 함께 브라질에서 주력으로 생산하는 품종이다. 커피 녹병을 비롯한 병충해에 약하나 환경 적응력도 좋고, 신맛과 쓴맛의 밸런스가 좋다. 이 품종에 대한 기대가 커서 문도 노보(포르투갈어로 '신세계'라는 의미)라는 이름이 붙여졌다. 달콤한 맛과 견과류, 초콜릿의 향미가 나는데 생산지의 생육환경에 따라 다양한 향미를 보여 주는 품종이다.

5.1.4 카투라(Caturra)

브라질에서 발견된 버번의 돌연변이종으로 병충해와 풍해에 강한 품종으로 개량되었는데, 좋은 품질과 높은 생산량을 위해서는 세심한 관리가 필요하다. 중미 커피 생산국의 주요 품종으로 좋은 평가를 받고 있다. 열매 모양은 버번과 유사하지만, '카투라'의 의미처럼 키가 작아 재배와 수확이 용이하며 열매 크기도 작다.

카투라

5.1.5 블루마운틴(Blue Mountain)

정확한 유래는 알 수 없으나 티피카종에 가까운 품종이다. 자메이카에서 가장 많이 생산하는 특별한 품종으로 해발고도 1,500 m 위에서 잘 자란다. 열매 모양이 길고 향미가 좋아 고급 커피로 인정받고 있다. 질병에 대한 저항력이 강한 품종으로 알려져 있지만 다른 산지에서는 적응력이 떨어진다.

블루마운틴

5.1.6 카라콜리로(Caracolillo, 피베리)

아라비카종의 커피체리 안에는 일반적으로 두 개의 빈이 자라는데, 유전적인 수정의 결함으로 인하여 드물게 한 개만 자라는 경우가 있다. 이런 생두를 가리켜 '카라콜리로'라고 하는데, 스페인어로 '달팽이 모양의 생두'라는 뜻이다. 영어로는 '피베리(Peaberry)'라고 한다. 카라콜리로는 씨앗이 두 쪽으로 나뉘지 않아 맛과 향이 응집되어 고급커피로 유통되고 있다. 주로 가지

로스팅된 카라콜리로

끝에 달린 체리에서 발견되고, 다른 열매보다 비교적 둥근 모양을 하고 있어서 육안으로도 식별이 가능하다.

특별히 인정받는 카라콜리로는 에티오피아의 '모카 하라'와 탄자니아의 프리미엄이 있다. 카라콜리로만 따로 골라내서 상품화하려면 인건비가 많이 들지만, 높은 가격으로 판매되어 카라콜리로에 대한 연구가 진행 중이다. 일반 커피와 비교하여 향미의 차이는 없으나 커피애호가들이 '커피의 보배'라고 예찬하며 비싼 가격에도 거래되기 때문이다.

5.1.7 게이샤(Geisha, Gesha)

게이샤

게이샤의 원종은 에티오피아 카파의 '게샤(게이샤)' 지역이며, 탄자니아, 코스타리카를 거쳐 1960년경 파나마에 식재되었다. 미기후 품종으로 고도 1,500~1,700 m에서 가장 잘 자라며, 좋은 품질의 커피 수확을 보장한다. 꽃향과 감귤류의 향기가 특징이며, 2004년 미국에서 열린 파나마 게이샤 경매 BOP(Best Of Panama)에서 에스메랄다 농장의 게이샤가 스타덤에 올랐다. 그 평가에 참여한 커피헌터가 풍부하고 화사한 향미에 반하여 "나는 방금 컵 안에서 신의 얼굴을 보았다"고 표현하면서 '신의 커피'라는 별명이 붙여졌다. 최근에 게이샤가 다양해지면서 경매사이트 옥션에서 게이샤가 대부분 CoE 커피 상위권을 차지하였다. 현재 에티오피아, 콜롬비아, 니카라과 등 다양한 지역에서 재배하면서 21세기 커피 맛을 대표하는 품종으로 등극하였다.

5.2 코페아 카네포라(Coffea Canephora, 로부스타)

코페아 카네포라의 원산지는 아프리카의 콩고 빅토리아호의 서쪽에서 시작되었다고 전해진다. 카네포라는 고온 다습한 환경에도 잘 적응하여 어떤 토양에서도 재배할 수 있으며, 병충해에도 강하여 동남아시아의 저지대에서 재배되고 있다.

로부스타는 19세기 말 서아프리카 콩고에서 발견되어 현재 세계에서 생산되는 커피의 약 20~40%를 차지하고 있다. 재배되는 지역은 브라질의 코닐론, SA시리즈(인도네시아), 동남아시아의 BP, S274, BR시리즈(인도), 아프리카 중서부 지역이다.

로부스타는 병충해에 강하고 저지대에서도 잘 자라기 때문에 전 세계에 급속도로 퍼져 나갔다. 로부스타는 단위면적당 생산성이 높아서 비교적 값이 저렴한 캔커피나 인스턴트커피 제조에 사용되고 있다. 재배조건으로는 연평균 강우량 2,000~3,000 mm에, 연평균 기온 24~30℃인 적도 부근에서 잘 자란다. 커피나무의 수명은 20~30년이고, 나무를 심은 지 3~4년이 지나야 수확물을 얻을 수 있다.

카페인의 함량은 아라비카종이 1% 전후인데, 로부스타종은 2~3%로 높은 편이다. 생두의 모양은 둥글고, 독특한 향과 강한 쓴맛을 지니고 있다. 자가수분을 하는 아라비카에 비하여 로부스타는 타가수분을 한다. 즉, 로부스타는 다른 나무의 꽃가루와 수분을 해야 하기 때문에 벌과 나비를 유인하기 위하여 더 강한 꽃향기를 가지고 있다. 아라비카종과 같은 풍미를 낼 수는 없으나 좋은 품질의 로부스타는 바디가 강해서 에스프레소 블렌딩에 사용되기도 한다.

5.3 코페아 리베리카(Coffea Liberica)

1860년대 녹병이 확산되어 아라비카의 대체종으로 주목을 끌었던 품종으로 서아프리카의 라이베리아가 원산지이다. 그러나 리베리카의 향미는 아라비카에 미치지 못하고 수확량도 로부스타에 비하여 적은 편이다.

현재는 서아프리카 국가(라이베리아, 가이아, 수리남)와 동남아시아에서 생산되는데 잎, 꽃, 열매의 크기가 아라비카나 로부스타보다 크다. 병충해에 강하고 적응성이 좋아서 일부는 유럽으로 수출되지만 대부분 자국에서 소비된다.

5.4 교배종

5.4.1 카티모르(Catimor)

1860년대 커피 녹병으로 인하여 아라비카종이 초토화되자 병충해에 강한 로부스타와 교배를 시도하였다. 카티모르는 카투라와 티모르 하이브리드의 인공교배종으로 1959년 포르투갈에서 개발되었다. 성장 속도가 빠르며, 중간 정도의 고지대에서 많은 수확량을 보여 주는 품종이지만, 수명이 짧은 단점이 있다.

카티모르

5.4.2 카투아이(Catuai)

현재 브라질, 중미에서 주력으로 생산하는 품종으로, 브라질에서 1950~1960년대 문도 노보와 카투라를 교배[5]하여 개발하였다. 바람에 대한 저항력과 견고함을 가지고 있어 바람이 많은 환경에 최적화되었다. 커피 열매의 색에 따라 레드 카투아이, 옐로 카투아이가 있다.

카투아이

5.4.3 마라고지페(Maragogipe)

마라고지페

티피카종에서 파생되어 브라질에서 자연적으로 생겨난 돌연변이이며, 마라고지페 도시 근처의 재배지에서 발견되어서 붙여진 이름이다. 고도 600~700 m에서 잘 자라지만, 1,000 m 이상의 고도에서 우수한 품질의 커피를 생산한다. 수확량은 적으나 생두의 크기가 커서 코끼리콩(Elephant Bean)으로 알려져 있다. 마라고지페의 변종으로 파카마라(Pacamara)와 마라카투라(Maracaturra)종이 있다. 파카마라는 파카스(Pacas)와 마라고지페의 교배종으로 열매의 크기가 크고 향미가 좋은 특성이 있다.

5.4.4 티모르 하이브리드(HdT, Hybrid de Timor)

티모르 하이브리드

1920년대 인도네시아 동티모르 섬에서 아라비카와 로부스타가 자연적으로 교배되어 탄생한 품종이다. 공식 명칭은 티모르 하이브리드(Timor Hybrid)이며, HdT라고도 한다.

유전적으로 아라비카와 로부스타는 염색체 수가 달라 인공 교배가 어려운데, 아라비카의 섬세한 맛과 로부스타의 강력한 병충해 저항성 유전자를 모두 가지고 있

5 카투아이는 '매우 좋다'는 의미를 가진 인공 교배종이다. 문도 노보는 키가 크고 생산성도 좋았지만 밀집 재배가 안 되어서 생산량이 적었다. 이를 보완하기 위하여 키는 작지만 밀집 재배가 가능한 브라질의 카투라와 인위적으로 교배하여 개발한 품종이다.

다. 이 품종은 뿌리를 깊게 내려 가뭄에 강하지만, 생산량 변동이 심하고 품질이 떨어져 '아라비카로 변장한 로부스타'로 외면받는다. 하지만 커피산업계에서 의미를 두는 것은 농부들의 소득을 위한 생산량에 초점을 맞추어 개량된 품종이기 때문이다. 이에 해당하는 품종으로 카티모르(카투라 + HdT), 사치모르(빌라사치 + HdT)가 있다.

사치모르

5.4.5 켄트(Kent)

바바 부단이 예멘에서 인도로 가져간 최초 커피나무의 후손이라고 전해진다. 인도 마이소르 지역에서 1920년대 커피 품종개량에 참여한 영국인 농장주 켄트(Kent)의 이름에서 유래된 티피카[6]의 변이종이다. 생산성이 높고 병충해에 강한 품종으로 녹병을 대비하여 개발되었다.

켄트

정리 | 커피 가문의 족보 이야기

티피카 백작이 영지를 돌아보다 시골 마을에서 **버번** 아가씨를 만나 한눈에 반하였다. 백작의 집안에서는 정략결혼을 준비하고 있었는데, 티피카가 강경하게 버번을 고집하면서 반대를 무릅쓰고 결혼을 강행하였다. 신혼의 단꿈에 빠져 행복한 결혼생활을 하였고, 그 결실로 사랑스런 아기가 태어났다. 두 사람의 결혼생활은 귀족들의 사치와 허영과는 달리 그들만의 신세계를 추구했기에 아기의 이름을 **문도 노보**(=신세계)라 지었다.

화무십일홍이라 했던가. 버번도 나이가 들어 미모가 시들해지자 티피카 백작은 다른 여인들에게 눈길을 주기 시작하였다. 백작의 사랑이 식자 가족은 물론 하인들마저 버번을 대하는 태도가 달라졌다. 인생의 비애를 느낀 버번은 백작에게 이혼을 요구하였고, 위자료를 두둑하게 챙겨 나왔다. 사랑의 아픔과 배반의 씁쓸함에 몸부림치다 새 출발을 위하여 성형도 하고, 이름도 바꾸고, 출신성분도 세탁하였다.

6 켄트 품종에 대해서는 티피카 계열이라고 알려져 있으나 학설이 분분하며, 과학적인 검증으로는 버번종이라는 설도 있다.

의술의 힘을 빌려 젊게 변신하고 이름도 **카투라**로 바꾸었다. 미천한 시골 출신의 과거도 지우고, 백작과의 결혼을 부각시켜 몰락한 가문의 외동딸 행세를 하였다. 돈 많은 미모의 카투라는 사교계의 여왕이 되었다. 많은 남성들이 그녀에게 유혹의 손길을 보내왔다. 그러나 카투라는 자기에게 눈길도 주지 않는 우수에 잠긴 한 청년에게 마음을 빼앗겼다. 이름도 나이도 모르는 그 청년은 항상 카페의 창가에 혼자 앉아 있었다. 카투라는 청년에게 다가가서 말을 걸었다. 슬픈 눈의 청년은 아무 말도 하지 않고 멀리 바다만 바라보았다. 사교계의 여왕에게 관심을 보이지 않는 청년에게 묘하게 끌린 카투라는 측은한 마음이 작용하여 적극적으로 대화를 시도하였다. 드디어 슬픈 가족사를 안고 여행 중인 청년도 다정하게 다가오는 여인에게 마음의 문을 열기 시작하였다.

각자의 상처를 감춘 채 두 사람은 사랑에 빠져들었다. 둘 사이에 아이가 태어났다. 아기는 엄마를 닮아 천사처럼 사랑스러웠다. 엄마 이름을 따서 **카투아이**라고 이름지었고, 두 사람은 아이를 키우며 행복한 나날을 보냈다. 그러나 운명의 여신은 카투라를 내버려 두지 않았다. 어느 화창한 오후, 깨끗하게 지웠다고 생각했던 과거가 스멀스멀 기어 나왔다. 날벼락 같은 일이 일어났다. 사랑의 상처가 사랑으로 치유받았다고 생각했는데, 그 청년은 바로 자기가 두고 나온 아들이었다. 얼굴을 과하게 성형한 결과 처참한 결과를 불러온 것이다.

너무나도 큰 충격에 카투라는 실성하고 말았다. 정신줄을 놓고 거리의 여자로 흘러 다니며 살아갔다. 모든 기억을 지우고 싶었는지 자기 이름도 모르고, 어디서 왔는지도 모르는 기억상실 상태가 되었다.

카투라는 나락으로 떨어졌지만 미모는 여전하였다. 이웃 티모르섬 추장이 측은하게 여겨서 그녀를 데려가서 돌봐주었다. 추장은 작은 섬을 다스리는 족장이지만 영국 식민지 시절 영국군과의 사이에서 태어난 **HdT**(Hybrid de Timor)였고, 영국 유학까지 다녀온 재원이었다.

그 후 카투라와 HdT 사이에 아이가 태어났다. 카투라와 티모르섬 추장과의 사이에서 태어난 아이였기에 **카티모르**라 이름지었다.

품종별 특징

● 티피카 : 아라비카의 원조(별칭 : 수마트라, 아라비고)

● 버번 = 부르봉 : 티피카의 자연변이, 부르봉섬(현, 레이니옹)에서 탄생. 키가 작고, 가지가 많아 다수확. 잎과 체리가 둥근 편. 단맛, 산미 좋아 귀한 품종 취급. 기후 · 토양에 예민하여 키우기 어렵다는 단점

● 문도 노보(신세계) : 티피카와 버번의 자연혼종. 생산량이 많고, 병충해에 강하여 튼튼

● 카투라 : 버번의 돌연변이. 생산량이 높고, 열매를 많이 맺어 잎이 마를 정도. 왜성식물로 따기가 쉬워서 농가에서 선호함

● 카투아이 : 카투라(키 작고)와 문도 노보(높은 생산량) 교배종

● 카티모르 : 병충해에 강해서 적응력이 좋은 품종

● 마라고지페 : 브라질의 마라고지페에서 발견된 자연변이종. 나무, 잎, 씨앗, 모두 아라비카종 가운데 가장 큼(코끼리콩)

● 에이치디티 : HdT(Hybrid de Timor 또는 Timor Hybrid). 아라비카와 로부스타의 자연교배종, 병충해에 강한 하이브리드

이 이야기는 복잡한 커피 품종의 계보에 대한 이해를 돕기 위해, 품종의 특성을 고려하여 만든 허구의 글이다.

COFFEE COFFEE COFFEE

씨앗에서

음료까지

커피 커피 커피

3장

커피 생산지별 향미 특성

1. 아프리카(Africa)
2. 멕시코와 중앙아메리카(Mexico & Central America)
3. 하와이 & 카리브해(Hawaii & Caribbean Sea)
4. 남아메리카(South America)
5. 아시아(Asia)

3장

커피 생산지별 향미 특성

"You can't have quality if you can't measure it."

품질을 잴 수 없다면 품질을 소유할 수 없다.

- Judan(1951; Espresso Coffee : The Science of Quality. Illy. Elsevier. p. 2)

커피를 이야기할 때 품질을 늘 생각하라는 의미다. 커피 한 잔의 가치는 생커피의 품질에서 시작되며 로스팅을 잘해도 추출을 잘해도 생커피의 품질에 우선할 수는 없다. 결국 생커피의 공부로 가야 하고 70여 개국에서 생산되던 커피는 점차 90여 개국으로 확대되면서 각 나라의 기후, 지대, 토양 등의 환경적 요인에서 탄생한 본연의 품질과 생산과 수확, 설비시설과 품종 개량, 가공 과정상의 기술 등 많은 노력들이 생커피 품질 시장의 변화를 가져오고 있다.

1) 아프리카(Africa) · 원산지, 최대 품종 보유

아프리카는 커피의 시작이며 대략 22개 국가에서 전체 생산량의 12%(2023) 정도를 차지하고 있으나 점차 감소하는 추세로 아프리카 내 커피 산업의 지위는 하락하고 있다. 그러나 서부의 에티오피아, 케냐를 중심으로 한 동아프리카지구대 지역에서는 은은한 꽃향기와 레몬, 살구, 블루베리의 과일 향이 상큼하게 느껴지는 최상의 아라비카 품종이 채집과 재배되며 동부는 고지대, 수세식의 고품질 로부스타 품종을 비롯한 양질의 로부스타 품종들이 생산되고 있다('아프리카 커피산업 동향', 세계농업 제145호, 이혜은 · 정승은, 한국농촌경제연구원, 2012).

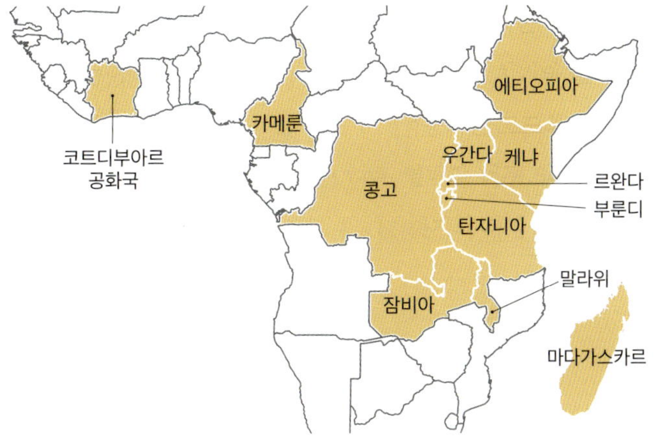

에티오피아	우간다	코트디부아르	탄자니아	카메룬	케냐	기타
34%	22%	14%	5%	5%	5%	15%

아프리카 커피 나라별 생산량(2009/10)

자료 International Coffee Organization

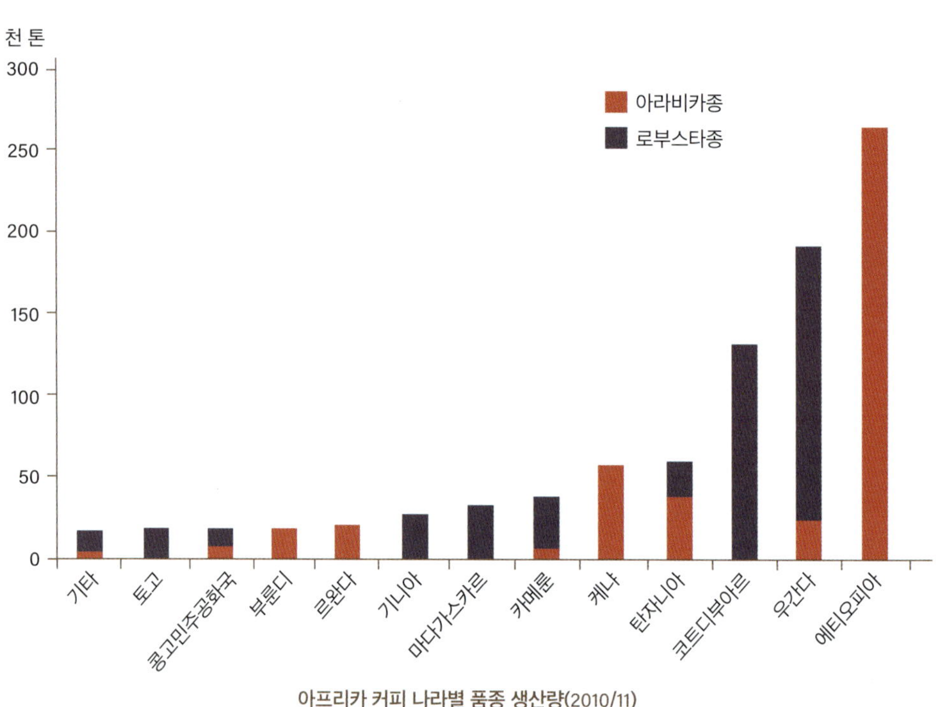

아프리카 커피 나라별 품종 생산량(2010/11)

자료 USDA FAS(www.usda.gov)

1.1 르완다(Rwanda) · 천 개 언덕의 땅, 키부 호수, 감자 결점

케냐와 같은 커피로 소개되는 과일의 밝은 신맛과 달콤한 단맛, 에티오피아에서 느껴지는 꽃향기와 차를 마신 듯한 깔끔한 뒷맛이 일품인 커피다. 그러나 한약재나 홍삼 등으로 표현되는 '감자 결점(Potato Defect*)'이 나타나 낮은 점수를 받고 있다. '천 개 언덕의 땅'으로 알려진 르완다는 높은 해발 고도와 온화한 기후, 적절한 강수량과 화산재 토양에서 강렬한 태양의 빛을 받으며 재배되며, 일교차가 커 커피가 단단하고 밀도가 높아 CoE*에서 85~90.42의 높은 점수를 받는 스페셜티 커피로 자리 잡고 있다.

1.1.1 키부(Kivu, 4~6월 수확, 1,600~2,000 m 고도)

키부 호수. 1,800~2,000 m 고지대로 섬세하고 복합적인 신단맛. 오렌지와 은은한 체리, 라임, 카카오 향과 함께 입안 가득 부드럽게 느껴지는 좋은 감촉까지 골고루 갖춘 커피다.

- **키부 인조브(Kivu Inzovu)** : 인조브는 코끼리를 의미하며 키부의 루이씨지(Ruisizi) 지역의 커피로 다크초콜릿, 블루베리, 노란 천도복숭아와 살구의 밝은 신맛을 낸다.
- **키부 카렝게라(Kivu Karengera)** : 니야마쉐케 마을. 1,700 m. 2,600개 소규모 농장으로 커피 산업의 개척지다. 달콤한 버터와 브라운 슈가, 카카오와 히비스커스의 향미, 밝고 상큼한 신단맛과 함께 크리미한 촉촉함과 함께 기분 좋은 부드러움이 풍성하게 느껴지는 커피다.
- **키부 상기(Kivu Shangi)** : 니야마쉐케 마을. 다소 가볍지만 상큼하고 청량감이 느껴지는 부드러운 감촉과 바닐라 향의 단맛, 밝은 과일 향 등 섬세하면서도 다양한 향미를 가지고 있다.

1.1.2 비룽가(Virunga, 4~6월 수확, 1,900~2,200 m 고도)

산악 지역으로 고도가 높아 단맛과 좋은 신맛, 달콤하고 생동감이 넘쳐 에스프레소의 블렌딩에 주로 이용된다. 호두의 고소함과 부드러운 바디가 일품이며 특히 꿀의 단맛으로 유명하다.

1.1.3 키지 리프트(Kizi Rift, 4~6월 수확, 1,980~2,200 m 고도)

고도가 높은 계곡 지역으로 재스민 향과 고소하고 부드러운 단맛과 향이 일품이며 넛메그(Nutmeg : 사향 향 너트)와 군밤의 강한 느낌과 버터와 캐러멜 향의 부드러움이 느껴진다.

1.1.4 아카게라(Akagera, 4~6월 수확, 1,300~1,500 m 고도)

블랙베리의 적당한 신맛과 함께 깔끔한 마무리가 일품인 커피로 홍차, 후추의 향, 독특한 카다몸(Cardamom, 생강과 식물 향신료)의 살짝 매운 듯한, 그러나 고급 향이 나는 커피이다.

1.1.5 무하지(Muhazi, 4~6월 수확, 1,400~1,600 m 고도)

매운 향이 살짝 가미된 듯한 강한 홍차의 맛과 다크 초콜릿 향미, 비 내린 후 슬며시 올라오는 젖은 흙 향이 묵직하면서 깊게, 고급스럽게 느껴지는 커피다.

- **마공고 농장(Magongo Farm)** : 1,500 m, 700여 명의 농부가 깨끗이 씻어 말리는 가공 공정을 통하여 생산되는 커피로 백포도주의 산미와 백설탕의 단맛이 느껴진다.

• **마라바 커피(Maraba Coffee)** : 후이마운틴 광천수의 특별 세척 지역으로서 6개의 협동조합에서 생산. 자몽의 시트러스한 밝은 신맛과 블랙베리의 신맛, 토피(Toffee, 버터 땅콩 캔디)의 고소한 단맛이 느껴지는 다양하고 세련된 고급 커피로 르완다를 대표하는 커피다.

*** 생감자 맛 결점**

상한 생감자 향과 맛의 결점으로 브룬디와 르완다에서 주로 나타나며 실제 감자와는 무관한 화학물질인 피라진(Pyrazine)으로 인한 자연적이며 지역적인 원인에 의한 것으로 본다. 콩고, 탄자니아, 잠비아, 케냐, 우간다 등에서도 나타나는데 이곳의 토착 벌레인 안테스티아(Antestia Bug, 동아프리카에서 서식하는 해충)가 커피체리에 상처를 내면 판토에아(Pantoea) 속의 Coffeiphila sp.(커피나무를 좋아하는 박테리아)가 침투하게 되고 박테리아로부터 자신을 방어하기 위해 아주 고약한, 상한 생감자 같은 악취(피라진이 원인)를 풍기게 되는데 이는 아시아에서 한약재, 인삼이나 홍삼의 향미로 표현된다.

*** CoE(Cup of Excellence)**

비영리 국제 커피 단체인 ACE(Alliance for Coffee Excellance)에서 운영하는 커피 품질 경연 대회 및 옥션 프로그램으로 서로 다른 커피 생산 국가끼리 경쟁이 아닌 한 나라에서 최고 품질의 커피를 찾아내는 대회라고 할 수 있다. 그해 수확한 커피들을 국내외 심판관의 엄격한 심사를 통하여 최고 품질의 커피로 합격한 커피는 CoE 커피로 불리게 되며 순위가 매겨지고 옥션을 통해 고가로 거래되어 생산자들에게 도움이 될 수 있도록 한다. 1999년 브라질 스페셜티 회장이던 바르셀루 비애라에 의해 'Best of Brazil'를 개최, 국내외 심사원들이 6개 지역에서 출품한 315개의 브라질 생커피 중 상위 10개를 Cup of Excellenc, 즉 CoE라는 호칭을 붙이게 된 것을 계기로 콜롬비아, 엘살바도로, 과테말라, 온두라스, 니카라과, 르완다, 볼리비아, 코스타리카 등에서 실시되며 참여 국가는 점점 늘어 가고 있다.

1.2 마다가스카르(Madagascar) • 수세 로부스타, 마스카로 코페아*

우간다와 비슷한 고품질의 수세식 카네포라(로부스타)를 생산하는 국가로 유명하며 품질이 매우 뛰어나 대부분 프랑스와 일본으로 수출된다. 1978년의 세계적인 커피 가격 폭락으로 커피 산업을 국유화하고 연구소도 축소하여 쇠퇴의 길을 걸었으나, 최대 수출품은 여전히 커피로 전체 생산의 90% 정도를 차지하는 수세식의 품질 좋은 로부스타가 유명하며 아라비카 원두 생산량도 꾸준히 증가하고 있다. 천 년의 수명을 가진다는 바오밥(Baobab) 나무로 유명하며 동식물의 천연 생태계의 보고(寶庫)로 알려져 있으며, 커피로는 아라비카 품종의 할아버지격인 에우코페아 아속의 마스카로 코페아(카페인이 없거나 매우 적은) 품종 외 마다가스카르

서부에는 놀라운 코페아 9종이 발견되어 학계에 보고되었다(바라코페아 분류학적 개정 : 마다가스카르 서부의 놀라운 코페아 9종, https://mjcoffeescience.tistory.com/92 참조).

*** 마스카로 코페아와 제로카페인**

엘살바도르 국립커피연구소 문헌에서 카페인 함유량이 제로이거나 매우 적다고 보고된 품종이다. 울창한 정글 속, 키 높이 이상의 잡초 속에서 죽어 가고 있는 43종의 약 900그루의 마스카로 코페아 품종을 발견하여 이제는 깨끗이 정비되어 품종마다 알기 쉽게 구분하였으며, 4,000그루 가까이 늘릴 수 있었다. 이것으로 우선 제로카페인의 커피나무인 마스카로 코페아가 이 지구상으로부터 소멸하게 되는 것을 막을 수 있었다.

자료 OSEN, 가와시마의 커피헌팅, 2013. 01. 07. 자료를 저자가 요약, 발췌

1.3 말라위(Malawi) · 아프리카 커피의 심장, 커피의 보석, 말라위 AAA

아프리카에서 가장 작은 생산국이지만 아프리카 커피의 보석으로 불리는 말라위 커피 AAA는 고산지대인 마주주(Mazuzu)를 중심으로 생산되는데, 생커피만 보아도 단맛과 과일 향이 느껴지는 커피로 과일 차와 같은 느낌의 케냐 커피 또는 에티오피아의 아리차(Aricha)와 코체레(Kochere)의 깔끔하면서도 고급스런 커피 향미가 떠오르는 커피로 알려져 있다.

오랜 식민 통치와 독재로 인한 극심한 가난은 게이샤 품종의 유기농 재배 커피의 뛰어난 말라위의 커피 맛을 나타내기 위하여 노력하였으나 지역적인 한계와 턱없는 시설 부족 등으로 이어져 SL 28 외 카티모르와 문도 노보 등 다소 병충해에 강한 품종으로 대체 재배되고 있다.

그러나 비옥한 토양과 풍부한 강수량 등 그 맛을 경험해 본 많은 커핑 노트에서는 '아프리카 커피의 보석과 같은 높은 품질의 커피로 말라위 AAA'를 꼽는다. 풍부하고 부드러운 질감으로 느껴지는 풍성함, 케냐 커피와 버금가는 독특하면서 우아한, 고급스런 향기와 맛, 빛나는 보석을 마신 것과 같이 화려하게 느껴지는 이국적인 과일 차와 같은 커피다.

대부분 유기농으로 1,000 m 이상의 고지대에서 재배되며 수확은 12~2월, 수세식 가공으로 등급은 스크린 사이즈로 케냐보다 큰 AAA 사이즈가 최상급으로 표기되고 AA, A, AB, B, C, PB 등으로 분류된다. 부드럽고 싱싱한 과일의 신단맛, 마치 신선한 과일 주스를 차로 마시는 듯한 레몬과 망고의 신단맛, 삼나무의 고급스런 향에서 초콜릿의 향미로 넘어가는 풍성한 향미, 입안에서 퍼져 가는 레드와인의 기분 좋은 느낌 등 아프리카의 다양한 커피 향이 입안에서 변화하는, 아프리카의 심장처럼 다가온다는 높은 품질의 커피로 총평되고 있다.

1.4 부룬디(Burundi) · 카루지, 감자 결점

고품질의 높은 생산성, 달콤한 맛으로 알려진 버번 품종은 티피카 종에 비해 20~30% 높은 생산성을 자랑하고 티피카에 비해 병충해에 강하다. 과일 주스의 상큼함과 깔끔한 산미가 일품인 버번 품종의 커피를 생산하는 부룬디는 20세기 초반 벨기에에 의해 재배되기 시작했으며, 2012년 르완다에 이어 CoE에 두 번째로 가입, 전체 농가의 70% 이상이 커피 산업에 종사한다.

르완다 커피와 함께 '감자 결점'이 발견되고 있는데 농민들은 직접 손으로 안테스티아 해충을 잡고 스페셜티 커피가 재배되는 카루지(Karuzi) 등에서는 결점두를 줄이기 위해 이물질을 골라내고 다시 또 골라내는 등 품질 향상을 위하여 최선을 다한다. 전체적으로 고소함이 올라오고 부드러운 느낌과 뒷맛의 깔끔함, 중간 정도의 묵직한 양질감에 베리류의 산미가 가득한 케냐와 군고구마의 에티오피아 커피 느낌이 골고루 혼합된 커피로 알려져 있다.

- **카얀자(Kayanza, 3~6월 수확, 1,750~1,850 m 고도)** : 스페셜티 커피 재배 지역으로 1,800~1,950 m, 아프리카 건조대와 워싱 스테이션을 설치하여 협동조합의 형태로 커피를 가공 처리한다. 2018년 CoE 평가에서 29개 지역의 커피가 87.11~91.43의 높은 점수를 받았다.

그 외 카루지(Karuzi), 키룬도(Kirundo), 엔고지(Ngogi), 무이잉가(Muyinga), 음와로(Mwaro), 기테가(Gitega), 무라비아(Muramvya) 등지에서 재배하고 있다.

1.5 에티오피아(Ethiopia) · 커피 종주국, 아라비카 유전자은행, 꽃과 살구향, 초콜릿

검게 그을린 얼굴들의 땅, 에티오피아는 커피의 종주국이며 자생하는 품종의 개수만도 3,000개가 훨씬 넘는 아라비카 커피 유전자은행의 나라다. 산과 숲에서 야생의 열매로 지금도 계속 새로운 변종이 생겨나고, 지역마다 각각의 특색을 가지고 있어 지역의 이름을 따라 구분되거나 혹은 예멘 커피와 함께 초콜릿 향이 강한 특징으로 인해 모카커피라 불린다.

지역별로 다르게 나타나는 토양의 차이로 에티오피아 커피의 향미는 달라지는데 대체적으로 화산재의 토양으로 미네랄 성분이 많은 이르가체페 지역의 흑토, 시다모 지역과 남부 지방의 적토, 하라 지역의 석회질 성분의 회색토 등이 있다.

아이들이 자라는 집마다 커피나무가 자라고, 산기슭이나 숲 가까이에서 향기롭고 싱그러운 재스민 혹은 아카시아꽃 향이 감미롭게 퍼져 가는 나라, 커피 꽃이 개화하는 시기에는 마치 아프리카의 하얀 쌀 같은 커피 꽃잎들이 흩날리는 나라, 어디를 가나 곳곳에 자생으로 자라나는 커피나무들로 인해 눈부시게 아름다운 커피의 나라, 소작농에 의한 생산량이 90%를 차지하고 약 1,500만 명의 인구가 생계를 책임지기 위하여 전 국민의 35% 이상이 커피 관련 일에 종사하고, 전 생산량의 50%를 내국인이 소비하는 나라다. 그리하여 초콜릿 피부색의 클레오파트라의 후손인 에티오피아 여인들이 주관하는 '분나 마프라트(Bunna Maffrate*)'는 커피로 손님을 환대하는 그들만의 예의이자 예물 의식이다.

커피가 발견된 카파(Kaffa)라는 지역명에서 오늘날 카페(Kaffe), 커피(Coffee)가 유래되었다고 전해지는데 카파의 어원은 '힘'으로, 손님에게 자신의 땅에서 자란 커피를 대접하며 자신의 땅에게 감사하는 마음을 기리며 마셨다 한다. 최초 인류로 공인된 루시(Lucy) 또한 에티오피아 여성 성인으로 알려져 인류의 탄생지에서 커피가 탄생하는, 시작된 것으로 알려져 있다.

아프리카 최대 생산국이며 전 세계 커피 생산량의 약 17%를 책임지고 있는, 바다가 없는 내륙국가로 모든 수출은 지부티(Djibouti)를 통하여 이뤄지는데, 1992년 쿼터제가 폐지되고 개인 수출업자들 간 자유화가 이루어져 2008년 에티오피아상품거래소가 설립된 후 현재까지 공개 입찰 방식으로 거래되고 있다. 8만여 농가가 가입된 시다마커피생산자조합, 7만여 농가가 가입된 오로미아커피생산자조합, 2002년에 결성된 이르가체페커피생산자조합에는 대략 44,000개의 농가와 23개의 소형 협동조합이 가입되어 있는데 농민을 대신하여 수출해 주고, 생산 품질의 안정화에 기여하며, 지역사회 안정에도 도움을 주는 것이 목적이다.

1600년대에 처음으로 수출했다고 전해지며 1920년대 하라리(Harari)와 아비시니안(Abyssinian)의 이름으로 10만 백(Bag) 정도를 수출했다. 꽃 향과 초콜릿 향미 등 타 국가에 비해 품질이 월등하지만 시장의 투명성 등 난제가 많아 2016년 이후 협동조합을 통한 구입이 활발하게 이루어지고 있다. 동아프리카 지구대 양쪽 1,500 m 이상의 고지대와 남부지역에서 대부분 생산되고 있으며 점점 채취에서 재배로의 생산을 늘려 가는 추세로 에티오피아의 커피 등급 및 명명 시스템은 매우 엄격한 규제를 받으며, 커피 이름을 결정할 수 있는 최종 결정권은 정부가 가지고 있다. 새로운 변종이 계속 생겨나 대부분 지역의 이름이 커피 이름으로 통제되고 행정 지명으로 유지되고 있는데, 대부분 수년 전 자료이고 영역도 방대하여 미국과 영국 등 대규모 회사에 의해 정리되어 상업적 자료로 통용되고 있는 실정이다.

10월부터 이듬해 3월까지 수확기가 되면 가파른 산세를 올라 커피를 수확하게 되는데 지형적인 어려움으로 생산량은 많지 않다. 험난한 지형 탓에 농약이나 비료를 뿌려 줄 여건도 안 돼 유기농 커피인데 국제적인 인증을 받기에는 어려움이 많다. 이르가체페 지역의 경우 수확기가 되면 어린이부터 50세 노인까지(평균 수명 53세) 일을 해 벌어들이는 6인 가족의 한 달 소득은 한화 약 13만 원을 넘지 못하고 1년에 50만 원 남짓 받는데, 커피나무의 노화와 세계

에티오피아 커피 재배 방법에 따른 비교	
가든 커피 (Garden)	50%. 남부 지방과 동남부 지방. 농가와 농가 근처 주변에 다른 작물과 함께 조밀하지 않게 심어 유기농법으로 재배하는 전형적인 방법
세미포레스트 커피 (Semi-forest)	35%. 남부 지방과 서남부 지방. 야생의 상태에서 수확하나 완전한 자연 재배는 아니며, 적절한 일조량을 유지하기 위해 식수 간격을 조절하거나, 다른 나무를 잘라 주거나 김을 매는 등의 관리를 해 주는 재배 방법
포레스트 커피 (Forest)	10%. 남부 지방과 서남부 지방. 산이나 숲에서 자생하여 서로 다른 품종의 커피나무에서 수확하는 방법. 키 큰 다른 나무들 아래 그늘에서 자란다.
플랜테이션 커피 (Plantation)	국영 농장에서 집약적으로 재배하여 생산성을 높이는 방법으로 조직화된 커피 경작법. 실제 이런 농장은 많지 않아 전체의 5% 정도다.

자료 paradise-tour.net, www.technology.org, botanicaethiopia.com, peoplefoodandnature.org, www.coffeeshrub.com

적인 기온 상승, 불규칙한 기후 조건과 낮은 커피 값 등으로 인해 점점 커피보다 수익성이 좋고 가뭄에도 강한 카트[Khat 혹은 차트(Chat)*]를 재배하는 농부가 늘어나고 있다. 과일과 꽃향기가 어우러진, 특히 살구 향의 상큼하고 밝은, 튀지 않는 기분 좋은 신맛과 마시고 난 후 뒷맛의 깔끔함, 군고구마의 달콤한 향과 구수함, 쓴맛을 느끼기 힘든 여성적인 부드러운 느낌 때문에 '커피의 귀부인'으로 불린다. 생산과 수확은 남부 지방을 비롯한 워시드 가공법의 경우 8~12월이며, 하라 지방을 비롯한 물 수급이 어려운 지역의 경우 내추럴 가공법은 10~3월이다.

- **시다모(Sidamo, 8~12월 수확, 1,800~2,000 m)** : 남부 시다마 지역의 비옥한 토양, 높은 재배고도, 알맞은 강우량 등 최적화된 재배지에서 나는 커피로 달콤하고 상큼한 과일의 그윽한 향미, 특히 버가못(Bergamot, 오렌지과)의 새콤한 살구 향미로 기억되며 바디는 다소 가벼운 느낌이지만 부드러우며 강렬한 과일 향이 일품인 커피다.
- **이르가체페(Yirgacheffe, 8~12월 수확, 2,000 m~ 고도)** : 이르가짜페, 이르가체페, 예가체페 등의 이름으로 불리며 현지인들은 짜페라 부른다. 2,000 m 이상의 고도에서는 심한 일교차로 스트레스를 받은 커피나무가 유기산을 만들어 내는데 독특하고 화려한 꽃과 과일 향의 커피로 시다마 남쪽 아바야(Abaya) 호수 근처 제데오(Gedeo) 지역에서 생산되며 마치 향긋한 차를 마신 것과 같은 느낌을 준다. 향기로운 꽃향기가 입안 가득 퍼지며, 꽃향기와 함께 복숭아와 살구의 과일 향기가 가득하고 군고구마의 달달한 향과 함께 마치 연한 꿀이나 조청의 달콤한 향처럼 느껴진다. 그 외 콩가(Konga, 이르가체페의 특성이 더욱 진하게 나타나며 살구와 배, 체리와 크랜베리, 레몬과 감귤 오렌지의 화려하고 다양한 과일의 신맛과 단맛이 일품이다), 아리차(Aricha, 화사하고 밝은 꽃향기, 망고와 파인애플의 숙성된 과일에서 느껴지는 새콤달콤함, 깔끔하고 깨끗한, 맑은 여운, 잊을 수 없는 풍성한 과일의 감미

로운 신단맛을 선사한다), 코케(Koke, 허니코케라고 일컬어지는 특별한 단맛과 강렬한 꽃향, 다양하고 풍성한 꽃향기와 잘 익은 과일에서 느껴지는 부드러운 만족감. 라임, 배, 복숭아, 싱그럽게 느껴지는 베리류의 적당한 좋은 신맛과 마시고 난 다음 다크초콜릿의 쌉싸름한 매력적인 단맛. 기분 좋음의 긴 여운, 특히 내추럴 가공의 경우 과육 속에 남겨진 좋은 단맛의 성분들이 수분을 날려 보내는 가공의 시간 동안 씨앗 속으로 스며들어 흡사 꿀이나 조청, 흑설탕과 같은 깊은 단 향미가 꽃과 과일과 함께 동시에 느껴지는 매력적인 커피. 하라와 함께 에티오피아 커피 중 남성적인 성향의 건식법의 코케), 코체레(Kochere, 오렌지, 감귤의 기분 좋은, 생기가 도는 신맛과 파파야, 무화과의 단맛이 향긋한 차 한 잔의 고급스런 느낌을 주는 커피), 이디도(Edido, 청포도의 새콤함과 함께 핵과류의 단맛, 베리류의 고급스런 신맛 등이 어우러진 향긋한 커피), 아다메(Adame, 레몬가루, 레몬즙, 복숭아, 오렌지, 꽃향기, 버가못의 진한 과일 향미. 완숙된 과일의 당도로 느껴지는 부드럽고 청량한, 기분 좋은 긴 여운. 게샤의 맑고 밝은 상큼한 과일 맛에 완숙 과일의 농익음이 풍성하게 느껴진다), 그 외 Sigiga, Aramo, Haru, Worka, Dumerso 등 최고의 커피들이 있다.

- **하라(Harrar, 10~3월 수확, 2,000 m~ 고도)** : 가장 오래된 생산지로 건조하고 뜨거운 기후로 인해 독특한 맛과 진하고 다양한 꽃과 과일 향이 나는 커피가 생산된다. 하라와 다리다와(Dari Dawa)를 중심으로 2,000 m 이상 고지대는 물이 부족한 탓에 건식가공 커피로, 롱베리의 경우 강한 꽃향기와 초콜릿 향이 가득하고 다른 에티오피아 커피보다 우월한 묵직함을 지니고 있어 남성적인 느낌의 커피로 평가받는다. 롱베리와 숏베리로 나뉘며 독특한 향미로 선호도가 높은데 지역적 가난함과 맞물려 카트 농사로 바뀌는 실정이다. 블루베리의 강한 베리향, 모카커피 특유의 강렬한 초콜릿 향, 깊고 풍성한 느낌, 풍부하고 다양한 너트와 캐러멜의 달콤함 등이 강렬하여 마신 뒤의 여운이 오래간다.
- **리무, 짐마, 베베카(Limu, Djimmah, Bebeka)** : 리무는 1,400~2,000 m 고도에서 재배되며 주로 워시드 가공법을 이용한다. 신맛은 다소 약하지만 부드럽고 톡 쏘는 듯한 와인 맛처럼 달콤하고 균형감 있는 바디와 조화로움으로 미국과 유럽에서 선호한다. 짐마는 1,500~1,900 m 고도로 내추럴 커피의 최대 생산지다. 바디감과 어울려 느껴지는 와인의 신맛, 벌꿀의 향미와 다크초콜릿, 남성적인 느낌의 꽉 찬 바디가 특징이다. 베베카는 개성적인 신맛과 중량감은 다소 떨어지나 블렌딩하면 부드럽게 어울리는 점이 특징이다.
- **올레가, 레켐프티, 김비(Wollega, Lekempti, Gimbi, 10~3월 수확, 1,800~2,200 m 고도)** : 서부의 고지대에서 재배되는 다소 사이즈가 큰 커피이며, 내추럴 가공법으로 청록색이나 연한 갈색을 띠며, 신맛은 덜하지만 열대 과일의 적당한 신맛과 강하고 풍부한 단맛, 적당한 중

량감의 바디가 조화로운 맛의 커피로 알려져 있다.

- **게샤, 게이샤(Gesha or Geisha)** : 서남쪽 2,440 m 카파 마지(Kaffa : 힘, Maji : 물) 지역의 산과 숲의 이름이 게샤(Gesha : 숲)로 게이샤 품종의 고향 역시 에티오피아다. 1931년 아비시니아 남서쪽 게샤의 숲에서 채집한 씨앗이 청동색이었으며 같은 해 1931년 케냐 정부는 두 개의 씨앗을 건네받았으나 재배에 실패하고 탄자니아로 넘어간다. 1953년 코스타리카는 탄자니아에 씨앗을 요청, 여러 경로를 거쳐 파나마의 게이샤 품종으로 세계적인 이목을 받게 된다. 눈부시게 화려한 레몬의 상큼한 향기가 마치 밤하늘의 불꽃놀이에서 불꽃이 퍼져가듯이 오렌지, 버가못, 재스민, 캐모마일 등 꽃향기가 입에서 퍼져 나가면서 부드럽고 오래가는 향긋함이 담겨 있다. 높은 고원, 마지(Maji)의 숲은 마치 고대의 정글로 들어온 듯 나무가 빽빽한 정글로 신비로운 풍경이 펼쳐지는데 그곳이 게샤의 커피 품종이 탄생한 장소로 코페아 아라비카 종의 유전적 근원이 대부분 에티오피아로부터 시작되었다는 것을 짐작하게 한다. 티피카('상징적인'을 뜻하는 라틴어), 버번('진흙'을 뜻하는 켈트어)과 함께 게샤는 아라비카의 3대 원종, 재래종으로 자리 잡아 가고 있다. 2004년 파나마 에스메랄다 농장의 게이샤가 된 게샤 1931, 고리 게샤(Gori Gesha), 일루바버 포레스트(Illubabor Forest) 등의 품종이 있으며 처음으로 보고된 품종이 고리 게샤다.

*** 분나 마프라트(Bunna Maffrate. 커피 의식)**

에티오피아의 전통 커피 세레모니로 분나는 커피를 의미하는 단어로 에티오피아에서 커피는 손님을 반기는 예의이며, 신에게 올리는 예물이며, 병든 자를 치유하는 약물이며, 행운을 불러오는 의식이며, 그들의 빵이며, 서로를 위로하는 축복의 마음이며, 하루의 시작을 알리는 표시다. 예식의 표시로 정결하게 하얀 옷을 입은 에티오피아 여인이 커피 열매의 과육을 벗긴 후 두꺼운 파치먼트 껍질을 즉석에서 절구에 넣어 벗겨 낸 후 프라이팬(맨케시캐시)에 담아 볶은 다음 찬물을 뿌려 식힌 후에 절구에 넣고 빻는다. 주전자(제베나)에 물과 함께 곱게 빻은 커피 가루를 넣고 끓인 후 찌꺼기를 걸러 내고 손잡이가 없는 잔(시니)에 따라 준다. 이때 주전자를 높이 들어 처음엔 땅의 주인에게 감사의 뜻을 전하고, 살짝 땅에 뿌린 뒤, 첫 잔은 우정(가장 진한 잔)을 위해, 둘째 잔은 평화(다소 연한 잔)를 위해, 셋째 잔은 축복(가장 연한 잔)을 기원하며 총 3잔을 마시게 되는데 감사의 기도와 함께 마신다.

*** 카트[Khat 혹은 차트(Chat)]**

아프리카 북동부 지역에서 재배하며 카티논이라는 성분이 함유되어 있어 갈증과 배고픔, 공복감을 없애주고, 약간의 환각 효과가 있어 마약으로 분류되기도 한다. 북아프리카와 중동 지역, 특히 예멘 사람들의 기호식품으로 거의 모든 사람들이 간식처럼 배고픔을 잊기 위해 카트를 씹는 시간을 따로 가진다. 예멘, 케냐, 소말리아, 에티오피아 등 일부를 제외하고는 마약으로 규정, 단속 대상이다.

1.6 우간다(Uganda) • 1,500 m, 수세식 로부스타(은간다, 에렉타), 부기수

우간다의 로부스타는 특별하다. 양질의 로부스타로 유명한 카강고(Kagango) 농장은 1,500 m의 높은 지역으로 농부들이 직접 손 수확을 하고, 아프리칸 베드(테이블 드라이)에서 말리는 다소 이례적인 풍경을 만날 수 있는데, 2019년 로부스타 커핑 점수는 82~85점으로 높은 수치를 보이며 대부분 이탈리아로 수출, 진한 에스프레소 커피로 사용되고 있다. 1900년 에티오피아와 말라위로부터 유입된 아라비카는 르웬조리 마운틴(Mount Rwenzori), 엘곤산(Mount Elgon)과 나일강 지역에서 재배되고 있는데 그 양을 늘려 가는 추세다. 2019년 커피생산무역기록표에 따르면 아프리카 커피 생산국 2위로 로부스타와 아라비카 모두 유기농으로 재배되며 아라비카를 먼저 수확한 후 로부스타를 수확하며 로부스타 생산량이 전체 80%를 차지한다.

- **르웬조리 마운틴(Rwenzori Mountains, 8~2월 수확, 1,500~2,300 m 고도)** : '달의 산(Mountains of Moon)'으로 알려진 화산 지역의 산비탈에서 재배되며 질소가 풍부한 화산토양(Terroir, 떼루아*)은 커피 재배에 적합한 지역적인 조건, 물빠짐이 좋은 산등성이 비탈길과 같은 경사진 지역과 기후를 제공한다. 고도가 높은 지역이라 자연건조, 건식법 가공을 하나 습식법도 간간히 이루어져 달콤한 오렌지 계열의 시트러스(Citrus) 향미와 함께 진하면서 고소한 너트류의 다양한 향미와 짭짤한 맛을 선보인다.
- **서나일(West Nile, 8~2월 수확, 1,300~1,600 m 고도)** : 반얀트리와도 같은 커다란 토착 나무 아래 그늘 재배 방식으로 서서히 열매가 익어 가 밀도가 단단하며 단맛과 향이 풍성한 커피다. 특히 나일강을 이용한 습식 가공법으로 곱고 부드러우며 뒷맛의 깔끔한 여운과 함께 잘 익은 과일, 오렌지, 레몬, 버가못 등 과일 향미가 가득한 커피로 알려져 있다.
- **엘곤산(Mount Elgon, 6~2월 수확, 1,800~2,400 m 고도)** : 엘곤산의 고지대 그늘진 숲에서 자라 단단한 밀도의 진한 향기를 머금는다. 특히 부기수(Bugisu) 지역은 아라비카의 대표적인 산지로 잘 익은 과일의 곱고 부드러운 느낌과 좋은 신맛, 튀는 맛이 없이 균형을 이룬다. 유기농법으로 재배되고 있으나 서서히 비료의 사용이 증가하고 있다.
- **에렉타, 은간다(Erecta, Nganda, 유기농 로부스타)** : 에렉타는 로부스타를 통칭하는 코페아 속(Robusta or Coffea Quilou)으로 알려져 있는데 다른 나무와 달리 강하게 아래로 직강하는 세로 형태로 떨구는 줄기 모습을 보여 주며 수확량을 가늠하기 힘들 정도로 많은 열매를 맺는다. 은간다는 에렉타처럼 가지가 아래로 향하지는 않지만 시간이 지날수록 생산량이 크게 증가하는데 이는 실제 커피 농장에서 커피나무에 달린 열매들의 모습을 보면 많은 수확량을 예측할 수 있어 우간다만의 대표적인, 특별한 로부스타로 알려져 있다.

＊ 떼루아(Terroir)

넓은 의미로는 와인이나 커피 재배에 필요한 자연적인 모든 지역적 생육 환경을 말하며 좁은 의미로는 포도나 커피 재배에 적합한 토양과 지대를 의미한다. 얼마나 빨리 지면에서 물이 배수되는지와 햇빛의 반사 정도, 열의 흡수 정도, 경사면의 각도, 태양의 방향, 서리, 호수나 강의 근접성으로 인한 물과 영양분의 이용 가능 정도 등 자연적인 지역적 생육 환경은 포도와 커피 재배에 중요한 요소이다. 주로 산비탈, 산등성이, 계곡 등이 적합하며 충분한 영양분을 갖춘 화산성 토양 등이 이에 해당한다.

1.7 잠비아(Zambia) • 동부아프리카의 고급 커피, 무날리, UTZ 인증

1920년 SL28 품종을 케냐의 선교사로부터 받아 시작된 잠비아 AA 커피는 케냐 커피와 비슷한 맛의 레몬, 사과, 복숭아 느낌의 밝은 신맛을 가진 동부아프리카의 고급 커피로 통한다. 생산과 수출을 위한 잠비아커피생산자연합을 결성하여 전문적인 커피 산업을 시작하고 성공적인 결과를 가져왔다. 1,000~2,000 m의 고도와 온화한 열대성 기후, 빅토리아 폭포의 거대한 물의 양 등 천혜의 재배 조건을 모두 갖추고 4~10월에 수확한다. 스크린 사이즈별로 AA, AB 등의 등급으로 나누며 수세식으로 가공하여 생산된 커피는 대부분 유럽으로 수출된다. 지속적인 품종 개량을 통하여 고급 커피로의 진입과 진출을 위해 노력 중으로 보다 부드럽고 감미로운 목 넘김, 복숭아와 레몬의 밝은 신맛과 어울리는 중간 정도의 바디감, 크림처럼 부드러운 단맛과 진한 초콜릿 향이 오래도록 달콤한 느낌의 여운이 남는 기분 좋은 고급 커피로 잠비아의 기대감은 크다. 잠비아의 가장 유명한 무날리(Munali) 커피는 UTZ Certified 인증*을 받아 지속가능한 커피 재배를 위한 프로그램을 통해 생산한다.

＊ UTZ Certified 인증(유럽우수농산물인증)

농부들을 위한 사회적 책임을 가진 농장에서 우수 농산물 생산 방식(GAP)으로 재배된 커피를 말한다. 커피의 친환경적인 재배를 목적으로 하는 UTZ 인증이란 사회적으로 책임 있는 농장에서 지속가능한 재배 방식으로 생산되는 커피 외에도, 차 및 코코아에 대한 글로벌 사회 인증 제도다. UTZ는 마야인들의 언어로 "good~!!"에서 오는 의미로 '좋은 커피'를 의미한다. 커피 생산에 관해 월드 와이드 인증 프로그램을 실시하고 있으며, 세계 커피 생산을 발전시키는 데 중요한 역할을 하고 있다. UTZ 인증을 받으려면 강제 노동이나 아동 노동을 벗어나야 하며 안전하고 건강한 노동 조건에서 자연환경보호계획을 준수해야 한다. 이를 위해 커피 농부들의 교육을 실시하고 있으며, 농가의 수익성 보호 및 전문적인 커피 농장 관리를 통하여, 지속가능한 안정적인 생산량과 무역의 전문성 실현을 위해 2018년 열대우림동맹과 합병했다. 대표 생산지로는 잠비아 외 과테말라, 온두라스, 니카라과, 코스타리카, 콜롬비아, 볼리비아, 부룬디, 브라질, 페루, 에티오피아, 케냐, 탄자니아, 우간다, 인도, 인도네시아, 베트남 등의 나라가 이에 속한다.

1.8 카메룬(Cameroon) · 자메이쿠, 샤리에, 커피나무의 고향

커피나무의 고향*이라 불리는 카메룬은 영양분이 풍부한 화산 토양과 높은 고도, 적당한 강수량으로 커피 재배에 딱 맞는 조건을 갖추고 있는 생산국으로 로부스타가 85%, 나머지는 아라비카다. 서부의 드창(Dschang) 지역에서는 1,000 m 이하에서 로부스타가 재배되고 그 이상에서 재배되는 품종이 프랑스와 유럽의 황실의 커피로 불리는, 자메이카의 블루마운틴과 비교되는 자메이쿠(Jamaique) 품종이다. 1929년 드창농업센터가 세워진 이후 북서부 쪽의 아다마와(Adamawa) 고원, 해발 1,600 m 이상의 지역으로 퍼지면서 확대되어 카메룬 블루마운틴이라 불리는 자메이쿠 품종이 생산되고 있으며, 엘리펀트 빈(코끼리에 빗댄 크기가 큰 커피)과 롱베리다. 습식법으로 가공하여 블루베리의 부드럽고 고급스러운 신맛과 건포도의 단맛의 조화, 전체적으로 뛰어난 조화로움이 일품인, 남아메리카 고산지대의 커피 맛과 비슷한 우수한 품질을 인정받는 커피다. 커피나무의 고향인 카메룬에서는 지금도 다양한 야생 커피 종이 발견되고 있는데 2008년에는 카페인* 없는 천연 커피나무인 샤리에(Charrier) 커피라고도 알려진 코페아 샤리에리아나(*Coffea charrieriana*)*가 발견되었다.

*** 커피나무의 고향**

2,700만 년 전 치자나무(꼭두서니과)에서 갈라져 나온 커피나무의 시조는 1,400만 년 전 카메룬 일대에서 군락지를 형성하였다. 200만 년까지 활발한 지각 운동으로 동아프리카 지구대가 형성되었고 커피나무의 시조는 아프리카 중서부와 서부 등으로 퍼져 나갔으며 커피의 아버지인 카네포라(Canephora) 종과 커피의 어머니인 유게니오이데스(Eugenioides, 콜롬비아 임마쿨라다 농장 Eugenioides 등) 종으로 거듭나고 이 둘은 콩고 지역에서 배수체화(Polyploidization)로 자식인 아라비카(Arabica) 종을 낳았다. 그 후 아라비카는 100만 년 전 에티오피아 고원 지대에서 깊게 뿌리를 내리게 되어 에티오피아를 '커피의 고향'이라 부른다(신진호의 커피노트, 초콜릿·체리 향미 일품인 카메룬 블루마운틴).

*** 카페인(Caffeine)**

하루 20~30잔의 커피를 마셨다는 괴테는 친구인 독일의 화학자 룽게(Runge)에게 왜 커피를 마시면 정신이 맑아지는지 물었고, 1819년 룽게는 최초로 카페인이라는 유기화합물을 발견했다. 아라비카보다 2~4배까지 많아 로부스타의 특징인 쓴맛의 원인 중 하나가 되는 카페인. 그로 인해 인스턴트 커피에 주로 사용되는 카페인은 룽게의 발견 이후 계속 연구되고 있으며 유익과 유해의 논란 역시 이어지고 있다. 공인된 마약이라 불리는 커피에서 카페인처럼 강한 중독성의 물질은 없으며 현재 대부분의 음료는 적당한 카페인을 주입하여 각성 음료, 에너지 음료로 제조되고 있다.
카페인의 효과가 느껴지는 농도가 1.8~178 mg으로 100배 정도 차이가 나는데 정제된 카페인 1알은 보통 200 mg으로 10 g 정도 섭취하면 사망에 이를 수 있고 치사량은 각각 다르게 나타난다. 카페인은 독성 물질이다. 한 번에 500 mg을 먹으면 긴장되어 손이 떨리는 증상이 나타나고, 1 g 이상을 섭취하면 메스꺼움이 시작되는 등 신경계와 순환계에 '급성 카페인 중독' 증상이 일어난다. 이러한 효과 때문에 정제된 카페인은 달팽이를 제거하는 천연 농약으로 사용되고 있다. 박테리아나 곰팡이를 죽이고 몇몇 해충, 곤충과 유충의 행동과 성장에 장애를 입힌다는 사실이 밝혀졌다. 미 항공우주국의 실험 결과, 카페인을 먹은 거미는 거미줄을 제대로 못 쳐 모기도 잡지 못한다는 사실을 밝혀냈는데, 커피가 카페인을 만들어 내는 것은 방어 체계의 하나로 해충으로부터 스스로를 보호하고 꿀벌을 중독시켜 계속 찾아오게 만드는 역할을 한다. 움직일 수 없는 식물이 곤충으로부터 자신을 지키기 위해 카페인을 만든다는 학설이다. 카페인은 지용성이면서 수용성의 물질이며 입에 댈 수 없을 만큼 쓰다. 편의점에서 판매되는 커피 음료에 훨씬 많은 카페인이 들어 있는 것은 대부분 고형성분이 많이 함유된 로부스타로 만들어졌기 때문이다. 아라비카에는 0.8~1.4%, 로부스타에는 1.7~4.0%의 카페인이 들어 있다. 카페인은 대체로 유해한 편이지만, 적당량의 카페인 수치는 사람마다 각각 다르긴 하지만 뇌세포를 자극하여 뇌 활동을 활발하게 하고 도파민을 분비시켜 가벼운 흥분과 함께 상쾌감을 느끼게 하여 몸을 깨우는 각성 효과를 일으킨다.

---

* 코페아 샤리에리아나(*Coffea charrieriana*)/무카페인

샤리에 커피(Charrier coffee)라고도 알려진 코페아 샤리에리아나는 중앙 아프리카 카메룬 고유의 무카페인 커피 식물로 중앙 아프리카에서 최초로 기록된 카페인 없는 커피이며, 아프리카에서는 두 번째로 기록되었다. 최초의 카페인 없는 종은 앞서 케냐에서 발견된 품종(*C. pseudozanguebariae*)이다. 애리조나주립대학교의 국제 종 탐사 연구소(International Institute for Species Exploration)와 분류학자 및 과학자 위원회는 2008년에 설명된 상위 10종 중 하나로 코페아 샤리에리아나를 선정하였으며, Linnean Society의 공식 저널 《Botanical Journal of the Linnean Society》 논문의 저자인 Piet Stoffelen과 Francois Anthony가 커피 산업에 상당한 노력을 기울인 안드레 샤리에(André Charrier) 교수를 기리기 위해 '샤리에 커피'라고 명명하였다. 그는 20세기의 마지막 30년 동안 IRD(Institute Research for Development)에서 커피 육종 연구 및 수집을 주도했으며 1988년부터 1993년까지 프랑스 유전자원청(BRG)에서 근무하였고, 현재는 미국 국립농업연구소(INRA)의 연구 책임자로서 식물 유전학 및 육종 연구에 중점을 두고 있다(위키백과 참고).

1.9 케냐(Kenya) · 뛰어난 품질, 베리류의 뛰어난 향미, 루이루(Ruiru11)의 성공

유럽에서 타의 추종을 불허하는 케냐 커피의 가장 큰 이유는 품질 관리에 있다. 더 많은 양의 커피를 수출하기보다 더 좋은 커피를 공급하고자 노력한 결과다. 다소 가격이 높더라도 양질의 커피를 선택하는 것이 커피 사업 실패의 위험이 적다는 사실을 적용한 것이다. 케냐는 이미 고급 커피의 브랜드가 되어 있다. CoE에 가입할 필요가 없는 나라, 그만큼 자국 커피에 대한 자부심으로 가득한 나라다. 70% 이상의 커피가 소규모 농장에서 생산되고 있지만 경매 시스

템을 제대로 갖추고 있고 생산 과정에서 협업 시스템이 잘되어 있어 국제적인 신뢰를 구축하고 커머셜 커피(Commercial Coffee)* 시장에서조차 늘 가장 높은 가격을 유지하고 있다.

영국의 오랜 식민지로 커피보다는 차(茶) 문화에 익숙해서 차 수출량이 많고 테라 로사(Tera Rosa : 붉은 산성의 토양)는 차 재배지로 더욱 최적화되어 실제 커피보다 오후의 차 한 잔에 더욱 익숙하고 아침 메뉴로 늘 진한 차에 우유와 설탕을 넣어 만든 밀크티를 마신다. 1893년 동인도회사(British East India Company)를 통해 몸바사(Mombasa) 근처에 처음 심어 1896년 첫 수확을 거둔 것은 버번과 켄트 품종이었다. 북위 20도, 남위 25도. 적도 위아래에 걸쳐진 평균 1,500 m의 구릉과 산악 지대. 커피와 차는 사람이 쾌적하다고 느끼는 환경에서 잘 자란다. 덥지도 춥지도 않은 날씨에 태양 빛은 눈부시게 강렬한데 따갑지 않고, 신선한 바람이 불어오는 상쾌함이 느껴지는 나라답게 케냐의 커피는 산미가 곱게 느껴지는 베리류의 뛰어난 고급스런 향미와 마시고 난 후 뒷맛에서 느껴지는 깔끔하고 부드러운 느낌이 좋은 여운을 오래도록 남기는 고급 커피다. 일반적으로 사과나 포도의 맛을 내는 말릭산(Malic Acid) 함유량이 다른 나라의 커피보다 많지만 케냐의 커피 생산량은 에티오피아의 1/10 정도인 5만 톤(2018년)에서 계속 감소하고 있으며 특히 키암부는 5년 사이 약 1만 ha의 농장이 사라졌다.

주요 품종은 개량종으로 SL(Scott Lab)28, SL34, 바티안(Batian), 루이루(Ruiru : 케냐의 지역 이름)11 등으로 모두 케냐의 품종연구소에서 만들어져 세계적으로 명성을 얻게 된 품종*이며 주요 산지로는 해발 5,199 m 높이의 케냐산 주변 케냐고원의 화이트 하이랜드와 엘곤산, 나쿠루, 카사이도 고원지대가 있다. 1년에 두 번, 주 수확기는 9~12월(55%), 부수확기는 5~8월(45%)이고 대부분(90%)은 습식 가공을 하고 나머지는 태양 건조를 하는데 이를 음부니(Mbuni)라 부르며 다시 크기에 따라 HM(Heavy Mbuni)과 ML(Mbuni Light)로 나눈다. 음부니는 커피나무에서 자두색이 될 때까지 숙성 과정을 거쳐 생산되며, 1,500~2,100 m에서 자라는 음부니는 대체로 가벼운 과일의 산미와 사과 향과 함께 호두의 너트 향이 강하고 자연적인 완숙의 열매로 대체적으로 중후한 느낌의 농익은 맛을 느낄 수 있다.

케냐의 커피 품질 등급은 크기에 따라 분류되는데 가장 큰 등급으로 E라고 표기된 것은 엘리펀트 빈(Elephant Bean)이라고 하여 등급 사이즈 20(7.8 mm) 이상의 가장 큰 생커피를 말하는데, 깔끔한 신단맛에 뒷맛까지 맑고 청아한 느낌이 오래도록 남는 최고급 커피다. 등급은 E, AA, AB, PB, C, T, TT 등으로 나뉘며 E, AA, AB, PB까지가 프리미엄 등급으로 수출되며 가끔 C 등급도 수출된다. 그 외에는 커핑으로 평가하여 10등급, Fine, Good, Fair to Good, Fair Average Quality(FAQ), Fair, Poor to Fair, Poor로 나뉘며 매매 시에는 FAQ+, FAQ, FAQ-로 표시되며 케냐 피베리의 단맛은 특별 등급의 고가로 분류되고 있다.

*** 커머셜 커피(Commercial Coffee)**

커핑 점수 79점 이하로 일반적으로 대량 생산되어 널리 사용되는 상업적 용도의 커피다. 스페셜티와 프리미엄 커피보다 저렴한 점수로 인해 인하된 가격으로 유통되며 대량 생산되어 향미의 균일성이 떨어진다.

*** 케냐 커피 품종 개발의 성공 : SL28, SL34, 바티안, 루이루11**

가난한 커피 농가들의 품종 개발을 위한 노력은 생존과 직결된다. 생산량과 가격을 위한 노력으로서 병충해에 강한 품종을 얻고 단위 면적당 생산량을 늘리는 것은 커피 농부들의 가장 큰 바람이다. 유럽에서 타의 추종을 불허할 정도로 선호도가 높은 케냐 커피는 수요량에 비해 공급량이 늘 부족하여 높은 가격에도 불구하고 애호가는 점점 늘고 있다. 케냐의 대표적인 자체 개발 품종은 버번 종의 일종이라 할 수 있는 SL28, SL34, 바티안과 루이루11이다.

보통의 커피 농가에서 1 ha당 1,320그루의 커피나무를 심는데 품종 개량으로 더 나은 생산량을 얻기 위해서는 1 ha당 2,640그루를 심어야 한다. 그러나 케냐의 눈물겨운 품종 개량인 루이루11의 경우 1 ha당 3,000~5,000그루의 커피나무를 심는 데 성공했다. 생커피 생산량으로 볼 때 일반적인 경우 1 ha당 300~400 kg의 생산량에서 품종 개량에 성공한 경우 1 ha당 1~2.5 ton이 생산되는데 루이루11의 경우 1 ha당 3 ton의 생산이 가능해 대부분의 케냐 커피 농장에서는 루이루11 품종으로 바꾸고 있다. 더욱이 루이루11은 병충해에도 강한 결과를 보인다(Espresso Coffee: The Science of Quality, pp. 45~47).

SL34(Scott Labs 34 : 버번 종보다 티피카 종과 관련됨)와 SL28(버번 종의 유전종)의 경우 높은 점수를 받고 가뭄에 강한 특징을 보이는 매우 가치 있는 개량 품종이지만 커피베리질병*과 커피잎녹병*에 매우 취약한 탓에 생산성이 떨어져 품종 개발은 병충해에 대한 저항성 또한 같이 연구되어야 한다.

*** 커피베리질병(CBD)과 커피잎녹병(CLR) 관련 케냐의 품종 개발**

커리베리질병(CBD, Coffee Berry Disease)은 콜레토리쿰 카하와에(Colletorichum kahawae)로 알려진 식물 곰팡이 병원균에 의해 발생한다. 1900년대 브라질에서 처음 발견된 후로 케냐에서는 1922년에 처음 발견되어 아프리카 전역으로 급속하게 퍼졌다. 전 생산량의 70% 저하로 이어지는 무서운 병으로 주로 익지 않은 녹색의 열매에서 시작되는데 딱딱한 곰팡이 포자가 열매 표면을 덮게 되고 결국엔 전체에 퍼져 더 이상 성숙되지 못하고 바짝 마른 형태로 떨어지게 되며 감염균이 포자 형식으로 되어 있어 폭발적으로 증식하고 바람 등을 타고 급속도로 번져 피해가 매우 심각한 병이다.

커피잎녹병(CLR, Coffee Leaf Rust)은 커피나뭇잎에 녹이 슨다는 의미로 헤밀레이아 바스타트릭스(Hemileia vastatrix)라는 곰팡이균에 의해 생기며, 커피의 구제역으로 불릴 만큼 커피 생산에 가장 치명적인 병이다. 스리랑카에서 시작되어 전 세계로 번진 최악의 질병이다. 2~3달 안에 잎이 노랗게 되고 다 떨어져 열매를 맺지 못한다. 수확하려면 다시 심어야 하는데 3~5년의 시간이 걸리므로 커피 생산에 치명적인 병이다. 번지는 속도도 빨라 1년에 반경 500 km까지 번진다.

바티안(Batian)은 케냐커피연구소에서 커피잎녹병과 커피베리질병에 저항성 있게 개발되었으나 커피나무의 키가 큰 탓에 농부의 손 수확이 힘들다는 단점이 있어 루이루11로 대체되고 있다.

루이루11(Ruiru11)은 1968년 커피베리질병으로 생산량이 50% 감소한 상황을 극복하기 위해 개발된, 키를 작게 하고 수확량을 높이기 위한 품종이다. 루이루 지역 커피연구소의 15년간 연구에 의한 커피베리 질병에 강하고 커핑에서도 우월한 점수를 보이는 품종 간 결합으로 질병 저항성과 단위 면적당 생산량 등에서 탁월한 결과를 보이며 2010년 이후 바티안이 루이루11로 대체되고 있다. 루이루11은 체리를 수확한 후 영양을 빼앗아 가는 것을 막기 위해 반드시 가지치기를 병행해야 하는 것으로 알려져 있다.

1.9.1 중앙 지역(Central Region, 80% 생산)

- **니에리(Nyeri, 11~2월과 6~8월 수확, 1,700~2,300 m 고도)** : 케냐산 주변 붉은 토양(테라 로사)에서 재배되는 최고의 커피다. 케냐AA 마사이(Masai) 커피로 유명하며 감귤, 살구, 블랙커런트, 라임, 체리 향과 초콜릿, 말린 과일, 바닐라, 민트에 부드러우면서 꽉 찬 느낌의 입안 감촉(Mouthfeel)이 특징이다. 뒷맛의 깔끔한 다크초콜릿 향미로 케냐를 대표한다.
- **키암부(Kiambu, 10~12월 수확, 1,600~2,200 m 고도)** : 나이로비 근처 다국적 기업의 대규모 농장. 자몽과 살구, 레모네이드의 밝은 신맛과 과일 향, 아몬드와 군밤의 너트 향과 맥아향, 흑설탕의 밝은 단맛, 부드러우면서도 입안 가득 꽉 찬 느낌의 풍성함이 특징이다.
- **무랑가(Murang'a, 10~12월 수확, 1,300~1,800 m 고도)** : 최적의 붉은 토양인 화산성 지역으로 만다린(Mandarine, 유럽 귤), 라즈베리, 블랙커런트의 다양한 과일 향미와 루바르(Ruhbarb, 시큼한 맛의 풀)의 깔끔한 신단맛, 초콜릿 등 다양하면서 복합적인, 풍성한 향미가 입안에 고급스럽게 느껴지는 커피다.
- **키린야가(Kirinyaga, 11~2월과 6~8월 수확, 1,300~1,900 m 고도)** : 케냐산의 남쪽 화산성 붉은색, 테라로사의 비옥한 토양, 배수가 잘되는 지역으로 양질의 커피가 재배되는 곳이다. 매우 달콤하고 균형 잡힌 맛으로 유명하며 자몽, 귤, 붉은 건포도, 홍차의 향미를 느낄 수 있다. 그 외 블랙커런트, 다양한 과일 향미가 입안 가득한 느낌의 고급 커피다.

1.9.2 동부 지역(Eastern Region, 케냐 산기슭, 화산성의 비옥한 토양, 영세 농민)

- **메루(Meru, 3~5월과 10~12월 수확, 1,300~1,950 m 고도)** : 동부 지역의 최초 생산지이며 케냐산 경사진 곳에서 주로 재배된다. 블랙커런트와 블루베리 등의 베리류와 과일 향미와 시트러스한 과일 향미, 바닐라를 비롯한 다양한 향신료의 느낌, 너트류의 고소함이 초콜릿 향미와 함께 풍성하게 느껴지는 케냐의 고급 커피다.
- **엠부(Embu, 5~6월과 9~10월 수확, 1,650 m~ 고도)** : 케냐산 동쪽 산기슭의 커피로 높은 커핑 점수를 받는다. 블랙커런트와 클레멘타인(Clementine : 감귤), 잘 익은 체리, 콜라 너트

(Kola Nut : 아프리카 너트), 활기찬 스파클링의 밝은 신맛, 베리류의 고급스런 신맛, 초콜릿 향미가 입안 가득 꽉 차오르는, 잘 익은 과일의 풍성함이 느껴지는 고급스런 커피다.

- **마차코스(Machakos, 9~12월 수확, 1,600~1,900 m 고도)** : 다른 지역의 커피보다 산도는 낮지만 향미는 더욱 복합적이며 풍성하다. 멜론, 브라운 버터, 세이지(Sage : 허브의 일종)의 달콤한 향, 오렌지와 크랜베리 향이 가미된 달콤하고 부드러운 느낌의 고급 커피다.

1.9.3 동아프리카 지구대* 지역(The East African Rift, Great Rift Valley, 최적 생산지)

아프리카 최고봉의 화산들로 인한 비옥한 토양, 바다같이 넓은 호수, 끝없이 펼쳐지는 고원 지역의 온화한 기후와 적정한 강수량 등 최적의 커피 산지로 알려져 있다.

- **나쿠루(Nakuru, 10~12월 수확, 1,600~2,200 m 고도)** : 가장 높은 고지대 생산지로 화산성의 비옥한 토양과 지대, 온화한 기후 등으로 생산에 최적지이나 가파른 산세와 협곡 등에 의한 수확의 어려움으로 실제 생산량은 많지 않다. 베리류의 다양한 과일 향미, 자두의 깔끔하고 상큼하며 밝은 느낌의 신단맛, 파인애플과 오렌지 맛이 어우러진 케냐 특유의 기분 좋은 과일의 부드러운 입안 느낌 등 맛과 향이 일품이며 가공은 건식과 습식을 병행한다.
- **키시이(Kisii, 5~7월과 10~12월 수확, 1,450~1,750 m 고도)** : 빅토리아 호수 근처 구시이(Gusii) 구릉지의 소규모 농가 지역으로 여러 케냐 품종 외에도 블루마운틴 품종(1913년 자메이카로부터 가져왔으나 큰 성공을 거두지는 않았지만 여전히 재배되고 있으며 부드러운 향미로 나타난다. MJ Coffee Science 참고)을 심어 생산하고 있다. 재스민 차와 같은 커피로 알려져 있으며 그 외 블루마운틴 커피의 특징인 온화하고 단아한 느낌의 신단맛과 여운이 감도는 부드러운 윤기가 느껴지는 고품질의 느낌을 주는 커피다.

*** 동아프리카 지구대(The East African Rift)**

아시아 남서부 요르단강 계곡에서 아프리카 대륙의 동쪽을 따라 에티오피아에서 케냐, 탄자니아, 말라위와 모잠비크에 이르는 지구의 골짜기(Great Rift Valley, 폭 35~60 km, 길이 9,600 km)로 불린다. 이 지구대로 인해 아프리카가 둘로 나뉘며, 세계 최대의 협곡으로 이 '지구의 골짜기'가 주는 두 개의 선물 중 하나는 인류의 조상 루시의 발견이고, 다른 하나는 커피의 시작을 알린 최적의 커피 재배지라는 점이다. 인류와 커피 모두 동아프리카 지구대의 협곡 주변에서 그 시작이 잉태되어 지금도 아프리카에서 생산되는 고급의 아라비카 품종 대부분은 동아프리카 지구대 주변의 고원지대에서 생산된다.

자료 나무위키

1.9.4 서부 지역(Western Region, 엘곤산 중심 지역)

- **엘곤산(Mt. Elgon, 4~6월과 10~1월 수확, 1,600~1,950 m 고도)** : 케냐와 우간다에 걸친 최적의 고지대 재배지로 습식법의 가공을 이용하며 소규모 농업협동조합의 형태로 생산된다. 감귤과 오렌지의 밝고 상큼한 신맛과 무화과의 부드러운 단맛, 대추 같은 담백한 단맛과 밝은 와인의 산미와 지속적인 다양한 과일 향, 체다치즈와 다크초콜릿의 부드러움이 마치 윤기가 나는 듯한 매우 고급스런 느낌의 커피다.
- **병고마(Bungoma, 11~1월 수확, 1,500~1,950 m 고도)** : 라임 스파클링, 레드 자몽, 청포도의 밝고 화사하며 상큼하게 올라오는 신맛, 바닐라 향의 부드러운 단맛과 캐러멜 향 가득한 부드러운 바디가 균형 잡힌 깔끔한 뒷맛과 함께 일품인 커피다. 약간 식으면서 가볍게 올라오는 체리 타르트의 달콤한 과일 향과 단맛이 기분 좋은 뒷맛으로 연결되는 고급 커피다.
- **트랜스 은조이아(Trans-Nzoia, 11~12월 수확, 1,750~1,950 m 고도)** : 엘곤산 산기슭의 생산지로 습식과 건식 가공을 거친다. 기분 좋은 신맛의 블루베리, 체리 느낌의 고급스러운 신단맛, 부드럽고 몽글몽글함이 입안 가득 꽉 찬, 잘 익은 과일의 느낌이 일품인 고급 커피다.

1.9.5 해안 지역(Coast Region, 탄자니아와 국경지대로 구릉지 산기슭 소규모 생산)

- **타이타 타베타(Taita-Taveta, 4~7월과 11~2월 수확, 1,400~1,700 m 고도)** : 커피 가격 하락에 의한 농민들의 재정적 문제로 생산이 계속 감소하고 있으나 블랙커런트의 향미와 와인의 뒷맛, 부드럽고 기분 좋은 여운이 입안 가득하게 느껴지는 고급 커피가 생산된다.

1.10 코트디부아르 공화국(Cote d'Ivoire) • 구수한 로부스타

압도적인 코코아 생산 1위의 나라 코트디부아르는 아프리카 3위, 세계 9위의 커피 생산국이었다. 전체 커피 생산량의 98%를 차지하는 로부스타의 강국으로 품질보다 양을 자랑하는 아프리카의 최대 커피 생산지 중 하나다. 주요 재배지로는 아이보리코스트의 남부인 딤보크로, 디보, 아방구루 등으로 아라비카는 소량만 재배된다. 1980년대 초반 연간 500만 백(Bag)을 생산하는 세계 3위의 생산국이었다가 21세기 초반 내전 이후 크게 줄었는데 내전으로 인한 빈곤, 커피나무의 노화, 투자와 경영 부족 등이 생산량의 급격한 하락 원인이 되었다. 80%가 EU로 수출되며 특히 프랑스와 이탈리아가 주요 수입국이며 주로 인스턴트 커피의 재료로 사용된다. 수확 시기는 10~3월이며 로부스타 품종의 구수한 맛이 주를 이룬다.

1.11 콩고(Congo) · 싱글 오리진 커피의 보석, 로부스타의 발견 지역

북동부의 키부(Kivu) 아라비카 커피는 키부 호수와 니라공고(Nyiragongo) 화산 지역의 1,500~2,000 m에서 9~12월에 손 수확하여 수작업으로 과육을 제거하는 습식 가공을 거친다. 키부 지역에서 가장 좋은 피베리와 코끼리 생커피의 일부를 생산했으나 콩고는 로부스타 커피가 처음으로 발견된 나라로 학계에 보고되었다(1895년). 기분 좋은 적당한 신맛과 부드러운 질감의 좋은 여운, 캐러멜과 초콜릿의 향미 등 이상적인 균형을 갖추고 수년간 르완다 커피로 밀수출되었던 키부 커피는 니라공고 화산의 영양분이 풍부한 화산 토양과 키부 호수 근처의 미기후(Micro-Climate : 특별한 기후 현상)의 영향으로 독특한 향미와 과일의 적절한 산미, 풍성한 양질감을 갖는다. 대부분 이탈리아로 수출, 고급 에스프레소 블렌딩용으로 사용되는데 동부아프리카 고급커피협회의 회원국이 된 이후 미국과 이탈리아, 프랑스 등에 수출하며 세계 각국의 스페셜티 로스터들로부터 블렌딩 커피가 아닌 싱글 오리진* 커피로의 잠재력을 인정받고 서서히 명성을 얻어 가고 있다.

*** 싱글 오리진 커피(Single Origin Coffee)와 블렌딩 커피(Blending Coffee)**

한 계절, 한 특정 지역에서 재배한 커피로 특정 지역의 기후, 토양, 재배와 가공 방식 등 자연적인 요소들로 인해 조성된 본연의 향미를 그대로 느끼고자 시도하는 것으로 반대적인 의미로는 블렌딩 커피가 있다. 생산지로는 에티오피아, 코스타리카, 콜롬비아, 브라질 등이 있는데 콩고가 싱글 오리진 커피 로스터들에게 새롭게 각광받고 있다. 블렌딩 커피는 여러 지역에서 온 원두를 혼합하여 맛의 조화로움을 중시하는 반면 싱글 오리진 커피는 주로 드립으로 고유의 맛을 살리는 추출법으로 많이 애용되었으나 요즈음 에스프레소 이용도 많아지고 있다. 블렌딩 커피는 에스프레소 추출에 널리 사용되고 있는데 특히 우유나 시럽, 소스, 파우더 등이 배합되어도 커피의 진한 향미가 드러날 수 있는 제조에 탁월하고 적합하다.

1.12 탄자니아(Tanzania) · 킬리만자로, 초콜릿 향 그윽한 커피의 신사

각성제로 씹어 먹는 종교의식(음와니)으로 한때 '영국 왕실의 커피'라 불리며 영국식 제도가 도입되었다. 존경의 표시 또는 지참금의 일부로 사용되기도 하는 커피의 재배 농가는 90%가 소규모 농장이다. 마일드한 산미와 균형 잡힌 맛으로 '커피의 신사'라 불리며 생산량의 70%가 아라비카로 오늘날 가장 큰 수출 작물로서 스페셜티 커피 시장에 알리고 있다. 노이만카페그룹*을 통한 선진 기술 도입, 지속가능하고 광범위한 농장 관리 기술을 제공받아 관리되고 있으며 2001년에는 탄자니아커피위원회가 설립되어 모든 커피 산업을 통제하고 있다. 농부가 정한 가격으로 판매되며, 많은 양을 요청할 경우 모시커피옥션에서 판매 또는 직접 수출하며 최고급 커피 재배지는 직접 외국 로스터에게 판매한다. 모양, 크기, 밀도에 따라 AA, A, AB, B, PB, C, E, F, TT, UG, TEX로 등급이 나뉜다.

*** 노이만카페그룹(NKG, Neumann Kaffee Gruppe : We're all about coffee, 독일 함부르크)**

현재와 미래의 지속가능하고 양심적인 커피 산업에 대한 책임을 지며 모든 사람들이 자신의 일을 통해 좋은 삶을 살 수 있고 전 세계 사람들이 매일 사랑하는 커피 한 잔을 즐길 수 있도록 하는 것이 사명이다. NKG는 함부르크에 본사를 둔 글로벌 생커피 서비스 회사로 2017년 이후 26개국의 50개 커피 회사가 가입했다. 미래에도 지속가능한 커피 산업에 대한 책임을 이행할 수 있도록 지속적으로 최선을 다한다.

- **북부, 모시 킬리만자로(Moshi Kilimanjaro, 5~10월 수확, 1,800~2,500 m 고도)** : 가장 오래된 킬리만자로, 아루샤(Arusha), 마냐라(Manyara), 탕가(Tanga)의 지역으로 생산량이 많이 줄어 메루 화산(Mount Meru) 고지대에서 생산된 아루샤의 경우 대부분 일본으로 수출된다. 아루샤 AA는 수세식 방식으로 가공되어 좋은 산미와 베리류의 과일 향미, 초콜릿 향미와 함께 어우러진 조화가 케냐 향미와 유사한 느낌을 주는 훌륭한 커피다.
- **남부, 음베야, 음빙가(Mbeya, Mbinga, AAA, 7~12월 수확, 1,800~2,000 m 고도)** : 음베야는 가장 온화한 지역으로 내추럴 방식의 경우 전통적인 손 수확 후 그늘에서 천천히 말려 특유의 과일 향과 신단맛이 특징이며, 수세식 방식의 경우 깔끔하고 안정적인 품질로 우수한 과일의 산미와 깊은 단맛, 과하지 않은 적당하게 느껴지는 중량감이 일품이다. 친환경 그늘 재배법으로 복숭아, 배, 감귤, 시럽의 향미를 지니는데 음빙가는 아멕스(Amex, 스크린 사이즈 17~18) 크기의 커피로 알려졌던 지역으로 이곳의 커피는 달콤한 베리 향과 초콜릿 향, 중간 정도의 강렬한 바디로 탄자니아를 대표하는 '커피의 신사'라고 불린다.
- **탄자니아 피베리(Tanzania Peaberry)** : 밝고 상큼한 산미가 과일 느낌의 단맛으로 느껴지며 독특하고 부드러운 질감의 신단맛으로 표현되는 탄자니아의 피베리는 케냐의 피베리와 함께 피베리계의 고급 커피로 유명하다. 레몬 같은 감귤의 향미와 베리류의 부드러운 단맛, 차처럼 느껴지는 온화하고 따뜻한 느낌의 좋은 맛을 선사한다. 밝은 신단맛으로 '커피의 샴페인'이라고도 불리는데 스크린 사이즈 13(옆면의 두께 5.16 mm) 정도로 일반 생커피보다 고가에 거래된다. 그 외 남부의 이링가(Iringa), 모로고로(Morogoro, 남동부), 루부마(Ruvuma), 서부의 키고마(Kigoma) 지역에서 생산되며 서부의 카게라(Kagera) 지역은 전 지역이 로부스타 생산지(30%)로 그 외 부코바(Bukoba), 은가라(Ngara) 지역이 있다.

2) 멕시코와 중앙아메리카 (Mexico & Central America) · 화산, 천혜의 커피 생산지

멕시코를 비롯한 과테말라, 엘살바도르, 온두라스, 니카라과, 코스타리카에 이어 파나마까지 모든 나라가 환태평양 조산대, 이른바 불의 고리(Ring of Fire)에 걸쳐 있어 대략 이 지역에만 200여 개의 활화산과 사화산이 있다. 풍부한 영양분을 함유한 화산성 토양이며 해양성의 따뜻한 기후와 적당한 강우량, 대부분 산악의 고지대로 분류되는 품질 평가 기준에 따라 밀도가 높은 우수한 향미를 나타내는 지역으로 로부스타를 소량 생산하고 있는 과테말라의 일부를 제외하고 대부분이 아라비카를 생산하고 있다. 화산의 지형적 특성에 따라 산비탈의 경사진, 배수가 잘되고 영양분의 토양 등 커피 나라로서 최적합지이나 지형적 어려움으로 생산량은 많지 않은데 온두라스의 약진과 멕시코, 과테말라, 니카라과, 코스타리카 순으로 나타난다.

2.1 과테말라(Guatemala) · 활화산, 그늘 재배 98%, 테낭고(Tenango : 땅)

'나무가 많은 나라'인 과테말라의 커피는 98%가 아라비카로 키 큰 나무 아래 그늘*에서 재배되며, 활화산의 연기가 느껴지는 스모크향을 특색으로 하며, 중앙아메리카에서 가장 많은 생산량을 기록하기도 하였으며 대부분 수출되고 있다. 과테말라 국립커피협회는 약 9만 명의 생산자들을 교육함으로써 기술적 · 행정적 지원을 통해 국제 커피 시장에서 요구하는 품질에 맞는 커피를 생산할 수 있도록 국가 차원에서 돕는다. 커피잎녹병으로 커피 농가가 심각한 피해를 입은 후 내성이 강한 품종으로 재배지의 35.87%가 개량 식목되었는데 품종으로는 카투라, 카투아이, 버번, 티피카, 마라고지페, 게이샤 등이 있으며 자체 연구로 개발된 아나카페(Anacafe-14*)가 있다. 2,000 m 이상의 고지대에도 평원이 가능하여 최고 등급은 SHB(Strictly Hard Bean)로 1,600~1,700 m 이상에서 재배된다.

*** 쉐이드 그로운 커피(Shade-Grown Coffee, 그늘 재배 커피)**

과테말라의 지역적 특성상 키 큰 나무는 열대의 억수비, 맹렬한 강풍과 서리로부터 보호막이 되어 약 2세기 전부터 현재까지 98%가 그늘 아래에서 재배된다. 그늘은 햇빛의 광도(특정 방향으로 향하는 빛의 양)와 질을 완화하고 광합성을 조절하여 뿌리와 잎의 손상을 막아 주며, 우기가 계속되는 동안 비를 천천히 흡수하게 하고 토양의 침식을 막고 70% 이상의 습기를 유지하여 건기를 대비해 준다. 차광나무는 커피가 자라는 토양에 자양분도 제공하는데 특히 잉가나무는 대기 중의 질소가스를 변환하는 능력을 가지고 있어 토양을 비옥하게 하고 나뭇잎이 쌓이면 자연 유기물층을 늘려 영양분을 더해 주고 잡초의 생성을 억제한다. 과테말라의 경우 대표적인 차광나무로 세이바 나무와 고무나무가 있다.

*** 아나카페(Anacafe)-14**

과테말라 국립커피협회는 약 30년간의 연구를 통해 카티모르 하이브리드(혼합. 티모르 하이브리드 832/1 × 카투라)와 파카마라 교배종으로 선충과 커피베리병에 취약하지만 커피잎녹병과 가뭄에 내성이 강하고 생산량도 뛰어난 아나카페-14 품종을 선보였다. 허브향 나는 부드러운 키위 같은 산미에 특유의 훌륭하고 벨벳 같은 느낌, 풀바디, 꽃향기, 과일 향, 스파이시한 향, 초콜릿 향, 견과류 향이 뛰어나다.

- **후에후에테낭고(Huehuetenango, 11~4월 수확, 1,500~2,000 m 이상 고도)** : 가장 높고 건조한 지역으로 최고의 품질을 자랑하며 최고 등급인 SHB가 생산된다. 멕시코의 테우안테펙(Tehuntepec) 지역의 평원에서 불어오는 건조한 열풍의 영향으로 서리가 내리지 않고, 강과 개울이 많아서 습식 가공할 수 있는 조건도 충분하다. 과테말라 전체 20개 지역의 커핑 점수 중 후에후에테낭고는 1, 2위를 비롯, 12개를 순위에 올려놓았다(87.16~90점). 고지대의 커피로 특유의 단맛이 강하고 상큼한 시트러스, 오렌지와 같은 과일의 신맛과 와인의 기분 좋은 신맛, 고소한 너트, 초콜릿 향이 가득한 풀바디의 커피다.

- **아카테낭고(Acatenango, 11~4월 수확, 1,300~2,000 m 이상 고도)** : 아카테낭고 화산의 높은 고지대에서 밀집된 나무 그늘 아래 울창한 산림과 함께 푸에고(Puego) 화산의 미네랄이 풍부한 토양, 태평양에서 불어오는 잔잔한 바람으로 커피를 건조하는 천혜의 환경에서 재배된다. 상큼하고 두드러진 신맛, 꽃향과 어우러지는 우아한 과일 향, 균형 잡힌 바디와 깔끔한 뒷맛이 길게 오래가는 기분 좋은 지속성 등 고품질의 커피로 평가받는다.
- **안티구아(Antigua, 11~4월 수확, 1,500~1,700 m 고도)** : 과테말라를 대표하는 커피로 풍요로운 화산성 토양, 낮은 습도, 풍부한 일조량, 서늘한 밤 등 큰 일교차의 환경에서 자란다. 3개의 화산(아구아, 푸에고, 아카테낭고)에 둘러싸여 있으며 지금도 활동 중인 푸에고 화산은 풍부한 미네랄을 공급하고 화산 토양 속에서 충분한 수분을 유지하여 안티구아 지역의 낮은 강우량을 보충해 주고, 그늘 재배가 98% 이상으로 우아하고 균형 잡힌, 풍부하고 상쾌한 달콤한 향과 단맛이 두드러진 오렌지 향미와 초콜릿 향, 풀바디의 커피다.
- **산마르코스(San Marcos, 11~4월 수확, 1,300~1,800 m 고도)** : 가장 따뜻하고 강우량도 많은 재배지로 다른 지역보다 일찍 우기에 접어들기 때문에 커피 꽃이 피는 시기도 가장 빨라 수확 시기에 예상치 못한 강우를 접하는 경우가 많아 햇빛으로 예비 건조를 한 다음, 기계 건조기로 마무리한다. 버번과 카투라, 카투아이를 주로 생산하고, 뚜렷하고 섬세한 꽃향기, 상큼한 신맛과 함께 기분 좋은 적절한 중량감의 바디 등 선호도가 높은 커피다.
- **뉴오리엔테(New Oriente, 11~4월 수확, 1,300~1,700 m 고도)** : 생산지로는 가장 낙후된 지역이었으나 현재 지속적인 성장이 이루어지고 있는 미네랄이 풍부한 화산지대로 초콜릿과 와인, 명쾌한 신맛과 풀바디로 구성된 조화롭고 균형 잡힌 커피로 알려져 있다.
- **프레이하네스(Fraijanes, 11~4월 수확, 1,400~1,800 m 고도)** : 높은 고도, 많은 강수량, 적당한 습도, 파카야(Pacaya) 화산의 영양분이 풍부한 미네랄 토양, 건기의 넉넉한 일조량, 새벽 안개, 여기에 열대야의 태양이 커피를 건조하는 천혜의 조건을 갖춘 밝고 오래가는 기분 좋은 신단맛, 라임과 초콜릿 향이 어우러진 풀바디의 커피다.
- **코반(Coban, 11~4월 수확, 1,300~1,500 m 고도)** : 열대 우림 지역의 조밀한 구름층에 의한 미세한 안개와 구름과 비가 많아 연중 서늘하고 찰진 토양에서 재배된다. 또렷한 신단맛과 와인의 향미, 중간 정도의 바디와 싱그럽고 신선한 과일 향이 맑고 밝게 느껴진다.
- **아티틀란(Atitlan, 12~3월 수확, 1,500~1,700 m 고도)** : 아티틀란 호수를 둘러싼 화산 지역. 토양의 유기물 함량이 가장 높은 곳으로 알려져 있으며 쇼코밀(Xocomil*) 바람과 함께 소규모 농가의 숙련된 재배 기술과 수세식 가공이 발달된 곳으로, 감귤류의 향미와 풀바디, 기분 좋은 시나몬(Ceylon cinnamon)* 향이 초콜릿 향미와 어우러진 커피다.

*** 쇼코밀(Xocomil)**

과테말라의 아티틀란 호수에서 매일 아침과 오후에 불어오는 강력한 바람을 의미하며 '죄를 씻어 내는 바람'이라는 뜻을 지닌다. 이 바람은 호수의 독특한 지형과 기후 조건 때문에 발생하며, 아티틀란 호수의 자정 기능을 하는데 특히 커피 농사에 도움을 준다. 아티틀란 호수는 생커피의 수세식 가공을 가능하게 하며 쇼코밀의 강력한 바람은 가공 시 자연 건조의 훌륭한 역할을 해 주고 있다.

*** 시나몬(Ceylon cinnamon. Cassia cinnamon)**

후추, 정향과 함께 3대 향신료 중 하나로 시나몬과 계피는 차이가 있다. 시나몬은 실론 계피(Ceylon cinnamon)로 알려져 있으며 스리랑카와 인도 남부가 원산지로 단맛이 강하고 부드러운 향미를 가지고 있어 주로 커피나 디저트 요리에 사용되며, 계피는 카시아 계피(Cassia cinnamon)로 알려져 있으며 중국 남부와 베트남이 원산지로 매운 맛과 강한 향이 특징으로 한약재나 수정과 등 전통 요리에 주로 사용한다.

*** 디카페인 커피(Decaffeine Coffee)**

1820년 커피에서 카페인을 분리한 최초의 과학자는 독일의 화학자 룽게(Runge)이며, 이후 독일의 로셀리우스(Roselius)가 1906년에 상업적인 카페인 제거 공정으로 특허를 받는다. 소금물로 생커피(Green Coffee)를 찐 다음 벤젠을 용매로 하여 카페인을 녹여 낸 후 추출했는데 미국암협회에서 벤젠이 발암물질로 분류된 후에는 벤젠을 사용하지 않는다. 카페인 제거의 전 과정은 생커피 상태에서 이루어지며, 물이 사용되므로 카페인 제거 시 다른 물질도 제거될 수 있다. 잎, 씨앗, 열매 등 천연 카페인은 100% 제거될 수 없고 디카페인 커피의 매출은 매해 증가 추세로 2000년 이후 10% 이상을 훌쩍 넘어섰다.

- 화학적 용매 추출법(Solvent Based Process) : 우연히 바닷물이 흡수된 커피에서 카페인이 일부 제거되었다는 사실을 알게된 로셀리우스는 바닷물 대신 벤젠을 용매로 하여 특허를 얻게 되고 이 방법은 미국으로 건너가 '상카(Sanka)'라는 이름의 커피로 판매된다. 생커피를 30분간 쪄서 기공이 열리게 한 후 용매(메틸렌 클로라이드, 에틸아세테이트)에 담근 후 다시 쪄서 용매의 잔류물을 제거한 다음 건조하여 제조한다. 이후 용매가 소량이라도 잔여의 우려가 있는데 1975년 트리클로로에틸렌은 국립암연구소에서 발암 가능성이 있는 것으로 밝혀져 제외되었으며, 염화메틸렌은 로스팅 때 40℃에서 기화되며 메틸렌 클로라이드와 에틸아세테이트는 모두 질병과 관련 없는 것으로 확인되었다.
- 초임계 유체 추출(Supercritical Fluid Extraction) : 1978년 초젤(Zosel)이 개발한 방법으로 생커피에 압력을 가한 상태에서 증기를 쐬어 표면적을 넓힌 후 밀봉하고 액체화된 CO_2에 생커피를 담그면 CO_2는 카페인에만 반응하여 97~99%의 카페인을 분해해 낸다. 카페인이 포함된 액체상태의 CO_2는 흡수 체임버라는 다른 용기로 옮겨지고 체임버의 압력이 해제되면 CO_2는 기체 상태로 돌아가고 카페인만 남는 방법이다. 카페인을 99%까지 제거할 수 있지만 설비 비용이 많이 드는 단점이 있다.
- 물 추출법(The Water Process) : 1983년에 시작된 방법으로 생커피를 뜨거운 물에 담가 카페인과 수용성 물질이 녹아 나오게 한 후 활성탄소에 걸러 내면 카페인은 제거되고 다른 수용성 성분은 남게 되는데 이 과정을 반복한 후 건조한다. 스위스에서는 화학 물질을 전혀 사용하지 않고, 친환경적인 방식에서 이루어지고 있으며 멕시코는 빙하수를 이용하여 향미가 더 좋아진다고 보고되었다.

2.2 니카라과(Nicaragua) · 대부분 유기농, 100% 아라비카만 수출

1841년 소량의 커피를 유럽과 미국으로 수출한 후 재배지가 점점 확대되었으며 니카라과커피 생산자조합연합(CAFENICA)을 설립한 후 스페셜티 커피와 공정무역 커피 같은 프리미엄급 생산에 주력하고 있다. 2000년대에 들면서 정부의 재정적인 지원으로 인해 생산량은 10년 사이 2배로 늘어났으나 화학비료의 사용으로 환경오염이 심해져 다시 친환경적인 그늘 재배(현 95%) 방식으로 생태계가 보존되는 숲과 함께 공존하는 방법으로 생산된다. 화산성의 토양과 고지대의 산악 지역, 우기와 건기가 뚜렷한 열대 사바나(건기가 뚜렷한 열대와 아열대 지방에서 발달하는 초원지대로 나무가 간혹 자라나는 평원) 지역으로 농가의 90% 이상이 소규모 생산으로, 700~1,700 m 고도에서 워시드 가공법과 햇볕 건조되며 대부분 유기농 커피를 생산한다.

품종은 카투라(70%), 카투아이, 파카스, 파카마라, 카티모르, 마라카투라(마라고지페와 카투라 교배종)로 98%가 아라비카이며 2%는 로부스타인데, 수출용으로는 100% 아라비카만 허용되어 로부스타는 내수용으로만 생산이 허락되어 품질 우선의 생산을 펼치고 있다. 레몬, 라임, 바닐라, 감귤류의 부드러운 신맛이 너트류의 고소한 단맛과 만나, 막 구운 카카오를 먹었을 때 느껴지는 견과류의 고소함과 과일의 신단맛이 특징이다. 에스프레소 블렌딩용으로 주로 사용되며 특히 니카라과 마라고지페는 밝고 깔끔한 신단맛으로 균형미를 갖춘 커피다.

- **히노테가(Jinotega, 12~3월 수확, 1,150~1,700 m 고도)** : 카투라와 카투아이, 버번, 카티모르, 마라고지페 품종을 주로 생산하며 전체 생산량의 80%까지 늘었다가 차츰 줄어들었다. 수세식과 건식법을 사용하여 가벼운 산미와 캐러멜과 흑설탕의 달콤한 향, 아몬드와 호두의 고소한 맛이 어우러진 적당한 양질감과 중후함을 겸비한 입안 느낌이 좋은 커피다.
- **마타갈파(Matagalpa, 12~3월 수확, 1,000~1,500 m 고도)** : 전체 생산량의 20~30%를 생산하는 고원 지역의 커피로 산과 숲에서 직접 잘 익은 열매를 따는 손 수확 후 큰 농장으로 보내져 가공되는 명품 커피다. 적당한 산미의 강한 과일 향, 적정량의 중후한 무게감, 양질감과 함께 부드러운 입안 느낌을 고루 갖춘 조화로움의 커피다.
- **누에바 세고비아(Nueva Segovia, 12~3월 수확, 1,000~1,500 m 고도)** : 온통 산으로 뒤덮인 고지대로 100년 넘는 커피 농장이 많다. 디필토(Dipilto)와 오코탈(Ocotal) 커피는 매우 유명한데, 오코탈에는 커피 학교(Escuela de Café)도 있다. 부드러운 감촉의 양질감과 적당한 중량감, 다양한 과일 향기가 가득하고, 약한 신맛과의 조화로움이 탁월한 커피다.

2.3 멕시코(Mexico) · 유기농 커피 최대 생산국가, 치아파스, 복숭아와 달콤한 벌집 향

고지대 유기농 커피의 최대 생산국가로 치아파스(41%), 베라크루스(28%), 오악사카(11%) 등에서 생산되며 대부분 수세식 가공, 자연건조로 이루어지며 98%가 아라비카다. 버번, 카투라, 카티모르, 카투아이, 문도 노보, 마라고지페 등이 재배되며 생산량은 세계 10위권 내외다.

- **치아파스(Chiapas, 11~4월 수확, 1,200~1,800 m 고도)** : 최대 생산지, 협곡의 해안지대, 옛 마야 문명의 유적지로 과테말라의 우에우에테낭고와 함께 양질의 커피로 유명하다. 화산성의 비옥한 토양 등 재배에 적합한 자연환경으로 멕시코 최고의 스페셜티 커피가 생산된다. 밝고 맑고 달콤한 신맛, 초콜릿과 과일 향기, 복합적인 향미와 중간 정도의 바디, 부드럽고 미묘한 복숭아와 달콤한 벌집 향의 커피로 유명하다.
- **베라크루스(Veracruz, 9~3월 수확, 600~1,200 m 고도)** : 산악지대의 커피에는 알투라(Altura)라는 단어를 함께 넣어 고지대를 나타내는데, 알투라 코아테펙(Altura Coatepec), 알투라 오리자바(Altura Orizaba), 알투라 우아투스코(Altura Huatusco) 지역 등이 그 예다. 너트와 초콜릿 향이 느껴지는 적당한 중량감의 마일드한 커피로, 특히 알투라 코아테펙은 묵직한 느낌이 강하고 강렬한 초콜릿 향과 아몬드 향미 커피로 유명하다.
- **오악사카(Oaxaca)** : 남서부에 위치한 오악사카에서는 오악사카 플루마(Oaxaca Pluma)가 생산되며, 동남쪽의 푸에블라(Puebla)에서도 커피가 생산된다.

2.4 엘살바도르(El Salvador) · 산타아나 화산, 오렌지와 너트의 균형

20개가 넘는 화산의 땅. 나라 전체가 커피 회사라고 해도 과언이 아니었던 엘살바도르는 시트러스 계열의 오렌지 과일 향이 가득하고 너트의 고소함으로 채워진 균형 잡힌 커피로 유명하다. 커피 공화국으로 불리며 1970년대에는 세계 4위, 전체 수출의 95%를 커피가 차지한 커피 강대국이었으나 12년간의 내전과 치안의 부재 등으로 침체기를 벗어나지 못하고 있다. 무기질이 풍부한 토양과 온화한 기후, 일교차가 크고 배수가 잘되는 지역 등 커피 재배지로 매우 적합한 나라이지만 환태평양 불의 고리에 걸쳐 있어 화산과 지진의 위험, 내전으로 인한 가난, 커피나무의 노쇠화, 커피잎녹병 발생과 이상 기후, 낮은 커피 가격으로 인해 축소되었다. 그러나 100년이 넘은 커피 농장들은 새로운 가공법을 받아들이고 발효 커피의 도입으로 스페셜티 커피와 CoE 커피 등 품질이 뛰어난 커피로 인정받고 지속적 생산량 확보를 위해 노력하고 있다. 대부분 800~2,300 m의 고지대와 산악지대에서 생산되며, 60~80%가 버번, 15~30%가 파카스(농장주 이름의 엘살바도르 고유 품종), 약 5%가 파카마라(파카스와 마라고지페 교배종)이다. 수세식 가공 방식을 주로 사용하고 간혹 허니 프로세싱을 하기도 하며 1,200 m 이상에서 재배된 커피에는 SHG(Strictly High Grown) 등급이 부여된다.

- **아파네카 일라마테펙(Apaneca Ilamatepec, 10~3월 수확, 600~2,400 m 고도)** : 산타아나 화산(Mt. Santa Ana) 산악지대를 중심으로 60% 이상 생산하는 엘살바도르를 대표하는 지역이다. 2005년 화산 폭발로 생산에 차질이 있었으나 달콤한 꽃향기와 함께 살구와 감귤류의 오렌지 향미, 아몬드와 호두의 너트 향과 초콜릿 향미, 부드러운 느낌의 바디와 깔끔하고 긴 여운의 좋은 뒷향미가 일품인 고품질의 커피로 유명하다.
- **알로테펙 메타판(Alotepec-Metapan, 10~3월 수확, 1,000~2,000 m 고도)** : 온두라스와 겹치는 북쪽에서 자란 커피로 다채롭고 풍성한 꽃향기와 감귤류, 과일의 향이 뛰어나게 우수하며 상큼하고 발랄한 시트러스 계열의 신단맛이 일품이다.
- **엘 발사모 케잘테펙(El Balsamo Quezaltepec, 10~3월 수확, 500~2,400 m 고도)** : 25% 정도 생산되며 버번 종과 파카스 종이 주를 이룬다. 부드럽고 크리미한 입안 감촉과 바닐라의 고급스런 향미, 생기가 도는 듯한 상큼하고 밝은 감귤류 과일의 신단맛, 다채롭고 복합적인 향미를 지닌 고급스런 느낌의 커피다.
- **친촌테펙(Chinchontepec Volcano, 10~3월 수확, 900~1,700 m 고도)** : 친촌테펙 화산의 그늘에서 환경을 훼손하지 않고 농부들에게 우수한 작업환경을 제공하며 지속가능한 생산량과 품질을 유지하기 위한 노력으로 잘 익은 커피 열매를 손 수확하여 세척하고 햇볕에 말리거나 그늘에서 건조한 고품질의 커피로 대부분이 버번 종이다. 오렌지 꽃향기가 독특하고 기분 좋은 신단맛과 함께 초콜릿 향기가 가득한 커피다.
- **테카파-치나메카(Tecapa-Chinameca, 10~3월 수확, 500~2,140 m 고도)** : 활화산인 차파라스티크(Chaparrastique)산과 라구나 데 알레그리아(Laguna de Alegria) 유황 호수로 둘러싸인 곳으로 버번 종(65%)과 파카스 종이 재배된다. 생산량의 20% 정도를 생산하고 있으며 사과와 건포도의 과일 향미에 흑설탕과 캐러멜의 향미, 아몬드의 고소함, 다크초콜릿의 진한 향과 깔끔한 뒷맛의 기분 좋은 여운이 오래가는 커피다.
- **카카후아티케(Cacahuatique, 500~1,800 m 고도)** : 카카후아티케 화산 지역의 구릉지대로 버번과 파카스 종을 그늘 재배한다. 과일 느낌과 향미, 아몬드와 호두의 고소함, 다소 묵직하고 중후한 바디, 기분 좋음이 오래가는 고품질의 깔끔함이 돋보이는 커피다.

2.5 온두라스(Honduras) · 묵직한 신단맛, 인증 커피(UTZ, 4C, 공정무역, 유기농)

1800년대부터 커피를 시작한 온두라스는 전체 국토의 70~80%가 산악지대로 화산재로 인한 미네랄 등 영양 많은 무기질 토양과 산과 숲 그늘 아래에서 커피 열매가 서서히 익어 간다. 온화한 기후, 우기와 건기의 뚜렷한 구분 등 중앙아메리카의 커피다운, 와인에서 느껴지는 묵직한 신단맛의 매력적인 맛을 자랑한다. 수확 시기인 11~4월에는 100만이 넘는 인구가 동원되어 커피를 수확하고 바쁜 일손을 돕기 위한 방학도 주어진다. 1970년에 세워진 온두라스 커피연구소(IHCAFE)는 노후화된 시설과 장비를 보수하고 생산자에 대한 교육 등을 통하여 UTZ(RFA*) 인증, 4C* 인증, 공정무역, 유기농 인증 등 인증 커피 생산에 주력하고 있다.

커피 농가에 대한 정책적 지원, 생산 기술의 보급과 교통망 확충 등으로 2011년 과테말라를 제치고 중미 최고 생산국이 되었으며, 2017년에는 생산량 증가로 세계 5위 등 중미를 대표하는 커피 강대국이 되었다. 1,350 m 이상에서 재배되는 커피에 SHG 등급이 주어지며 그 외에도 EP(기계에 의한 결점두 제거 후 다시 손으로 결점두가 제거된 등급)와 AP(클리닝 작업 후 기계에 의해 결점두가 제거된 등급)로 나뉜다. 달콤하고 균형감 있는 묵직한 신단맛, 그 뒤에서 올라오는 너트의 고소함과 캐러멜의 단맛이 강한 커피로 마치 밀크초콜릿을 머금은 듯 부드러운 느낌과 깔끔한 뒷맛의 개운함이 기분 좋게 느껴진다.

*** 열대우림동맹(Rainforest Alliance)**

1분마다 20 ha의 토양이 파괴되고, 하루 24개의 동식물 종이 커피를 생산하는 지역에서 멸종한다는 사실에 야생동물을 보호하고자 화학비료 사용을 억제하고 열대우림 농부들에게 유익한 노동 환경을 제공하고 지역사회에 도움을 주는 경작물을 지켜 내는 것을 목표로 1987년 다니엘 카츠(Daniel Katz)에 의해 미국 뉴욕에 설립된 비정부 국제단체다. RFA 인증 마크에는 생태계의 야생동물을 대표해 초록 개구리가 그려져 있으며, 2018년에 유럽우수농산물인증기관 UTZ과 합병했다. UTZ, RFA 모두 친환경 재배 방식의 커피 생산지임을 인증해 주는 제도이다.

*** 4C 인증(우수농산물인증 Certification 2-4C Association : Common Code for the Coffee Community)**

커피 분야에서 일하는 모든 이에게 경제적, 사회적, 환경적인 생산과 가공과 교역 환경을 향상해 주는 것을 기본 구상으로 하여 세계적인 지도력을 구축하기 위해 커피 산업체와 독일개발협력체 간의 제휴로 2006년 12월에 설립되었으며 07/08년산 커피부터 시장에서 시행했다. 로스터에서부터 컨테이너에 이르기까지 상품증명서를 보유하게 되고, 참여국에서부터 생산자까지 이력 조회가 가능하며, 규정에 따른 가격 프리미엄은 따로 없고 4C 회원 간에 개별 교섭이 가능하며, 농가와 생산자, 로스터의 요금 중 로스

터가 가장 많은 요금을 지불하게 된다. 해당 국가로는 브라질, 카메룬, 콜롬비아, 코트디부아르, 코스타리카, 엘살바도르, 에티오피아, 과테말라, 온두라스, 인도, 인도네시아, 케냐, 말라위, 멕시코, 니카라과, 파푸아뉴기니, 페루, 필리핀, 탄자니아, 태국, 우간다, 베트남, 잠비아 등 다양한 국가가 있다.

- **코판(Copán, 11~4월 수확, 1,500~2,000 m 고도)** : 기원전 725년, 마야 문명의 유적지가 고스란히 남아 있는 코판은 해발 2,777 m의 산타바바라(Santa Bárbara) 화산이 있는 지역으로 CoE 상위권에 오르는 고품질의 커피다. 짙은 녹색의 그늘 아래 비옥한 열대우림동맹의 최적합 지역으로 지대별 일교차가 심해서 생커피의 밀도가 단단하고, 화산의 영양분이 많은 비옥한 토양에서 자라는 고품질 커피의 최대 생산지역이다. 산타바바라의 일부와 코판을 포함하는 서부지역에서 생산되며 오렌지와 감귤류의 부드럽고 은은한 향기, 마카다미아와 담백한 고소함과 캐러멜의 강한 단맛과 향, 다크초콜릿의 매력적인 향기까지 더해진 깔끔한 뒷맛과 기분 좋은 여운이 오래가는 커피다.
- **몬테시요스(Montecillos, 11~4월 수확, 1,200~1,700 m 고도)** : 중미 최초로 PDO(원산지보호명령제도, Protected Designation of Origin) 인증을 받은 몬테시요스 지역의 마르칼라(Marcala) 커피는 매력적인 청포도의 싱그러움 외에도 청사과, 황설탕의 진한 단맛, 캐슈너트의 고소함 등의 밝고 깔끔한 커피로 주로 버번 종과 카투아이, 카투라, 파카스를 재배한다.
- **오팔라카(Opalaca, 11~4월 수확, 1,300~1,450 m 고도)** : 산타바바라 화산 지역으로 바나나, 아몬드, 버터 등의 고소함과 적절한 중간 바디가 기분 좋은 맛을 자랑한다. 비슷한 지역인 렘피라(Lempira)도 1,100~1,600 m의 고도에서 자란 오렌지류의 밝은 신맛과 견과류의 고소함, 초콜릿의 묵직하고 매력적인 양질의 중후감 등 스페셜티 커피가 되었다.
- **기타** : 밝은 감귤류의 향미, 과일의 신단맛, 입안 가득 부드럽게 느껴지는 감촉이 특징인 코마야구아(Comayagua)와 프란시스카 모라산(Francisca Morazán) 모두 1,200~1,450 m의 고지대 커피다. 감귤류의 오렌지 향미와 포도와 망고의 단맛과 열대 과일류의 신단맛이 어우러진 남동쪽 1,100~1,400 m의 엘파라이소(Elparaiso)도 유명하며, 아갈타(Agalta) 지역 역시 1,100~1,450 m의 고지대 열대성 기후로 선명한 신단맛이 밝게 올라오는 상큼함과 캐러멜의 단맛, 초콜릿의 부드러운 질감의 느낌이 고급스러운 커피다.

온두라스를 비롯한 중앙 아메리카의 생산량과 품질에 대한 노력은 각별하고 눈물겹다. 불의 고리에 연결된 화산의 지형적인 특성에서 최고의 품질을 나타내는 농산물이 커피이기에 집중 농산물로 연구의 대상이지만 이상 기후와 전염병 등 자연 재해로 인한 민감한 변수들로 농가들이 커다란 타격을 입기에 국가적인 노력과 더불어 대형 소비국의 투자도 병행되어야 한다는 것에 공감대를 넓혀 가고 있다.

2.6 코스타리카(Costa Rica) · 따라주, 빌라 사치, 센트로아메리카노, 허니 프로세스

천혜의 자연환경으로 살기 좋은 나라, 활화산과 커피, 축구의 나라이며 커피에 대한 국가적 자부심이 큰 나라이자 브라질 다음으로 국내 소비량이 많은 나라다. 쿠바로부터 유입된 커피는 중미에서 가장 먼저 시작되었는데 재배 농가를 늘리기 위해 1825년 커피 씨앗 무상 배포, 세금 면제 등의 정책적 지원과 1989년 로부스타 재배 금지령 등 품질 개선 정책을 통해 다른 나라에 비해 커피 가격을 높이는 데 성공했다. 90% 이상이 소규모 농가로 대부분 조합에 소속되어 산업을 발전시켜 나가고 있는데 기존의 카투라와 카투아이에서 최근에는 코스타리카의 대표 품종인 빌라 사치* 외 게이샤, SL28, 마라카투라(마라고지페와 카투라의 교배종으로 대형 품종), 센트로아메리카노*, Costa Rica 95 등 다양한 품종으로 늘려 가고 있다.

*** 빌라 사치(Villa Sarchi)**

웨스트 밸리 사치(Sarchi) 지역에서 발견된 버번의 변종으로 코스타리카를 대표하는 품종이 되었다. 고지대에서 재배되며 온두라스 등 다른 중미 국가에서도 생산을 시작하고 있는데 일자 모양의 센터컷이 특징이며, 나무의 크기가 작고 생산성이 좋아 점점 재배 지역을 넓혀 가고 있다.

*** 센트로아메리카노(Centroamericano)**

세계적인 이상 기후, 즉 기후 온난화로 생산량의 60%가량 감소가 전망되면서 기후 위기에 강한 품종으로 개발한 것이 F1이고 그중 하나가 센트로아메리카노(수단루메종과 사치모르종의 교배종)다. 세계커피연구회와 함께 이상 기후 온난화와 커피나무의 전염병으로부터 강한 품종인 F1 개발에 성공, 20여 개의 품종이 배양되고 있으며 5개의 품종이 중미에서 재배되고 있다.

손 수확과 손 선별을 하며 습식 가공법 외에 허니 프로세스*, 무산소 발효 등 다양한 가공 방식으로 품질과 가격을 상승시키고 있으나 기후 온난화와 병충해 등 생산량과 수익성 감소로 농가 수는 점차 줄어드는 실정이다. 그러나 무기질이 풍부한 화산 토양과 온화한 기후로 면적당 커피 생산량 비율이 높고 품질 또한 우수하여 학교의 방학이 수확기에 맞춰져 있다.

콜롬비아와 함께 100% 아라비카만 수출하는 대표적인 국가로 알려져 있는데 니카라과를 비롯 점점 100% 아라비카 품종만 수출하는 국가는 점점 늘어나고 있다. 이런 노력은 생산국 가명을 브랜딩하는 케냐의 노력과도 비슷한데 품질을 보증하여 가격으로 이어지는 역할을 한다.

재배 고도와 결점두에 따라 등급이 나뉘며 결점두의 경우 내용이 다소 까다롭다.

고도	
등급	재배 고도(m)
SHB (Strictly Hard Bean, 40%)	1,200~1,600
GHB (Good Hard Bean, 10%)	1,100~1,250
HB (Hard Bean, 19%)	800~1,100
MHB (Medium Hard Bean, 14%)	500~1,200
HGA (High Grown Atlantic, 5%)	900~1,200
MGA (Medium Grown Atlantic, 8%)	600~900
LGA (Low Grown Atlantic, 3%)	200~600
P(Pacific, 1%)	400~1,200

결점두		
등급	명칭	결점두 수
Class 1	Speciality Grade	0~5
Class 2	Premium Grade	6~8
Class 3	Exchange Grade	9~23
Class 4	Below Grade	24~86
Class 5	Off Grade	86 초과

이 외의 등급으로서 EP(European Preparation)는 유럽 기준 스크린 사이즈 15 이상으로 생커피 300 g 안에 결점두 3~5개를 기준으로 하고, USP(미국식) 기준은 결점두 11~12개까지 허용되며 퀘이커*(Quaker)나 오염 여부, 커핑 점수 등을 표기한다.

- **따라주(Tarrazu, 11~3월 수확, 1,200~1,900 m 고도)** : 코스타리카를 대표하며 크기는 작은 편이나 영양분이 많은 화산 토양과 온천, 연평균 강수량 2,400 mm, 온화한 기후, 습도 84%의 우수한 환경 조건에 비료, 제초제의 화학물질을 사용하지 않고 오직 손 재배, 손 수확, 손 선별한 스페셜티커피이며 최고 등급인 SHB로 전체 생산량의 40% 정도를 생산한다. 블랙허니 프로세싱 등의 가공법으로 단맛을 증가시킨 고급 커피로 품질 향상을 이룬 도타 따라주(Dota Tarrazu) 지역, 카르타고(Cartago)주 지역, 레온 코르테스 카스트로 대통령의 이름을 따라 명명된 레온 코르테스(Leon Cortés) 지역이 대표적이다. 바닐라 향과 오렌지, 감귤의

밝고 상큼한 기분 좋은 신맛과 향기, 초콜릿 여운과 함께 마른 과일에서 느껴지는 쫀득한 느낌의 풍성한 양질감 등 고급스러움과 조화로움이 돋보이는 매력적인 커피로 선호도가 높다.

- **웨스턴 밸리(Western Valley, 10~2월 수확, 1,200~1,900 m 고도)** : 총생산량의 20% 정도가 생산되며 우수한 품질로 인정받아 CoE 농장을 다수 배출, 주목받고 있는 지역으로 점차 생산량을 늘려 가고 있다. 75% 정도가 삼림보호지역으로 지정되고 1년 내내 서늘한 기온과 건기와 우기의 명확한 구분 등 지리적인 장점과 함께 손 수확 등의 노력으로 품질을 인정받고 있다. 화려한 신맛을 자랑하는 나랑호(Naranjo), 그레시아(Grecia) 지역과 산라몬(San Ramón), 팔마레스(Palmares) 등이 유명하다. 살구와 복숭아, 오렌지의 화사하고 화려한 신맛이 다양하게 느껴지는 기분 좋은 상큼함과 배, 바닐라, 꿀맛과 조청 향이 느껴지는 풍성한 단맛, 신경을 깨우고 자극하는 기분 좋은 다크초콜릿의 긴 여운이 오래도록 기억되는 고급스러움의 커피 맛을 선사한다.
- **센트럴 밸리(Central Valley, 11~3월 수확, 900~1,600 m 고도)** : 여러 산과 화산으로 둘러싸여 있음에도 불구하고 고지대 평원의 땅에서 전체의 15% 정도를 생산하고 있다. 재배 역사도 100년이 넘는, 가장 오래된 지역으로 온화한 기후, 2,250 mm의 강우량 등 최적의 조건으로 이라수(Irazu Mt.) 외 네 개의 화산이 있는 산호세(San Jose)를 중심으로 비옥한 화산의 산성 토양에서 자라난다. 화사하고 상큼한 과일류의 신단맛과 벌꿀, 조청, 캐러멜의 풍성한 단맛, 견과류와 다크초콜릿의 쌉쌀하고 매력적인 양질의 중후함이 조화롭게 느껴지는 커피다.
- **트레스 리오스(Tres Rios, 11~3월 수확, 1,200~1,650 m 고도)** : 역사적인 커피 생산지. 3,442 m 높이의 이라수 화산의 영향으로 토양에 유기물이 풍부하고 질감이 좋으며, 태평양 유역에서 불어오는 바람까지 영향을 주어 커피 맛 또한 일품이다. 강한 남성적인 느낌의 프랑스 보르도(Bordeaux) 지역의 와인과 비슷하다고 해서 '코스타리카 보르도'라고도 불리며, SHB 등급으로 대표적인 마이크로밀(Micro-Mill) 지역이다. 오로시(Orosi), 카치(Cachi) 계곡과 과나카스테(Guanacaste), 투리알바(Turrialba) 화산 근처에서도 생산되며 최근에는 생산량이 줄고 있다. 와인 같은 느낌의 시트러스 계열의 밝고 묵직한 신맛이 일품이며 캐러멜과 초콜릿 등의 매력적인 고급스런 향미를 가졌다.

*** 허니 프로세스 가공법**

잘 익은 커피체리를 수확한 후, 커피체리에서 생커피(Green Bean)를 만들어 내는 과정을 커피 가공(Coffee Processing)이라 하는데, 그중에서도 허니 프로세스(Honey Process)란 중앙아메리카 지역의 커피 생산자들 사이에서 보편화되고 있는 방법으로 커피 열매의 껍질을 벗기고 난 후 남아 있는 점액

질의 양을 조절함으로써 건식법 또는 습식법의 특징에 가까운 생커피를 만드는 것으로 코스타리카와 엘살바도르에서 주로 행해진다. 다양한 가공 방식을 통한 품질 향상과 농가 소득 증대가 목적이다. 건조가 끝난 후 생커피의 색으로 분류하는데 크게 세 종류로 블랙(점액질을 온전히 놔둔 채 말림, 레드보다 더 진한 느낌의 맛, 미끈한 감촉, 자연건조법으로 가공한 커피보다는 가볍지만 자연건조법에 가까운 특성), 레드(점액질을 중간 정도 남겨 둔 상태로 건조, 과일 느낌이 강하고 달콤하며 시럽과 같은 감촉), 옐로(점액질 완전 제거, 약하고 가벼운 과일 느낌, 습식법 커피에 가까운 특성) 등이다. 다양한 허니 프로세싱을 통해 기존의 신맛과 어울리는 단맛의 증가를 목표로 하여 허니 프로세스로 불린다.

*** 퀘이커(Quaker)**

커피 관련 고전인 William H. Ukers의 《All About Coffee》에 도움을 주었던 1893년 《Coffee: Its History, Classification and Description》 저자인 Walsh는 문헌상으로 처음으로 퀘이커, quaker라는 단어를 사용한다. 로스팅 후 밝은 빛을 내는 커피를 말하며 더 정확한 표현은 blight, 덜 익어 빛바랜(blighted: 황폐해진, 마른) 커피다. 전문가가 아닌 이상 생커피 상태에서는 식별이 어려우며 로스팅 후에는 확연하게 blighted의 특성이 드러난다. 품종별로 다르기는 하지만 저지대와 해안가 커피에서 주로 많이 나타나고 고지대 수세식 커피에서는 세척 과정에서 대부분 물에 뜨기에 걷어 내게 된다. 1894년 Castle Brothers는 quaker를 죽은 콩(dead bean)이라 하였으며, 1910년 Keable은 《Coffee: From grower to consumer》에서 quaker를 언급, 아무리 로스팅을 해도 원하는 갈색이 나타나지 않는 것으로 불쾌한 향이 나고 한 잔에 한 알만 들어가도 커피의 가치가 떨어진다고 하였다. 2005년 Boot는 맹맹한 쓴맛(bland, bitter)이라고 하였다. SCA 기준 스페셜티 커피가 되기 위해서는 볶은 커피 100 g 안에서 한 개라도 발견되면 안 된다고 규정하고 있는, 대표적인 결점두 이상의 죽은 커피라 할 수 있다.

출처 https://www.facebook.com/coffeelibre

2.7 파나마(Panama) · 신의 커피, 여왕의 커피, 에스메랄다 게이샤

최적의 커피 재배지의 조건을 갖추었으나 생산량이 적어 시장에서의 인지도가 낮았으나 국제 커핑대회에서 우승한 뒤 가격이 폭등한 후에 1996년 파나마스페셜티커피협회는 매년 파나마 게이샤, 파나마 일반 커피, 파나마 파카마라로 세분하여 '베스트 오브 파나마' 행사를 개최, 가격 하락에 대비하고 품질을 유지하기 위해 노력하고 있다. 파나마 하면 떠오르는 게이샤 품종은 에티오피아의 남서부 쪽 게샤 지역의 품종으로, 다른 커피와 비교되지 않는 독특한 레몬의 화사하고 화려한 감흥이 한번 맛을 보면 기억되는 특유의 강점이 개성으로 남는다.

저지대 커피에서는 찾아볼 수 없는 강렬하면서도 선호도가 높은, 뛰어난 커피의 매력적인 향미로 인해 '신의 커피', '여왕의 커피'로도 불리는데 잎이 듬성듬성 붙어 있어 수확량이 많지 않고 키가 큰 것이 단점이며 재배 시의 어려움도 커서 생커피 한 알이 가격이 되는 놀라운 가치의 발견이 많은 커피품질평가사들에게서 드러났다. 초기에는 맛의 우수성이 떨어졌으나 한 농장의 꾸준한 노력으로 파나마 게이샤의 명성을 얻게 되었는데, '베스트 오브 파나마'에서 6번의 우승을 차지한 보퀘테(Boquete)의 에스메랄라(Esmeralda) 농장이다. 로스팅을 하고 나면 같은 로스팅 정도에도 유독 붉은빛이 감돌고 그라인딩을 하고 추출하는 내내 입안에서 침이 고여 오고 곧바로 상큼하면서 달콤한 레몬향이 마시고 싶은 유혹을 건네고 기대감을 갖게 한다. 3,475 m 바루(Mt. Baru) 화산 지역을 중심으로 발전하여 화산 토양, 강우량, 기후, 1,400 m 이상의 재배 고도, 우기와 건기의 뚜렷한 구분, 깊은 숲속 자연의 그늘 아래 자라나는 친환경적 요소 등 커피 재배지로서 최상의 조건과 함께 교육을 통한 고급 인력 투입, 높은 재배 기술을 모두 갖추고 있다. 수세식 가공을 주로 하며 건식법과 허니 가공도 이루어지고 기계 건조와 햇볕 건조를 병행하며 카투라와 티피카, 버번과 카투아이, 파카마라(파카스와 마라고지페 교배종)와 게이샤 품종으로 대략 10만 백(Bag) 정도 생산되는데 가격 하락을 감안하여 생산량에 큰 변화를 주지 않는다. 주요 생산지인 바루 화산의 보퀘테와 볼칸 칸델라(Volcan Candela) 지역은 도로 시설과 가공 시설 등을 갖추고 SHB 등급을 우선으로 모두 EP(기계에 의한 결점두 제거 후 손으로 다시 결점두와 외부 이물질이 제거된 등급)로 분류한다.

- **보퀘테(Boquete, 11~3월 수확, 1,200 m 이상 고도)** : 붉은 토양인 바루 화산의 서늘한 바람으로 아침 안개 아래에서 커피 열매가 서서히 성숙되어 강한 단맛과 단아하고 풍성한, 복합적인 꽃과 과일의 풍부한 향미, 장미 향과 더불어 퍼지듯 올라오는 다양하고 진한 꽃향기와 레몬향, 화사한 과일의 시고 달콤한 향이 은은하고 고급스럽게 입안에 퍼지듯 올라오는 황홀함이 특징이다. 특별히 대표되는 에스메랄다(Esmeralda) 농장은 100년을 넘도록 게이샤를 품고 자라게 한 곳이다. 그 외 엘리다(Elida E), 마마까따(MAMA CATA), 돈 페페(Don Pepe E), 레리다(Lerida), 돈 파치(Don Pachi E) 등의 농장이 있다.
- **피에드라 칸델라(Piedra de Candela, 11~3월 수확, 1,200~1,800 m 이상 고도)** : 바루 화산의 서쪽 지역으로 서늘하고 구름과 바람이 잦은 지역으로 내추럴 가공이 많고, 향기가 풍성한 것으로 유명하다. 고급스런 블루베리의 은은한 향, 재스민의 꽃향, 자두의 새콤한 신단맛이 일품이며 게이샤를 비롯하여 버번, 카투아이, 파카마라 등이 재배된다.

3) 하와이 & 카리브해 (Hawaii & Caribbean Sea) · 화산과 태평양을 품은 섬나라, 커피나라

지각의 변동으로 섬이 되어 화산을 품고 커피가 자라나는 나라들. 하와이 코나에 가면 길가의 가로수가 커피나무였고, 은은하고 향긋하며 달콤한 단 향, '커피의 황제'라 불리는 자메이카의 블루마운틴, 중성적 느낌의 깔끔함이 매력적인 도미니카 커피, 커피란 '생각하는 향기'라고 칭하며 섬 전체에서 생산되는 탱고의 나라 크리스탈 마운틴의 쿠바 커피, 캐리비안 마운틴이라 불리는 야우코 셀렉토의 푸에르토리코는 생산량 6위에 이름을 올렸던 나라다.

3.1 도미니카(Dominica) · 부드러운 향미의 중성적 느낌의 깔끔한 커피

1735년 도입된 후 재배지로서는 우수한 조건을 갖추고 있으나 생산량이 많지 않고 주로 내수용으로 소비되어 수출은 대략 20% 정도로 대부분 미국으로 수출된다. 중성적 느낌의 커피로 뚜렷한 특징은 없지만 깔끔하고 기분 좋은, 여운이 길게 가는 맑고, 밝은 한 잔으로 기억되는 커피다. 600~1,500 m 고도로 해풍의 서늘함과 구름이 적당히 해를 가리며 충분한 습도를 유지하여 서서히 익어 가는 커피 열매에 좋은 영향을 미치고 있다. 카리브해의 고산지대에서 생산되는 부드러운 향미와 맑고 밝은 맛과 상큼한 향이 특징이다. 아라비카만을 재배하며 수세식 가공법으로 햇볕 건조와 기계 건조를 하며 그늘 재배 커피로 유기농 생산이 주를 이룬다. 대표적인 수확기는 2~5월로 3 ha 규모의 영세한 농가로 티피카, 카투라, 카투아이, 버번과 문도 노보 등을 재배한다. 품질의 등급은 AA, A, AB 등의 크기로 분류되지만 시바오(Cibao)의 다소 중후한 질감의 부드러운 느낌, 바라오나(Barahona)의 고산지대 커피가 깔끔하고 부드러운 향미로 유명하다.

등급	스크린 사이즈
Dominica AA	17~19
Dominica A	15~16

3.2 자메이카(Jamaica) · 커피의 황제, 블루마운틴, 부드럽고 단아한 커피

'레게(Reggae)' 음악과 헤어스타일, 'Sun of Jamaica', 우사인 볼트로 대표되는 육상 강국에서 커피의 황제라 불리는 블루마운틴(Blue Mountain)이 자란다. 1728년에 유입되어 카리브해 연안의 기후와 토양, 고지대 등 최적의 조건 속에서 370년간 영국의 지배를 받아 영국 황실의 커피가 된다. 아라비카만 재배하고 수세식 가공을 하며 뜨거운 태양 아래서 햇볕 건조를 한다. 포틀랜드(Portland), 세인트 토마스(Saint Tomas), 세인트 앤드류(Saint Andrew), 세인트 메리(Saint Mari), 맨체스터(Manchester) 등에서 자란다.

명칭	스크린 사이즈	재배고도	결점두
Blue Mountain No.1	전체 커피의 96%는 스크린 사이즈 17/18을 가져야 한다.	1,100 m 이상	전체 커피의 2% 이상 중요 흠결이 있어서는 안 된다.
Blue Mountain No.2	전체 커피의 96%는 스크린 사이즈 16/17을 가지고 있어야 한다.		전체 커피의 2% 이상 중요 흠결이 있어서는 안 된다.
Blue Mountain No.3	전체 커피의 96%는 스크린 사이즈 15/16을 가지고 있어야 한다.		전체 커피의 2% 이상 중요 흠결이 있어서는 안 된다.
Blue Mountain peaberry	전체 커피의 96%는 스크린 사이즈 12/13의 피베리여야 한다.		전체 커피의 2% 이상 중요 흠결이 있어서는 안 된다.
Blue Mountain Triage	이전의 모든 분류의 망 크기를 포함하고 있어야 한다.		전체 커피의 4% 이상 중요 흠결이 있어서는 안 된다.

- **블루마운틴(Jamaican Blue Mountain, 8~9월, 길게는 3월 수확, 1,100 m 이상 고도)** : 기후가 서늘하고 안개가 많이 발생하는 지역으로 열매가 서서히 익어 가면서 단맛이 깊어 가는 특징을 보여 주며, 블루 산맥에서 재배되는 티피카 계통의 품종으로 1730년부터 경작되기 시

작하여 고지대에서 잘 자라고 생산성은 많지 않다. 해발 2,256 m에 달하는 블루마운틴의 최고봉을 중심으로 자라며 스크린 사이즈와 결점두를 기준으로 자메이카커피산업위원회의 인증을 받은 커피에만 '자메이카 블루마운틴'이라는 상호를 붙일 수 있다. 부드러운 향미와 쓴맛이 덜한 것으로 유명하며 1962년 영국으로부터 독립, 일본과 수교를 맺고 일본이 자메이카커피산업협회를 구성하고 직접 커피 관리에 들어가면서 거의 독점하게 된다. 블루마운틴은 커피 품종의 하나로 불리기도 하며 파푸아뉴기니, 카메룬, 콩고민주공화국 등지에서 생산되는데 자메이카의 경우 블루 산맥 최고봉을 중심으로 재배되는 커피에 한하여 '자메이카 블루마운틴'이라는 상호로 불린다.

3.3 쿠바(Cuba) · 생각하는 향기, 크리스탈 마운틴, 은은한 단맛과 깔끔한 뒷맛

자메이카의 블루마운틴에 비해 가격은 다소 낮지만 뒤떨어지지 않는 뛰어난 품질의 쿠바의 크리스탈 마운틴(Crystal Mountain)은 3% 내외의 적은 생산량으로 10년간 독점계약으로 일본에 전량 수출되었다. 한때 엄청난 생산량으로 1820년에는 커피 생산이 경제의 중심으로 자리잡았으나 사회주의로 변모 후 미국이 통상금지를 내려 수출이 차단되고 다른 산업과 함께 악화일로에 접어든다. 쿠바에서 커피란 '생각하는 향기'로 해석되는데 미네랄이 풍부한 화산 토양과 바다에서 불어오는 따뜻한 바람, 섬나라의 특징인 심한 일교차, 해풍에서 발생하는 구름이 적절하게 햇볕을 가려 주면서 생기는 따뜻한 그늘 등이 최적의 재배 조건이지만 거의 해마다 발생하는 허리케인으로 인한 치명적인 피해로 수확량이 늘 불투명하다.

쿠바를 대표하는 크리스탈 마운틴이란 에스캄브라이(Escambray) 산맥에서 재배되는 커피를 이르는 말인데, 이 산과 숲으로 들어오는 찬란한 빛이 마치 크리스탈을 보는 듯 맑고 투명하다는 의미와 이 산맥 근처의 토양에 포함된 운모와 석영으로 인해 반사되는 빛 때문에 붙여진 이름이라고 하는데, 이 지역의 커피가 크리스탈이 연상될 만큼 아름답고 투명한, 맑고 고운 커피라는 뜻으로도 해석된다. 우아하고 섬세한 여성적인 커피로도 인용되곤 하는데 약하지만 고급스러운 좋은 신맛과 함께 은은한 단맛과 깔끔한 뒷맛의 개운함이 부드럽게 지속되는 커피다. 대부분 수세식 가공법에 햇볕 건조와 기계 건조를 병행하며 수확기는 12~2월까지다. 고지대에서 아라비카만을 생산하며 품질을 우선시하는데 등급은 사이즈와 결점두에 따라 나뉘며 이는 다시 결점 수에 따라 표시된다.

<table>
<tr><th></th><th>등급</th><th>스크린 사이즈</th><th>결점두 개수</th><th></th><th>등급</th><th>결점두 개수</th></tr>
<tr><td rowspan="6">크기별</td><td>Crystal Mountain</td><td>18 이상</td><td>10</td><td rowspan="6">결점두</td><td rowspan="2">Grade 1</td><td rowspan="2">0</td></tr>
<tr><td>Extra Turquino</td><td>18</td><td>18</td></tr>
<tr><td>Turquino</td><td>17~18</td><td>19</td><td rowspan="2">Grade 2</td><td rowspan="2">4</td></tr>
<tr><td>Altura</td><td>16~17</td><td>19</td></tr>
<tr><td>Montana</td><td>15~16</td><td>24</td><td rowspan="2">Grade 3</td><td rowspan="2">12</td></tr>
<tr><td>Cumbre</td><td>14~15</td><td>29</td></tr>
</table>

* 쿠바에서 Peaberry 등급은 카라콜리로(Caracolillo)라고 명명된다. 섬 전체에서 재배되며 동부의 사구아 바라코아(Sagua-Baracoa)와 시에라 마에스트라(Sierra Maestra) 지역에서 70%, 크리스탈 마운틴 커피가 생산되는 에스캄브라이(Escambray)와 상티 스피리투스(Sancti Spíritus)의 중부 지역에서 20%가 생산되며 서부의 피나르 델 리오(Pinar del Rio)에서 10% 정도 생산되고 있다.

3.4 푸에르토리코(Puerto Rico) · 야우코 셀렉토(캐리비안 마운틴)

'황홀한 땅(La Isla del Encanto)' 푸에르토리코는 자메이카와 같은 위도에 있으며 기후와 토양이 비슷해서 매우 수준 높은, 좋은 품질의 커피를 생산하고 있다. 1736년에 프랑스령인 마르티니크섬에서 처음 유입되어 '카리브해의 하와이'라 불릴 정도로 섬 전체 면적의 70%가 생산지로 가능한 훌륭한 자연환경으로 많은 커피를 생산(세계 6위)하던 나라였으며, 유엔 세계관광협회에서 '세계에서 가장 훌륭한 특산물'로 선정할 만큼 품질도 뛰어나고 19세기 고급 커피의 대명사로 유명하였다. 그러나 자연재해로 인해 생산량의 80%가 유실될 정도로 황폐해지고 전쟁 등으로 생산이 악화의 길로 들어섰으나 1991년부터 미국이 관여하면서 다시 부활하여 자메이카의 블루마운틴과 비교될 만큼 맛과 향이 뛰어난 스페셜티 커피는 주로 미국, 유럽, 일본으로 수출되고 있다. 대표적인 스페셜티 커피로는 야우코 셀렉토(Yauco Selecto)와 그랜드 라레스(Grand Lares)가 있는데 200~1,100 m에서 재배, 8~9월에 수확하며 습식 가공법으로 대부분 아라비카를 생산한다. 특히 짙은 초록색의 야우코 셀렉토는 버번 품종으로 캐리비안 마운틴(Caribbean Mountain)이라고도 부르며, 친환경 유기농 재배공법의 고품질 커피로 90점 이상의 점수를 받으며 최고의 커피로 알려져 있다. 우아하고 부드러우며 적당한 고품격의 신단맛, 가볍지 않은 적당한 중후한 느낌, 과일 향이 물씬 풍겨나고, 부드럽지만 힘이 느껴지는 기분 좋은 긴 여운, 다크초콜릿과 페퍼민트의 달콤한 향기를 머금은, 쓴맛이 거의 느껴지지 않는 감미로움과 단아한 기품이 느껴지는 커피다. 사이즈별 등급인 AA, A, PB로 구분되며 생산지는 야우코, 라레스, 폰세(Ponce) 등이다.

3.5 하와이(Hawaii) · 거리의 가로수 커피나무, 코나와 마모*

화산의 현무암 풍화토가 농장의 배수를 도와 커피나무 생존에 최적의 조건을 갖추었다. 열대 해양성 기후로 과일과 꽃향기의 아로마, 상큼한 산미와 고급스러운 단맛으로 좋은 조화를 이루는 하와이 커피 역사는 그리 길지 않다. 1828년 브라질 할로 지역에서 씨앗을 가져와 빅아일랜드의 코나에 처음 심으면서 코나 지역에만 900개, 그 외 수천 개의 농장으로 자리 잡았다. 티피카, 카투라, 버번의 품종으로 코나 지역에서는 독특한 코나 티피카(Kona Typica) 돌연변이를 포함한 많은 품종이 재배되고 있는데 식물학적 기록은 없지만, 19세기 후반 과테말라 커피 씨앗이 하와이로 수입되었을 때 과테말라 커피가 하와이에 적응하면서 자연적으로 돌연변이를 일으킨 것으로 알려져 있다. 빅 아일랜드 커피 로스터스(Big Island Coffee Roasters)에서 코나 피베리가 가장 많이 팔리는데 하와이에서 피베리는 따로 선별하기도 한다(A guide to Hawaiian coffee production, PerfectDailyGrind 참조).

- **빅아일랜드 코나(The Big Island Kona, 9~2월 수확, 250~900 m 고도)** : 화산으로 인한 풍부한 미네랄 영양분의 토양, 열대 해양성 기후, 바람과 햇볕 등 코나를 방문해 보면 저절로 알 수 있는 천혜의 커피 산지다. 거대한 활화산의 경사면에 위치한 코나 언덕에는 최고의 품질을 생산하는 대규모 농장이 위치하고 언덕길 가로수가 대부분 커피나무라는 것을 금방 알 수 있을 만큼 커피의 섬이다. 항상 손 수확하고 과육을 제거한 후 발효 과정을 거쳐 깨끗이 씻어 테라스에서 정성스럽게 말린다. 밝은 느낌의 과일, 자몽이나 딸기 향미와 함께 밀크초콜릿, 브라운 슈가, 부드러운 꿀의 단맛이 느껴진다. 품종으로는 마라고지페, 티피카, 버번, 카투아이, SL34, SL28, PB 등이 있다. 빅아일랜드에는 코나 외에도 하마쿠아(Hamakua), 푸나(Puna), 카우(Ka'u) 커피가 있다.
- **마우이(Maui, 9~2월 수확, 100~550 m 고도)** : 카아나팔리(Kaanapali) 서쪽에서 재배되는 100% 마우이 커피는 '종자에서 컵까지의 품질'이라는 목표로 2014년 HCA 커핑대회에서 커머셜(상업용 커피 : 대량 생산과 유통에 중점을 둔 커피) 부분 1위를 차지한, 자부심 강한 역사적인 커피로 유명하다. 50개의 농장 수는 매년 증가하여 옐로 카투라, 레드 카투아이, 과테말란 티피카로 수세식 가공법과 중간 수세식, 건식법, 허니 가공법을 사용한다.
- **오아후(Oahu, 9~2월 수확, 180~210 m 고도)** : 관광과 상업적 용도로 소규모 재배되어 수확되고 사용되며 대부분 커피농업연구소의 연구 목적으로 재배된다. 티피카 품종의 습식법으로 가공되며 밀크초콜릿, 과일과 꽃향, 단맛이 일품이다.

- **카우아이(Kauai, 10~12월 수확, 30~180 m 고도)** : 하와이 최초의 커피 농장이며 단일 농장으로는 최대 규모로 수세식 가공의 아라비카 품종으로 옐로 카투아이, 레드 카투아이, 블루마운틴, 문도 노보, 티피카 등이다. 하와이에서 유일하게 커피 딱정벌레* 피해가 없는 지역으로 안정적인 기후, 풍부한 햇볕, 화산의 영양분 많은 토양 등 최적의 조건으로 초콜릿, 망고, 멜로, 스파이시, 부드러운 흙향의 깊이 있는 단맛을 자랑한다.

하와이 커피의 품질 등급 분류는 생커피의 사이즈와 결점두 수에 있다.

등급	스크린 사이즈(1 screen = 0.4 mm)	결점두(생두 300 g당)
Kona Extra Fancy	19	10개 이내
Kona Fancy	18	16개 이내
Kona Caracoli(Peaberry) No. 1	10	20개 이내
Kona Prime	무관	25개 이내

*** 하와이 단독 품종 마모(Mamo)**

하와이농업연구센터에서는 병충해에 강한 새로운 품종을 만드는 것이 연구의 주요 초점이었다. 1990년대 커피잎녹병에 강한 품종의 번식을 조사, 연구하기 시작하여 2017년 하와이 단독 품종 마모(Mamo : 후손)가 개발되었다. 새롭게 도입된 5세대 교배종으로 Mokka hybrid Maragogipe = Mamo이다. 마모는 뛰어난 향미를 자랑하며 크기가 크고 병충해에 강하며 저항력이 탁월하다.

*** 커피 베리 보어(Coffee Berry Borer)**

아프리카 토종 딱정벌레로 생커피의 무게를 감소시키고 열매를 손상하여 나무에서 일찍 떨어지는 낙과율을 증가시킨다. 1.7 mm 크기의 암컷이 체리 과육에 구멍을 뚫고 알을 낳으며 1 mm보다 작은 크기의 수컷은 커피체리를 유일한 공급원으로 삼아 그 안에서 암컷을 기다리며 평생을 살며 커피 열매를 평생 먹으니 커피 열매의 무게를 감소시킨다. 콜롬비아 카투라의 경우 8~13%를 감소시켜 1백(70 kg)당 21%까지 감소되는 결과를 가져온다. 열매가 가벼워질 뿐만 아니라 쉽게 깨져 결점두의 원인이 되고 뚫어 놓은 구멍으로 곰팡이의 침입도 쉬워 다른 결점두로 변질되기도 하고 다른 오염에도 노출된다. 커피나무의 잎에서 곰팡이가 번식하여 나뭇잎 전체가 녹병이 들어 생산량을 50% 이하로 떨어뜨리고 결국엔 커피나무를 베어 내고 새로 심어야 하는 커피잎녹병. 익지 않은 녹색의 커피 열매에 곰팡이가 만들어 낸, 결국엔 익지도 못하고 말라 비틀어져 생산량의 70%를 떨어뜨리는 커피베리질병. 커피 열매에 들어간 딱정벌레로 인해 체리의 무게를 떨어뜨려 생산량의 감소로 이어지는 커피베리보어 등 커피나무의 3대 질병은 생산량의 저하와 함께 커피 품질 저하, 커피 가격 인상으로 이어진다.

4) 남아메리카 (South America) · 대륙별 최대 생산지, 향미와 가격의 기준

브라질(약 30% 내외)과 콜롬비아의 생산만으로 전 세계 생산량의 45%를 차지하는 대륙별 최대 생산 지역으로 전 세계 커피 가격에 중요한 변수로 작용하며 초대형 원두 커피 공장의 경우 수요에 따른 안정적인 공급량을 확보할 수 있는 유일한 대륙으로 결국 남아메리카에서 생산되는 커피를 기준으로 전 세계의 커피의 가격과 블렌딩의 향미 기준을 가져가야 하는 이유가 되고 현실이 된다. 그만큼 커피에 있어서 생산량의 힘은 엄청나다. 커피 맛의 일정성 유지를 위한 생산 국가의 동일성은 최소한의 기준이라고 할 수 있기에 대형 원두 공장의 경우 수요에 따른 충분한 생커피의 확보는 기본이다. 남아메리카의 커피는 1714년 자바(Java)에서 가져온 커피를 브라질의 수리남(Surinam)에서 재배하면서 시작되었다. 브라질은 상대 국가에 비해 낮은 저지대에서 내추럴, 준내추럴 방식으로 가공한 커피를 대량으로 생산하는 반면 다른 나라들은 다소 고지대 커피로 밀도가 높아 향이 강하고 개성 있는 커피를 생산하고 품종으로는 주로 버번, 카투라, 쿤도 노보, 카투아이, 파카스 등을 재배한다.

4.1 브라질(Brazil) · 기계 수확, 막대한 생산량, 전 세계 커피 가격과 품질의 분수령

부동의 생산량 1위. 1위의 생산량이 2~4위, 혹은 2~6위까지를 모두 합친 양과 비슷하니 전 세계 커피의 70%가 거래되는 뉴욕의 커피 · 설탕 · 카카오거래소에서는 매년 브라질의 커피 생산량과 품질이 가장 큰 관심사이며 전 세계 커피 가격과 품질의 중요한 분수령이 되고 있다. 결국 브라질은 전 세계 커피 시장을 주도하고 있으며 브라질 커피에 대한 다양한 이해와 연구는 세계적인 커피 산업 발전에 매우 중요하다. 1727년 프랑스 장교 팔레타(Palheta)가 아마존 유역에 심었던 커피가 남동부의 상파울루(São Paulo)와 미나스제라이스(Minas Gerais) 주 등으로 옮겨 가면서 생산량이 늘어나 대형화를 이루게 되는데, 전 생산량의 50% 이상을 담당하는 미나스제라이스주(586,528 km^2)는 한반도(223,663 km^2) 전 국토의 2배가 훨씬 넘는 광활한 지역이라 엄청난 생산량을 전부 기계로 소화하고 있다.

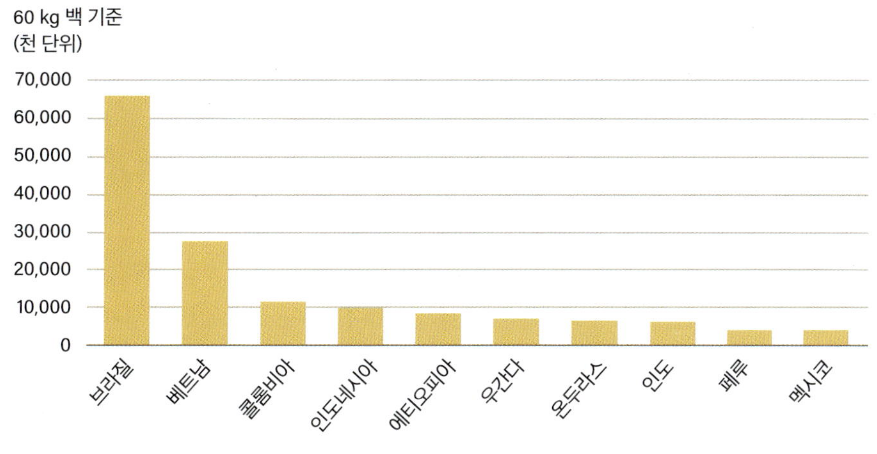

커피 생산량 순위(2023~2024)

출처 http://apps.fas.usda.gov/psdonline/psdQuery.aspx

전체 생산량의 70% 정도가 아라비카인데 1887년 브라질농업연구소를 설립하여 질병 연구, 기술 개발 등을 위해 노력하고 있으며, 1991년 브라질스페셜티커피협회는 저가로 인식된 시장에 1999년 브라질 CoE를 시작하여 지금까지 놀라운 질적 상승을 이끌어 내고 있으며 서리 피해, 이상 기후 등에도 점차 생산량을 늘려 가고 있다. 하루에 10~20잔 정도, 즉 생산량의 절반 정도를 국내에서 소비하는데 더운 나라임에도 뜨겁고 진한 커피인 카페징요(Cafezinho, 물에 설탕을 넣고 끓이다가 커피를 넣어 우려낸 후 천에 걸러서 마신다)를 작은 잔에 소량을 따

브라질 등급 기준(300 g. No. 2~No. 6 이상)		미국 뉴욕거래소 등급 기준(350 g. NY 2~NY 5)	
등급(Grade)	결점두(Full Defects)	등급(Grade)	결점두(Full Defects)
No. 2	4	NY 2	6
No. 2/3	8	NY 2/3	9
No. 3	12	NY 3	13
No. 3/4	19	NY 3/4	21
No. 4	26	NY 4	30
No. 4/5	36	NY 4/5	45
No. 5	46	NY 5	60

* 요즘은 뉴욕거래소 기준 NY 2~NY 6로 많이 표기된다. No.1과 NY 1의 표기가 없다.

[표기 예] Brazil Cerrado NY 2 FC SS17/18				
Brazil	Cerrado	NY 2	FC	SS17/18
생산국	산지 지역명	뉴욕거래소 결점두 등급	향미 평가 Fine Cup 등급	스크린 사이즈 17~18

라 마시는데 미국 다음으로 국내 소비량이 높은 나라다. 브라질 커피의 등급은 결점두를 기준으로 나뉘는데 기계 수확으로 인한 결점두 생성으로 No. 2가 최상급이다. 결점두로 등급을 분류할 때 브라질 기준(No. 300 g)과 미국 기준(NY. 350 g)이 달라 다소 차이가 난다.

수확 시기는 5~9월, 대부분은 건식 가공을 하나 펄프드 내추럴 방식, 습식 가공법도 사용한다. 스페셜 커피를 늘려 가는 추세로 점차 수세식 가공이 늘어나고 있으며 햇볕 건조와 기계 건조를 병행한다. 안데스 산맥을 중심으로 남동부 800~1,600 m에서 대부분 생산되는데 버번, 옐로 버번, 문도 노보, 카투라, 카투아이, 이까뚜 등이 있으며 로부스타 종으로는 코닐론이 생산된다. 재배지로는 미나스제라이스(술 데 미나스, 마타스 데 미나스, 세하도, 샤파다드 데 미나스)가 대표적이며 에스피리투 산토(Espíritu Santo), 상파울루, 파라나(Parana) 등이 있다.

개성이 강하지 않은, 중성적인 느낌의 커피로 베이스로 사용하기 좋아 블렌딩에 잘 어울린다는 평가를 많이 받는다. 워낙 넓은 지역에서 생산하다 보니 각 지역별 품질과 특성이 다르지만 브라질은 각 지역의 커피를 혼합하여 '카페 도 브라질(Cafés do Brasil)'이라는 로고를 사용하고 있다. 이는 브라질 전체 커피 프로그램의 시작을 알리며 전 세계 생산량의 40%가 이 로고를 사용하게 된 결과를 가져왔다. 이렇게 시작한 '카페 도 브라질'은 브라질스페셜티커피협회와 함께 브라질 커피의 품질 혁명을 시도하고 있으며, Cafés do Brasil, BSCA, CoE의 세 가지 인증 마크를 통하여 품질의 다름을 나타내고 있다.

4.1.1 미나스제라이스(Minas Gerais, 6월 이후 수확)

고원지대를 기반으로 한 세계 최대 아라비카 생산 지역으로 술 데 미나스, 마타스 데 미나스, 세하도, 샤파다드 데 미나스가 주요 생산지다. 평평한 농지에 줄을 맞춰 심어 기계 수확하며, 기계로 수확한 후에 기계로 열매를 선별하는 등 다른 나라와 차별되는 대규모 커피 재배 방식이다.

- **술 데 미나스(Sul de Minas, 700~1,400 m 고도)** : 18~20℃의 온화한 기후와 고지대의 서늘한 기후의 영향으로 감귤류의 상큼한 향미가 강해 브라질 최고의 커피로 손꼽히며 평균 커피 재배 고도보다 높은 지역으로 스페셜티 커피의 최대 생산 지역이다. 유명한 몬테알레그레(Monte Alegre), 이파네마(Ipanema) 농장이 있으며 카르모 데 미나스(Carmo de Minas)는 브라질 CoE를 석권하는 지역으로 유명하다. 감귤류의 달콤하고 좋은 산미, 너트의 고소함과 캐러멜과 초콜릿의 향미가 느껴지며 중간 정도의 바디가 느껴지는, 브라질 커피 품질과 생산량 모두를 책임지고 있는 브라질 커피를 대표하는 지역이다.
- **마타스 데 미나스(Matas de Minas, 550~1,200 m 고도)** : 브라질의 커피 역사를 말해 주는 곳으로 유명하며 이제는 커피 품질의 새로운 역사를 써 내려가기 위해 수작업을 통한 고된 수확과 가공이 이어지며 스페셜티 커피의 새 역사를 만들어 가는 곳이다. 경사가 심한 고도 1,300 m의, 유칼립투스 나무가 빽빽한 숲, 친환경 그늘 아래 버번과 카투아이의 빨간 체리를 수확하는 마누아수(Manhuaçu) 지역은 브라질 최고의 커피 상을 수상한 바 있다. 새로운 품종 개발과 가공 방식의 변화*로 커피의 품질은 빠르게 진화한다.
- **세하도(Cerrado, 800~1,200 m 고도)** : 산미는 약하나 부드러운 맛과 볶은 견과류의 고소함, 초콜릿 향의 커피로 사바나 기후* 지역의 벨트에서 생산되며 대부분 기계화된 대규모 농장으로 펄프드 내추럴(점액질째 말리는 가공 방식)과 건식법의 커피를 생산한다.

* 품종 개발과 가공 방식의 변화

스페셜티 커피에 대한 관심이 커지면서 새로운 품종과 가공 방식의 변화에도 관심과 열의가 넘치고 있다. 생산자에게는 또 다른 기회로 나라마다 경쟁적으로 품종 개발에 나서면서 국가별 커피의 전형성이 사라지고 있다. 브라질을 비롯한 중남미 국가에서 더욱 두드러지게 나타나 새로운 품종이 개발되면 이웃 나라들로 곧바로 전파되고 있다. 특히 에티오피아 게샤(Gesha) 숲의 야생종이 파나마 게이샤(Geisha)로 꽃피운 사례는 품종 개량의 속도를 더했다. 수단 루메, 파카마라, 파체, 빌라 사치, 콜롬비아 카스틸로, 케냐 바티안, 인도네시아 자바니카, 에티오피아의 수단 루메와 사치모르를 교잡한 센트로아메리카노 등 각국의 커피 연구소들은 종자 교환 등 상호 협력을 통해 수많은 하이브리드(잡종, 혼종) 품종을 더욱 빠르게 증가시키고 있다. 가공 방식의 변화도 빠르게 진화하고 있는데 대표적인 것이 발효 커피다. 2015년 월드 바리스타 챔피언십(WBC) 대회에서 보졸레누보 와인을 만드는 방식으로 가공 처리한 커피가 우승을 차지한 것을 계기로 다양한 발효 가공 기법이 적용된 사례가 보고되고 있다. 탄소를 넣어 밀폐한 후 유산균의 생성을 촉진해 발효하는 방법, 산소를 제거해 독특한 향미를 생성하는 무산소 발효법, 체리를 천연 효모와 함께 탱크에 넣거나, 과일과 함께 넣어 발효하는 등 발효 가공 기법은 계속 진화 중이다.

* 사바나(Savannah) 기후

사바나(Savannah)란 "나무가 없는 평야"라는 스페인의 용어. 열대 기후로 겨울의 건기와 여름 우기의 구분이 뚜렷하며 연평균 27℃로 더운 정도이며 추운 달에도 18℃ 이하로 내려가지 않고 토양의 경우 배수가 잘되는 특징이 있다. 케냐, 탄자니아 등이 대표적이며 브라질의 세하도 지역 또한 전형적인 사바나 기후 지역이다.

4.1.2 에스피리투 산토(Espíritu Santo, 800~1,200 m 고도)

로부스타를 주로 생산하는 남부에 위치한 지역으로 부드럽고 고소한 너트류의 향미와 안정적인 맛의 아라비카 내추럴 커피가 소량 생산된다.

4.1.3 상파울루(São Paulo, 800~1,200 m 고도)

모지아나(Mogiana)와 파울리스타(Paulista) 지역을 중심으로 가장 전통적인 방법으로 재배된다. 특히 모지아나의 경우 비옥한 붉은색(Terra Rossa) 화산 토양의 고품질 커피로 유명한데 중간 정도의 좋은 신맛과 높은 당도, 열대 과일 향, 적절한 중후함 등으로 스페셜티 커피로 불리며 산토스항을 통하여 수출된다. 1850년대 상파울루 지역도 스페셜티 커피로의 진입을 위해 농가에서 재배한 커피를 수출을 통해 소비하기보다는 도시에서 직접 스페셜티 카페를 운영, 소비자들에게 직접 맛보이는 브라질 스페셜티 커피로의 새로운 변화를 일구어 내고 있다. 편안하고 친절한 신사분을 만난 듯한 기분 좋은 초콜릿 향미와 조화로움이 오래가는 커피다.

4.1.4 파라나(Parana)

최대 생산량을 기록했으나 1975년 대대적인 서리 피해와 1994년 이후 최악의 한파로 생산량이 급격히 줄어든 상태다. 이과수 커피로도 유명하며, 적당한 정도의 무게감과 중후함, 감귤류의 가벼운 산미와 너트와 캐러멜, 초콜릿 향미의 커피다.

- **스페셜티 커피 알타 모지아나(Alta Mogiana)** : 900~1,000 m 고도의 탁월한 고품질 커피로 균형 잡힌 평균 산도와 벨벳 같은 부드러운 크림의 감촉, 초콜릿과 견과류 향, 과일 향이 매력적이며 캐러멜의 단맛과 다크초콜릿의 향을 골고루 느낄 수 있다.

- **스페셜티 커피 차파다 디아만티나(Chapada Diamantina)** : 1,100~1,500 m 고도의 온화한 기온에서 잘 익은 체리만을 손 수확하고 품질 향상을 위해 노력하여 부드러운 벨벳 감촉의 만족할 만한 꽉 찬 풀바디, 고소한 견과류, 감귤류의 신단맛, 다크초콜릿의 촉감과 긴 여운의 커피 향미가 달콤한 케이크를 연상시키는 부드러운 느낌과 중후함의 조화로움이 뛰어난 커피 맛을 선사한다.

- **스페셜티 커피 세하도 미네이로(Cerrado Mineiro)** : 특별한 커피 농장의 개척자들로 최소 800 m 고도의 건조한 기후에서 생산하는 강렬한 너트류의 고소한 향과 섬세하고 시트러스 같은 산미, 초콜릿 향이 풍성하고 오랜 시간 달콤한 맛으로 기억된다.

- **스페셜티 커피 차파다 데 미나스(Chapada de Minas)** : 제키치뇨냐(Jequitinhonha) 계곡의 22개 지역을 말한다. 700~1,300 m 고도와 이상적인 기후의 지역으로 묵직하면서도 기분 좋은 바디, 감귤류의 산도, 캐러멜과 건포도, 레몬그라스의 향미를 지녔다.

- **스페셜티 커피 만티케이라 데 미나스(Mantiqueira de Minas)** : 900~1,400 m 고도, 손 수확과 워시드 가공, 햇볕 건조로 감귤류의 신단맛과 크림 같은 부드러운 감촉의 기분 좋은 바디감, 밀도 높은 단맛, 여운이 길면서 깔끔한 마무리가 일품인 커피다.

- **스페셜티 커피 마타스 데 미나스(Matas de Minas)** : 600~1,200 m 고도, 적정한 햇볕에서 자라 중간 정도의 산도와 감귤류의 과일 향미가 가득한 높은 단맛, 초콜릿 향, 중간 혹은 꽉 찬 바디가 입안에서

오래도록 남아 있는 기분 좋은 커피다.

- **스페셜티 커피 술 데 미나스(Sul de Minas)** : 1,400 m 고도, 18~20℃ 사이의 기온, 품질 연구에 대한 투자와 과학적인 체계를 갖추고 수확과 가공, 선별 등의 모든 생산을 통제한다. 오렌지류의 과일 향 가득한 산미, 아몬드 등 너트류의 고소한 향과 함께 캐러멜, 초콜릿의 매력적인 단맛과 특히 벨벳 같은 기분 좋은 감촉이 훌륭하다.

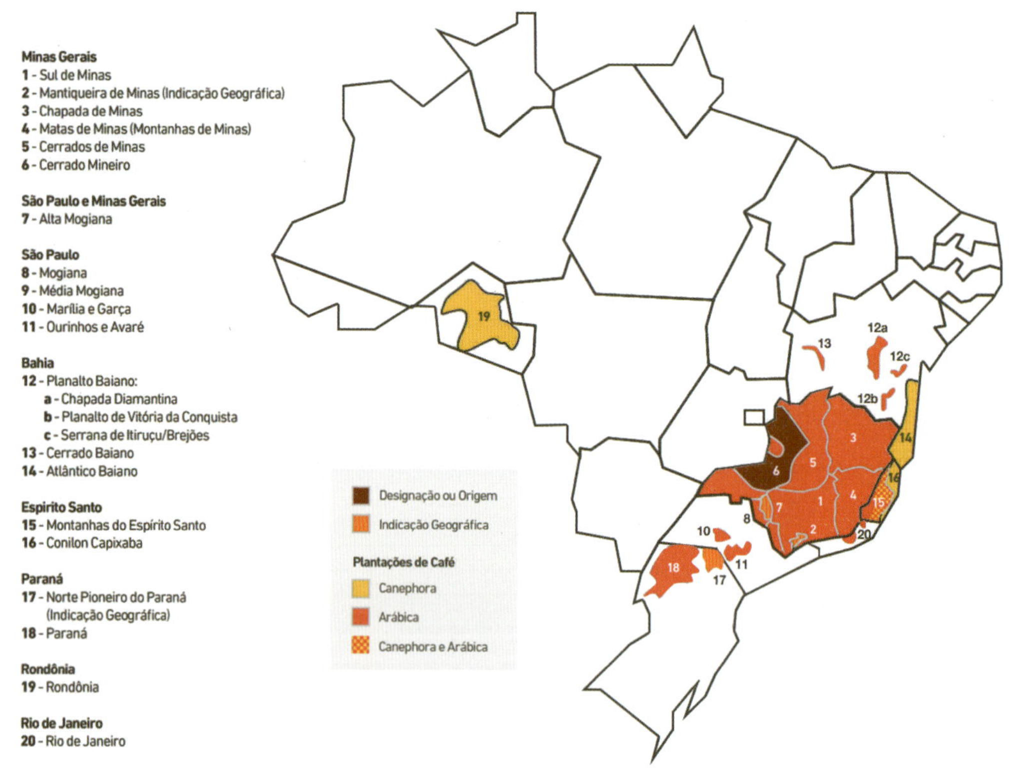

브라질 스페셜티 커피 재배 지도

출처 Brazil Specialty Coffee Association

4.1.5 기타

바이아(Bahia)주는 700~1,300 m 고도의 지역으로 아라비카와 함께 로부스타를 재배하며 술 다 바이아(Sul da Bahia) 지역에서는 로부스타가 대부분 재배된다. 혼도니아(Róndonia)에서는 대부분 로부스타가 생산되고 아라비카 내추럴 커피도 소량 재배된다. 중서부에 위치한 마토 그로소(Mato Grosso) 지역은 저지대로 로부스타가 재배된다.

4.2 볼리비아(Bolivia) · 카라나비, 융가스, 사과와 과일 향의 밝은 신단맛

안데스 산맥의 산악지대, 예멘과 함께 세계에서 가장 높은 고도에서 재배가 이루어지며, 지형적인 요소로 생산량이 많지 않고 유통이 매우 까다롭다. 내륙 국가라 페루나 칠레의 항구를 통해 수출하여 유통 과정 비용이 고스란히 커피 가격으로 이어진다. 안데스 산맥 티티카카 호수에서 동남쪽, 페루와 함께 세계에서 가장 높은 곳에 위치한 수도 라파스(La Paz)는 3,200~4,100 m의 고도에 걸쳐진 도시로 공기가 가장 희박한 고산 도시다. 이 도시를 중심으로 북동쪽 해발 800~2,300 m까지 재배가 이루어지지만 커피 농가의 경우 3~5 ha 이내 규모로 매우 영세하다. 협동조합을 결성하여 기술의 전수와 모종 등을 지원받고 시설과 설비의 지원, 관련 교육 등으로 발전을 모색하고 있으며, 1991년 볼리비아커피생산자수출연합을 통하여 유기농 커피, 공정무역 커피의 인증 사업과 스페셜티 커피 부문에서도 많은 성과를 보이고 있다.

가공 시설의 부족에도 주로 수세식 가공법, 햇볕 건조를 하는데 대부분 아라비카 품종으로 티피카와 카투라, 카투아이 등이며 수확 기간은 5~6월이다. 등급은 SHB로 표기되나 결점두를 기준으로 볼리비아 프리메라 아라비카, 볼리비아 익스트라 아라비카로 분류한다. 최상품 커피로 알려진 카라나비(Caranavi)는 토착 농부들에 의해 소규모로 재배되며 제초제나 화학물질이 사용되지 않고 웅장한 마호가니 숲에서 재배되는데 이곳의 토양과 수질, 일교차 때문에 다양하고 복합적인 향미의 커피로 알려져 있다. 대부분이 유기농과 스페셜티 커피로 오렌지나 파파야 같은 과일의 산미와 함께 땅콩, 캐슈너트 같은 견과류의 고소함, 카카오닙스와 흑설탕의 단맛과 함께 기분 좋은 여운이 오래가는 커피다.

그 외 북부 융가스(Nor Yungas), 남부 융가스(Sud Yungas) 등의 융가스 지역이 유명하며 사과와 함께 감귤, 배, 레몬, 살구 등의 밝은 산미로 에티오피아 커피와 연결된다는 보고가 있다. 기분 좋은 다채로운 과일이 연상되며 캐러멜과 초콜릿 향이 곁들어진 적당한 중후함과 함께 깔끔한 뒷맛과 긴 여운이 특징이다. 타리하(Tarija), 산타크루스(Santa Cruz), 코차밤바(Cochabamba), 인키시비(Inquisivi), 엘베니(El Beni) 지역에서도 소량의 커피가 생산된다.

4.3 에콰도르(Ecuador) · 마나비, 시드라 품종, 갈라파고스

'적도'라는 뜻의 에콰도르는 태양의 직사광선을 가장 많이 받는 곳으로 습도와 온도가 높고 열대 우림 기후가 나타나 커피 재배에 적합한데, 남미 국가 중 가장 작은 면적으로 생산량은 적지만 적도의 나라답게 양질의 고급 커피가 생산된다. 20개 활화산의 풍부한 영양분과 적도의 강렬한 태양, 안데스 산맥의 큰 일교차로 밀도가 단단한 양질의 커피가 생산되지만 대부분 소규모로 경작되고 나무의 노령화는 생산량의 저하로 이어진다. 500~700 m 고도의 마나비(Manabi)는 다소 낮은 지대 커피라 최상급은 아니지만 전 생산량의 50%를 차지하고, 건식 가공법을 사용하여 특징적인 향기는 다소 부족하나 산악 고지대의 적당한 신맛이 어우러진, 달콤한 헤이즐넛 시럽과 초콜릿 향이 진하게 느껴진다. 이후 세계적으로 스페셜티 커피의 생산이 주도적으로 전개되자 에콰도르커피협회도 티피카와 버번의 혼합종인 새로운 커피 품종인 시드라(Sidra)를 개발, 특유의 열대 과일의 향미로 새로이 도약했다.

드물게 꽃향기가 느껴지는 고지대의 커피는 2,500 m에서도 생산되지만 보통 1,200~1,800 m 커피를 SHB(Strictly High Bean), 해발 900~1,200 m 커피를 HB로 분류하고 있으며 수확기는 6~10월이다. 습식, 내추럴, 허니 내추럴 방식으로 가공하며 10% 정도가 스페셜티, 유기농, 공정무역 커피이며, 60% 정도가 아라비카, 나머지는 로부스타를 생산하고 있다. 마나비에서 절반 정도를 생산하고 로하(Roja) 지역은 1,000~2,100 m 고지대 커피로 티피카 외 우량종인 티피카 메호라도(Mejorado : 병충해에 강하고 나무 키가 작아 수확이 용이) 등이 파종되어 품질의 우수성을 보여 준다. 그 외에도 남부의 사모라친치페(Zamora-Chinchipe)에서는 1,000~1,800 m 고도에서 워시드 가공법을 통한 밝고 달콤한 베리류의 과일 향 가득한 커피가 생산되며, 500~1,800 m의 엘오로(El Oro) 지역에서는 내추럴 가공의 커피가 재배된다. 아주아이(Azuay)와 피친차(Pichincha)에서는 수세식 가공의 티피카 메호라도 품종으로 프리지어 꽃향과 말린 망고의 단맛, 카카오 느낌이 가득한 초콜릿 향미의 고급 커피가 생산된다. 임바부라(Imbabura), 카르치(Carchi)에서는 시드라 품종의 커피가 재배되고 있으며, 최고봉인 침보라조(Chimborazo, 6,310 m 고도)를 중심으로는 고지대 커피가 재배되며, 퉁구라우아(Tungurahua)와 바다거북이로 유명한 갈라파고스*에서도 소량의 커피가 재배된다.

*** 갈라파고스(Galápagos) 제도와 커피**

스페인어로 '바다거북'이라는 뜻으로 19개의 화산도군과 암초로 구성되어 있다. 남아메리카에서 서쪽으로 1,000 km 떨어진 적도 부근 태평양상에 위치하며, 1832년 에콰도르의 영토가 되었으며 1936년 국립공원으로 지정되었다. 특이한 새(알바트로스 외)와 파충류(이구아나) 등 희귀동물의 천국으로 학자나 관광객이 많이 찾아온다. 갈라파고스 커피는 1875년부터 산 크리스토발(San Cristóbal)과 산타 크루스(Santa Cruz)에서 생산되며 그늘 재배 방식으로 USDA Organic 인증을 받은 지속가능한, 버번 품종의 아라비카 커피다. 영양분 가득한 화산 토양, 이상적인 기후, 엘 준코 호수의 넉넉한 물 자원, 훔볼트 해류의 시원한 바람 등 낮은 고도이지만 고지대 커피의 부드럽고 달콤한 토피(toffee, 설탕과 버터로 만든 과자) 사탕의 달콤한 향, 균형 잡힌 적당하고 안정감이 있는 바디 등 고품질의 커피 특성을 나타낸다.

4.4 콜롬비아(Colombia) · 100% 아라비카 & 워시드 가공, 마일드 커피의 시작

1723년 예수회 사제가 들여온 커피로 시작되어 커피 재배 역사가 300년을 넘은 커피 강대국이다. 브라질 다음 전 세계 아라비카 생산량 2위로, 1년 내내 커피 수확이 가능하고 로부스타는 국법으로 재배를 금지하면서 100% 아라비카만 수출하는 최초의 나라다. 커피의 품질을 위해 가공 시설들을 구비하고 100% 습식 가공, 반드시 발효 과정을 거치게 되어 있어 신맛이 더욱 생기 있게 발현되며 마일드 커피의 시작을 알렸다. 100% 콜롬비아 커피 이미지로 알려진 후안 발데즈(Juan Valdez)는 실존 인물은 아니지만 콜롬비아 커피 농부를 대표하는 마스코트로 수많은 콜롬비아 커피 농부들을 대표하며 현재까지 3대째 이어지고 있는데 콜롬비아의 대표 우표에는 늘 커피가 소개될 만큼 커피에 대한 애정이 깊은 커피 강대국이다.

부드럽고 깔끔한 강한 신맛으로 마일드 커피의 대명사로 불리며 그 외에도 균형 있는 바디와 강렬하게 느껴지는 향이 있는데 이는 생산되는 지역별로 다르게 느껴진다. 콜롬비아커피연맹의 주도하에 커피 관련 시스템들이 서서히 변화하기 시작하여 새로운 수출이 시도되면서 외래 품종인 게이샤, 모카, 자바, 수단 루메 등을 도입하고 토착화되면서 품질과 생산이 안정화되어 갔다. 가공 방식도 허니와 건식 방식이 새롭게 시도되고 있으며, 커피 품질의 등급*은 크기*에 의하여 나뉘며 품종은 카투라, 티피카, 버번 등이 있다. 대표 지역으로는 아르메니아(Armenia), 메델린(Medelin), 안티오키아(Antioquia), 후일라(Huila), 마니살레스(Manizales), 톨리마(Tolima), 산탄데르(Santander), 나리뇨(Narino), 카우카(Cauca), 포파얀(Popayan) 등이다.

*** 커피 품질 분류 등급**

가공이 끝난 커피를 수출하기 전에 품질을 평가하는 방법으로 보편적인 등급 및 분류 시스템은 없으며 생산국마다 자체적인 시스템으로 지역별로 분류하는데 다양한 기준이 사용되며 동일한 개념에 대해서

도 다른 용어가 사용될 수 있음을 의미한다. 국제무역센터(International Trade Centre)의 경우는 1. 고도 및 지역, 2. 품종, 3. 가공 방법(습식, 건식, 허니프로세싱, 펄프드 내츄럴), 4. 스크린 사이즈(크기), 모양과 색상, 5. 결점의 수, 6. 로스팅 후 외관 및 컵핑(향미, 특성. 청결도 등), 7. 밀도(재배 고도와 상관 관계 있을 수 있음)로 구분한다. 스페셜티 커피 협회(The Specialty Coffee Association's) 또한 커피 표준(https://sca.coffee/research/coffee-standards/)을 가지고 있으며, 이를 "커피의 가치 및 가치의 범위를 설정하는 과학적 테스트를 기반으로 한 정량화하고 자격이 있는 측정"이라고 설명한다. 모든 생산국들이 커피 수출 가격에 관한 자체 규범을 규제하는 기관을 가지고 있는 것은 아니지만, 일반적으로 SCA 표준 및 CoE의 기준을 따르고 다양한 경험을 바탕으로 생산국 자체에서 정해진 규례들을 추가하여 나라별 다양한 기준들을 설정하여 적용하고 있다.

* 커피 품질, 스크린 사이즈에 의한 분류

커피 등급을 매길 때 일반적으로 결함 및 기타 요인을 고려하지만 가장 중요한 한 가지는 다양한 크기의 스크린을 사용하여 단순하게 분리하는 것이다. 대부분 큰 것이 더 나은 품질이라는 일반적인 견해를 갖고 있으나 이것은 정확하지 않고, 많은 예외가 있으며, 특히 품종에 따라 달라질 수 있다. 상업용 커피는 종종 먼저 블렌딩하고 로스팅할 때 크기에 따라 열 전달 비율이 달라져 크기의 균일함은 로스팅 과정에서 중요한 요소가 될 수 있어 사용되는 크기의 기준은 모든 국가에서 동일하지만 용어는 다르다. 예를 들어, 매우 큰 커피(19-20 1/64인치)는 아프리카에서는 AA로, 콜롬비아에서는 Supremo로 알려져 있으며 다음과 같다(생커피 크기 차트는 CoffeeResearch.org 참조).

<table>
<tr><th>1/64 inch</th><th>mm</th><th>Classification</th><th>Central America and Mexico</th><th>Colombia</th><th>Africa and India</th></tr>
<tr><td>20
19.5
19</td><td>8
7.75
7.5</td><td>Very Large</td><td rowspan="2">Superior</td><td>Supremo</td><td>AA</td></tr>
<tr><td>18.5
18
17</td><td>7.25
7
6.75</td><td>Large</td><td>Excelso</td><td>A</td></tr>
<tr><td>16
15</td><td>6.5
6</td><td>Medium</td><td>Segundas</td><td></td><td>B</td></tr>
<tr><td>14</td><td>5.5</td><td>Small</td><td>Terceras</td><td></td><td>C</td></tr>
<tr><td>13
12
11
10
9
8</td><td>5.25
5
4.5
4
3.5
3</td><td>Shells</td><td>Caracol
Caracolli
Caracolillo</td><td></td><td>PB</td></tr>
</table>

에티오피아의 경우 일반적으로 다른 커피에 비해 크기가 작으나 컵핑 시 품질에 영향을 미치지 않으며 거의 모든 커피는 소규모 농부들에 의한 매우 다양한 야생 아라비카 커피로 소위 가보(家寶, heirloom varieties: 명확한 품종의 이름이 아닌 대대로 내려오는 품종)라는 종으로 평균 크기가 적은 편이나 이웃 나라인 케냐와 탄자니아의 야생 아라비카는 크기 조정에 매우 엄격한 규정을 정하고 있다. 콜롬비아의 나리뇨(Nariño) 커피는 더 높은 고도에서 재배되어 크기가 작지만 위도, 토양, 미네랄 함량 및 기후의 영향 등으로 매우 독특한 긍정적인 컵핑 프로필을 나타내고 있고, 그 외 콜롬비아의 다른 지역에서도 여러 샘플 중 컵핑을 통하여 작은 커피가 더 다양하고 복합적인 프로필이 나타나는 경우 Supremo보다 오히려 작은 Excelso의 커피를 선호, 더 주문한다. 이렇듯 일반적인 경우 크기가 큰 커피를 선호하고 등급을 올려 가격을 고가로 받게 되지만 전문 분야를 이해하는 사람들은 컵핑의 프로필들을 통해 크기가 작아도 고도를 살피면서 커피의 진정한 가치에 정당한 가격을 지불하고 있다(케냐 AA, 콜롬비아 Supremo: 커피 등급 이해, Perfect Daily Grind 사이트 참조).

4.4.1 모틸론(Motilon, 10~12월 수확, 1,500 m 이상 고도)

안데스 산맥과 오리노코강 사이에서 재배되는 최고 등급의 스페셜티 커피. 원시림에 둘러싸인 티피카 품종의 희소성, 충분한 강수량과 일조량, 자연 그늘 재배로 유기농 커피가 생산된다. 특유의 부드러운 신맛과 미디엄 바디, 시트러스 계열의 상큼한 신단맛과 다양한 향미를 경험할 수 있으며 특히 초콜릿과 너트의 고소한 맛까지 충분한 가치로 콜롬비아를 대표한다.

4.4.2 남부 지역(후일라, 카우카, 포파얀, 톨리마, 나리뇨, 4~6월과 12월 수확, 1,600~2,300 m 고도)

가장 높은 고지대로 향이 강하고 신맛이 좋은 커피가 재배되며 후일라의 경우 오래 퇴적된 화산재의 비옥한 토양으로 인한 캐러멜과 과일 향, 미디엄 바디와 와인의 신맛과 단맛 등 균형 잡힌 맛이 매우 훌륭하다. 카우카와 포파얀은 강력한 캐러멜향과 은은한 꽃향, 상큼하게 느껴지는 좋은 신맛이 중간 정도의 바디와 함께 깔끔한 뒷맛의 긴 여운으로 기억되는 커피다. 부드러운 바디와 달콤한 과일 향과 신단맛이 일품인 톨리마와 위도 1도, 7개의 화산에 둘러싸인 2,300 m의 고지대 나리뇨에서는 최상의 스페셜티 커피만을 생산하는 데 주력하고 있다.

4.4.3 중부 지역(안티오키아, 메델린, 아르메니아, 마니살레스, 9~12월과 4~6월 수확, 1,500 m 고도)

연평균 20℃ 정도 기온, 우기와 건기의 적당한 비율, 비옥한 화산성 토양과 배수가 잘되는 최적의 조건으로 연중 생산이 가능하다. 안티오키아와 메델린은 화이트초콜릿향과 함께 바닐라와 감귤의 균형 잡힌 신단맛, 중간 정도 바디와 풍성한 향이 인상적이며 아르메니아의 경우 과일과 허브 향이 강하고 단맛과 다소 강한 신맛이 특징이다. 매년 뛰어난 품질의 커피 축제가 열리는 마니살레스에 설립된 커피 박물관에서는 콜롬비아 커피 역사를 살펴볼 수 있다.

4.4.4 북부 지역(산탄데르, 마그달레나, 9~12월 수확, 1,800 m 고도)

티피카를 주로 재배하며 햇볕에 많이 노출되는 지역인데 가능한 그늘 재배를 실행하고 있다. 산탄데르는 고산지대 특유의 은은한 감귤류의 신맛, 과일과 허브 향, 달콤하고 균형 잡힌 중간 이상의 좋은 바디와 산도를 적절히 지니고 있는 조화로운 커피다.

4.5 페루(Peru) · 안데스 산맥, 찬차마요, 세계 최고의 유기농 커피, 단맛과 바디의 조화

아라비카 품종의 대규모 생산국으로 아라비카 수출량으로는 세계 10위권 내에 늘 머무른다. 에콰도르와 브라질을 통해 중미로 전파된 커피는 이상적인 고도의 안데스 산맥과 풍요로운 녹색의 경사진 면, 비옥한 토양 등으로 생산 규모를 넓혀 갔다. 그러나 영세한 커피 농가, 도로 사정과 가공 시설 등의 부족, 전기 공급의 어려움 등으로 품질 유지 향상에는 늘 가난이라는 난관이 있다. 제초제나 화학비료를 구입할 여건이 되지 않기 때문에 전체 커피 농사 지역의 1/4이 유기농 인증을 받은 세계 최고의 유기농 커피*국가이며 공정무역의 주요 공급처가 되었다.

***유기농 커피**

전 세계 커피 재배 면적은 약 65억 헥타르. 한반도 전체 300배에 이르고 사용되는 농약과 비료, 화학 물질은 약 4천만 갤런. 살충제와 제초제, 화학 비료다. 2011년부터 2년간 국내 수입커피 중 잔류 농약이 검출된 양은 모두 880톤에 이르러 식품의약품안전처는 농약 잔류 허용 기준을 강화하였다. 커피 생산자들의 건강을 지켜 주며 토양의 오염을 막고 생태계의 균형을 이루는 유기농법은 3년간 화학 물질 사용 금지. 씨앗부터 유기농으로 구할 것. 수확, 가공 후에도 일반 커피와 섞이지 않은 것을 확인 후 자루에 유기농 인증마크를 찍고 봉인하게 된다. 원두의 경우는 가공, 운송, 저장, 로스팅 과정에서 전혀 합성화학물질을 사용하지 않은 경우에 가능하며 멕시코의 아즈텍 하베스트, 페루 잉카 하베스트 등이 해당된다.

가난한 페루 커피 농가들은 협동조합을 결성하여 커피의 유통과정 및 판매, 가격 협상, 품질 관리 등을 하고 있는데 1999년에 세워진 센프로카페(Cenfrocafe)는 2천여 농가가 가입된 라틴아메리카에서 가장 규모가 큰 협동조합으로 최근에는 빠른 속도로 스페셜티 커피의 생산을 늘려 가고 있다. 70%가 티피카, 20%가 카투라로 2019년 페루 커핑에서 21개 지역의 커피가 87.33~92.28의 높은 점수를 받고 있다. 등급은 높은 수준의 기계적 분류로 하는데 MCM(Machine Cleaned Mejorado)은 기계식 선별장치로 2번, MC는 1번 걸러 냈다는 의미로 품질의 기준이 결점두임을 알 수 있다.

Gr.1 SHB MCM	Washed. SHB(Strictly Hard Bean, 1,350 m+) Machine Cleaned Mejorado. Max 15 defects
Gr.2 HB MCM	Washed. HB(Hard Bean, 1,200~1,350 m+) Machine Cleaned Mejorado. Max 23 defects
PE-A HB MCM G1	Peru Arabica. Washed. SHB(Strictly Hard Bean, 1,350 m+) Machine Cleaned Mejorado. Max 15 defects
PE-A HB MCM G2	Peru Arabica. Washed. HB(Hard Bean, 1,200~1,350 m+) Machine Cleaned Mejorado. Max 15 defects

MCM의 경우 시트러스한 열대 과일의 다양한 향미와 레드 와인의 뒷느낌, 고소함과 초콜릿 향, 중간 정도의 중후함이 느껴지는 깔끔한 마무리의 스페셜 커피로 관심받고 있으며 단맛과 바디의 밸런스가 좋고 특유의 부드러움과 밀크초콜릿 맛이 느껴진다. 고도가 높은 지역으로 갈수록 가벼운 꽃향과 시트러스한 과일의 향미가 더해진다.

- **북부 지방(4~8월과 4~2월 수확, 900~2,100 m 고도)** : 90%가 생산되는 산마르틴(San Martin, 900~1,200 m), 아마조나스(Amazonas, 900~2,100 m), 카하마르카(Cajamarca, 900~1,900 m), 피우라(Piura, 900~2,000 m)
- **중부 지방(4~8월과 3~9월 수확, 900~2,000 m 고도)** : 페루를 대표하는 찬차마요(Chanchamayo, 강한 단맛과 달콤한 감귤의 향미와 좋은 신맛. 부드럽게 느껴지는 크리미한 바디와 깔끔한 뒷맛), 후닌(Junin, 900~1,800 m), 파스코(Pasco, 900~2,000 m), 우아누코(Huánuco, 900~2,000 m)
- **남부 지방(4~8월과 3~9월 수확, 900~2,000 m 고도)** : 푸노(Puno, 900~1,800 m), 아야쿠초(Ayacucho, 900~1,600 m), 쿠스코(Cusco, 900~2,000 m)

5) 아시아(Asia) · 강렬한 존재감의 바디, 생산량과 소비, 품질로의 급부상

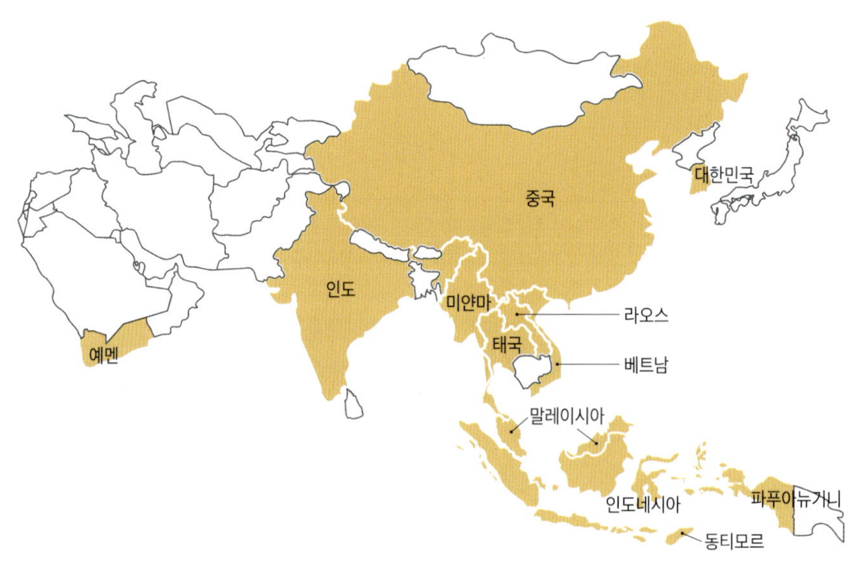

생산국 2위의 베트남, 4위의 인도네시아, 7위의 인도 그리고 약진하는 거대한 중국 등 대륙별 2위의 생산(2018년 기준 35.35%. 로부스타 포함 생산량) 지역인 아시아 커피 시장의 미래는 메우 밝다. 2025년까지 브랜드 카페가 4,000개 이상에 이를 것이라는 중국, 우리 집 앞에 훌륭한 커피가 있는데 왜 수입을 하느냐의 물음에 자체적으로 로스팅을 하고 오리진 제로(Origin Zero, 단일 국가 커피)와 싱글 오리진(Single Origin, 동일 지역 커피) 커피 등 자국 내 카페를 늘려 가는 인도네시아 등, 이제 아시아의 커피는 거대한 생산국에서 진화하여 거대한 소비국으로 변화하고 있다. 여러 공장을 가지고 있는 네슬레(Nestle, Nescafé)와 같은 상업용 커피 대기업의 필수품이 되어 있는 96% 이상의 로부스타 생산국 베트남, 아시아의 스페셜티 커피 강국이 되어 채집의 커피에서 재배의 커피로 변화를 꾀하는 동티모르, 1,300 m 로부스타 품종의 볼라벤 농장의 라오스, 이제는 희귀 품종이 된 리베리카 품종 90% 이상을 생산하는 말레이시아, 가난해도 스페셜티 커피 생산을 위한 노력을 기울이는 샨(Shan)주의 미얀마, 세계 최고의 고지대 4,500 m 생산국 예멘, 도이창 커피의 태국과 새로운 블루마운틴의 발견 파푸아 뉴기니, 손 수확의 코끼리 로부스타 카피 로얄의 커피 생산 강대국인 인도 등 아시아 커피의 미래는 분

명히 밝다. 강한 품종인 로부스타의 장점을 아라비카에 접목하여 커피 향미의 새로운 발견에 대한 연구가 아시아, 중국의 AI와 접목되어 생산량과 가치의 발견 모두를 일궈 낼 아시아 커피의 미래는 분명히 밝다.

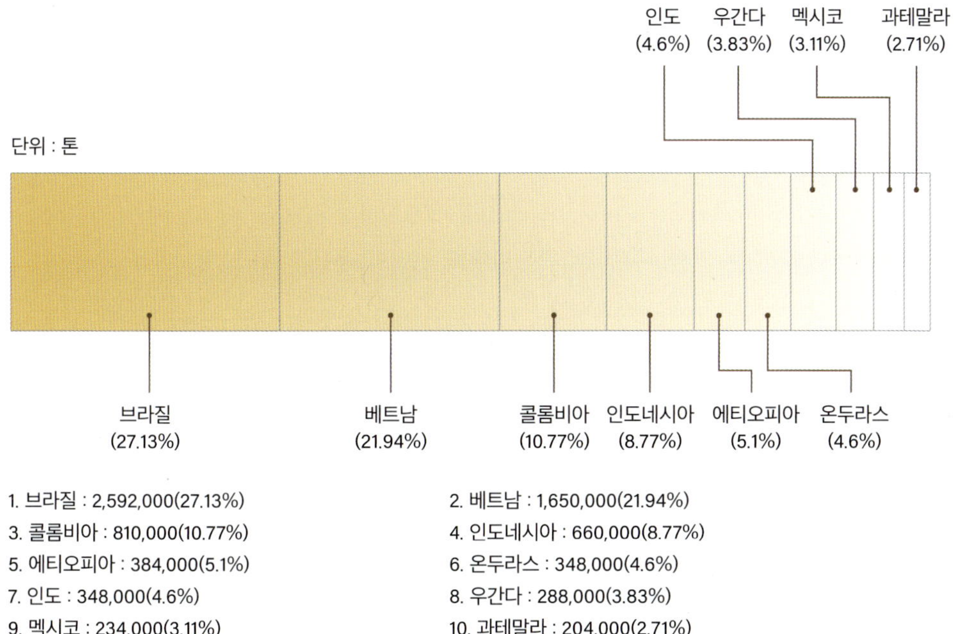

2018 **나라별 커피 생산량**

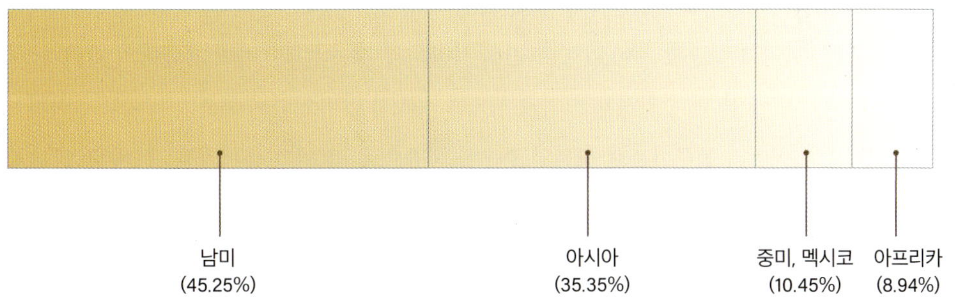

남미(브라질, 콜롬비아) : 3,402,000(45.25%)

아시아(베트남, 인도네시아, 인도) : 2,658,000(35.35%)

중미, 멕시코 : 786,000(10.45%)

아프리카 : 672,000(8.94%)

2018 **대륙별 커피 생산량**

5.1 대한민국(South Korea) · 비용절감의 숙제

비닐하우스가 아니면 불가능한 기후 요건과 생산 비용이 큰 어려움으로 갈 길이 너무 멀다. 비용은 곧 단가가 되어 농사의 의미가 없어질 수 있지만 대한민국의 다양한 곳에서 커피는 분명 재배, 생산되고 있다. 소규모라도 생산 과정과 수확, 가공 등의 다양한 과정을 익힐 수 있다.

- 경기도 : 미사리, 팔당, 두물머리, 일산 호세의 커피농장 베리굿, 용인
- 충청북도 : 음성 보그너 커피농장
- 강원도 : 강릉 커피 커퍼스
- 전라남도 고흥 : 거금, 나로커피(주), 리에또, 썬데이, 우분트, 월포, 향기마을
- 전라남도 화순 : 두베이 커피농장
- 전라남도 담양 : 담양 커피농장
- 제주도 : 제주 커피수목원

5.2 동티모르(Timor-Leste) · 아시아 대표 스페셜티, 천연의 야생 아라비카 유기농, 채집의 커피에서 점차 재배의 커피로, 자연 교배종, 수세식과 발효

아시아의 대표적인 스페셜티 커피로 어디든 씨앗을 뿌리면 잘 자라고 거리의 가로수가 커피나무이며 어디를 둘러봐도 커피나무가 보이는 세계 유일의 100% 야생 커피의 나라다. 재배가 아닌 채집의 커피로 기계가 들어설 수 없는 야생의 지역에서 사람의 손으로 잘 익은 커피체리만을 직접 수확하고 살충제나 비료 등을 전혀 사용하지 않는 100% 유기농 채집의 나라다. 국민의 25%가 1년에 한 번 수확하는 커피로 생계를 유지하고 유일한 수출품인 커피로 살아가는 나라이지만 자메이카 블루마운틴 계열의 우수한 품종으로 100% 아라비카를 생산하지만 유통 및 관리의 어려움 등으로 제대로 된 값을 받기가 어렵다.

100% 공정무역, 100% 유기농, 친환경 전통 방식, 100% 손 수확, 100% 아리비카, 100% 야생 채집 스페셜티 커피로 국가별 등급에서 케냐 AA와 동급이다. 5~7월에 집중 수확하고, 10월까지 이어지며 준수세식과 수세식, 발효 과정의 밝은 신맛과 부드럽고 따뜻한 느낌의 향기, 달콤함이 자메이카 블루마운틴의 커피 맛을 닮아 있다. 강원도 크기의 섬나라로 1815년 브라질에서 들여온 커피로 최근에는 채집에서 재배로 자연스런 교배종도 늘리고 비료를 사용하는 농장도 생겨나고 있지만 공정무역과 친환경 등 기본적으로 유기농 재배와 지속가능

한 고급 커피 재배를 위해 노력 중이다. 중요한 커피 재배 지역은 마우베세(Maubesse), 아이푸(Aifu), 에르메라(Ermera), 아이노라(Ainora), 아일레우(Aileu) 등이며 가난한 나라의 서글픈 산물인 천연의 유기농 야생 커피가 고급 유기농 커피로, 공정무역과 친환경 인증 커피로 변화하고 있는 생산지이며 동티모르 현지인들이 선호하는 로스팅은 라이트 로스팅으로 알려져 있다.

5.3 라오스(Laos) · 1,300 m 로부스타, 볼라벤, 대한민국 최초 대규모 커피 농장

고지대(1,300 m) 로부스타 생산국이지만, 아라비카 생산이 급격히 증가하는 나라, 오렌지와 감귤과 꽃향기가 조화로운 나라. 남쪽 볼라벤(Bolaven, 60%가 아라비카) 지역에서 전 생산량의 95%가 생산되며 수출 품목 1위가 커피인 새로운 커피 강대국으로 10월이 지나면서는 하얀 함박눈이 내리듯 커피 꽃잎이 흩날린다. 안남산맥 화산에서 풍부한 영양분이 제공되며 시원한 기후를 갖고 있는데 1,260~1,350 m에 펼쳐진 반경 100 km 규모의 볼라벤고원은 커피나무와 하늘이 맞닿은 지평선을 만날 수 있는 드넓은 고원지대로 대한민국이 2010년 라오스 주정부와 임대계약을 체결하여 대규모 볼라벤 한국 커피 농장*을 시작하게 된 지역이다. 로부스타의 주요 생산국가로 알려져 있지만 볼라벤은 아라비카 커피나무의 최적지로 꼽히며 볼라벤 고원에서는 특이한 맛을 내는 코피 루왁을 만날 수 있다. 독특한 단맛, 볶은 양파의 단맛과 맛있게 지은 곡물과 토스트향, 블루베리의 적당한 산미와 와인에서 느껴지는 적절한 바디로 표현된다. 카티모르 품종이 주를 이루며 건식법, 준건식법, 수세식 가공을 하며 볼라벤 AA와 피베리가 있다. 공동 수매를 원칙으로 프랑스와 유럽 등으로 공정무역을 통해 수출된다.

*** 볼라벤 한국 커피 농장(Bolaven Bean-Korean Farms)**

2010년 8월 대한민국은 「해외자원개발 사업법」에 의거, 커피 재배를 위한 라오스 참파삭주 주정부와 토지 임대계약(약 60만 평)을 체결하고 한국인 최초 대규모 커피 농장을 시작했다. 동남아시아에서 흔치 않은 화산회토 지역의 800~1,200 m에 위치한 커피 재배지로서 최적의 조건을 갖춘 최단 거리의 라오스에 한국 기준의 엄격한 품질 관리 기준을 적용한 최고급 커피를 국내에 들여오기 위함이다. 100% 라오스 현지인을 고용하고, 북부 지역의 빈곤층 커피 농가에 수익을 환원하며, 고품질의 커피를 생산하기 위해 모든 커피를 햇빛에 말리는 자연건조 방식을 채택하고 있으며 균일한 건조를 위해 매일 10번 이상 뒤집기를 한다. 카티모르를 비롯하여 자바, 티피카, 카투아이 등 아라비카 40만 그루와 로부스타 1만 2천 그루를 심어 2013년 11월부터 매해 약 100톤 이상의 생커피를 생산하고 있다.

5.4 말레이시아(Malaysia) · 90~95% 리베리카, 리베리카 커피, 코피티암(Kopitiam)

전형적인 열대우림 기후, 고온 다습하고 연평균 기온 27℃, 연평균 강우량 2,400 mm. 아라비카에 비해 키가 크고 뿌리를 깊이 내리는 리베리카*는 말레이시아의 습한 기후에도 적합하여 전 생산량의 90~95% 리베리카, 5~10% 로부스타를 생산하며 서늘한 기후에 적합한 아라비카 품종은 2020년부터 다시 시작한 나라다. 전 세계 2% 정도밖에 생산되지 않는 리베리카 커피를 흔하게 마실 수 있는 나라. 커피 생산량이 2019~2020년 기준 중국(138,000톤) 다음으로 14위(120,000톤)에 올라와 있다.* 코피티암(Kopitiam: Kopi는 커피, Tium은 가게, Cafe)이라고 불리는 이곳 카페에서는 로부스타와 리베리카를 혼합하여 만든 진한 다크 로스팅 커피와 함께 음식을 제공하는데 보다 전통적인 식당에서는 마가린과 설탕, 소금, 버터 등을 넣고 로스팅을 하여 분쇄한 커피를 약 5분간 침지식으로 우려 낸 후 융과 같은 천에 걸러 낸 커피를 연유와 설탕과 함께 제공한다. 보루네오섬 북서쪽의 울창한 열대우림. 오랑우탄과 함께 사라왁(Sarawak)주, 쿠칭(Kuching)의 특산품으로 리베리카 커피가 자라고 멸종의 위기에 직면한 이 품종은 2019년 최초로 '리베리카 로스팅 대회'를 개최하는 등 말레이시아의 리베리카 커피의 잠재력을 홍보하는 노력은 계속되고 있다. 약 2천 개의 커피 생산농가가 있으며, 대부분 조호(Johor), 크다(Kedah), 사바(Sabah)주에 집중되어 있으며 리베리카가 대부분이다.

*** 리베리카(Liberica)**

아프리카의 라이베리아가 원산지로 나무 높이 10~15 m. 짙은 갈색을 띠며 열매의 숙성 기간도 짧아 더 빨리 자라며 나무 열매 역시 크지만 다른 품종에 비해 향미의 우수성이 떨어져 자연적으로 수요가 줄어들고 생산력이 줄어들게(전 세계 생산량의 2% 내외, 주로 습한 지역인 말레이시아와 필리핀에서 재배) 되었다. 주로 300~600 m 사이의 저지대, 습도와 온도가 높은 지역에서 자란다. 로부스타처럼 병충해에 강하고 습한 기후에서 고도나 토지를 가리지 않고 잘 자라며 재배도 용이하고 생산력도 높으나 가뭄에는 약하고 커피의 좋은 향기들도 거의 없다고 해도 과언이 아니다. 때로는 과일이나 꽃향을 가진다고도 보고되고 있으나 우디(Woody: 나무나 펄프에서 느껴지는 향미로 음료에서 느껴지는 나무를 씹는 듯한 맛으로 부정적인 점수로 사용된다)하고 마셨을 때 나무 펄프를 끓여 마신 듯한 느낌, 지푸라기나 마른 풀의 느낌이 강하다. 그 위에 지푸라기를 태운 듯한 연기 향, 스모키한 쓴 향과 쓴맛이 강해 대부분 생산지에서 소비하거나 동남아시아에서 소비된다. 생커피의 형태는 다소 비정형적으로 길죽하고 위아래 끝부분이 다소 뽀쪽한 듯한 모양이 특징이다.

---

*아라비카, 로부스타, 리베리카 전체 품종 포함한 커피 생산량(USDA 자료 참고)

Total Production						
Countries	2014/15	2015/16	2016/17	2017/18	2018/19	Jun 2019/20
Brazil	3,258,000	2,964,000	3,366,000	3,054,000	3,888,000	3,558,000
Vietnam	1,644,000	1,735,800	1,602,000	1,758,000	1,824,000	1,830,000
Colombia	798,000	840,000	876,000	829,500	858,000	858,000
Indonesia	628,200	726,000	636,000	624,000	636,000	642,000
Ethiopia	388,500	390,600	416,580	423,300	435,000	441,000
Honduras	306,000	318,000	450,600	456,000	420,000	390,000
India	326,400	348,000	312,000	315,960	310,200	329,100
Mexico	190,800	138,000	198,000	240,000	243,000	273,000
Peru	174,000	210,000	253,500	262,500	262,800	270,000
Uganda	213,000	219,000	312,000	261,000	288,000	255,000
Guatemala	191,100	197,700	214,200	226,800	216,000	216,000
Nicaragua	127,500	127,500	157,500	163,800	152,400	140,400
China	127,500	114,000	108,000	115,500	132,000	138,000
Malaysia	126,000	132,000	126,000	126,000	126,000	120,000
Cote d'Ivoire	84,000	96,000	65,400	75,000	102,000	108,000
Costa Rica	84,000	97,500	78,000	91,500	78,000	82,500
Tanzania	69,000	66,000	63,000	69,000	78,000	75,000
Papua New Guinea	48,600	45,000	66,900	48,600	52,500	54,000
Thailand	60,000	42,000	48,000	42,000	39,000	42,000
El Salvador	42,000	33,600	36,000	39,600	39,000	39,000
Kenya	45,000	45,000	48,900	42,900	45,000	39,000
Venezuela	27,600	30,000	31,800	34,500	35,100	36,000
Laos	28,500	28,500	24,600	27,000	27,600	28,500
Philippines	28,500	25,500	28,500	27,000	25,500	27,000
Cameroon	34,500	37,500	30,000	25,500	21,000	21,000
Other	178,260	169,140	152,760	140,100	135,900	135,300
Total	9,228,960	9,176,340	9,702,240	9,519,060	10,470,000	10,147,800

5.5 미얀마(Myanmar) · 샨(Shan)주 스페셜티 커피, 뻔우린

샨(Shan)주에 가면 미국에 대부분 수출되는 미얀마 스페셜티 커피를 만날 수 있다. 품종을 개량하고 건조 방식의 변화를 통해 고품질 커피로 변화를 꾀하고 있는데 샨주의 411번 국도, 1,282 m 고도의 도로를 따라가면 카투아이의 붉은 열매가 가로수가 되는 커피 길의 장관을 만날 수 있다. 나무가 작아 비바람에도 잘 견디며 높은 수확량을 자랑하는 카투아이 품종의 잘 익은 커피체리는 10 kg(가공 후 2 kg 정도)당 6,000원의 저렴한 가격으로 유통된다(2018 드럽매거진). 아라비카가 75% 정도 생산되며 지니어스 샨 하이랜드 커피(Genius Shan Highlands)는 SCAA, SCAE, WCR(World Coffee Research), ACE(Alliance for Coffee Excellence)의 회원국이 되었다. 커피 재배 농가의 교육을 통해 품질 향상과 생산량 증가에 대한 지역사회의 끊임없는 노력으로 스페셜 티 커피로의 진입을 위하여 최선을 다하고 있다.

- **미얀마 아로마틱 지역 커피(Local Coffee of Myanmar Aromatic)** : 우리나라의 커피믹스에 해당되는 것으로 로스팅한 후 설탕과 혼합하여 가마솥에서 잘 섞어 코팅한 후 잘 건조하여 그라인딩 후 용기에 담아 판매되는 커피다. 이탈리아의 로스터들은 미얀마 로부스타를 우간다나 인도의 품질로 인정하여 미얀마 로부스타 품종을 가지고 이탈리아의 에스프레소 블렌딩을 새롭게 시도하고 있다.
- **미얀마 시티 스페셜(Myanmar City, 11~3월 수확, 900~1,200 m 고도)** : 샨주의 북부와 만달레이주의 뻔우린(Pyin Oo Lwin)에서 생산되며 모든 커피나무는 울창한 나무 아래 그늘에서 자란다. 모두 손 수확되며 수세식 가공, 포장까지 최고의 품질을 위해 엄격히 관리되고 있다. 카투아이의 혼합종 SL34로 좋은 신맛과 진한 단맛, 균형 잡힌 조화로운 맛이 일품이다.

5.6 베트남(Vietnam) · 로부스타의 최대 생산국, 커피 생산량 2위, 닥락

1857년 프랑스 선교사에 의해 시작되었으며 1980년대에 수출 품목이 되면서 국가 차원의 육성화 작업이 시작되었다. 1990년 베트남커피코코아협회가 설립된 후에는 생산과 가공, 수출에 대한 지원과 연구 등이 활발히 진행되었다. 그 후 생산량을 늘리는 데 주력한 결과 1999년에는 콜롬비아를 제치고 브라질 다음으로 많은 커피를 생산하게 되었으며 꾸준히 증가세를 보이고 있다. 소규모 농가가 95%로 대부분을 차지하지만 대부분 로부스타 품종으로 상대적으로 커피잎녹병 등에 강해 나무를 최대한 조밀하게 심어 생산량을 늘리고 관개 시설을 통한 원활한 물 공급과 화학 비료를 사용하여 생산량을 확대하는 시책으로 2017년 기준 단위 면적당 생산량이 2,590 kg/ha로 커피 생산 국가 중 가장 높은 결과를 보였다.

2020년 기준으로 세계 커피 생산량의 17.1%를 생산했고 전 세계 로부스타 품종의 40%를 생산하는 로부스타 강국이다. 전 생산량의 97%가 로부스타 품종으로 대부분이 전국에서 골고루 생산되고 있으며 남부 지방의 달랏(Da Lat)에서는 1,500 m 고도에서 아라비카가 소량 생산되나 품질은 대체로 떨어진다는 평가를 받는다. 로부스타의 생산지 닥락(Dak Lak)은 바잔(Bazan) 지역의 적토의 토양과 기후 조건 등으로 국제적인 기준에 맞게 위생적이고 품질이 좋은 커피를 생산하기 위한 30개의 생산 기업이 연구하고 생산하는 세계적으로 유명한 산지다. 그 외 지역으로 람동(Lam Dong), 닥농(Dak Nong), 지아라이(Gia Lai)가 있다. 결점두 수와 스크린 사이즈로 분류되나 워낙 로부스타 강국이어서 인스턴트 커피 재료로 주로 사용된다.

5.7 예멘(Yemen) · 3,000~4,500 m, 하자리, 마타리, 사나니

16세기 초 커피를 상업화한 최초의 국가로 1536년 유럽의 커피는 예멘의 커피였다. 당시 모카(Al-Makha)항은 세계 최대의 커피 거래장이었고 커피를 모카라고 부르기도 했다. 모카항을 통해 수출되던 예멘과 에티오피아 커피의 진한 초콜릿 향으로 인해 모카초콜릿의 시작이 되기도 하였으며 커피를 재배하고 로스팅해서 마시는 행위는 예멘에서 시작(1450년)되었다. 이후 네덜란드인들은 예멘의 모카항에서 네덜란드로 커피나무를 반출(1616년)했으며, 예멘의 커피 독점은 1726년까지 지속되다가 현재까지 계속 침체된 상황을 맞고 있다.

“아이를 돌보는 것처럼 커피도 돌보아야 한다.”는 예멘 농부의 말처럼 산비탈을 깎아 만든 높은 고도의 커피 농장에서는 과거로부터 물려받은 전통 방식으로 조심스럽게 가꾸고 있으나 참혹한 내전 등의 위기로 여전히 침체기를 겪으며 이제는 더 이상 모카항이 아닌 아덴(Aden)항에서 전 세계 생산량의 1% 미만인 3천 톤을 수출하고 있다(예멘은 ICO-국제커피기구에 가입되어 있지 않아 생산량을 정확히 알 수 없다).

- **하자리, 하라지(Hazari, Harazi, 3~4월과 11~12월 수확, 1,800~2,200 m, 3,000~4,500 m 고도)** : 수도인 사나(Sanaa) 서쪽의 하라즈(Haraaz) 지역 3,000~4,500 m 고도에서는 예멘의 대표적인 커피이며 세계 최고 품질의 커피 중 하나이자 해외에 가장 잘 알려진 하라지 커피가 재배되며 신맛과 과일 향이 나는 것으로 유명하다. 그 외 1,800~2,200 m 지역에서는 건식법으로 가공되어 초콜릿, 밀크, 홍차, 달콤한 버터향의 스페셜티 커피로 평가되고 있

다(수입업체에 따라 회사별로 다르게 표기되지만 지역은 같은 곳으로 본다).

- **마타리(Mattari, 3~4월과 11~12월 수확, 1,900~2,400 m, 2,500~3,000 m 고도)** : 예멘의 영예로운 평가(Honorable Mentions)로 선정된 모카 마타리 커피로 바니 마타르(Bani Mattar)산에서 건식법으로 가공된 예멘 커피 중 신맛이 가장 강하고 가장 독특하며, 가장 복합적이고 강한 향미로 예멘을 대표하는 유명한 커피 중 하나이다. 그 외 카카오, 건자두, 강한 초콜릿향과 복합적인 와인의 묵직하면서 매력적인 신맛과 향(Complex Winey)과 단맛, 자몽과 같은 과일 향 등이 유명하다.
- **사나니(Sanani)** : 예멘의 여러 유사 품종을 포함하고 있으며 다소 낮은 고도에서 자라 낮은 산도에 균형이 잡힌 과일 향과 중간 정도의 바디를 가지고 있다.
- **하파시(Hafashi, 2,000~2,500 m 고도)** : 가장 정교하고 우아한 아랍 커피. 현지인들에게는 다와이리(Dawairi)라고 불리며 모카항 지역의 높은 고도에서 재배되어 체리 같은 과일 향과 주변 향신료 향의 조화가 특징이다.
- **우마이(Utmai, 1,700~2,300 m 고도)** : 우토마(Automah) 구역의 산에서 재배되는 커피로 투파히(Tuffahi) 또는 우다이니(Udaini)로 알려져 있으며 부드러운 느낌의 신맛이 강하지만 조화롭고, 보다 둥근 느낌의 우수한 바디를 가지고 있다.
- **이스마일리(Ismaili)** : 중부 지역에서 재배되는 커피로 매우 부드럽고 품질이 우수하며 마타리와 비교했을 때 조금 더 부드러우면서 바디는 다소 약한 편이다. 나무 품종과 지역의 이름이 겹치기도 하지만 대부분 품종으로 보고 있다.

5.8 인도네시아(Indonesia) · 토라자, 가요 마운틴, 만델링, 자바, 발리, 코피 루왁

1696년 네덜란드로부터 유입된 후 재배되고 생산되어 1711년 유럽으로 처음 수출하면서 인도네시아 커피의 대량 수출의 시작을 알렸다. 현재는 커피 생산국 세계 4~5위로 팜유와 고무, 코코아에 이어 커피가 네 번째 수출품이다. 그러나 1876년 커피잎녹병*이 휩쓸면서 아라비카는 거의 멸종되고 1900년에는 아프리카 콩고로부터 커피잎녹병에 강한 로부스타를 들여와 현재까지 전체 수확량의 85%를 로부스타가 차지한다. 아라비카는 수마트라섬과 자바섬, 술라웨시의 토라자 근처 활발한 화산 주변에 많이 분포되어 있고 아체(Aceh) 지역의 가요 마운틴(Gayo Mt.)과 발리(Bali)섬, 플로레스(Flores)섬 등 전 지역에서 생산되는데 북부에서는 아라비카가 남부에서는 로부스타가 주로 생산된다.

인도네시아에서 가장 널리 알려진 커피는 만델링(Mandheling)이다. 이는 생산지가 아닌 수마트라섬 토바(Toba) 호수* 남쪽 지역 린통(Lintong)에서 커피를 생산하는 만다일링(Mandailing) 부족의 이름에서 유래된 것이며 인도네시아 코피 루왁(Kopi Luwak)*의 발원지이기도 하다. 소규모 농장이 전체 90%를 차지하여 지속가능한 품질의 커피 생산량과 관리 등의 어려움이 많으며 대부분 섬에서 재배되어 기후와 품종, 가공 방식에 따라 많은 차이를 보이고 있다. 아라비카가 10~5월, 로부스타가 3~9월에 수확되며 400~800 m의 고도에서 자란다. 저지대가 많아 로부스타 생산량이 주를 이루며 좋은 품질의 아라비카의 재배 고도는 1,800 m에 이르는데 지역적인 환경들이 커피 재배의 생육조건에 우월한 떼루아(배수가 잘되는 경사진 지역의 토양을 비롯한 기후 등의 조건, 98쪽 참조)를 이루고 있다.

- **술라웨시 토라자(Sulawesi Toraja, 5~11월 수확, 1,800 m 고도)** : 중부 산악지대로 열대기후와 고지대의 화산성 토양과 풍부한 강수량, 강한 햇볕 등 뛰어난 자연환경으로 아라비카 재배에 최적의 조건을 갖춘 지역이다. 티피카의 돌연변이인 S795를 주로 심는데 거친 산악지대의 지역적인 악조건에도 1 ha당 300 kg 정도 손수확하여 가격 하락에 대비한다. 생산량에 제한을 두어 커피 애호가들에게 인기는 높지만 수확량이 적어 토라자 스페셜티 커피의 대부분은 일본에 수출된다. 캐러멜의 단맛과 과일의 부드러운 향미, 마신 후 묵직하고 중후한 느낌의 바디가 탁월한데 고품질 관리로 인해 깔끔하고 깨끗한 뒷맛이 일품이다. 습식법의 깨끗한 세척 과정과 적당한 발효 시간, 습한 기후에서도 함수율 11%를 맞추고 자루 보관 시 주변의 습도를 조절하여 서로 다른 결점두로부터 맛의 오염을 줄이기 위해 통풍을 조절하는 등 품질 관리에 최선을 다하고 있다.
- **수마트라(Sumatra, 12~3월 수확, 900~1,500 m 고도)** : 인도네시아 커피의 대부분을 생산하며 북부의 아체주에서는 잘 익은 과일에서 느껴지는 달콤함이 입안 가득 부드럽게 느껴지는 커피인 가요 마운틴을 비롯한 고급의 아라비카 품종이, 남부의 린통 지역에서는 로부스타가 생산된다. 특히 수마트라 지역의 커피는 독특하게 다소 짙게 느껴지는 푸른빛을 띠는데 철분이 부족한 토양 때문이라고 알려져 있으며 이 때문에 다른 생산지의 커피와 확연하게 구분되기도 한다.
- **가요 마운틴(Gayo Mt., 3~5월과 9~11월 수확, 900~1,700 m 고도)** : 아체주의 중앙부 산악지대로 수확의 어려움이 있지만 pH 4.5~5.5의 유기질 화산성 흑토 등으로 품질이 우수하며 숲의 자연 그늘에서 자라고 손 수확과 수세식 가공 등 고품질 관리에 최선을 다한다. 부드럽고 입안 가득 느껴지는 과일 향의 신단맛과 부드럽고 풍성하며, 상큼하고 깔끔한 바디,

캐러멜과 바닐라 느낌의 달콤한 향과 단맛이 고급스럽게 느껴지는 최상급의 커피다.

- **린통 만델링(Lintong, 3~5월과 9~11월 수확, 1,200~1,500 m 고도)** : 1888년부터 시작된 토바 호수의 커피는 린통 부족에 의해 재배된다. 철분이 부족한 토양 때문에 짙은 청록색을 띠며 향기와 생김새 또한 특이한데 균형 잡힌 강렬함과 부드러움의 조화로 알려진 훌륭한 커피다. 달콤하고 고급스럽게 느껴지는 삼나무의 향, 스모키하면서도 담배향이 배어 있는 코코아 느낌의 부드러움과 어울리는 강한 과일의 향미, 포도와 라임의 신맛과 단맛이 쌉싸래하게 느껴지는 기분 좋은 와인 느낌의 커피다.
- **자바(Java, 12~3월과 7~9월 수확, 900~1,800 m 고도)** : 네덜란드로부터 들여와 처음으로 커피가 대규모로 경작된 곳으로 전 세계로 번져 간 인도네시아 커피의 재배, 대규모 경작은 자바섬으로부터 시작되었으며 이곳의 커피는 모두 수세식 가공을 거친다. 쓴맛과 신맛이 적은 것이 특징인데 특이한 스파이시 향과 젖은 흙향, 달콤한 초콜릿향이 식사 후 마시는 묵직한 느낌의 커피 한 잔으로 일품이다.
- **발리 낀따마니(Bali Kintamani, 10~5월 수확, 1,200 m 고도)** : 낀따마니 화산의 영양분 많은 화산성 토양에서 사이짓기 방식으로 각종 채소 및 감귤류와 함께 재배되기 때문에 과일 향, 특히 레몬이나 감귤, 오렌지의 신선한 느낌이 나는 커피로 무겁지 않은 바디와 부드러운 단맛이 느껴지는 커피다. 19세기 초부터 품질을 인정받아 발리 커피로 불렸는데, 낀따마니 커피가 유명한 것은 GI보호* 인증을 처음으로 받았기 때문이다. 엄격한 공정 관리와 습식 가공법을 통한 품질을 인정받아 다른 지역보다 단단한 외피와 사이즈가 큰 것이 특징이며 구수한 단맛과 과일 향이 일품으로 발리 커피로 불린다.
- **플로레스섬 바자와(Flores Bajawa, 1,200~1,600 m 고도)** : 이곳에서 커피란 '어느새 천천히 중독되어 버린다는 음료'로 바자와 커피만의 독특함으로 알려진 향기로운 진한 단맛이 일품인 커피로 다른 어느 지역의 커피에서도 맛볼 수 없는 강렬한 인상을 주는 것으로 알려져 있다. 켈리무투(Kelimutu) 활화산의 안도솔(Andosol) 토양이 풍부한 플로레스의 바자와 고원에서 재배되며 습식법으로 가공된다. 7개 소규모 커피 농장에서 재배되는데 생산량이 많지 않아 희소 가치가 있으며 과일 향이 나면서 끝맛은 살짝 담배향이 나는 매력적인 커피다. 열대 우림의 그늘에서 재배되고 농약을 사용하지 않아 USDA 유기농 인증을 받았으며 RFA(열대우림동맹) 인증 커피이기도 하다. 달콤하고 진하게 느껴지는 초콜릿과 달달한 꿀 같은 시럽 향, 알 수 없는 꽃과 나무 향, 묵직하게 느껴지는 풀바디가 잔잔하게 살짝 느껴지는 신맛과 어우러지는 깊고 진한 커피다.
- **파푸아섬 와메나(Papua Wamena, 1,500 m 고도)** : 비옥한 파푸아의 원시림에서 자란 품질 좋

은 유기농 커피로 커피 향이 진하고 부드러운 질감의 커피로 꽃향과 신맛과 캐러멜향이 어우러지는 부드러움과 강렬함이 공존하는 원시림 속의 마성의 커피로 알려져 있다.

*** 커피잎녹병(CLR, Coffee Leaf Rust)**

아라비카 커피에 치명적인 녹병으로 생산량의 전멸을 가져온다. 녹병이 번지기 시작하면 생산량은 전멸이고 나무를 베어 내고 새로운 나무를 심어야 하기 때문에 최소 3~5년 이상 수확이 불가능하여 커피 농가에 주는 피해가 가장 크다. 현재까지 밝혀진 이유는 헤밀레이아 바스타트릭스(Hemileia Vastatrix)라는 균류에 의한 감염인데 그 종류가 40~50가지가 넘어 녹병에 강한 신품종 개발만이 답이다. 이 녹병에 강한 품종이 카네포라(Canephora-로부스타)종으로 밝혀져 인도네시아의 커피 재배 역사 중 아라비카에서 로부스타로 바뀌게 된 계기가 되었을 정도로 커피 전염병 중 가장 무서운 병이다.

*** 토바 호수(Toba Lake)**

세계 불가사의 중 하나인 토바호는 수마트라섬 북부에 있는 칼데라-말굽형 분화구 호수다. 호수 중앙에는 싱가포르 크기의 사모시르(Samosir)섬이 있고, 섬 안에는 또 다른 호수인 시디호니 호수(Sidihoni Lake)가 있다. 초화산(Super Volcano)이며 활화산의 호수로 해발 900 m에 위치한 깊이 529 m, 크기 약 1,145 km^2로 서울 면적의 2배이며 바다와 비슷하다. 커피 재배에 필요한 풍부한 수자원의 공급, 경사진 지대의 좋은 생육조건(떼루와)을 제공하며 수확과 수세식 가공 시 깔끔한 신단맛을 안겨 주는 충분한 물의 공급 등 토바 호수가 커피 생산과 품질에 좋은 영향을 주어 토바 커피라고도 불린다.

*** 코피 루왁(Kopi Luwak) 또는 시벳 커피(Civet Coffee)**

아시아에서 서식하고 있는 사향고양이가 잘 익은 커피 열매를 골라 먹고 소화기관을 통해 배설된 똥커피를 준수세식으로 씻어 말린 커피로 고양이의 내장에서 다른 음식물과 함께 발효와 숙성 등의 과정을 거쳐 배설되면 특이한 향과 함께 신맛이 강화된 독특한 커피가 된다. 현지인들에게는 신맛으로 먹는 커피로 이른바 '사향고양이 똥커피'라 불리는데 사향고양이가 먹은 커피 열매에서 소화되지 않고 그대로 배출된 커피 씨앗을 세척 후 똥을 제거하고 난 후 로스팅 과정을 거친다. 이는 커피의 품질보다는 희귀성이 가격으로 매겨진 경우라고 할 수 있고 야생의 코피루왁 채집은 1%도 안 될 거라고 전해진다.

*** 지리적 표시(GI, Geographical Identification) 보호제도**

지역적 특성이 상품의 질에 영향을 주는 경우 해당 지명을 상표로 등록할 수 있는 제도다. 상품의 품질과 특성이 지리적 원산지에서 유래하는 경우 그 상품의 원산지를 특정함으로써 모방품을 방지하며 보다 좋은 가격에 판매될 수 있다. 1994년 세계무역기구의 무역 관련 지적재산권 협정에 GI 제도가 포함되면서 위반하는 나라에는 손해배상이 청구된다. 인도네시아 발리 깐따마니 커피가 이에 속한다.

5.9 인도(India) · 손 수확의 스페셜티 로부스타 카피 로얄, 마이소르, 몬순

세계 5~6위의 커피 생산국. 아라비카가 30%, 로부스타가 70%인데 전 생산의 70%는 수출되며 수출량 규모로 보면 이탈리아, 독일, 벨기에, 러시아, 터키 순이다. 2019년 커핑에서 로부스타는 78.08~80.47점의 놀라운 점수를 받았는데 커피나무의 평균 수명이 60년이고 100년이 넘은 나무도 있는 양질의 로부스타는 손 수확의 결과로 로부스타 카피 로얄(Robusta Kaapi Royale) AAA는 마이소르 너겟 엑스트라 볼드(Mysore Nugget Extra Bold), 몬순 말라바르(Monsoon Malabar) AA와 함께 스페셜티 커피에 포함되어 있다.

인도의 순례자 바바 부단(Baba Budan)이 메카에서 돌아오던 길에 예멘에서 커피 씨앗 7개를 수염 속에 숨겨 왔다는 전설로 유명한데, 주로 남서부 카르나타카(Karnataka, 옛 마이소르) 지역에서 재배된다. 현재 5곳의 새로운 산지 중 아라쿠(Araku) 계곡의 커피는 세계적으로 인기가 높고 연구 품종의 13번째 품종인 찬드라기리(Chandragiri)는 바바 부단의 7개 씨앗이 심어진 '달의 언덕'이 품종명이 된 역사적인 커피 이름이지만 쉽게 접할 수 없는 품종으로 소규모로 재배된다. 인도의 커피 농장은 후추, 카다몬, 바닐라, 오렌지, 바나나와 같은 다양한 향신료와 과일이 커피 농장에서 같이 자라며 인도가 자랑하는 최고의 그늘 커피는 이 방법으로 재배된다. 켄트종의 S795, 녹병에 강한 Sh9, 카투라, 찬드라기리, 카투라와 HdT 접목의 카우베리(Cauvery) 등이 아라비카 품종이다.

- **몬순 말라바르 AA(Monsoon Malabar, 11~1월 수확, 1,000~1,500 m 고도)** : 몬순 말라바르 AA와 몬순 로부스타 AA가 있는데 6~9월 서남부 지역의 긴 장마 기간 동안 습기와 바람을 머금은 생커피를 수확하며 시작된다. 창고에서 삼베자루에 주기적으로 담으며 훈증을 가하는 방식으로 유럽으로 운송되는 6개월간 소금기를 띤 습한 몬순 계절풍을 맞아 숙성되면서 노랗게 변화하고 크기는 2배로 커진다. 이런 과정을 거치면서 유럽에 도착한 커피는 황금색으로 바뀌고 신맛은 없어지고 독특한 향미를 지닌 인도만의 커피가 되었다. 그러나 이후 유통의 변화로 맛의 변화도 이루어져 유럽인들의 요구와 인도 커피로서의 특성을 살리기 위한 인위적인 방법, 몬수닝(Monsooning)이라는 숙성법을 개발하여 만들어지게 되었다. 황금색 인도 커피로 유명한 몬순 커피는 부드러우면서도 특유의 스파이시한 향미로 신맛은 거의 사라지고 캐러멜향의 단맛과 함께 큰 인기를 끌고 있다.
- **카르나타카(Karnataka, 옛 마이소르, 11~2월 수확, 아라비카 900~1,100 m 고도)** : 전체 생산량의 70% 정도가 생산되는 최대 생산 지역으로 아라비카와 로부스타가 같이 재배되는 지역이며 아라비카를 먼저 수확하고 로부스타를 수확하는데 생산량은 로부스타가 2배 정도

많다. 특히 마이소르 너겟 엑스트라 볼드는 습식법을 거치며 광택이 있는 진한 청록색의 매우 크고 깨끗한 외관을 지닌 커피다. 스파이시한 독특한 향과 복합적인 아로마, 중간 정도의 바디, 좋은 신맛, 고급스러운 향미를 간직한 희귀한 프리미엄 커피다.

- **케랄라(Kerala, 12~2월 수확, 로부스타 600~900 m 고도)** : 로부스타를 생산하는 북쪽의 와야나드(Wayanad)와 트라방코르(Travancore)의 위풍당당 코끼리는 인도 왕족의 표시인데 이곳의 최고 품질 로부스타인 로부스타 카피 로얄 로고에 그려져 있다. 중후한 느낌의 풀바디(Full Body)와 함께 입안 가득 느껴지는 부드러운 질감의 커피로 알려져 있다.
- **타밀나두(Tamil Nadu, 11~2월 수확, 아라비카 600~2,000 m 고도)** : 대부분 아라비카가 생산되는 지역으로 풀니(Pulney) 지역의 언덕에서 가장 많이 생산되나 커피잎녹병이 자주 발생하는 지역으로 재배의 어려움이 많으며 은은한 시트러스의 상큼한 향과 함께 부드럽게 느껴지는 가볍지만 만족스러운 적당한 바디의 커피로 알려져 있다. 또한 닐기리(Nilgiri) 지역은 고지대의 서늘한 기후와 안개의 영향으로 간혹 꽃향기와 함께 밝고 맑으며 깔끔한 뒷맛의 기분 좋은 여운이 느껴지는 부드러운 커피로 커피 애호가들의 선호도가 높다. 그 외 세바로이(Shevaroy), 아나말라이스(Anamalais), 닐기리(Nilgiri) 지역에서 생산된다.

5.10 중국(China) · 윈난(푸얼시, 바오산, 더훙, 린창 등 99.55%)

1892년 윈난(Yunnan)성을 방문한 프랑스 선교사에 의해 유입되었으며 미얀마, 라오스, 베트남을 이어 주는 산(Shan) 산맥에 위치한 윈난성에서 전체 생산량의 99.5%가 생산된다. 1,000~2,000 m 고도, 적절한 강수량, 온난한 기후가 주변국과 유사하여 카티모르 품종으로 윈난성의 약 9만 ha의 면적에서 연간 약 10만 톤 이상을 생산하고 있으며, 푸젠(Fujian)과 하이난(Hainan) 지역에서 0.5% 정도 로부스타를 생산하고 있다. 2019년 중국의 커피 생산량은 11만 4천 톤인데 소비량은 약 19만 5천 톤으로 중국 커피 시장의 규모가 커짐에 따라 전 세계 커피 시장의 생산과 소비 부문에서 무한한 잠재력을 보이고 있다.

- **푸얼시(Pu'er-Menglian, 11~2월 수확, 1,300~2,000 m 이상 고도)** : 중국과 윈난 전체에서 최대 생산 지역이며 100년 역사를 지닌 '중국 커피 수도'로 과일의 산미와 함께 진하고 구수한 커피로 유명하다. 지리적 표시(GI) 보호제도가 적용되며 2023년 중국 국가표준화관리위원회는 푸얼 커피를 국가 표준으로 승인, 30개국 이상의 국가에 수출하고 있다.
- **루일리시(Ruili-Dehong, 12~4월 수확, 1,000~2,000 m 고도)** : 아라비카 생산에 최적합 지

역으로 선정된 더홍현은 중국 최대의 커피유전자은행을 보유하고 2017년 단위 면적당 363.5 kg의 생산량으로 최고의 기록을 세운 지역이다.

- **바오산시(Baoshan, 12~4월 수확, 1,000~1,700 m 고도)** : 세계적인 고품질 커피로 알려진 바오산의 평균 기온은 21.5℃이며 1년 내내 서리가 내리지 않는 곳으로 아라비카 생산의 최적지로 알려져 있다. 짙은 청록색의 생커피로 깔끔하고 약한 신맛이 살아 있으며 향은 강하지만 쓴맛이 거의 없는 커피로 선호도가 높다.
- **쓰마오시(Simao-Lincang, 12~4월 수확, 1,000~2,000 m 고도)** : 린창의 연평균 기온은 17℃로 건기와 우기가 또렷하고 햇빛이 충분하여 커피 과육의 당도를 높이는 데 좋은 조건을 갖추고 있어 부드럽고 묵직하게 느껴지는 바디와 함께 고소한 단맛의 커피로 유명하다.

5.11 태국(Thailand) · 치앙라이(도이창, 태국의 스페셜티), 로부스타 강국

북쪽에서는 2% 정도의 아라비카가 남쪽에서는 98%의 로부스타가 생산된다. 강한 쓴맛의 강렬함, 커피잎녹병에 강한 방어 체계를 길러 내는 로부스타는 아라비카보다 더 많은 항산화물질이 함유되어 있는 것으로 연구되고 있는데 춤폰(Chumphon), 나콘시 타마랏(Nakhonsi Thammarat), 크라비(Krabi), 라농(Ranong), 수라타니(Surat Thani), 팡응아(Phang Nga) 등 6개 지역에서 재배된다. 북쪽의 매홍손(Mae Hong Son), 치앙마이(Chiang Mai), 치앙라이(Chiang Rai), 램팡(Lampang)은 아라비카 커피를 생산하며, 치앙라이에는 아라비카-스페셜티 커피의 도이창(Doi Chang)* 커피가 있다.

*** 도이창(Doi Chaang)**

도이창(Doi: 산, 언덕. Chaang: 코끼리) 커피의 실제 모델, 쿤 위차 프롬용(Khun Wicha Promyong)은 아카(Akha) 산악의 부족과 함께 '도이창 커피'의 독립적이고 성공적인 생산지로 발전시켜 태국의 스페셜티 커피로 위상을 날렸다. 소수의 캐나다 커피 애호가들에게 도이창 커피를 선보이며 접촉하여 공정거래가격에 프리미엄을 더하여 얹은 가격으로 농부들과 5:5로 이익을 나누는 독특한 비즈니스를 탄생시키며 농부들의 삶의 질을 우선시하여 결국 커피의 품질을 높이는 데 성공시켜 10여 년 동안 상당한 질적 성장을 보였다. 그러나 도이창 커피 시장이 확대되고 시간이 흐를수록 생산량은 수요를 따라가지 못했으며 품질은 현격히 저하되었다. 지금은 캐나다 국적의 회사로서 상위 1% 등급의 품질을 유지시키며 태국 유일의 단일 농장에서 재배되고 있다.

자료 http://www.doichaangcoffee.com/

5.12 파푸아뉴기니(Papua New Guinea) • 시그리, 아로나, 마라와카 블루마운틴

건기와 우기의 뚜렷한 구분, 영양분 많은 화산 토양, 적당한 기온과 높은 재배 고도 등 아라비카 생산의 최적지로 85% 이상이 소규모 농가에 의해 생산된다. 산악지역으로 비료의 사용이 어려워 유기농 커피가 생산되고 있는데 최근에는 스페셜티 커피 생산을 늘려 가고 있다. 1927년 자메이카로부터 블루마운틴 품종을 가져와 와기 계곡(Waghi Valley)에서 재배하여 자메이카의 블루마운틴과 함께 파푸아뉴기니의 블루마운틴으로 알려지기 시작했다. 하이랜드로 불리는 산간 지역을 중심으로 재배된 커피는 95%가 아라비카로 블루마운틴, 카티모르, 카투라, 문도 노보 품종이고 로부스타도 소량 재배된다. 2018년 파푸아뉴기니의 커피산업법인은 10개년 계획을 발표하여 점점 재배 농가가 늘어나고 전 국민의 1/3이 커피 종사자로 들어서는 등 국민 경제에 미치는 영향이 커지자 유기농 커피 외 공정무역 커피 등 인증 커피에 힘을 쏟아 연 6만 톤 이상의 유기농 커피를 전 세계로 수출하는 결과를 가져왔다.

부드러운 명품 신맛과 함께 과일의 달콤한 맛이 특징이며, 꽃과 과일의 풍부한 향기와 맛을 가진 것으로 유명하다. 남태평양의 최고봉인 4,694 m 빌헬름산(Mt. Wilhelm)과 하겐산(Mt. Hagen) 주변의 내륙 산간 지역에서 생산되는데 대표적인 지역은 시그리(Sigri, 45%)와 아로나(Arona, 37%)로 적당한 강수량과 일조량으로 커피를 재배하기 좋은 조건을 갖추었으며 그 외에도 심부(Simbu, 6%), 모로베(Morobe, 5%), 동부 지역의 세픽(East Sepik) 등에서 생산되며 세픽의 저지대에서는 소량의 로부스타가 재배된다. 주로 습식 가공을 하지만 건식법이 사용되기도 하며, 등급 분류 기준은 다양하여 결점두와 사이즈, 커피의 색과 향 등으로 나뉜다.

등급	결점두 수	스크린 사이즈	색	냄새
A	10	17~18	청록색	신선, 깔끔, 과일 향
B	30	15~17	녹색~청록색	
Y	70	11~14	연녹색~녹색	신선, 깔끔, 오취가 없을 것
Y2	150	Mixed	연녹색~녹색	악취나 외부의 오취가 없을 것
Y3	전체 무게의 30%		Mixed	

- **서부 하이랜드 시그리(Western Highlands, Sigri, 4~9월 수확, 1,700~1,800 m 고도)** : 빌헬름산과 하겐산 주변의 산악지대에서 재배되는 유기농 스페셜티 커피로 티피카종이 남아 있

는, 세계에 몇 안 되는 티피카 품종의 커피 재배 지역이다. 부드러운 신맛과 꽃과 열대 과일 향기 나는 단맛, 고소한 견과류와 캐러멜의 달콤한 향, 진한 코코아향과 함께 초콜릿향이 일품인 부드러우며 균형 잡힌 맛이다.

- **동부 하이랜드 아로나(Eastern Highlands, Arona, 4~9월 수확, 1,700~1,800 m 고도)** : 빌헬름산과 하겐산의 동부에서 재배되는 유기농 스페셜티 커피다. 감귤류보다 밝고 상큼한 레몬의 과일 향과 단맛의 향미가 더 오래도록 지속되는 커피로 허브의 향신료 향미와 견과류와 코코아, 초콜릿의 진한 향기가 어우러진 고급 커피로 유명하다.
- **마라와카 블루마운틴(Marawaka Blue Mountain, 4~9월 수확, 1,600~3,000 m 고도)** : 자메이카 블루마운틴을 1937년에 수입하여 이식 재배한 뒤 파푸아뉴기니 블루마운틴으로 수출하고 있는 커피로 빌헬름산의 청정 무공해 지역, 마라와카와 고로카(Goroka) 지역에서 재배된다. 맑은 청색을 띠며 상큼한 신맛과 부드러운 맛은 자메이카 블루마운틴에 버금가는 맛으로, 꽃과 과일의 풍부한 향, 달콤하고 너트한 단맛, 독특한 신맛과의 조화가 일품이며, 입 안에 감도는 부드러운 질감 또한 매우 뛰어나다.

세계 각 나라의 생산지역에서 기후, 토양, 지대 등의 환경 조건에 따라 다양한 특성의 커피들이 아름다운 맛과 향기를 머금고 빨갛게 익어 가는 동안, 그리고 수확의 시간부터 커피의 품질은 달라지고 변질되기 시작한다. 자국에서 소비가 아닌 수출을 위한 가공 방식은 다르지만 11.5%의 최종 수분 함수율을 맞추기 위한 건조 방식의 차이, 주문이 들어와 수출에 필요한 선적의 기간까지 생산 지역의 보관 상태, 보관되는 지역적 환경과 기간에 따른 변질. 그 외에도 세계 각지로 수출되는 유통 과정에서 오랜 기간 배 안의 환경 조건과 포장지에 따른 차이 등 로스팅되기 전까지 수많은 과정 가운데 커피의 신선도는 지속적으로 떨어지고 품질에 많은 영향을 주고 있다. 커피 생산지를 다녀온 모든 분들은 대부분 세상에서 가장 가난한 농부가 커피 농사꾼이라고 하는 데 이의를 제기하지 않는다. 그 가난의 대물림은 커피나무에서 수확되는 시점부터 변질의 요인이 되는, 품질의 저하로 이어지는 안타까움은 이루 말할 수 없다. 그러나 커피의 가장 큰 위기는 이상기후로부터의 위기로 2019년 영국 큐 왕립 식물원과 에티오피아의 커피숲포럼(ECCCFF) 공동 연구팀에 따르면 기후 변화로 인해 2040년이 되면 아라비카나 로부스타 커피 종이 멸종할 수 있으며 아라비카를 포함한 야생 커피나무 품종 60%는 이미 멸종 위기종으로 분류되어 있다. 최대 생산국인 브라질의 경우는 더욱 심각한데 계속되는 이상기후로 인한 급격한 기온의 상승으로 커피 열매가 열리지 않아 커피 생산량의 급격한 저하를 가져왔으며 이는 세계적인 커피 가격 폭등(2025년)으로 나타나고 있다. 이런 가운데 오래전부터 연구되어 온 대체 커피의 연구는 생산성과 품질에서 더욱 활발하게 진행되고 있었는데, 2019년 미국의 커피 산업을 대표하는 상징적인 도시인 시애틀에서는 대체 커피(Beanless Coffee)인 아토모 커피(Atomo Coffee)*가 시작되고 탄생되었다.

*** 아토모 커피(Atomo Coffee) 및 대체 커피, Beanless Coffee의 시작**

"왜 커피콩이 없는 커피를 만들었느냐고요? 지구를 위해서." 커피는 사용하지 않고 대신 대추 씨를 시작으로 치커리 뿌리, 포도 추출물 등, 28~40가지의 식품에서 커피 화합물을 분자 수준까지 분석하여 추출하는 획기적인 기술을 개발. 지구의 삼림이 훼손되는 것을 막고 일반 커피 대비 이산화탄소 배출을 93% 줄이고 물 사용량 94% 절감을 실현한 대체 커피의 선두 주자는 아토모 커피다. 2019년 시애틀에서 공동 설립자인 앤디 클레이치(Andy Kleitsch)와 재럿 스탑포스(Jarret Stopforth)가 이끄는 식품 과학자와 화학자의 창고에서 시작된 '커피가 들어가지 않는 커피' 대체 식품들로 이들이 개발한 커피는 '분자 커피'다. 식재료를 분자 단위까지 분석해 물리적·화학적 기술로 식재료 고유의 맛은 유지하면서 새로운 형태의 음식을 만드는 것, 커피를 사용하지 않고 커피의 맛과 향을 그대로 재현한 대체 커피를 의미한다. 씨와 뿌리를 로스팅하고 분쇄한 가루들을 이용하여 에스프레소를 시작으로 블랙커피와 라테 등의 다양한 커피 메뉴들을 제조하도록 하며 블랙커피 기준 1캔당 카페인 함유량은 84 mg으로 녹차 등에서 추출하였다. 미국 워싱턴 대학 내에서 실시된 테스트 결과, 스타벅스 커피와 비교 시 아토모 커피는 7:3으로 우위의 결과를 가져와 2024년 9월 기준. 미국 내 약 70여 개의 카페에서 판매되었으며, 매년 스타벅스의 주문량은 8억 파운드 정도다. 이전에도 말린 치커리 뿌리를 볶아서 뜨거운 물에 우려내면 커피 맛을 내는 차가 완성되고 이는 카페인이 없는 커피 대용품으로 유럽과 미국에서 이미 시작되었었으며 대한민국에서는 2019년 농촌진흥청에서 검정 보리로 개발한 '흑누리'로 수입 원두를 대체하는 국내산 디카페인 대체 커피가 있었다. 디카페인 공정을 거치지 않고 대체 커피로 만들어 낸 디카페인 대체 커피 발명은 획기적이다. 디카페인 커피의 수요가 점점 확대되고 있으며 일반 커피보다 고가라 디카페인 대체 커피는 이미 충분한 수요를 확보하고 있다고 할 수 있다. 2021년에 설립된 네덜란드 스타트업 '노던 원더(Northern Wonder)'의 '커피 없는 커피'의 주요 원료는 로스팅 후 잘게 간 루핀(Lupin Bean, 콩과 식물)과 병아리콩, 맥아 보리, 치커리로 천연의 향료를 첨가한 대체 커피가 있었으며, 싱가포르 소재의 '프리퍼(Prefer)'와 샌프란시스코의 '마이너스(Minus)', 스위스의 '푸드브루어(Foodbrewer)', 미국의 '캘리포니아 컬처드(Califonia Cultured)', 싱가포르에 본사를 둔 '아나더(Another)' 등이 있다. 서울 명동에서도 대체 커피의 판매는 시작되었으며 성수동에 SANS라는 매장에서 인기를 끌고 있는데 대체 커피의 수요는 대한무역투자진흥공사에 따르면 2030년에는 약 53억 달러(6조 8,500억 원) 규모까지 성장할 것을 예상하였다. 아토모 커피를 비롯한 대체 커피의 시장은 커피 계의 테슬라라 불리며, 지속 가능한 커피 소비를 위한 친환경 먹거리 대체 커피의 연구는 대추 씨와 치커리 씨에서 더 나아가 수박 씨로 계속적으로 연구가 확대되고 있다. 누군가는 대체 커피의 지속적인 연구는 언젠가 파나마 에스메랄다 게이샤 커피 향미를 재현하는 것이 가능할 것이라 이야기한다. 결과는 아무도 모르지만 대체 커피의 연구는 각 나라별 커피 향미를 각각 다르게, 분명한 차이에 따른 커피 향미를 재현해 낼 것이라 예상하고 있다.

COFFEE COFFEE COFFEE

씨앗에서

음료까지

커피 커피 커피

4장

커피 로스팅

4장 커피 로스팅

"A build-up of pressure in the bean is important for the generation of sufficient aroma. A sufficient pressure built up inside the bean, has to be the objective of roasting."

커피 내부에 압력을 높이는 것은 향기를 생성하는 데 중요하다.
생커피 내부에 충분한 압력이 형성되도록 하는 것이 로스팅의 목표가 되어야 한다.

- Espresso Coffee : The Science of Quality. Illy, Viani. Elsevier. p. 184

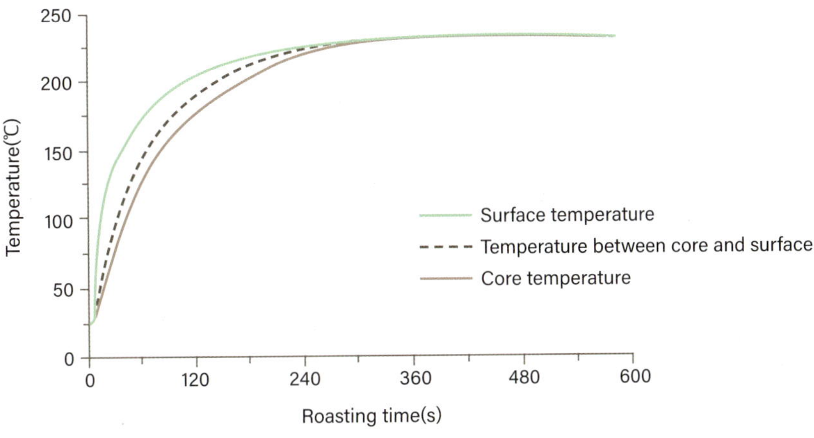

출처 Espresso Coffee : The Science of Quality. Illy, Viani, Elsevier.

커피 열매 내 씨앗이 한 잔의 커피가 되기 위하여 거치게 되는 로스팅이라는 중간 단계는 향기의 과학적 발현이라 할 수 있다. 단단한 밀도의 생커피가 추출을 통하여 한 잔의 커피가 되기 위한 다공질의 형태로 전환되는 과정이 로스팅이다.

생커피에 압력이 형성되도록 열을 가하여 충분한 향기를 발현하도록 하는 로스팅의 목표가 전 세계 커피 애호가들을 매료시키고 있고 여러 난제에도 커피 산업은 지속적으로 발전하고 있다.

1) 커피 로스팅의 정의

로스팅이란 '생커피에 열을 가하는 작업'이다. 생커피에 열을 가해 조직의 팽창 등 다양한 이화학적 변화를 위하여 흡열 및 발열의 중첩된 열을 생커피에 전달하고 반복된 작업으로 균일한 열전달을 통해 커피 본연의 향과 맛을 이끌어 내는 것이다.

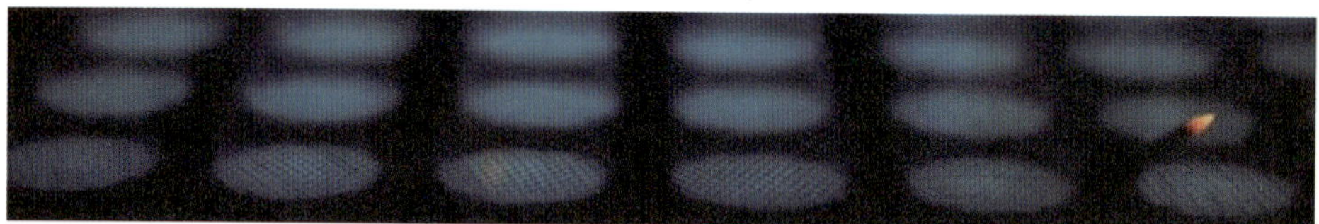

그러나 로스팅의 시작에서 배출되는 시간과 배출되는 온도에 따라 음용되는 향기와 맛은 크게 다르고 시간과 온도가 제어되는 순간의 로스팅 포인트는 커피의 향과 맛을 결정하는 중요한 변수 중 하나다.

생커피가 가지고 있는 본연의 향미가 충분히 발현되었다고 판단되는 순간, 배출 온도와 배출 시간을 기억하며 로스팅된 커피의 균일한 색을 인지하고 정확한 온도와 시간 등을 통제하고 제어하여 로스팅을 멈추고 배출과 동시에 냉각에 이르게 하는 순간의 판단은 매우 중요하다. 단단하던 생커피에 열을 가함으로써 생커피 표면의 온도가 상승하고 생커피 내부로 전달된 온도는 압력을 증가시켜 내부 조직의 팽창으로 인해 터지거나 다공질의 형태로 부피는 커지며, 무게는 줄어들고, 향미 성분은 풍성하고 다양하게 발현된다.

1.1 커피 로스팅 후 성분 변화

로스팅의 결과는 생커피 속 성분이 가열을 통하여 향미 성분으로 변화되어 추출을 거쳐 음료화하는 데 기여한다. 드럼의 구조, 열원의 종류, 댐퍼의 조절, 생커피의 품종 및 가공 방식, 투입 용량 등 여러 가지 요인이 변수로 작용하여 각각 다르게 조성되어 나타나게 되지만 가장 큰 변화는 수분의 감소(11~12%에서 1~2%)와 이산화탄소의 증가(0~2%)이며 그 외 일반적인 성분의 변화는 다음과 같다.

커피 로스팅 전과 후 성분의 상대적 변화(단위 : g)

성분	헤미셀룰로오스 (Hemicellulose)	셀룰로오스 (Cellulose)	단백질 (Protein)	지질 (Lipid)	클로로겐산 (Chlorogenic Acid)	수크로스 (Sucrose)
G.B.	23.0	12.7	11.6	11.4	7.6	7.3
W.B.	25.0	13.2	3.1	11.9	3.5	0.3
성분	리그닌 (Lignin)	회분 (Ash)	카페인 (Caffeine)	트리고넬린 (Trigonelline)	환원당 (Reducing Sugar)	미확인 성분
G.B.	5.6	3.8	1.2	1.1	0.7	14
W.B.	5.8	4.0	1.3	0.7	0.5	31.7

* G.B. : Green Bean, 생커피. W.B. : Whole Bean, 원두. 헤미셀룰로오스(Hemicellulose) : 셀룰로오스보다 간단한 구조로 구성된 식물 세포벽의 구성 성분. 셀룰로오스(Cellulose) : 식물 세포벽의 긴 사슬 고분자로 섬유소로 불린다. 수크로스(Sucrose) : 설탕으로 과당과 포도당이 결합된 이당류이며 식물에서 자연적으로 생성된다. 리그닌(Lignin) : 침엽수나 활엽수의 목질부를 구성하는 지용성 페놀 고분자를 의미한다. 회분(Ash) : 식품 속의 유기물을 완전히 제거한 후 남은 무기질의 총량으로 타다 남은 일종의 재(滓). 트리고넬린(Trigonelline) : 커피와 호로파에 다량 함유된 식물성 호르몬의 일종으로 커피 향기의 주성분이다. 환원당(還元糖, Reducing Sugar)은 유리 알데하이드, 유리 케톤 작용기를 가지고 있어서 환원제로 작용할 수 있는 당으로 단맛의 원인이 된다.

1.2 로스팅의 3단계

① **1단계 건조(Drying)** : 생커피 내부 온도가 물의 끓는점인 100℃에 도달하여 생커피 중량 대비 10~13% 내외의 수분이 증발되는 초기 단계를 말한다. 로스터에 실온의 커피를 넣으면 드럼 내의 온도와 커피 온도가 열평형(Thermal Equilibrium)을 이룰 때까지 계속 떨어지다가 다시 상승하게 되는데 촘촘한 구조의 생커피 내부로 열이 흡수되어 수분을 증발시키는 로스팅의 초기 단계다.

② **2단계 열분해(Roasting)** : 옐로잉(Yellowing), 1차 크랙(First Crack), 로스팅 발현(Roast Development, Develop Time), 2차 크랙(Second Crack) 단계로 나뉠 수 있다.

-1- 옐로잉(Yellowing) : 생커피의 색이 밝은 녹색에서 황록색을 거쳐 옅은 노란색으로 변하

는 과정으로 흡열반응으로 인해 70~90%의 수분이 감소하는 단계다. 첫 갈변화가 이뤄지며 바스마티 쌀이나 메주콩을 삶기 시작할 때의 풋내와 같은 향을 내기 시작한다. 열을 흡수한 커피는 마이야르 반응(Maillard Reaction)에 의해 내부 압력이 커지고 많은 방향족 화합물들이 생성되기 시작하며, 유기물질이 분해되고 증기압은 높아지고 부피가 팽창함으로 열을 흡수하는 표면적이 넓어지게 되며 캐러멜화(Caramelization)가 진행되면서 탄수화물이 분해되기 시작한다. 이 단계에서는 유기물질의 연소로 인해 발생한 이산화탄소와 수분의 증발로 인한 증기압의 상승으로 높은 압력으로 인해 조금씩 열을 방출하는 발열 반응(Exothermic)이 일어나며 캐러멜화를 통해 갈색으로 변해 가고 과일 향, 캐러멜 향, 견과류 향이 시작된다.

생커피(Green Coffee)

건조(Drying, Start to pale)

옐로잉(Yellowing) 시작

옐로잉(Yellowing) 진행

출처 https://kr.pinterest.com/pin/397090892122095855/

-2-1차 크랙(First Crack 혹은 Popping) : 로스팅 과정에서 가장 중요한 단계로 비로소 커피를 음료화할 수 있는 단계라고 볼 수 있다. 커피 내부의 수분이 기화되면서 엄청난 압력을 받은 상태로 탄수화물이 산화되기 시작하며 많은 양의 이산화탄소가 발생하여 커피 조직 중 가장 약한 부분인 센터 컷(Center Cut) 주변이 벌어지면서 팝핑(Popping) 소리가 나며 수증기가 빠져나가는 단계다. 이 순간 커피의 표면 온도는 낮아지며 순간적인 흡열반응이 일어나고 커피의 향미 중 신맛이 두드러지게 형성되면서 선호도 좋은 향기들이 생성된다. 커피 본연의 좋은 신맛과 좋은 향기들을 예측하고 로스팅 포인트를 결정하는 기준으로 전체 로스팅 과정 중 가장 중요한 단계라고 볼 수 있다. 특히 고급 커피의 경우 1차 크랙을 기점으로 좋은 향미가 발현되므로 1차 크랙을 기점으로 로스팅이 종료되는 시점을 예측한다.

-3-로스팅 발현(Roast Development) : 로스팅의 1차 크랙 단계부터 로스팅이 끝나는 지점까지 로스팅의 발현 단계(Develop Time)라고 한다. 1차 크랙이 끝나면 커피 표면은 부드러워지며(연화. Softening) 우리가 마시게 되는 커피의 최종 색과 정도가 결정되는 단계이다. 1차 크랙이 종료되는 시점부터 커피 본연의 신맛은 감소하고 점차 쓴맛이 강조된다.

마이야르(Maillard) 캐러멜화(Caramelization) 1차 크랙(First Crack) 시작 1차 크랙(First Crack) 진행

출처 https://kr.pinterest.com/pin/397090892122095855/

-4- 2차 크랙(Second Crack) : 1차 크랙과 2차 크랙 사이에서 열역학(Thermodynamics)의 변화로 발열 반응(Exothermic)에서 흡열 반응(Endothermic)으로 변하게 되고 세포 내의 탈수화(Dehydration)에 의해 수분은 더 감소하게 된다. 1차 크랙이 끝나면 잠시 소강 상태로 들어가지만 계속되는 열공급으로 커피 중심부에서는 이산화탄소가 더 많이 발생하여 압력이 증대하게 되고 커피의 셀룰로오스(Cellulose) 구조 밖으로 지방 성분인 기름(Oil)이 나오게 되는 2차 크랙이 진행된다. 2차 크랙은 세포 내의 지속적인 압력으로 일어나게 되는데 커피의 목질 조직(Woody Structure)의 파괴에 의해 생성되며 다시 발열 반응으로 바뀌게 되고 표면적의 팽창이 이루어진다. 쓴맛과 탄내가 증폭되는 시점으로 좋은 품질의 커피인 경우 좋은 신맛과 향기가 소멸된 단계로 추천되지 않는다. 커피의 고유한 특성들이 사라지고 강한 로스팅의 쓰고 탄 매캐한 향미와 텁텁하고 불쾌한 바디를 가진다고 보고되고 있다.

시티(City Roasting) 시티 + (City + Roasting) 풀시티(Full City Roasting) 풀시티 + (Full City + Roasting)

출처 https://kr.pinterest.com/pin/397090892122095855/

③ **3단계 냉각(Cooling)** : 로스터가 원하는 로스팅 정도에 도달하면 쿨링 트레이(Cooling Tray)에 배출 후 즉시 냉각이 시작되어 원하는 로스팅 정도에서 더 진행되지 않도록 해야 한다. 소량의 로스팅 시에는 찬 공기를 순환시켜 냉각하며 대량의 로스팅 시에는 물을 분사시켜 냉각(Water Quenching)한다. 대량의 로스팅 시 배출 시간이 길어질 경우 먼저 배출된 커피와 최종 드럼에서 배출된 커피의 로스팅 정도가 달라질 수 있기 때문에 여러 상황을 고려하

여 로스터는 배출 전 미리 냉각기를 작동하여 로스팅 포인트에 도달한 커피는 가능한 빠른 냉각이 이루어질 수 있도록 하여야 한다(에티오피아 커피의 디카페인 공정과 로스팅 정도에 따른 관능적 품질 특성, 정현우, 2021 참고).

2) 커피 로스팅 시작 전 작업

2.1 커피 로스터의 특성과 기능 확인

로스터란 열원의 종류와 열전달 방식을 이해하고 로스터의 드럼 안에 투하된 커피를 원하는 로스팅 포인트에 도달할 때까지 균일하게 로스팅되도록 설계되어 생커피에 열을 전달, 가열되도록 하는 기구이다. 열전달 방식에 따라 직화식, 반열풍식, 열풍식 구조의 커피 로스터로 나뉘며, 구조 방식에 따라서는 드럼식, 유동층 방식, 재순환 방식, 스마트 로스터 등으로 구분된다.

2.1.1 커피 로스터의 기본 가열 방식 · 전도, 대류, 복사

커피 로스터의 가열 방식에는 기본적으로 전도열(Conduction), 대류열(Convection), 복사열(Radiation)이 있다.

① **전도열** : 서로 접촉된 물체 사이에서 분자의 운동으로 열이 전달되는 현상을 말하며, 로스팅 과정에서 핵심적인 역할을 한다. LPG나 LNG 또는 전기, 화목 등의 열원을 통해 가열을 하게 되면 충분히 예열된 드럼 내벽이 커피와 직접 접촉함으로써 전도열이 발생하며 이 과정에서 커피의 표면은 빠르게 가열되고 커피의 내부로 열이 전달되면서 익어 가게 된다. 이때 커피의 외부와 내부 간 열 차이가 발생하게 되는데 이를 최소화하기 위하여 일정한 속도로 커피를 굴려 가며, 드럼 내의 회전축을 회전시켜 열이 균등하게 배분되도록 하여 커피의 안과 겉이 충분히 골고루 익도록 하여야 한다. 드럼과 커피 간 접촉

전도열(Conduction)

에 의한 표면은 강렬한 온도 전달이 이루어지지만 커피의 입체적인 형태로 점이 찍히듯 접촉된 순간 회전되어 표면의 높은 온도가 속까지 전달되어 균등하게 익히기는 어려워지므로 겉은 타고 속은 아직 익지 않는 경우를 예방하기 위하여 서서히 열을 올려야 하기 때문에 전체 로스팅 시간이 길어지는 이유가 된다.

② **대류열** : 가스나 공기, 기체의 이동에 의해 전달되는 현상으로 온도가 낮아도 수분을 날릴 수 있어 단순하게 커피에 열을 전달하는 것 이상의 매우 중요한 역할을 하고 있다. 드럼에 직접 열을 가해 커피를 익히는 전도열에 비해 공기를 뜨겁게 순환시키면서 뜨거운 공기로 커피를 익히는 구조로, 가장 큰 장점은 커피의 내부와 외부를 동시에 고르게 가열한다는 것이다. 이로 인해 커피의 겉과 속의 열 차이가 크지 않아 비교적 짧은 시간에 균일한 로스팅이 가능하고 압력으로 인한 팽창이 잘 이루어져 커피가 함유하고 있는 고유한 특성을 최대한 살리는 데 가장 유리하다고 할 수 있다. 열풍의 온도는 빠른 시간 내에 급등하므로 커피의 빠르고 강한 팽창이 이루어져 전체 로스팅 시간이 짧아지므로 가장 빠르게 전달되는 시각적인 결정력, 즉 로스팅이 진행되는 동안 변화되는 커피 색을 보면서 미리 배출 시간을 예측하여 로스팅 포인트가 더 진행되기 전에 마치는 것이 좋다. 유동층 로스팅이 한 잔당 커피 사용량을 20% 정도 덜 쓰게 되어 경제적이다. 추출 가능한 향미 성분을 더 많이 포함한 채 로스팅이 끝나게 된다(한국커피협회(2010), 바리스타 2급 자격시험 예상문제집, p. 156).

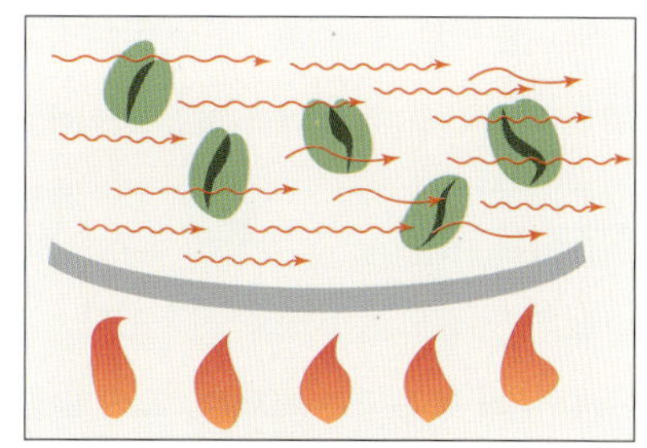

대류열(Convection)

③ **복사열** : 에너지의 이동, 즉 매개체 없이 열이 전달되는 방식으로 태양열이 대표적이며 모닥불을 피워 불을 쬐는 것, 난로로 주변의 공기를 따뜻하게 하는 것 등이다. 로스터의 드럼이나 커피 등 물체가 열을 받은 후에 뜨거워진 몸체에서 다시 열을 방출하여 공기를 통해 주변을 가열시키는 현상을 말하며 드럼 내부의 가열된 공기와 뜨거워진 커피에서 방출되는 열기로 인해 복사열의 정도는 달라진다. 스스로 발열하는 물체로부터 더 많이 방출되는 복사열이므로 물체의 크기에 따라서, 드럼의 두께가 두꺼울수록, 열전도율이 높은 재질일수록 더 높은 열 복

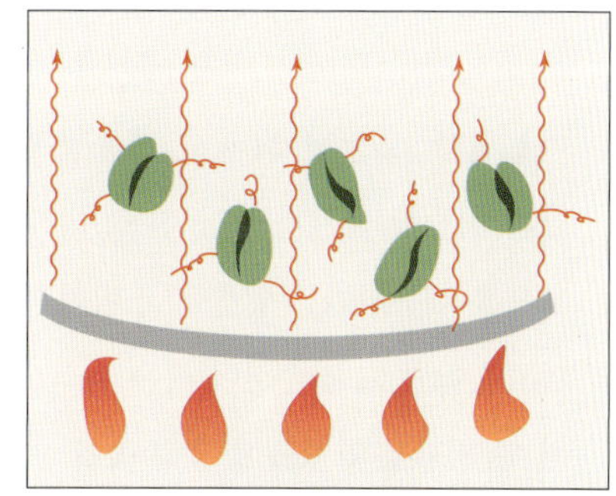

복사열(Radiation)

사 에너지를 갖게 되며 로스팅의 회차가 거듭될수록 복사열의 에너지는 높다고 할 수 있다. 드럼식 로스터의 경우 로스팅 회차가 거듭될수록 복사열의 축적으로 더욱 안정적인 균일한 향미를 얻을 수 있다.

2.1.2 열전달 방식에 따른 로스터의 특성 · 직화, 반열풍, 열풍

전도열, 대류열, 복사열의 전달 방식에 따른 직화식, 반열풍식, 열풍식 로스터가 있다.

① **직화식** : 구멍 뚫린 드럼 안으로 직접 열을 전달하는 전도열이 주로 사용된다. 그러나 열원의 최저 온도는 3,000℃로 커피에 직접 닿으며 타지 않도록 열원과의 거리를 두고 골고루 익혀야 한다. 커피 색을 통하여 진행 정도를 보면서 화력을 조절하여 부분적으로 타거나 균일한 온도 전달이 힘들다. 내부에 충분한 압력 생성이 늦어지고 팽창이 적게 일어난다. 타지 않도록 서서히 열을 올려 전체 로스팅 시간이 길어질 수 있어 커피 본연의 향미 특성을 살리기에는 부족하다. 불 맛, 혹은 개성적인 맛으로 표현되기도 하지만 난제가 많다.

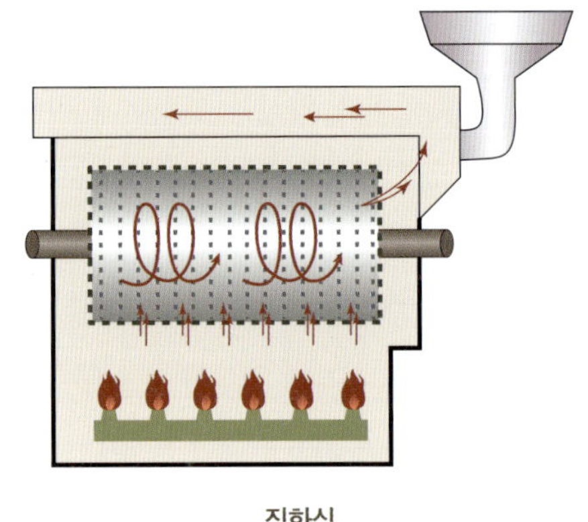

직화식

② **반열풍식** : 드럼 안쪽은 전도열이 전달되고 드럼 내부에 들어온 열풍은 자연적인 대류 현상을 일으켜 회전축과 회전 날개로 인해 커피는 휘저어지고 굴려지면서 지나가는 열풍으로 인해 안과 밖을 동시에 익히는 구조다. 직화식과 달리 드럼 전체에 구멍이 없고 드럼 옆 부분에 타공이 되어 뜨거운 공기를 안으로 들여보낸다. 로스팅 회차가 거듭될수록 복사열의 비중이 높아지는 등 전도, 대류, 복사열 모두를 이용하여 균일한 로스팅이 가능하다. 열효율이 높고 열손실이 적은 방식으로 충분한 열 전달로 압력을 충분히 높일 수 있어 팽창이 원활해지고 비교적 빨리 로스팅을 끝낼 수 있어 커피의 향미 특성을 보다 잘 발현할 수 있다. 예열 시간이 길다는 단점이 있다.

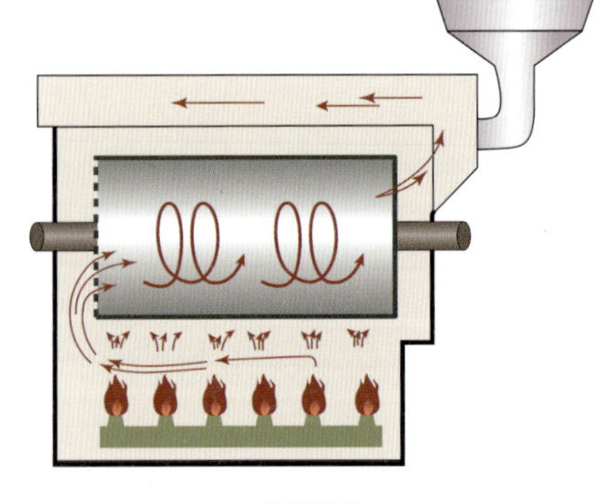

반열풍식

③ **열풍식** : 로스터의 드럼에 열을 가하지 않고 공기를 데워 뜨거워진 공기를 드럼 내부로 보내 대류열의 순환을 이용하여 로스팅을 하는 방식이다. 주로 대형 공장이나 인스턴트 커피 제조 공장에서 가장 많이 사용되고 있다. 낮은 공기 온도로도 수분의 증발, 건조 단계가 가능하여 열량의 손실이 가장 적고 빠른 시간 내 균일한 로스팅이 가능하다는 장점이 크다. 뜨거운 공기로 안과 밖을 동시에 익히므로 커피에 전달되는 온도 변화가 가장 적고 내부에 압력 상승이 빠르게 이루어져 팽창이 가장 잘 이루어지는 장점 또한 크다. 가장 빠른 시간 내 마칠 수 있어 로스팅 시 커피의 유효한 성분이 타거나 소멸되지 않고 가장 많이 잔류하는 장점이 가장 크다. 추출 시 유효한 성분 추출의 범위가 가장 크다.

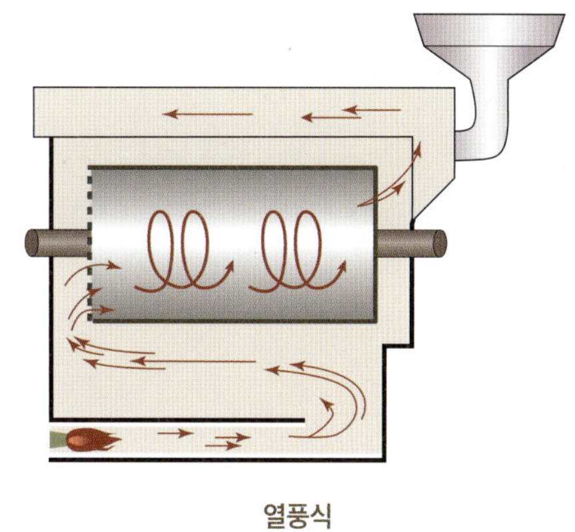
열풍식

2.1.3 열전달 구조에 따른 로스터의 이해

드럼 로스터, 유동층 로스터, 재순환(드럼 간접가열) 로스터, 스마트 로스터 등이 있다.

① **드럼 방식의 구조적 이해** : 열전도율이 좋은 금속 재질로 만든 원통형 드럼을 사용하여 가로의 회전축에 연결된 회전 날개를 내부에 붙여 교반을 통하여 균일하게 로스팅이 되도록 하는 구조다. 드럼 재질로 주로 사용되었던 주철은 열전도율과 보존율이 뛰어나지만 예열 속도가 느리고, 스테인리스 재질은 예열이 빠른 장점이 있지만 빨리 식는 단점이 있다. 단일 구조보다는 외부와 내부 사이 공기층을 만들어 단열 효과를 통해 안정적인 로스팅을 구현하는 이중 구조가 대부분이다. 커피가 입체적인 원형이라 드럼과 닿자마자 곧바로 돌아가는 형태이므로 타지 않고 골고루 익혀질 수 있도록 회전축과 날개가 붙여진다. 커피가 한 곳에 쏠려 있는 것을 방지하고 균일하게 로스팅이 되도록 교반 횟수, 날개 수, 1회 회전 시 돌아가는 커피 개수와 함께 날개에서 뿌려지는 날

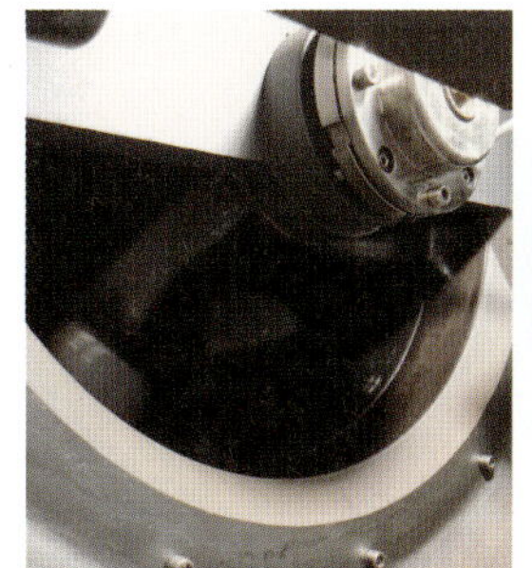

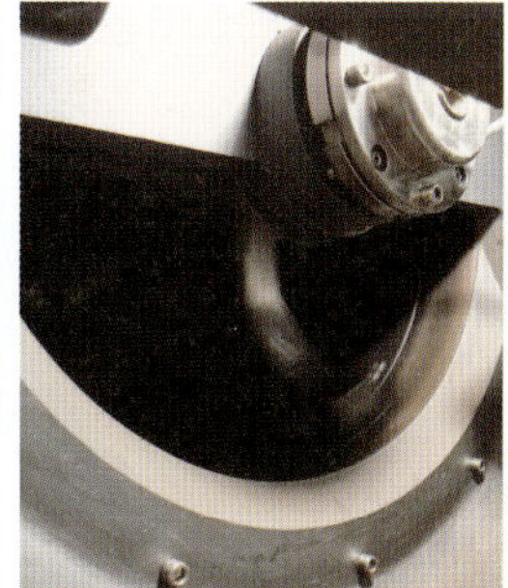

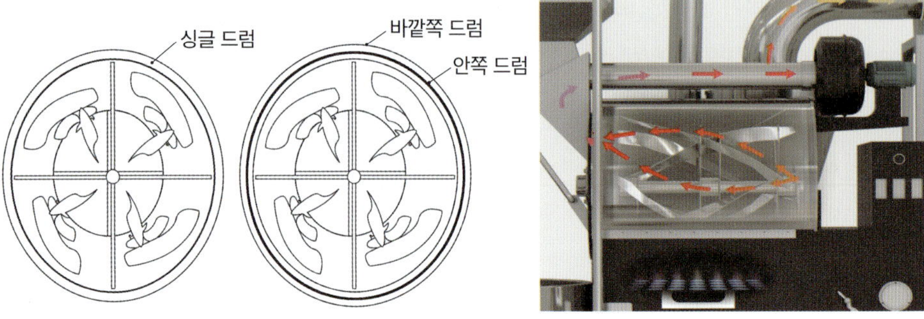

개 각도 등이 매우 중요하다. 1 kg 태환 반열풍식 로스터의 경우 교반 횟수는 1분에 59~60회 정도이나 로스터의 용량에 따라 다소 차이가 난다. 회전축에 달려 있는 날개와 각도 등은 로스터의 기종과 용량에 따라 다를 수 있다.

② **유동층 방식의 구조적 이해** : 머신 아래로 들어오는 상온의 공기를 가열하여 뜨거운 열풍으로 바꾼 후 로스팅 챔버 안으로 보내 뜨거운 공기로 커피를 띄우고, 휘젓고, 돌리면서 동시에 로스팅이 될 수 있도록 하는 구조다. 열풍으로 인해 커피가 공기층으로 올라가 띄워지는 방식의 설계로 자연적인 대류 현상을 이용한다. 낮은 온도의 공기부터 건조가 시작되어 최단 시간에 로스팅을 마칠 수 있다. 열원을 통해 바람, 즉 공기을 데워 이용하는 것으로 가장 작은 에너지로 더욱 빠르게 로스팅하는 고온 단시간 로스팅이 가능하다. 종료 후 팽창이 가장 잘 이루어져 신맛과 함께 다양한 향미 유효 성분을 남길 수 있다. 로스팅 시 손실되는 커피 향미 성분을 최소화하여 추출 시 향미 발현의 범위가 가장 넓게 이뤄진다. 지속적인 열풍 공급으로 1차 크랙 후 벗겨진 가벼운 은피는 외부의 사이클론으로 보내어 따로 모아지는 구조로 안정적인 로스팅을 기대할 수 있다. 유동층에서는 샘플러가 따로 없어 챔버 안에서 빠르게 변해 가는 색(시각)과 크랙 소리(청각) 등을 통하여 로스팅 포인트를 결정하게 된다.

③ **재순환 구조(드럼 간접가열형)의 이해** : LPG나 LNG, 전기 등의 열원이 드럼에 직접 열을 가하지 않으므로 한국과 일본에서는 열풍식 로스터로 불린다. 드럼의 뜨거운 공기는 커피를 익히면서 배기관으로 빠져나간 후, 사이클론에 에어로졸(Aerosol. 분진. 공기 중에 떠 있는 고체 또는 액체 상태의 작은 입자들)과 실버스킨 등이 집진이 된 후 여전히 뜨거운 공기들이 덕트로 빠져나가게 되는데 이때 일부 뜨거운 공기는 재가열이 된 후 드럼으로 들어가 커피를 익히는 데 재사용되는, 재순환 구조로 로스팅을 하는 구조다. 한번 사용된 열이 밖으로 배출되지 않고 재순환되어 열효율을 높이는 장점이 있으며 별도의 제연기가 필요 없는 구조로 되어 있다. 일체형 제연기로 로스터 내부에서 발생하는 연기를 연소시켜 배출하고 내부에서 순환하는 가열된 공기를 재사용하기 때문에 향미 보존에 좋은 것으로 알려져 있으며 보일러의 통풍구와 같은 정도의 열풍만 발생하기 때문에 도심에 설치한 로스터의 경우 큰 장점을 제공한다.

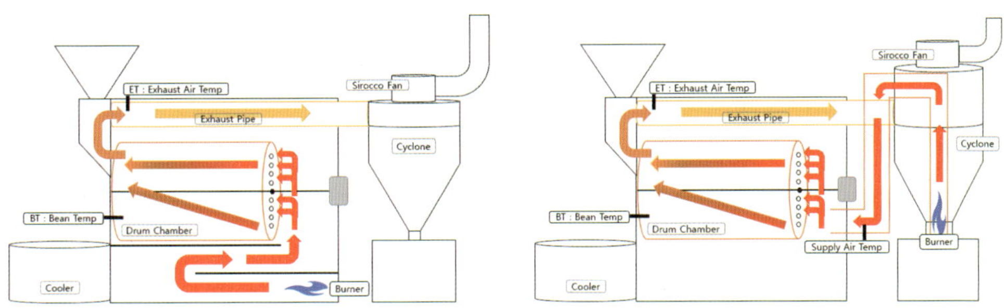

출처 https://www.firescope.io/blog/structure-of-coffee-roaster

④ **스마트 로스터** : 새롭게 선보이고 있는 다양한 로스터 중 하나로 전기를 이용한 터치 헤드 사

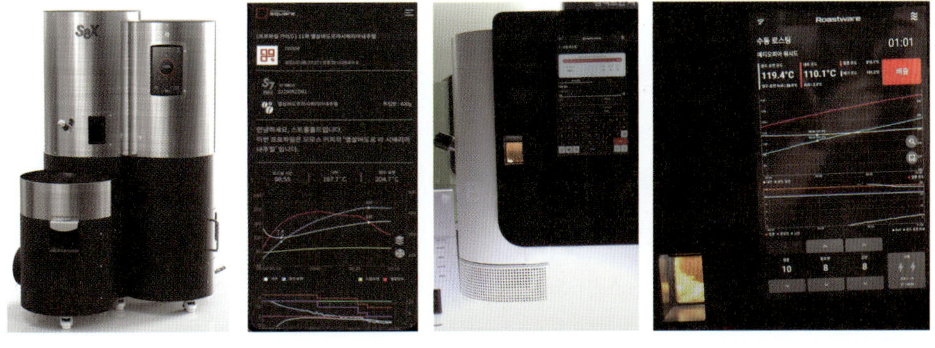

출처 https://stronghold.coffee/?lang=ko

용, 핸드폰의 와이파이를 이용하여 프로파일 저장과 재현 등을 통하여 원터치 로스팅이 가능한 스마트 로스터가 등장하고 있다. 특히 소형의 가정용 로스터에 다양한 기술이 접목된 스마트 로스터의 등장은 컴퓨터와 핸드폰, 블루투스 등 각종 과학 기술의 발전을 로스팅과 접목한 기술 과학의 로스터로 대두되고 있다.

2.1.4 커피 로스터의 구조와 기본 기능

커피 로스터의 기본적인 구조와 원리는 대부분 비슷하지만 세부적으로 들어가면 커피 로스터를 설계하는 제조 회사마다 다소 다르게 되어 있어 기본적인 구조와 전체 커피 로스터를 이루는 각 부분의 기능을 이해하여 최종에는 커피 로스터들이 원하는 향미가 추출에서 발현될 수 있는 로스팅이 될 수 있도록 하여야 한다.

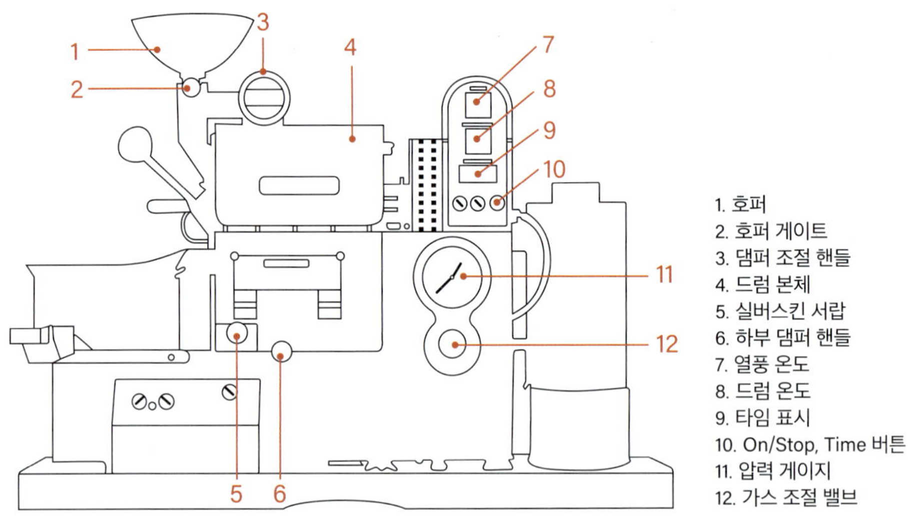

태환자동화산업 중형로스터의 도면화

① **드럼(Drum)** : 드럼은 생커피가 호퍼로부터 투입된 후 가열되는 실질적인 공간이다. 드럼 크기에 따라 생커피의 투입량이 결정되며 드럼 내부에서 생커피가 충분히 교반되어 골고루 익혀질 수 있도록 주로 앞쪽에 교반 날개가 달려 있다. 교반의 횟수와 교반 방향, 속도, 세기에 따라 교반의 역량이 결정되어 전반부에서 후반부로, 상하좌우로 돌아가면서 고르게 로스팅되도록 설계 된다. 대부분의 경우 드럼에 창을 내 로스팅의 색을 감지할 수 있도록 하고 있다.

② **호퍼(Hopper)** : 드럼 안으로 생커피를 투입하기 위해 미리 넣어 두거나 투입 전까지 담아 두는 장치로 대부분 역삼각형 형태로 남김없이 투입되도록 설계되어야 한다. 드럼이 충분히 예열된 것을 확인한 후 투입되어야 하므로 호퍼와 드럼 사이에 개폐 마개가 설치된다.

③ **샘플러(Sampler)** : 로스팅을 하는 중간에 생커피가 익어 가는 정도를 확인하기 위하여 생커피를 꺼내 볼 수 있도록 드럼과 연결되어 있는 장치로 생커피 색의 변화, 팽창 정도, 향기 변화 등을 살펴볼 수 있다. 샘플러를 빼서 확인하는 동안 드럼 내 압력이 높은 상태의 공기는 자연 현상으로 샘플러가 빠진 공간을 통해 압력이 낮은 외부로 흘러 외부로 빠져나가 로스팅을 해야 하는 온도와 압력에 영향을 미친다는 연구도 있다.

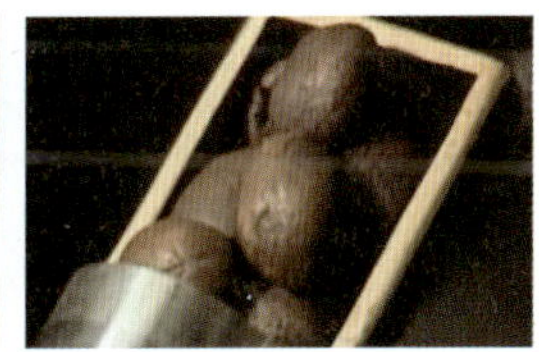

④ **댐퍼(Damper)** : 가열된 로스터의 드럼과 덕트로 연결된 연통 사이에 공기의 흐름을 조절하도록 만든 개폐 장치로 드럼 내부의 온도나 압력을 조절하는 역할을 한다. 1, 2차 크랙이 진행되면서 생커피의 팽창으로 터지거나 깨어질 때 발생하게 되는 연기와 은피 등을 연통을 통하여 내보내는 역할을 하는데, 은피는 집합 장소인 사이클론으로, 연기는 밖으로 내보내며 로스팅 시 발생하는 다양한 향미 성분의 생성에도 영향을 준다.

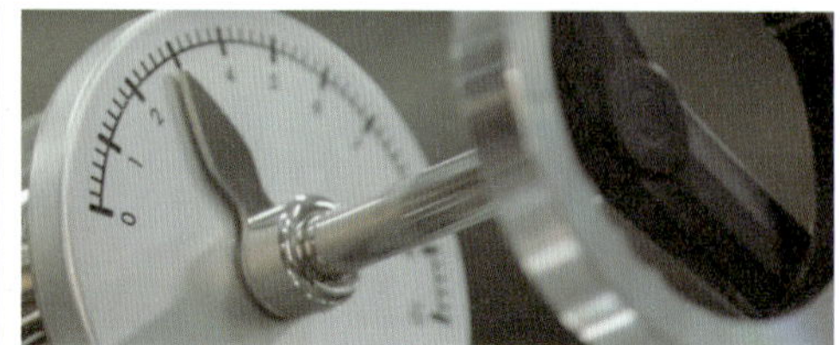

⑤ **사이클론(Cyclone)** : 로스팅이 진행되는 동안 1, 2차 크랙 시 생커피에서 벗겨져 나오는 은피와 먼지 등의 가루를 분리하는 장치로 하단에는 연기보다 무거운 은피들을 모아두는 은피통이 있다. 사이클론 내부는 원형의 긴 통으로 가벼운 연기는 연결된 연통을 통하여 외부로 빠져나가고 연기보다 무거운 은피는 사이클론의 통 아랫부분으로 떨어져 은피통에 쌓이게 된다. 이때 사이클론으로 모아져 쌓여 있는 은피통 안의 은피들을 바로바로 비워 주어야 화재의 위험을 줄일 수 있으며 실제로 고온의 연기가 모아진 은피에 달라붙어 화재로 연결되는 사례가 적지 않다. 또한 사이클론 벽쪽으로 은피가 너무 많이 붙어 있게 되면 연기가 원활하게 빠져나가지 못해 로스팅에도 좋지 않은 영향을 미친다.

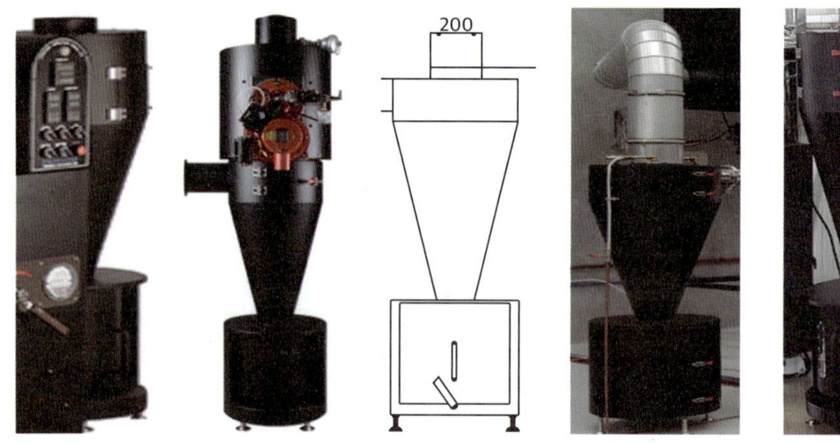

⑥ **쿨러(Cooler)** : 로스팅이 완료된 후 로스터가 원하는 로스팅 시점에서 더 이상 로스팅이 진행되지 않도록 곧바로 냉각이 이루어져야 하는데 로스팅이 끝난 원두를 배출하자마자 또는 그 전에 작동하여 냉각시키는 장치다. 로스팅이 완료된 원두는 많은 열을 지닌 채 배출되고 곧바로 식혀 주어야 로스팅 정도가 더 진행되는 것을 방지할 수 있고 냉각기 버튼을 작동하지 않고 배출 시에는 그대로 까맣게 타 버리고 화재로까지 이어질 수 있다. 쿨러 장치는 컨트럴 박스에서 작동되며 아래의 사진은 냉각통으로 쿨러가 작동되면 회전시키며 식힐 수

있도록 하며 냉각통 아래 구멍으로 찬바람을 통해 식힐 수 있도록 하고 있는데 구멍이 막히지 않도록 자주 살펴야 한다. 또한 냉각통에는 충분히 식혀진 커피가 회전되면서 떨어질 수 있도록 개폐 장치가 손잡이와 함께 달려 있다.

⑦ **컨트롤 박스(Control Box)** : 로스팅 진행 시 드럼 내부의 온도와 생커피의 온도를 알려 주는 장치로 로스팅이 진행되는 시간도 표시한다. 그러나 센서가 달려 있는 위치에 따라서도 미세하나마 드럼 내의 온도가 다르게 나타나는 특성이 있으므로 온도의 예민함을 이해하고 계기판을 보아야 한다. 온도 측정 센서는 같은 회사의 로스터도 드럼 내 앞 부분에 혹은 뒷부분에 위치해 있어 실제 로스팅을 해 보면서 이해해야 한다. 또한 댐퍼가 조절되거나 샘플러를 작동할 때 온도의 변화를 살펴 열량 조절 등을 통하여 예민하게 대처해 나가야 한다.

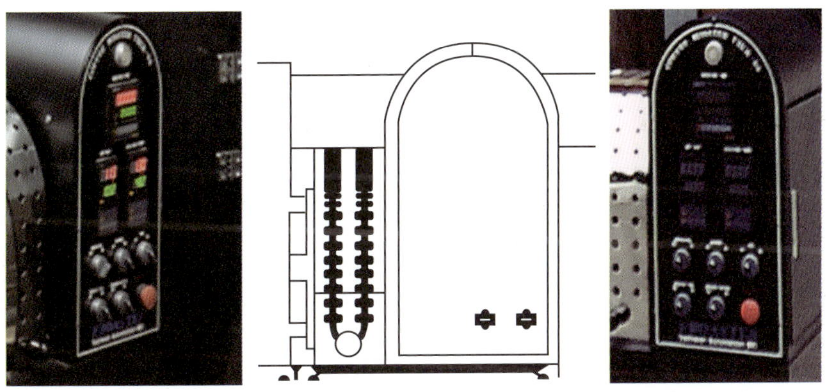

⑧ **버너(Burner, 열원 장치)** : 가스나 전기, 적외선이나 할로겐 등의 열원을 연소시키는 기구로 생커피의 표면에 열을 가하는 다양한 연료로 이루어진다. 로스팅 정도를 결정하는 데 소요되는 시간은 대략 8~12분 이내로 제안되곤 하는데 로스터의 규격에 맞는 투입량을 결정한 후 열원의 효율적인 공급으로 로스팅 전체 소요 시간을 원하는 시간 내 가능하도록 해야 한다.

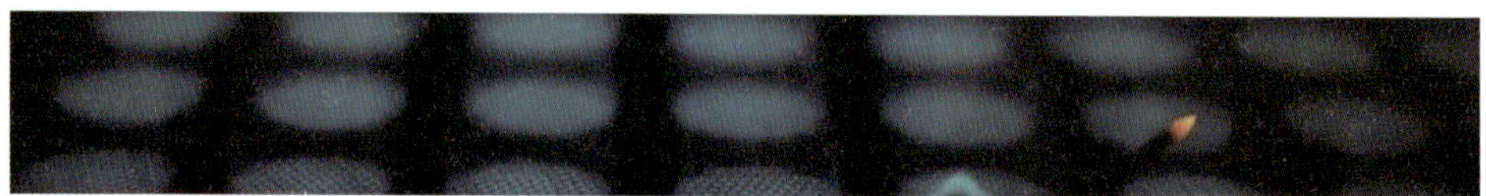

⑨ **열량 조절계(Calorimeter)** : 열원의 공급량을 조절하는 장치로 전체 로스팅 시간을 조절하는 데 중요한 역할을 한다. 로스터의 선호도에 따라 건조와 열분해 단계에서 열량 조절을 통하여 로스터가 선택한 커피의 개성적인 향미를 결정하는 변수로 작용하기도 한다.

2.1.5 적정 투입량

커피 로스터는 로스터에 투입되는 적절한 생커피 양을 측정해야 하는데 대부분 로스터 회사에서 설계한 로스터 용량에 따른 양을 투입한다. 로스터 회사의 로스터 기준 용량은 1 kg 로스터의 경우 1,200 g 정도의 생커피를 넣어 배출되는 무게가 1 kg에 맞춰진 것으로 로스터 설치 시 직접 투입해 보면서 배출 시간 기준으로 로스팅 시간이 8~12분인지를 확인하는 것이 좋다. 가장 좋은 방법은 로스팅 후 수율을 계산하여 최종적인 적정 투입량을 결정하는 것이다. 대개의 경우 로스터 제조 회사의 투입 용량에 의거하여 생커피 양을 설정한 뒤 로스팅하는 것이 가장 일반적이지만, 생커피 본연의 개성적인 향미를 발현해 내기 위해서는 기준량보다 다소 적은 용량을 투입하여 로스팅 시간을 줄이면 커핑을 통하여 복합적인 많은 성분이 발현될 수 있다는 결론을 얻게 된다. 생산지별 특성을 고려한 로스팅을 원하는 경우는 로스팅의 여러 가지

변수 중 적정 투입량의 조정 또한 권장되는 조건이다. 70% 정도의 생커피 투입량을 권장하는 사례가 있는데 다양한 실험을 통해 각 로스터의 개성에 맞는 투입량을 정할 수 있다. 스페셜티 커피협회(SCA)는 커피 향미를 객관적으로 평가하기 위한 최적의 로스팅 시간을 8~12분으로 제한하고 있다.

2.2 생커피 상태 확인

커피 로스터들은 로스팅을 하기 전 자신이 로스팅할 생커피의 상태를 확인하고 로스팅 계획을 세워야 한다. 생커피의 상태가 그만큼 다양하고 생산지마다 성분의 구성 등이 다른 것을 감안하여 같은 생산지의 생커피라도 다양한 가공 방법에 따른 차이와 저장 상태에 따른 신선도 등을 감안하여 설계하는 것이 바람직하다.

2.2.1 가공 방법과 저장 상태

커피 체리에는 수분이 약 65% 함유되어 있어 보관과 유통 시 썩거나 곰팡이가 발생하는 일이 없도록 유통 및 수출하기 위해서는 10~13%, 최근에는 11.5%의 수분 함수율을 맞추어 수출하도록 권장된다.

① **습식법** : 생커피의 외피와 점액질을 벗기고 씻어서 말리는 가공 공정을 거치므로 가공 과정상 발효가 일어나 좋은 신맛의 커피를 가공할 때 주로 사용한다. 가공 시설 확보, 충분한 물 공급, 가공 인력 등 가공 과정에서 비용이 발생하므로 로스팅에서 고유의 신맛과 향기가 충분히 발현되도록 한다. 커피 본연의 자생적인 신맛은 대부분 좋은 향기와 함께 발현되므로 최대한 고급 커피로서의 기분 좋은, 상큼한, 청량감이 있는 신맛(Sweet-acidity, 혹은 Brightness로 표현되는)으로, 단맛과 함께 어우러진 고급스런 향미가 최대한 발현될 수 있도록 주의를 기울여 로스팅을 하도록 한다. 습식법의 생커피는 대부분 밝은 청록색을 보이

며 밝은 청록색이 진할수록 좋은 커피로 등급이 매겨지고 있다.

② **허니 프로세싱** : 건식법 중 하나로 단맛이 더욱 발현될 수 있게 가공하는 공정으로 건식법 과정에서 더 세밀하게 관리하는 과정이기도 하다. 고지대나 산악지대의 물이 귀한 지역에서 외피와 점액질 제거가 어렵거나 햇볕이 잘 드는 지역에서 권장되므로 건조대의 선택과 중간중간 잘 뒤집어 주는 것이 매우 중요하다. 결점두 생성을 최소화하면서 점액질에서 오는 단맛의 영양분이 커피 속으로 잘 스며들어 단맛을 증가시키는 과정이다. 허니 프로세싱은 인건비가 가격에 포함되고 포장 시 명기되므로 단맛이 충분히 발현되는 로스팅이 되도록 하고 특별히 전체 로스팅 시간이 길어져 단맛과 향기가 소실되지 않도록 해야 한다. 습식법의 가공 커피보다는 팽창이나 크랙 소리가 선명하게 들리지 않아 로스팅 시 색을 유심히 보아야 하며, 동일한 로스팅 정도인 경우 습식법 커피보다 색이 다소 진하게 나타나는 것을 볼 수 있으며 생커피의 경우 센터 컷 부분은 다소 노란색을 보인다.

③ **건식법** : 수확 후 체리째 과육과 같이 말리는 과정으로, 해충의 과육 공격으로 건조 과정 시 결점두가 생성될 수밖에 없는 단점을 갖고 있고 말리는 과정이 길어져 결점두를 최대한 예방할 수 있어야 한다. 가공 시설이 부족하거나 물이 귀한 경우 하게 되는데, 가장 원시적인 가공 방법이기는 하나 생산지의 품질이 우수하고 건조 시 관리가 잘되는 경우는 단맛과 바디에서 우수한 평점의 건식 가공도 있다. 커피의 색은 다소 노란색을 보이고 로스팅 후에는 센터 컷이 커피 색보다 다소 짙게 나타난다.

2.2.2 함수율과 밀도

생커피의 함수율(9~11%, 11.5%)과 생커피의 밀도에 따른 로스팅의 변수는 크다.

① **함수율** : 생커피의 함수율은 수확 후 가공 과정에서 최종 건조 때 결과물로 나와야 하는데 《Espresso Coffee: The Science of Quality》(Illy 외, p. 109)와 SCAA(Specialty Coffee Association of America)의 기준에 따르면 9~13%다. 함수율이 높으면 곰팡이의 습격 등으로 빠르게 변질된다.

"커피의 나무 맛과 탈색(갓 수확한 신선한 커피 체리의 껍질을 벗긴 생커피를 장기간 보관하는 동안 콩의 색상이 녹색에서 흰색으로 변하는 것은 일반적인 현상이다. 이러한 변색은 제품의 외관을 손상시킬 뿐만 아니라 심각한 문제를 야기하여 열악한 커핑 품질을 나타낸다)을 방지하기 위하여(12% 이상의 수분이 함유된 수준에서 이미 관찰됨) 건식 가공 커피의 경우 11±0.5%, 습식 가공 커피의 경우 12±0.5% 이상의 수분을 포함해서는 안 된다. 커피의 과도한 함수율은 박테리아의 공격을 촉진하기 때문이다"(Espresso Coffee: The Science of Quality, p. 109).

"수확 후에도 생커피는 계속 살아 있고 모든 살아 있는 유기체와 마찬가지로 숨을 쉬고 있다. 생커피의 호흡 과정에서 제품의 영양물질은 계속 분해된다. 저장된 커피의 부패 속도는 (저장 공간의 환경) 온도가 증가함에 따라 가속화된다. 함수율이 11~13%인 건조 상태로 저장된 커피는 신중한 호흡 과정을 유지한다. 그러나 함수율이 높아지면 호흡이 빨라지고 결과적으로 악화가 상당히 가속화된다"[Espresso Coffee: The Science of Quality, p. 110, pp. 111~112. 함수율 증가에 따른 수분활동력(Water Activity)].

생커피의 함수율이 커피의 신선도를 떨어뜨리고 박테리아의 공격을 더욱 활발하게 하며 함수율 1% 차이는 로스팅의 변수로도 작용하게 된다. 10%와 12%는 2% 차이로 로스팅의 첫 단계인 건조 과정에서 수분을 제어하기 위한 열량이 더 필요한 경우로 건조 시간이 길어진다. 로스팅하기 전 미리 함수율을 체크하여 투입 온도를 높이는 등의 방법으로 일정한 향미를 유지하기 위한 방법을 고안하는 것이 좋다. 전문 로스터들이 각 커피 생산 국가의 수확 시기 등을 고려하여 매입하게 되는데 로스터로서 필수적인 사항이 바로 생커피의 함수율 이해다.

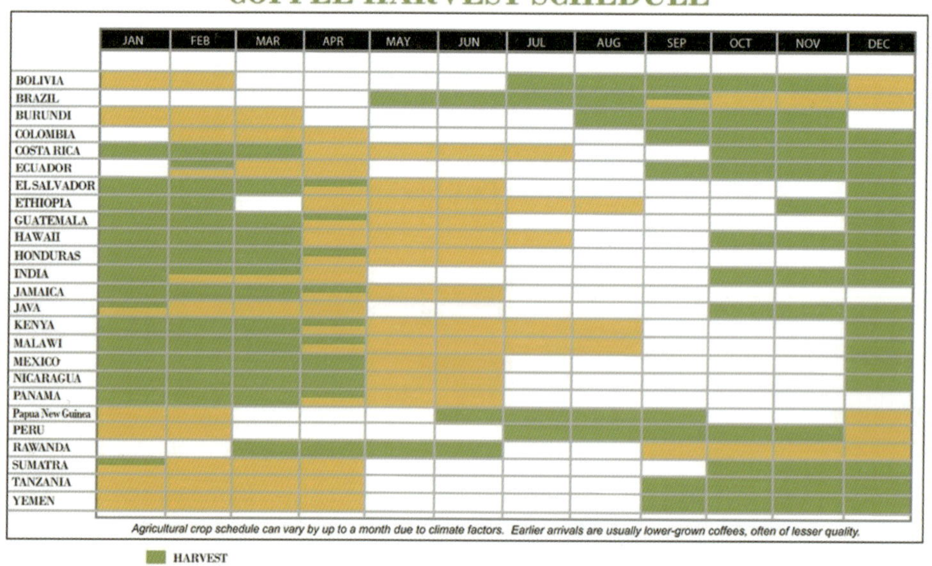

나라별 커피 수확과 유통 가능 시기

출처 https://leeknuttila.com/2017/04/02/how-long-does-green-stay-fresh/

② **밀도** : 생커피의 밀도는 생산국의 재배 고도에 의해 달라진다. 재배 고도가 높을수록 일교차는 커지고 천천히 익어 가기 때문에 성숙까지 시간이 길어지면서 밀도가 단단해진다. 커피의 밀도가 높을수록 향미는 깊고 풍성해지기 때문에 품질 분류 기준으로서 재배 고도가 높을수록 고품질의 커피로 분류되며 로스팅 시 크랙 소리를 선명하게 들을 수 있다. 대부분 고가의 커피로 가능한 단시간에 로스팅을 마치는 것을 권장한다.

Panama Boquete Finca Sophia Coffee Farm

출처 https://what-is-coffee.tistory.com/175

- **SHB(Strictly Hard Bean)** : 더 높은 고도에서 재배되는, 영양이 풍부한 콩[1]을 설명하는 데 사용되는 용어

과테말라(왼. 1,400 m 이상), 코스타리카(오른. 1,200~1,650 m) 등

- **SHG(Strictly High Grown)** : '엄격한 기준의 단단한 커피'라고도 알려진 엄격한 기준의

1 영양이 풍부한 생커피란 로스팅 시 갈변 반응을 일으키는 탄수화물과 단백질 성분이 많이 함유된 것을 의미하며, 1차 팝핑이 활발하게 진행되어 선호도 높은 향미 성분을 함유하고 있음을 말한다.

고지대 재배(SHG) 커피는 1,200 m 이상이나 지역에 따라 다르다.

엘살바도르(왼. 1,200~2,000 m), 멕시코(오른. 1,700 m 이상) 등

생산지별 생커피 밀도와 로스팅 전후 함수율과 수율 비교 (2019. 11. 21. 생커피 투입량 200 g. 배출 온도 200℃)								
생산지	코스타리카	에티오피아	P.N.G.	부룬디	인도네시아	브라질	말라위	로부스타
밀도	737	772 (고지대)	731	761	738	711	740	654 (저지대)
생콩 함수율	9.8	7.4	7.8	7.9	7.9	10.7	7.6	6.8
건조중량	180.4 g	185.2 g	184.4 g	184.2 g	184.2 g	178.6 g	184.8 g	186.4 g
배출 시간	9′53″	9′27″	9′44″	10′28″	9′46″	9′57″	9′05″	8′48″
배출량	171 g	175 g	176 g	174 g	175 g	170 g	176 g	179 g
볶음 수율	85.5%	87.5%	88.0%	87.0%	87.5%	85.0%	88.0%	89.5%
7일 후 W.B.	# 53.8	# 49.8	# 51.7	# 52.7	# 60.5	# 64.1	# 47.3	# 74.7
7일 후 G.B.	# 64.2	# 59.3	# 66.3	# 59.3	# 71.1	# 76.6	# 62.9	# 93.8

* 건조중량은 생커피에 함유된 수분을 제거한 순수 생콩의 무게로서 {(100 - 함수율) ÷ 100} × 투입량이며, 위 도표에서 코스타리카를 예로 들면, {(100 - 9.8) ÷ 100} × 200 = 180.4 g이다.

** 볶음 수율은 투입된 원재료 대비 정제된 제품 무게의 비율을 말하며, 배출 무게 ÷ 투입량 × 100이다. 위 도표에서 코스타리카를 예로 들면, 171 ÷ 200 × 100 = 85.5%이다.

*** W.B. = Whole Bean. G.B. = Grinded Bean. 상태의 색도(Agtron # 53.8)

위 표의 결과를 보면, 고지대의 생커피일수록 밀도가 높고 단단하여 갈변 반응을 일으키는 성분이 많아 같은 배출 온도를 기준으로 보면 전체 로스팅 시간이 저지대보다 더 길어지는 양상을 보이고 있다. 실제 로스팅된 커피를 보면 같은 온도에서 배출 시 고지대 에티오피아는 더 짙은 색을 나타내고 있어 저지대 경우보다 약 8~12℃ 정도 로스팅 포인트가 더 진행된 색의 차이를 보인다. 건조중량(생커피의 무게에서 함수율로 표시된 수분량을 뺀 순수 생커피의 무게)은 고지대(에티오피아)의 무게가 175 g, 저지대(로부스타)의 무게가 179 g으로 더 많은 무게의 생콩임에도 저지대 생커피는 같은 배출 온도까지 더 짧은 시간에 로스팅이 끝난 결과를 보이고 있다. 원인으로는 더 단단한 밀도의 생커피는 더 많은, 좋은 성분들, 갈변 반응을 일으키는 탄수화물과 단백질 성분들을 다량 함유하고 있어 열량을 더욱 필요로 하기 때문으로 길어지며, 저지대 커피는 갈변 반응의 성분 미비로 해석할 수 있다. 평균 고도 대비 가장 높은 지역에서 재배되는 나라는 예멘으로 예멘 수도 사나 서쪽의 3,000~4,500 m 하라지 등이다.

2.2.3 결점두

결점두란 커피의 향미 형성에 부정적인 결함이 있는 것으로 발생 원인은 다양하다. 한 잔의 에스프레소가 커피 50개 정도로 이루어진다고 할 때, 달걀 50개로 오믈렛을 만들 때 한 개라도 썩은 달걀이 들어가게 되면 그 오믈렛은 썩은 오믈렛이 되는 경우와 같다.

결점두의 생성은 농장의 수확 과정에서부터 시작되고 가공, 유통 등 로스팅을 한 후에도 결점두를 골라내는 선별 과정을 통해서 품질은 계속 나아져야 한다. 열매가 빨갛게 익어 가면서부터 해충의 공격은 시작되고 커피 씨앗 한 개에서 해충의 가족은 일평생 기생하여 살아간다.

이런 눈에 보이지 않는 결점두는 수확 후 다른 좋은 열매들과 함께 곧바로 가공이 이루어져야 하는데 가공 과정 중에서 덜 익은 커피 등이 걸러지지 않으면 결점의 악영향은 더욱 심화된다. 결국 커피의 품질은 결점두와의 전쟁이라고 할 만큼 결점두가 없는 커피는 깔끔한 뒷맛을 보장하며 곧 좋은 가격으로 이어진다.

65% 정도의 커피 열매 함수율을 10~13% 정도로 낮추어 곰팡이 등의 발생률(13% 이하)을 최대한 낮출 수 있는 단계에 도달해야 하는데, 13% 이상의 함수율은 수분 활동력(Water Activity)을 급격히 증가시켜 곰팡이의 습격 등 건조와 유통, 보관의 과정 중에 결점두 생성에 많은 악영향을 준다.

생커피의 보관과 유통 시 포장지의 재질도 결점두를 만들어 내는 원인이 되어 점점 연구와 기술을 보태고 있다. 생산지의 경우 생커피 포장 시 공기가 통해야 하기 때문에 보통 마대라고 불리는 천을 이용한 백(Bag)을 사용하고 있으나 주트백(Jute Bag, 황마가방)에 넣기 전 이중

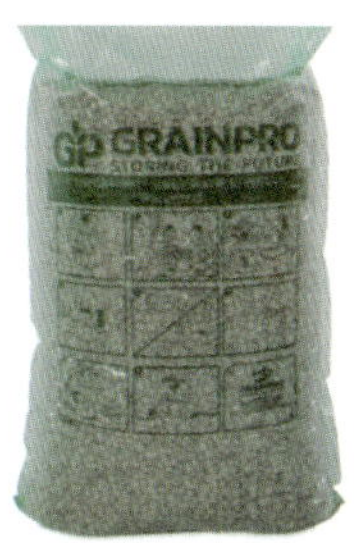

포장을 할 때 사용하는 녹색 비닐인 그레인프로(GrainPro)에 담는 것을 권장하고 있다. 이는 그레인프로(GrainPro)사에서 개발한 폴리에틸렌 소재의 곡물 보관용 비닐백으로, 외부 유해 물질을 효과적으로 차단하며 비닐 내부의 산소가 이산화탄소로 바뀌면서 미생물의 번식을 억제하기 때문에 생커피의 신선도를 장기간 유지할 수 있게 된다.

생커피의 품질 분류 기준이 스크린 사이즈나 재배 고도에서 점차 커핑을 통한 점수로 결점두 유무에 따라 향기만의 결점인지, 맛에서도 부정적인 악영향을 끼치고 있는지에 따라 커피의 등급이 분류되면서 커피의 품질은 생산지 기준에서 점점 소비자 기준으로 분류되고 있다.

생산지에서 가공을 끝낸 커피는 수출을 위해 샘플이 보내져 커핑되거나, 대량 구입의 경우 소비 지역의 커퍼들이 직접 수확기의 생산지를 방문하여 농장을 살피고 가공 과정과 기술력 등을 살피면서 현지에서의 커핑을 통해 향미를 체크하고 결점두의 유무와 함께 영향력 등을 최종 선택 기준으로 삼고 지속적으로 골라내고 있다. 무게로 계산되는 커피의 원가는 결점두의 선별 과정을 통해 무게 하락으로 이어지지만 더 나은 커피 가치의 발견을 위하여 결점두는 지속적으로 제거되고 있다. 이처럼 생산지에서는 결점두 선별 과정을 거쳐 포장되고 있으며, 몇 번의 선별 작업을 거쳤는지가 가격으로 결정되는 나라들이 점차 늘어나고 있다.

이탈리아 트리에스테 일리 카페(Trieste Illy Caffè)에서 최상의 커피를 제조하고자 하는 로스터들은 생커피의 결함을 최소화하기 위해 곰팡이 핀 콩을 탐지하기 위한 자외선 형광성 분석과 영국 Sortex(색채선별기, Color Sorter. 이물질 제거를 위한 광학적 선별기) 기업과의 제휴를 통해 고안된 색 분류 시스템의 색 지문 삼원색 도표화를 포함한 많은 정교한 통제 과정 기술을 사용하여 부적합한 결점두를 탐지해 낸다. 인간의 손이 할 수 없는 정도의 속도(초당 400개)와 숙련공도 식별해 낼 수 없는 결점두를 정확하게 구별해 내는 기계 작업을 통해 최상의 커피를 생산하기 위한 노력을 하고 있다. (Ernesto Illy, "삶의 단순한 행복들 중 한 가지와 상당한 관련이 있는 커피의 복잡성" 중에서, 위 오믈렛의 비유도 Ernesto Illy의 결점두에 대한 예로 유명하다.)

한 잔의 커피를 통한 순수한 감각적 즐거움에 대한 노력은 결점두를 제거한 신선한 생커피로부터 시작된다. 나무에 달린 잘 익은 커피 열매에서 한 잔의 커피 음료로 만들어지기 위한 로스팅 후 그라인딩 전까지 우리는 불완전한 결점의 커피를 지속적으로 제거해야 한다.

① 맛에 치명적인 결점두(Primary Defects)

전체 까만 콩(Full Black Bean) : 전체 썩은 커피. 가공이 끝난 상태에서 전체가 완전히 까맣게 변해 버린 경우로 향기와 맛에 치명적인 결과를 가져온다. 너무 늦게 수확되어 나무에서 해충의 공격을 받은 상태로 가공을 마친 경우나 땅에 떨어져 해충이나 벌레의 공격을 받았거나 흙 속 습기 등으로 썩은 상태에서 가공을 마친 경우 까맣게 색이 변하고 쪼그라들거나 크기 자체가 작아져 골라내다 놓치기 쉬운 결점두로 가장 치명적인 악영향을 미친다.

출처 https://v.daum.net/v/20200206090654337

전체 과발효 콩(Full Sour Bean) : 나무에서 지나치게 과숙된 상태로 수확되거나 땅에 떨어져 습기 속에서 과발효된 채 수확되거나 가공 과정상에서 오염된 물에 오래 담가져 과발효가 진행된 경우 등의 원인으로 생긴다. 음식이 상했을 때 상한 냄새와 과하게 시큼해진 상태로 로스팅 진행이 이루어지지 않아 다른 정상적인 생커피와 달리 옅은 색상을 띠며 불쾌하게 매운 맛과 향기 또는 불쾌하고 시큼한 맛의 원인이다.

심하게 벌레 먹은 콩(Insect Damage Bean) : 주로 커피천공충(Coffee Berry Borer, 커피베리보어) 또는 브로카(Broca)라고 불리는, 커피 열매에 서식하면서 알을 낳는 일종의 딱정벌레 때문에 생기며 지름 0.3~1.5 mm의 구멍이 세 개 이상 뚫려 있는 경우가 해당된다. 훗날

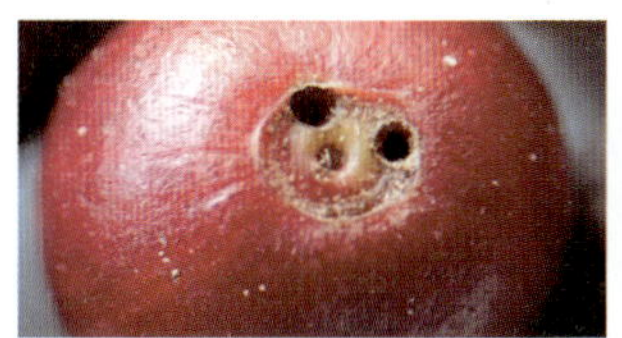

출처 https://www.insectimages.org/browse/detail.cfm?imgnum=5556067

푸른곰팡이가 함께 발생되기도 하는 치명적인 결점두로 반드시 제외되어야 한다. 생콩 내부가 거의 뚫려 있거나 비어 있어 로스팅 후 커피 향미에 결정적인 악영향을 미친다.

마른 체리, 껍질, 꼬투리(Dried Cherry/Husk/Pod) : 주로 탈곡 과정에서 생기며 생콩이 상대적으로 작은 크기일 때 많이 발생한다. 커피의 외피나 과육이 벗겨지지 않고 그대로 말려진 체리 전체 또는 일부, 탈곡 과정에서 벗겨진 외피와 과육 부분이 로스팅 시 포함되면 발화의 위험이 되기도 하고 외피나 과육이 말린 상태로 로스팅되면 불쾌한 흙 냄새, 혹은 썩은 마른 풀 냄새 등이 탄 향과 함께 악영향을 주게 된다.

곰팡이 핀 생콩(Fungus Damaged Bean) : 곰팡이가 누렇게 또는 짙은 푸른색으로 피어난 최악의 경우로 주로 가공 과정을 끝내고 자루에 보관하거나 선박으로 수출되는 경우 오랜 시간 동안 온도와 습기에 노출되어 보관되는 유통 과정에서 많이 발생된다. 수입 후 창고 보관 시에도 온도와 습기에 따라 곰팡이가 피어날 수 있고 어렵게 수입한 후에도 순식간에 곰팡이의 전파력으로 생겨날 수 있다. 수입 시 검열을 통해 걸러지기도 하는데 로스팅 전 육안으로 점검이 가능한 변색이므로 주의 깊게 살펴 선별되어 제거되어야 하는 치명적인 결점두다. 또한 커피의 곰팡이 중 하나인 오크라톡신의 경우는 로스팅을 해도 없어지지 않으며 추출을 마친 후에도 그대로 남아 있다는 연구 결과가 발표되어 향미의 결점 외에 건강에도 치명적인 악영향을 미치는 것으로 보고되고 있다.

국내 식품 부적합 : 검사 기관/부산청. 식품 유형/커피							
화학 물질, 자연 독소, 누룩 곰팡이. 푸른 곰팡이. 포장 단위 : 60 kg							
번호	부적합 사유	기준 규격	검사 결과	번호	부적합 사유	기준 규격	검사 결과
1	오크라톡신	5.0 이하	13.6	4	오크라톡신	5.0 이하	16.60
2	오크라톡신	5.0 이하	13,5	5	오크라톡신	5.0 이하	15.68
3	오크라톡신	5.0 이하	13.84	6	오크라톡신	5.0 이하	9.36

'오크라톡신 커피' 전량 회수. 식약처, "오염 생두 172톤 한 톨도 유통되지 않고 반송 및 폐기"

출처 https://www.foodsafetykorea.go.kr/portal/fooddanger/testUnfitDom.do?menu_no=4409&menu_grp=MENU_NEW02

이물질(Foreign Matter) : 돌, 나뭇가지 등의 이물질이 들어가 있는 경우로 돌은 심각한 영향을 미친다. 수확과 가공 과정에서 선별 등의 문제로 생겨나는데 돌이 들어가게 되면 석별기를 돌려 이물질 내 돌은 반드시 제거되어야 한다. 돌의 경우 무게가 커피보다 무거워 늘 가장 아래에 머물러 선별이 쉽지 않으나 가장 치명적인 경우는 그라인딩 시 날에서 튕겨 나가 날을 상하게 하고 갈려진 돌가루가 섞인, 상상조차 하기 싫은 최악의 커피가 되며, 나뭇가지의 경우 로스팅 시 발화되고 탄화되어 향미의 결점으로 이어진다.

생커피 색채 선별기

출처 https://www.youtube.com/watch?v=grFhHh7H7PM

② 맛과 향에 부정적인 영향의 결점두(Secondary Defects)

- **부분적인 까만 콩(Partial Black Bean)** : 생커피 외부나 내부가 부분적으로 까맣게 변색된 콩으로 일부분이 썩은 커피로 결점두이며 주로 뒷맛의 기분 나쁜 텁텁함, 껄끄러운, 불쾌한 뒷맛 등의 원인이 된다.
- **부분적인 과발효 콩(Partial Sour Bean)** : 부분적으로 과발효되어 부분적으로 노랗게 또는 붉은 계통의 갈색을 띠는 경우로 좋은 신맛이 아닌 부정적인 시큼한 신맛의 원인이 된다.
- **벌레 먹은 콩(Sight Insect Damage)** : 해충으로 인해 상처 난 콩으로 지름 0.3~1.5 mm의 구멍 1~2개가 뚫려 있는 콩이다.
- **파치먼트(Parchment)** : 파치먼트(두꺼운 내피)가 벗겨지지 않은 채 로스팅되면 발화와 탄화가 이루어져 전체적인 커피 맛에 특히 쓴, 탄 향미에 부정적인 영향을 준다. 커피 열매가 충분히 익지 않은 상태에서 가공한 경우 파치먼트가 잘 벗겨지지 않아 그대로 유통되는 경우가 많다.

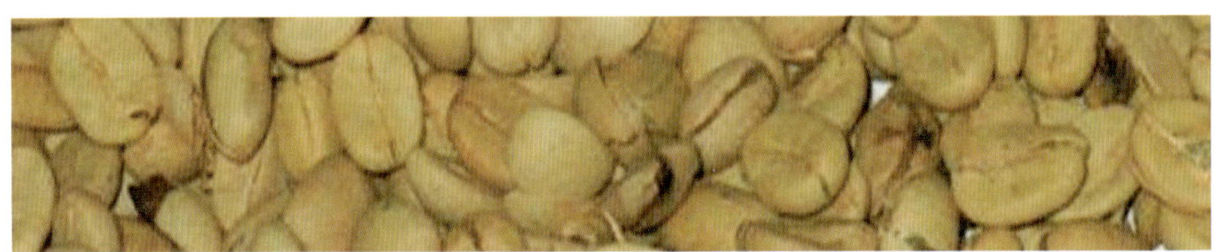

출처 https://beanbros.co/pages/gesha-village-estate-ethiopia

- **물에 뜨는 콩(Floater)** : 가벼워져 물에 뜨는 결점두로 주로 하얗게 변해 있어 화이트 플로터 빈(White Floater Bean)으로 불리며 성분이 거의 날아가서 가벼워진 경우로 로스팅 후에도 색이 연하게 있어 선별하기 어렵지 않고 나무 맛 같은 느낌과 밋밋하고 뒷맛의 느낌이 텁텁하며 기분 나쁜 부정적인, 불쾌한 맛을 낸다.
- **미성숙된 콩(Immature Bean)** : 미성숙 상태에서 수확된 것으로 파치먼트나 실버스킨이 거

의 벗겨지지 않은 상태가 많고 크기가 작고 모양이 쪼그라든 형태가 많다. 로스팅 시 균일하게 익지 않아 하나의 원두에서 각각 다른 색이 나며 나무나 풀 같은 풋내와 비릿한 풀 향, 풀 맛 등과 설익은 콩의 비릿하며 불쾌한 맛과 향을 낸다.

- **조개 콩(Shell Bean)** : 조개 껍질 모양을 하고 있어 붙여진 이름으로 유전적인 결함에서 기인한다. 열매에 두 개의 콩이 서로 맞보고 붙어 있는데 한쪽 콩이 다른 쪽 콩과 분리되어 자라지 못하고 감싸고 있는 형태로 성숙되어 가공 과정에서 분리된 형태로 한 개의 콩이 떨어져 나간, 비어 있는 모습을 하고 있다. 영양분 부족에서 오는 결점은 크게 없지만 조개 모양의 비어 있는 형태에서 다른 콩과 달리 얇아져 있어서 일반 콩과 같이 로스팅을 끝내고 자세히 보면 얇아져 있는 끝부분이 다소 까맣게 타 있는 경우가 많고, 실제로 조개 모양의 원두만 골라 커핑하면 다소 심하게 탄 맛이나 쓴맛, 불쾌한 맛이 난다.

- **주름 콩(Withered Bean)** : 대부분의 생커피가 원형의 반으로 되어 원형 부분이 깔끔하게 잘 익은 탱탱한 모습인 데 반해 주름 콩은 가장자리 부분이 주름져 울퉁불퉁한 모습을 하고 있는 결점두다. 마치 건포도의 주름진 것과 비슷한 형태를 보이는데 햇볕이나 수분 공급 등이 불균형하게 이루어진 경우로 알려져 있으며 커핑 시 한 개의 커피에서 서로 다른 맛을 내는 불균형적인 향미, 밋밋한 풋내나 풀 맛, 나무 맛, 비릿한 맛 등을 낸다.
- **깨진 콩, 부서진 콩, 잘려진 콩(Broken/Chipped/Cut Bean)** : 깨어지거나 부서지거나 잘려 나간 것으로 로스팅 시 로스팅 정도가 더 진행된 상태로 배출되어 결정적인 부정적인 향미를 드러내지는 않으나 흙 맛이나 흙 향의 다소 불쾌한 느낌을 주거나 탄 향이나 탄 맛에 영향

을 끼친다. 주로 탈곡 과정이나 가공 과정상의 문제로 대부분 콩의 크기가 작아져 있어 선별이 쉽지 않다.

- **외피, 껍데기(Hull/Husk)** : 가공 또는 탈곡 과정의 분리 단계에서 미처 분리되지 않은 외피나 껍데기가 들어가 있는 경우로, 흔하지는 않지만 로스팅 시 발화 또는 탄화되어 맛에 부정적인 영향을 준다.

"결점두가 커피 한 잔에 미치는 영향은 향미 부분에서 불쾌하게 느껴져서 커핑 점수가 내려가는, 생콩의 가격이 내려가는 것 이상으로 이제는 건강에 미치는 악영향이 계속 발표되고 있다. 특히 곰팡이로 인한 발암물질로 분류되고 있으며 건강과 결점두에 대한 연구와 발표는 계속될 것이다"(Espresso Coffee: The Science of Quality, pp. 117~125).

출처 https://beanbros.co/pages/gesha-village-estate-ethiopia

3) 가열에 의한 커피의 온도 상승

예열된 로스터의 드럼 내 투입된 커피는 열원에 의해 전달된 온도 상승에 따라 건조와 열분해가 일어나는데 온도에 따른 다양한 향미 성분은 생산지별 커피에 따라 다르게 나타나지만 로스팅 포인트를 결정짓는 가장 중요한 기준 중 하나는 배출 온도다. 원하는 커피의 향미가 조성되었다는 예측되는 온도에 도달하면 배출을 위해 그 즉시 열원의 공급을 중단하고 용량에 따라 냉각통을 미리 켜는 등 배출 후 곧바로 냉각에 들어가야 한다. 가열 온도에 따른 생산지별 향미 변화를 이해하고 어느 배출 온도에 원하는 향미가 조성되는지에 대해 이해하기 위하여 다양한 온도와 시간으로 배출하면서 커핑을 통하여 기록하고 프로그래밍하여 각각의 환경과 로스터 기계의 특성에 맞는 각 생산지별 배출 온도를 결정해야 한다.

3.1 가열에 의한 커피 상태 변화

3.1.1 예열

- 상온에서 로스팅을 시작할 때는 반드시 예열된 상태의 드럼 안에 투입해야 한다.
- 예열은 가능한 다소 열량을 낮추어 서서히 해야 하고 보통 1시간 정도 충분히 드럼을 데워야 첫 단계인 건조와 열분해에 이르는 시간을 줄여 커피 본연의 향미를 살릴 수 있다.
- 로스팅의 전체 시간이 길어질수록 유효한 성분은 손실된다는 결과를 보여 주고 있다.
- 열원의 공급을 개방하고 작동 버튼을 켠 후 버너를 켜서 불이 붙었는지 확인하고 타임 버튼을 누른다.
- 반열풍식 로스터기의 경우 온도가 250℃까지 올라가면 화재 발생을 막기 위해 자동으로 열원이 차단되기 때문에 250℃까지 충분히 온도를 올렸다가 열원이 차단된 후 다시 드럼을 데우는 것을 하여 최소 50여 분 이상 예열을 한 후 최소 210℃ 이상의 온도에서 투입한다.
- 보관하고 있는 공간의 상온에 맞춰진 커피를 투입할 경우 곧바로 예열된 온도와 만나 떨어지기 시작하여 거의 투입 온도의 1/3~1/2 이하로 내려간 후 반등이 서서히 시작된다.
- 가능한 커피별로 투입 온도와 반등 온도를 회차별로 기록하여 두었다가 배출 시간을 기준으로 배출 온도의 변화를 가져오는 방법도 권장할 만하다.
- 드럼이 충분히 예열되는 동안 필요한 양의 커피를 미리 준비한다.

3.1.2 건조

- 예열된 로스터기에 투입하면 드럼과 커피온도가 열평형(Thermal Equilibrium)을 이룰 때까지 계속 떨어지다가 다시 상승, 대략 97~115℃ 온도에서 수분 증발, 즉 기화가 시작된다.
- 생커피 내부 온도가 물의 끓는점인 100℃에 도달하면 생커피 중량 대비 7~12%(10~13%) 내외의 수분이 증발되는 초기 단계를 말하며, 본격적인 기화는 생커피의 온도가 100℃가 넘어서면서부터 시작되는데 100℃를 넘는 기화가 시작되면서는 생커피 내부의 압력이 높아지게 되고, 이렇게 형성된 높은 압력으로 인해 기화 온도도 올라간다.
- 생커피 성분 중 가장 많은 탄수화물의 복잡한 다당류 구조인 셀룰로오스는 식물 세포벽의 기본 구조의 성분인 섬유소로 외부보다는 온도가 낮고 단단하여 내부에 들어오는 수분을 가두게 되는데, 계속되는 온도 상승으로 내부의 수분이 기화되면서 내압이 커지며 내부의 공기 팽창이 이루어진다.
- 온도가 올라가면서 기화는 더 많이 일어나고, 기화가 반복되면서 압력이 더욱 높아지는 현상이 일어나고 커피는 기화로 인한 팽창을 이어 가다가 대략 160℃가 넘게 되면서부터 팽창이 과도하게 일어나 수증기가 한꺼번에 빠져나가면서 약간의 수축이 일어나게 된다.
- 수분으로 탱탱하던 상태에서 온도와 압력에 의해 수분이 거의 다 빠져나가면 건조가 끝난다.
- 커피의 색은 청록색에서 노란색, 황토색으로 변하며 일반 생콩을 익힐 때와 같은 풋내가 나기 시작하다가 바스마티 쌀 향에서 이내 밥을 지을 때와 흡사한 빵 굽는, 토스트 같은 익숙한 향기가 난다.
- 10~13%의 함수율 전체에서 70~80% 정도의 수분이 소실되는 단계이다.

출처 https://blog.naver.com/PostView.nhn?blogId=caffemuseo&logNo=220651210837

3.1.3 열분해 1단계(옐로잉, Yellowing)

- 커피 속 수분이 빠져나가면 열분해 1단계가 시작되는데 170℃를 전후로 황색, 황갈색, 갈색을 띠게 되는 갈변 반응이 본격적으로 나타난다.
- 갈변 반응 구간이 시작될 때 로스터기 내 복사열 등을 생각하면 로스터에서 측정되는 온도는 제조회사나 기기마다 온도 감지기가 어느 위치에 장착되어 있느냐에 따라 다르게 측정되므로 이를 감안하여 로스터마다 다르게 나타나는 갈변 반응 시작의 온도를 세심하게 살펴보아야 한다.

- 이때 커피의 외부 온도와 내부 온도는 차이가 발생하고 커피의 외부, 표면부터 열전달이 이루어져 표면에서부터 갈변이 시작된다.
- 다당류의 섬유소 구조 속의 당이 분해되기 시작해서 포름산(일명 개미산. pH 3.75 정도의 강한 산성)이 되고 수분이 빠져나가고 팽창된 커피로부터 기분 좋은 구수한 향이 올라오기 시작하면서 마이야르 반응의 주원인인 당이 분해된다. 갈변 반응의 하나인 마이야르 반응 시작.
- 마이야르 갈변 반응이 진행되면서 170℃ 이상의 온도가 되면서 탄수화물의 캐러멜화 갈변 반응으로 갈색이 진해지기 시작하면서 과일의 신 향을 지나 너트 향의 견과류과 단 향의 캐러멜 향이 조성된다.
- 7 g의 원두로 만들어지는 에스프레소 한 잔이 대략 50개의 원두라고 할 때 1 kg이 배출되는 드럼 안에는 약 7,143여 개의 원두가 있다고 가정할 수 있다. 이 모든 드럼 안의 커피는 각기 크기와 밀도가 달라 일어나는 반응들은 동시에 일어나지 않고 시작, 전개, 정점, 소강의 구간들을 지나면서 이루어진다.

출처 https://blog.naver.com/PostView.nhn?blogId=caffemuseo&logNo=220651210837

3.1.4 1차 크랙(First Crack 혹은 Popping, 팝핑)

- 열분해 진행에 따라 커피 내부에 가스가 생기면서 압력이 높아지고 팽창이 진행되다가 커피의 수용할 수 있는 부피의 한계를 넘어서면 조직의 밀도에 따라 약한 부분부터 터지듯이 벌어지며 커피를 감싸고 있던 실버스킨이 벗겨진다.
- 기본적으로 모든 커피에서 일어나는 현상이나 커피 조직의 밀도가 높을수록, 즉 고지대에서 생산된 커피에서 파열음이 명확하게 들린다.
- 생커피의 조직이 단단한 경우, 즉 에티오피아와 같이 고도가 높은 지역에서 생산된 커피는 일교차가 큰 지역이라 조직이 단단하고 밀도가 높아 파열음이 선명하게 들리며, 로부스타나 저지대에서 생산된 커피에서는 약하고 희미하게 들리거나 거의 못 듣는 경우도 있다.
- 커피 내 성분의 차이에서도 그 원인을 찾을 수 있는데 갈변 반응을 일으키는 성분이 많이 함유된 커피에서 보다 더 선명하게 파열음을 들을 수 있다.
- 로스팅 전체 시간이 짧을수록 팽창이 잘되어 파열음이 더 강력하게 일어나기 때문에 소리가 잘 들

리게 되고 긴 시간 동안 진행될수록 약하게 들리거나 듣기 힘들어지고 심한 경우 못 듣게 된다.

- 파열음은 열전달에 따른 커피 내부의 압력이 증폭되는 것으로 이러한 터짐, 깨어짐의 팽창이 원활하게 이루어져야 커피 성분의 추출도 가능해지므로 전체 로스팅 과정 중 가장 중요한 단계이다.
- 팽창이나 파열의 터짐 현상이 시작되는 대략의 온도는 190℃ 이상으로 이는 약하게나마 라이트 로스팅(약볶음, Light Roasting. #85)이 시작되는 시점이라고 할 수 있다.
- 일반적인 커피라면 분명한 1차 파열음이 시작된 온도에서 5~6℃ 정도 지났을 때가 팝핑의 정점(Peak Point)으로 모더레이틀리 라이트(중약볶음, Moderately Light. #75)의 시작이다. 이때 내부에 형성되었던 압력이 순간적으로 빠져나오면서(1st Popping=터짐) 약간의 수축이 일어난다.
- 1차 파열음의 순간 커피는 크게 팽창했다가 순간적으로 기화 현상이 일어나 빠져나간 압력으로 인한 수축이 일어나게 된다. 이 순간 커피의 표면 온도는 낮아지며 순간적인 흡열반응이 일어나고 커피의 향미 중 신맛이 두드러지게 형성되면서 선호도 좋은 향기들이 생성된다.
- 커피 본연의 과일과 같은 좋은 신맛, 두드러지는 좋은 신 향미와 함께 선호도 높은 좋은 향기, 견과류들의 볶은 향, 즉 볶은 땅콩, 볶은 아몬드 등 달달한 캐러멜 향기도 감지할 수 있다.
- 대개의 경우 1차 크랙이 정점에 이르는, 좋은 과일 향의 신 향미와 볶은 견과류들의 고소한 향기들이 이 시점을 중심으로 대략 로스터가 원하는 배출 온도를 미리 결정하게 된다.
- 밀도에 따라 다르게 나타나는 시작의 온도에서 혹은 정점의 온도에서 혹은 거의 소멸의 온도에서 1차 크랙이 나타나 먼저 파열한 커피는 그다음 단계를 지나가고 있고 늦게 파열된 커피에는 이제 막 좋은 신향미의 커피로 진전되고 있다. 여러 개의 커피들이 제각기 다른 신 단 향미의 커피로 발전한다.
- 특히 고급 커피의 경우 1차 크랙을 기점으로 좋은 향미가 발현되므로 1차 크랙을 기점으로 로스팅이 종료되는 시점을 예측하여 고급 커피의 유효한 성분을 남기고 종료하도록 하여야 한다.
- 가장 선호도가 높은 과일의 신단맛과 고소한 견과류의 볶은 향미들이 감미롭게 느껴지는 달달한 풍성함이 복합적으로 가장 많이 생성되기 시작하며 발현되는 단계로 로스팅 중 가장 중요한 단계이다.
- 드럼 내 커피들은 제각각 다른 밀도와 크기로 인해 신단맛의 성분들이 발현되는 포인트들이 온도와 시간에 따라 제각각 다르게 나타나며 한 알의 커피 전체의 색도 부분적으로 다르게 나타난다.

출처 https://blog.naver.com/PostView.nhn?blogId=caffemuseo&logNo=220651210837

3.1.5 로스팅 발현(Roast Development, 1차 크랙 포함, 열분해 2단계와 발열)

- 1차 크랙 시작부터 로스팅이 종료되는 시점까지를 발현 단계(Develop Time)라고 한다.
- 단계별로 정확하게 설명될 수 없는 변수가 커피의 크기와 밀도 차이이다. 함께 로스팅되는 수많은 커피의 복합적인 전개와 함께 개별적으로 이루어지는 단계별 특징들을 감안하며 이해하도록 한다.
- 1차 크랙이 끝나면 커피 표면은 부드러워지며(연화, Softening) 1차로 파열된 커피 내부가 비워져 압력이 약해지면 계속되는 열전달로 인해 다시 활발한 열분해가 이루어지면서 내부의 팽창이 일어나는 열분해 2단계가 시작되며 점차 추출이 용이해질 수 있는 다공질 상태로 변화된다. (다공질 상태가 된 비어 있는 공간으로 뜨거운 물이 침투하여 공간의 주변, 가장자리부터 추출되기 쉬운 수용성 물질의 신 향미 성분부터 녹아져 나오는 추출이 이루어진다. 추출을 위한 다공질 상태로의 전환은 매우 중요하다.)

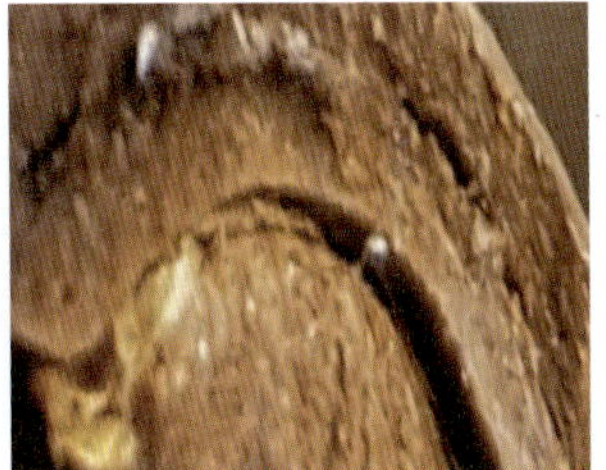

출처 https://cafe.daum.net/coreacoffeeschool/H3Q1/178

- 1차 크랙의 시작에서 정점까지 이르는 시간은 1차 크랙의 정점에서 종료까지의 시간보다 조금 더 짧은 시간이 소요되는데 이는 정점에 도달하기까지의 열량 공급이 긴요함을 나타내는 경우라고 할 수 있다.
- 1차 크랙이 종료되는 시점부터 커피 본연의 신맛은 감소하고 점차 쓴맛이 강조되기 시작한다.
- 크기와 밀도의 차이에 따라 신맛이 할성화되는 시간에도 쓴맛이 생성되고 있는 커피가 있으므로 온도가 1℃ 올라가는 시간을 유심히 보면 열분해가 가장 활발히 일어나야 하는 때에는 동일한 열량 공급으로 인해 시간이 길어지는데 이는 평균적으로 가장 많은 커피 개수의 열분해가 일어난다고 할 수 있다.
- 1차 크랙이 시작되고 진행되는 동안 커피에 따라 이미 1차 크랙이 종료된 커피는 2차 열분해로 진행될 수 있고 쓴맛의 생성이 시작되고 진행된다.
- 계기판의 온도가 1℃ 올라가는 데 걸리는 시간이 평균적으로 길어지는 경우 갈변 반응을 일으키는 성분이 남아 있는 신선한 생커피일 경우가 많다고 할 수 있다.
- 1차 크랙이 시작되면 온도 상승에 따른 시간 초과를 유심히 보면서 파열음의 소리 진행 상태, 색의 변화, 향기의 변화를 지켜보면서 지속적인 열공급을 통한 고온의 열전달이 한 개의 커피 전체가 아

닌 부분적 갈변반응으로 진행되는 것을 관찰하여야 한다.

- 계속되는 열전달로 인한 쓴맛의 생성은 신단맛의 감소로 이어지고 짧은 구간 내 형성되는 단맛을 거의 소멸시키고 쓴맛의 증가로 이어진다.
- 온도 계기판의 상승 속도가 1차 크랙 소강 시 느려졌다가 어느 시점부터 빨라진다는 것은 커피가 수축으로 인한 흡열 상태에서 계속되는 열전달로 인해 발열의 상태로 접어들었음을 의미한다.
- 커피의 부분적인 발열 상태 또는 커피 투입량 전체의 부분적인 발열이 일어나게 되므로 커피 스스로가 발열체가 되는 경우이다.
- 커피 간의 복사열도 발생하게 되고 본격적으로 온도 상승 속도가 빨라지면 라이트 미디엄(약중볶음, Light Medium. #65) 단계에 들어서고 부분적으로 커피의 쓴맛이 시작되고 증가된다.
- 발열이 시작되면 부분적으로 쓴맛의 강도가 점차 강해지고, 일반적으로 커피답다고 느껴지는 향기가 본격적으로 구성된다. 구수함이 고소하게 느껴지며 캐러멜 향이 가장 진하게 느껴지는, 가장 커피다운 갈색 또는 적갈색(고지대 커피)의 커피로서 가장 맛있게 느껴지는 색으로 변하며, 신맛과 단맛이 균형감 있게 느껴지는 미디엄 로스팅(중볶음, Medium Roasting. #55)이 빠르게 진행된다.
- 부분적으로 미디엄 로스팅이 빠르게 진행되어 신단맛의 적절한 조화가 부분적으로 쓴맛으로 전개되어 주도적으로 되기 전, 원하는 로스팅의 배출 시간을 미리 예정하여 냉각에 대비한다.

출처 https://blog.naver.com/PostView.nhn?blogId=caffemuseo&logNo=220651210837

3.1.6 2차 크랙(Second Crack)

- 1차 크랙이 소강 상태를 보인 후 계속되는 열공급으로 인해 커피는 다시 발열의 상태가 되고 계속해서 내부 압력이 높아지면서 1차 팝핑과 달리 다소 날카롭게 느껴지는 파열음, 2차 크랙이 시작된다.
- 로스터의 차이에 따라 다르겠지만 대략 215~220℃ 이상의 높은 온도와 높은 압력으로 인해 깨지는 소리로 1차 크랙의 소리보다 날카롭고 선명하다. 커피 내부의 다공질 상태가 확대된다.
- 커피의 파열되어 찢어진 부분에서는 지방 성분인 오일(Oil)이 커피 바깥으로 튀어나오면서 순간 불꽃을 만들고 이내 커피 표면으로 흘러내리면서 표면을 뒤덮고 그을려지면서 오일이 타는 현상이 일어난다.

- 오일이 커피 바깥으로 튀어나오면서 커피의 깨진 부분은 탄화의 흔적이 남게 되고 흘러내리는 기름 성분은 마치 깨를 볶을 때 나는 고소한 참기름 향과 동시에 타는 향들이 혼합되어 나타난다.
- 커피 성분 조성의 시작을 알리는 1차 크랙과 달리 2차 크랙은 고온의 상태에서 커피 성분이 타 들어가는 커피 성분의 손실과 탄화의 시작이며 표면으로 흘러내린 기름들이 지속적으로 탄화되는 단계이다.
- 커피의 깨진 표면이 그을리며 탄화의 흔적인 티핑(Tipping)이 발생하고 본격적으로 탄내가 나기 시작 커피의 부분적인 현상으로 이어지는 모더레이틀리 다크(강볶음, Moderately Dark. #45)의 시작이다.
- 흡열에서 발열로 그리고 계속되는 열원의 공급으로 흡열과 발열이 동시에 일어나는 중합반응이 진행되면서 커피는 소규모이기는 하나 꾸준히 팽창되면서 경화된 표면 조직에서 파열과 깨어짐이 일어난다.
- 커피 내 기름 성분이 터져나오면서 순간 불이 붙어 타는 현상과 함께 연이어 나오는 커피의 기름은 커피의 표면을 타고 흘러내리면서 동시간적으로 타거나 깨어지면서 커피의 표면은 반들거리는 현상이 보이고 다크(강볶음, Dark. #35)로 진입해서 날카로운 파열음, 깨어짐의 소리가 계속되면서 커피의 표면과 층간 분리, 분열이 일어나 커피 조직의 밀도 편차에 따라 표면의 일부가 떨어져 나오게 되는 땜통(커피 표면의 일부가 동그랗게 터져 커피의 내부가 까맣게 보이는 현상)이 나타난다.
- 땜통의 결과는 탄 부분에서 느껴지는 탄내가 일반적이며, 기름이 타는 고소한 향이 나며, 다크초콜릿향에 이어 탄내로 변화하면서 기존의 커피 본연의 향미들이 탄내로 바뀌는 결과로 이어진다.
- 학술 저널 '로스팅 정도에 따른 벤조피렌* 함량 연구'에 의하면 강하게 볶은 커피. 긴 시간에 볶은 커피에서 벤조피렌이 검출되었으며 약하게, 혹은 중간 정도로 볶은 커피에서는 검출되지 않았다.

출처 https://blog.naver.com/PostView.nhn?blogId=caffemuseo&logNo=220651210837

*** 벤조피렌**

1급 발암물질인 벤조피렌이 체내로 들어가면 디올 에폭사이드(Diol Epoxide)를 생성해 DNA와 결합하여 DNA 변형을 유발하여 암과 돌연변이를 일으키게 된다. 벤조피렌은 특히 위암을 발생시키는 것으로 알려졌는데 어류와 육류 등 단백질 식품과 식용유가 탈 때, 즉 커피의 단백질 성분과 지방 성분이 탈 때, 지나치게 볶은 태운 커피에서 발생할 수 있다. 또한 직접 가열을 피하고 간접 가열 방식으로 볶을 때 벤조피렌의 섭취량을 줄일 수 있다. 커피의 경우 강하게 볶은 커피에서 생성되며 특히 가정에서 수망이나 타

공된 통돌이 등의 직화 열원의 고온으로 인해 부분적으로 탈 수 있는 가열 방식은 피하는 것이 좋다. 벤조피렌은 1급 발암물질로 분류된 다환방향족 탄화수소 유기물로서 불완전 연소 시 부산물로 발생되며 유전독성과 발암성이 강한 것으로 알려져 있다.(중략) 원두커피의 경우 강볶음에서만 검출이 되었으며 약·중볶음에서는 불검출의 결과를 보였다(김상은 외, 2013).

3.2 커피 로스팅 관련 용어

① **P.S.(Popping Start Point, 1차 크랙의 시작. 팽창 또는 터짐 시작점)** : 밀도에 따라 다르게 나타나며 로스팅 진행 속도에 따라 열분해 속도가 달라지므로 생커피의 내압에도 차이가 생겨 팝핑 혹은 1차 크랙이 진행되는 온도 구간과 시간이 달라질 수 있다. 커피 내부 조직의 수분이 기화될 때 생커피의 센터 컷(Center Cut)이 강제로 벌어지는 경우로 전체 중 가장 큰 팽창이 일어난다.

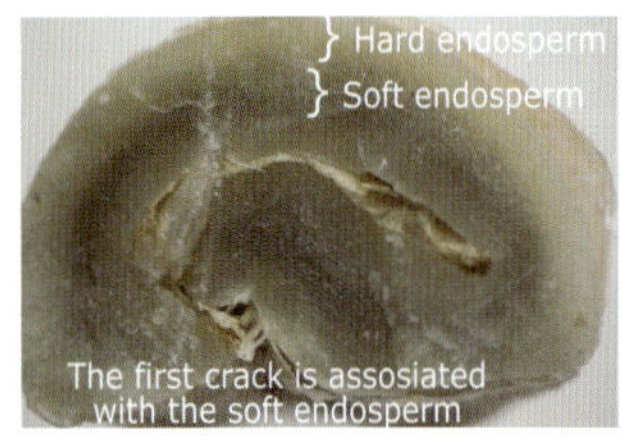

출처 https://vimeo.com/174769490

② **P.P.(Popping Peak Point, 터짐 또는 폭발 정점)** : 대개의 경우 P.S.가 시작된 온도로부터 5℃ 정도 지난 후에 나타나지만 밀도에 따라 달라져 밀도가 낮은 커피는 늦게 시작하여 정점에 도달하는 간격도 3~4℃로 좁아져서 나타나고 밀도가 높은 커피의 경우는 P.S. 온도가 일찍 시작되므로 6~8℃로 넓어져 열량을 그만큼 많이 소모하게 된다. 일반적으로 수세식 가공법의 커피는 P.P.에 도달하는 순간부터 온도의 상승 속도가 늦어지는(갈변 반응에 필요한 열에너지 사용량이 많으므로) 경향으로 P.P. 온도를 기준으로 향미가 결정되는 로스팅 원두의 색을 기준으로 로스팅 정도를 구분할 수 있다.

③ **P.E.(Popping End, 터짐 또는 폭발 종점)** : 대개의 경우 P.S.에서 P.P.까지 걸리는 시간과 P.P.에서 P.E.까지 걸리는 온도차는 거의 비슷하다(대략 5~6℃ 차이 구간). 그러나 P.S.에서 P.P.까지의 구간에서 1℃씩 올라가는 데 걸리는 시간은 비교적 짧고(5~7초) P.P. 후에 1℃씩 내려가는 데 걸리는 시간은 다소 길어지는(갈변 반응 최고조의 마무리되는 시간으로

열량을 다소 많이 뺏기므로) 결과로 전체 시간을 고려하면 큰 차이를 보인다(도표의 P.S.~P.P./4.7′ 43″, P.P.~P.E./5.6′ 13″ 참고).

커피 로스팅에서의 온도 상승 속도 분석표(로스터기 : 태환 TR-200, 커피 : 에티오피아) P.P. 이후 P란 P.P.를 줄여 부르는 용어이며 P4는 P.P.에서 4℃가 더 진행된 것을 뜻한다.										
온도	201℃	202℃	203℃	204℃	205℃	206℃	207℃	208℃	209℃	210℃
시간	5′07″	5′87″	4′86″	5′28″	6′13″	5′73″	7′70″	7′60″	8′06″	8′34″
비고						P.S.				
온도	211℃	212℃	213℃	214℃	215℃	216℃	217℃	218℃	219℃	220℃
시간	1000	13′14″	8′93″	8′05″	8′52″	7′49″	6′90″	7′10″	5′88″	6′23″
비고	P.P.				P4	P.E.			P8	
온도	221℃	222℃	223℃	224℃	225℃	226℃	227℃	228℃	229℃	230℃
시간	6′31″	6′59″	4′63″	4′25″	4′54″	4′91″	4′38″	4′29″	5′00″	4′60″
비고			P12				P16			
온도	231℃	232℃	233℃	234℃	235℃	236℃	237℃	238℃	239℃	240℃
시간	5′31″	4′42″	6′24″	4′16″	4′81″	4′72″	4′33″	4′96″	5′58″	3′29″
비고	P20	C.S.			P24				P28	
온도	241℃	242℃	243℃	244℃	245℃	246℃	247℃	248℃	249℃	250℃
시간	4′22″	4′53″	4′93″	5′06″	4′78″					
비고			P32							

* 1℃씩 올라가는 데 걸린 시간을 나타낸 것으로 1℃씩 올라가는 데 많은 시간이 걸리는 것은 그만큼 열량 소모가 크다는 의미로, 투입량 기준으로 볼 때 평균적으로 가장 많은 갈변 반응을 일으키는 시간대에 가장 많은 열량이 소모되므로 시간과 온도의 차이를 살펴보면서 어느 정도 로스팅이 진행되고 있는지 가늠해 볼 수 있다.

④ C.S.(Cracking Start, 깨어짐, 파열 시작) : P.P.(Peak Point) + 20℃ 전후의 온도에서 시작되는, 커피 조직의 깨어짐이 일어나고 깨어진 조직 사이로 기름이 배어 나오는 시간이다. 커피 표면이 깨어지며 균열이나 파열이 진행되면서 기름 성분이 커피의 조직을 통해 표면으로 배어 나오고 원두 표면이 반들거리는 모습을 보이게 되는데 순간 드럼 내 고온이 지속되므로 순식간에 깨어짐과 함께 기름이 흘러내리면서 타는 현상이 계속해서 이어진다. 내부 팽창이 극대화되고 성분 소실에 이어 탄화 상태에 이른다.

로스팅의 목적은 커피가 함유한 좋은 성분, 즉 신맛과 단맛, 오묘한 향기까지 추출을 통해 음료화할 수 있도록 단단한 섬유소 구조를 다공질의 깨어진 조직으로 변화하도록 만드는 데 있다. 로스팅이란 향기의 과학으로 맛 성분과 함께 수천 가지의 향기를 마시는 음료로 변화하는 데 궁극적인 역할을 한다. 커피에 커피다운 생명력을 불어넣는 가장 중요한 과정이 커피 로스팅이라 할 수 있다.

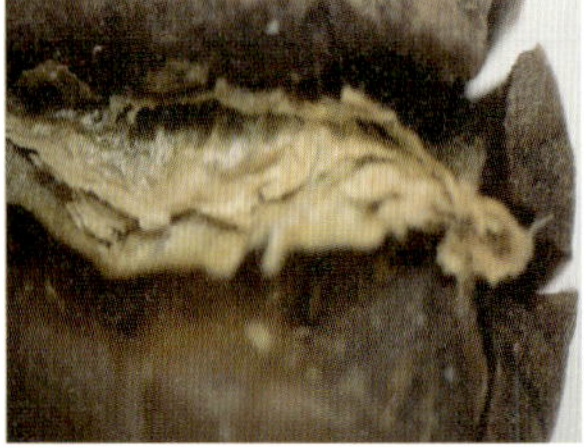

출처 https://vimeo.com/174769490

* 윌리암 부트(Wiliam Boot)는 커피 로스팅 전문가로 알려져 있으며, 특히 로스팅 프로파일(S-Curve)에 대한 연구로 유명하다. 그는 Hard Bean(조밀도가 강한 커피)을 로스팅할 때의 프로파일을 공개한 바 있으며, 이를 통해 로스팅 과정에서 온도 변화와 크랙(커피 원두가 터지는 현상)의 관계를 분석했다. 프로밧 L12 로스터를 주로 사용하며, 로스팅 과정에서 1차 크랙이 약 7분에 시작되고, 이후 2차 크랙까지 약 4분 35초 동안 온도가 375°F에서 400°F로 상승하는 패턴을 따른다. 그의 연구는 로스팅을 배우는 사람들에게 많은 도움이 되는 자료로 평가받고 있다.

참고: Microsoft Copilot: AI 도우미

출처 윌리암 부트 인스타그램

3.3 가열에 의한 로스팅 정도별 이해

로스팅의 배출 시간과 배출 온도, 청록색의 색에서 열원의 공급을 통하여 갈변 반응을 통해 어느 정도의 색까지 로스팅을 진행할 것인가라는 로스팅 정도의 구분은 로스터로서 미리 설계해야 하는 가장 중요한 부분이다. 이를 위해서 온도별로 배출한 커피 개요를 도표화하여 진행 과정에 따른 향미를 미리 예측할 수 있도록 하고, 단계별 로스팅을 통해 배출된 커피를 커핑을 통하여 반드시 확인하고 학습하여 로스팅하도록 한다. 각 로스팅 정도별 대체적인 향미 분석은 다른 장에서 다루며, 다음 표는 가열 온도에 따른 로스팅 정도를 분석한 것이다.

코스타리카 SHB, 투입량 200 g, 밀도 737, 함수율 9.8, 건조중량 180.4 g, 열량 7.3 (210~245℃에서 5℃씩 편차로 살펴보는 함량의 잔존 여부)								
로스팅 회차	1	2	3	4	5	6	7	8
배출 온도	210℃	215℃	220℃	225℃	230℃	235℃	240℃	245℃
배출 시간	8′28″	8′50″	9′05″	9′18″	9′29″	10′00″	10′51″	10′47″
배출량	175.7 g	172.5 g	171.4 g	170.2 g	168.6 g	167.4 g	164.0 g	162.2 g
볶음 수율	87.85%	86.24%	85.72%	85.10%	84.29%	83.68%	81.99%	81.09%
건조중량비 수율	97.39%	95.62%	95.01%	94.35%	93.46%	92.79%	90.91%	89.91%
건조 수율 감소비	2.61%	4.38%	4.99%	5.65%	6.54%	7.21%	9.09%	10.09%
2주 후 W.B.	#68.7	#59.7	#54.7	#52.1	#51.1	#49.8	#39.3	#36.9
2주 후 G.B.	#86.0	#73.0	#69.2	#63.2	#57.2	#53.5	#43.6	#37.1
W.B.와 G.B. 차이	17.3	13.3	14.5	11.1	6.1	3.7	4.3	0.2

* 건조중량 : 생커피가 함유한 수분을 제거한 순수 생콩의 무게이며, {(100 − 함수율) ÷ 100} × 투입량으로 계산. {(100 − 9.8) ÷ 100} × 200 = 180.4 g

** 볶음 수율 : 투입된 원재료 대비 정제된 제품 무게의 비율이며, 배출 무게 ÷ 투입량 × 100으로 계산. 175.7 ÷ 200 × 100 = 87.85%.

*** W.B. = Whole Bean. G.B. = Grinded Bean. 상태의 색도(Agtron # 53.8)

부룬디, 함수율 10%, 로스팅 정도에 따른 수율 비교						
로스팅 정도	배출 온도	배출 시간	볶음 수율	건조중량비 수율	건조 수율 감소비	비고
High Light	216℃	8′05″	87.5%	97.2%	2.8%	↑ 약볶음 96%(-4%)
Light Brown	220℃	8′35″	85.9%	95.4%	4.6%	
Medium Brown	224℃	8′49″	85.5%	95.0%	5.0%	↕ 중볶음
High Brown	228℃	9′06″	84,7%	94.1%	5.9%	
Light Dark	232℃	9′14″	84.2%	93.6%	6.4%	↓ 강볶음 94%(-6%)
Medium Dark	236℃	9′23″	83.3%	92.6%	7.4%	
High Dark	240℃	9′35″	82.6%	91.85%	8.2%	

커피는 음료를 제외하고는 무게를 단위로 판매가 이뤄지므로 함수율 계산이 필요하다. 길고 강하게 로스팅이 진행될수록 더 많은 수분과 성분도 함께 날아가 거의 10%가량이 소실된다. 톤 단위라면 얼마나 줄겠는가? 함수율이 높은 생커피는 커피가 아니라 물을 수입하여 사는 것이다. 함수율에 따른 건조중량이 얼마인지 살펴보는 것이 중요하다. 뉴크롭(당해 연도 생산한 생커피)의 생커피는 맛도 월등할 뿐만 아니라 보다 많은 성분을 남기므로 결국은 경제적 이윤으로 이어진다.

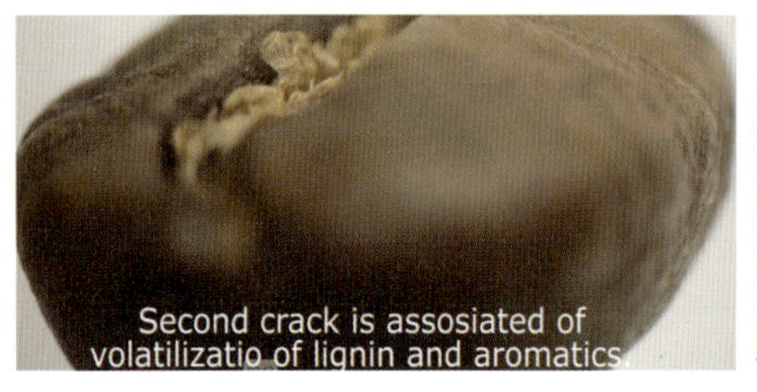

출처 https://vimeo.com/174769490

결과 : 여기서 건조중량비 수율이란 함수율로 계산된 수분을 제외한 순수 생커피만의 무게로, 건조 단계에서 수분은 기화되어 날아가므로 수분의 무게를 제외한 순수 건조 비율로 책정한 무게, 생커피 본연의 무게가 로스팅 정도에 따라 얼마나 감소되는지를 본 것이다. 배출 온도와 시간에 따라, 200℃ 이상의 높은 온도에서 시간이 길어지면 커피는 높은 고온에서 점점 가열되어 본래 함유하고 있던 좋은 성분을 잃어버리게 된다. 약하게 로스팅된 원두일수록 수율은 많이 남아 있고(96%, -4%) 강하게 로스팅된 원두일수록 수율은 낮아져(94%, -6%) 현격히 무게가 줄어들고 향미로 발현될 성분이 사라지게 되는 것이다. 구체적으로, 강하게 로스팅할수록 어느 커피에서 어떠한 성분이 손실되는지 로스팅 단계별로 커핑하여 반드시 생커피별로 로스팅 정도에 따른 커핑 노트를 기록하고 정리해 둘 것을 권한다.

코스타리카 SHB, 투입량 200 g, 밀도 737, 함수율 9.8, 건조중량 180.4 g, 열량 7.3 (Peak 4~36까지 편차로 살펴보는 함량의 잔존 여부)									
로스팅 회차	1	2	3	4	5	6	7	8	9
로스팅 포인트	P4	P8	P12	P16	P20	P24	P28	P32	P36
배출 온도	212℃	216℃	222.5℃	227.5℃	230℃	235℃	239℃	243℃	247℃
배출 시간	8′11″	7′57″	8′06″	8′16″	8′19″	8′29″	8′40″	9′10″	9′14″
배출량	174.64 g	173.23 g	171,53 g	169.93 g	169.23 g	167.82 g	166.13 g	163.94 g	161.1 g
볶음 수율	87.32%	86.62%	85.77%	84.97%	84.62%	83.91%	83.07%	81.97%	80.55%
건조중량비 수율	97.00%	96.22%	95.28%	94.38%	94.00%	93.21%	92.27%	91.06%	89.48%
건조 수율 감소비	3.00%	3.78%	4.72%	5.62%	6.00%	6.79%	7.73%	8.94%	10.52%
단계별 건조 수율차		-0.78	-0.94	-0.90	-0.38	-0.79	-0.94	-1.21	-1.58

결과 : P.P.(Peak Point, 頂点)란 1차 팝핑이 시작된 후 파열음이 산발적으로 일어나다가 1차 크랙이 가장 활발하게 일어나는 정점의 순간이다. 투입된 전체 커피 가운데 1차 파열음이 가장 많이 순식간에 동시다발로 일어나는 찰나로 가장 많은 생커피가 동시에 터지기 위해 가장 많은 열량을 소모하기 때문에 1℃ 올라가는 시간이 가장 느려지는 구간이다. 주어진 열량으로 동시에 가장 많은 갈변 반응을 일으키기 위하여 열량이 과다하게 소모되며 1℃ 올라가는 시간이 길어지는 드럼 내 온도로, 그 이후에는 이전 구간의 시간보다 다소 느려지면서 5~6℃를 지나면서 1차 파열음의 소리가 완전히 소강 상태를 보인다. 위 표는 P.P.에서 4℃를 지나면서부터 P.P.에서 36℃까지 변해 가는 수율과 중량을 자세히 표기한 것이다. P.P. 20 이후로 급격히 중량의 감소가 진행된 것을 볼 수 있는데 이는 커피가 타 버리면서 탄내가 강해지며 탄화가 급격히 진행되는 것으로, 유효 성분이 발현되는 이전 단계와 달리 유효 성분이 날아가 없어지고 탄화 및 2차 발암물질(벤조피린)이 생성되는 단계로 본다. 약볶음에서 중볶음으로 갈 때 건조 수율은 4% 정도 줄어들었으며 강볶음으로 가면서는 6% 이상 확연히 줄어드는 결과를 보였다. 샘플 로스터를 이용한 볶음 수율과 건조 수율의 감소 비율을 비교하여 대형 로스터로 로스팅 시 로스팅의 적정 정도를 결정하도록 한다.

출처 https://kaucoffeemill.com/the-anatomy-of-a-coffee-bean/, https://www.masteroast.co.uk/your-brand1.html

3.4 다양한 가열 조건에 따른 로스팅의 이해

3.4.1 계절별 온도에 따른 로스팅

실전 로스팅에서 계절에 따른 기온 차이에도 불구하고 일관성 있는 향미를 유지하는 로스팅을 위해서는 로스팅 시 공간의 환경 조건을 충분히 이해해야 한다. 겨울철에는 기온 하강으로 로스팅을 실행하는 공간의 낮은 온도를 측정하여 그동안 기록해 준 프로파일을 보면서 공급 열량을 높여 주어야 일반적인 온도로 평상시와 같이 로스팅되는 결과물에 근접할 수 있다. 겨울철 공급 열량을 높이지 않고 여름철과 동일한 조건으로 같은 온도에 배출해 보면 현격하게 다른 결과물을 마주하게 된다. 환경 온도의 일정함은 유지하기가 어렵고 드럼은 예열이 중요한 변수이니 환경 온도를 늘 감안해야 하고 기온 변수와 함께 기압과 습도도 변수로 작용할 수 있다. 가정용 로스터의 경우, 열원의 공급 규모가 작을수록 변화는 더 커져 겨울철 낮은 온도로 인한 추운 공간에서 가정용 로스터로 해 보면 전체 로스팅 시간이 많이 길어져 커피의 맛이 현격히 떨어지는 것을 알 수 있다.

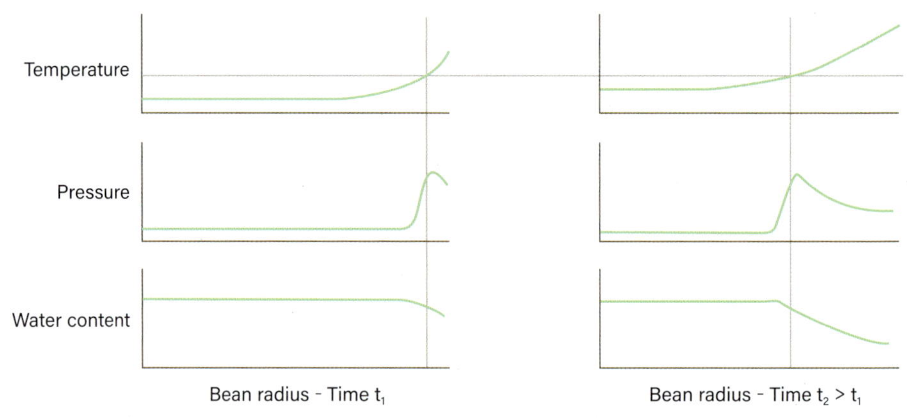

Assumed profiles in the coffee bean during roasting

자료 Espresso Coffee:The Science of Quality, Elsevier, p. 181

3.4.2 생산지별 특성을 이해한 로스팅

생산지의 지역적 특성을 고려하여, 과일 향의 신맛 위주의 커피라면 로스팅 갈변 초기에 나타나는 맛이므로 과일 향의 밝고 상큼한 신맛을 함유한 커피(에티오피아, 케냐, 파나마 등)는 약하면서 중간 정도로 가능한 짧은 시간에 로스팅을 끝내 생커피에 함유된 좋은 성분이 발현되도록 하고, 단맛이나 바디가 뛰어나다고 알려진 커피(멕시코, 과테말라, 코스타리카 등)는 단맛이 최고조로 갈변되는 중간 정도의 로스팅으로 가능한 길지 않게 로스팅을 끝내 단맛이 최대로 발현되는 로스팅 포인트를 구현해 보도록 한다. 많은 자료를 구해서 생산지별 향미 특성을 고려한 로스팅을 설계하고, 커핑을 통해 로스터와 구매자가 원하는 공통의 포인트를 잡아 가도록 한다. 항상 로스팅 정도와 로스팅 시간에 따른 향미의 차이를 염두에 두고 같은 지역의 커피라도 로스팅 정도와 시간에 의해 달라지는 맛을 구현해 보고 커핑을 통해 검증하여

La Mula 2015 nano lot cupping @ Boot Coffee. Reserve your La Mula now! Very limited availability! — Boot Camp Coffee

다양한 연습을 통해 기록하고 구체화하여 결정한 후에는 일정하게 유지될 수 있도록 적용해야 한다.

3.4.3 가공별 특성을 이해한 로스팅

수확 후 가공 과정을 거친 후 유통되는 커피를 받아 자세히 보면서 생커피의 향을 천천히 맡으며 짐작 가능한 노력을 기울여 보면 습식과 건식, 준수세식 가공법의 콩을 식별할 수 있다. 생커피의 색과 센터컷에 붙어 있는 은피의 색과 벗겨진 상태, 결점두의 유무 등을 육안으로 알 수 있는데 건식법의 경우 수세식 가공법의 커피보다 단맛과 묵직한 바디를 중심으로, 습식법 가공의 경우 맑고 밝고 깔끔하고 선명한 신단맛이 상큼하게 느껴지는, 최대한 좋은 신단맛이 어울려지는 접점에 맞는 로스팅 배출 시간과 배출 온도를 잘 설정하는 것이 좋다. 요즘 생산지에서 가공법의 기술적인 발전으로 인해 허니 프로세싱과 발효 커피를 위한 가공 과정을 거친 커피를 자주 볼 수 있는데, 일반인들이 가장 선호하는 단맛을 구수하고 고소한 견과류와 캐러멜의 향까지 골고루 갖춘 커피로 만들기 위한 단맛의 고소한 구간까지 설정하여 가능한 짧은 시간에 배출하는 로스팅 설계가 이루어져야 할 것이다.

4) 커피 로스팅 시간

로스터가 원하는 로스팅 지점까지 도달하는 로스팅의 전체 시간은 로스팅 정도를 결정하는 것만큼 중요하며, '눈으로 확인되는 로스팅 정도'보다 '눈으로 식별이 어려운 로스팅 시간'은 같은 색의 로스팅 정도로 배출했을 경우라도 많은 향미 성분의 차이를 보인다. 전문적인 로스터가 되기 위한 '로스팅의 시간' 공부는 더욱 세밀하게 연구해야 할 과제다. 같은 로스팅 정도의 원두라고 해도 로스팅 시간이 달라지면 향미의 차이는 짐작하는 것 이상으로 크다.

4.1 커피 로스팅 시간에 따른 커피의 이해

전체 로스팅 시간을 조절하는 방법으로 가장 쉬운 것은 열량 공급의 조절이다. 로스팅 전이나 로스팅 중간 등 열량을 조절하여 로스팅 전체 시간 조절을 가능하게 하도록 한다. 전체 로스팅 시간이 짧다면 공급 열량을 강하게 설정하고 교반 횟수 조절을 통해 균일한 로스팅을 한 경우이며 로스팅이 끝난 원두에는 본래의 성분을 많이 남겨 둔 채 끝나는 경우가 많고 시간이 길다면 높은 온도에서 오랜 시간 로스팅이 진행되어 본래의 성분이 많이 사라져 밋밋하고 쓴맛의 성분이 훨씬 많이 나타나게 된다. 일반적인 커피 로스팅 시간에 따른 향미의 특성은 간단하게나마 정리하면 다음과 같다.

커피 로스팅 전체 시간에 따른 잔여 성분의 이해		
시간		특성
6분 이내 (짧다)	고온 단시간	다양한 성분이 존재하지만 다소 복잡한 느낌을 남긴다. 복합적인 향미가 존재하여 강하고 풍성한 향미로 나타난다. 커피가 식은 후 단맛과 바디감이 더욱 발현된다.
8~12분	권장 시간	안정적인 열 공급과 고른 열전달을 통해 원하는 로스팅 정도에 도달한다. 유효하고 선호되는 향미를 함유한다. 추출 후 온도에 따른 맛의 변화가 적게 나타난다.
15~20분 (길다)	저온 장시간	밋밋하고 단조로운 단순한 커피 맛으로, 긍정적인 표현으로는 깔끔하게 나타난다고 한다. 동일한 로스팅 정도에 비해 쓴맛의 정도가 강하게 나타난다. 쓴맛으로 변화된 캐러멜 향이 강하여 단 향이 강한 쓴맛으로 나타난다. 특히 커피 추출 후에 점점 온도가 식어 감에 따라 쓴맛과 탁한 느낌이 강해진다.

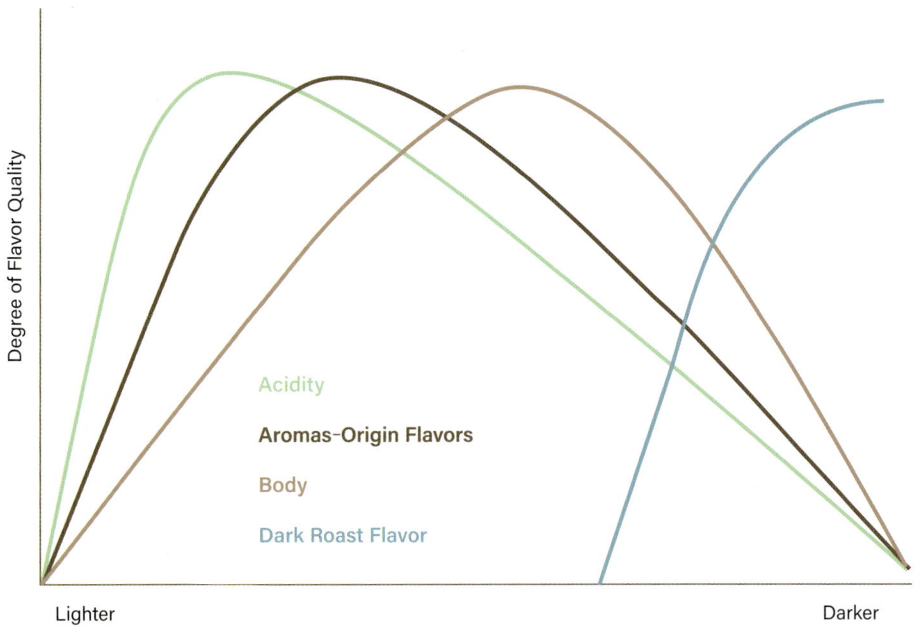

Flavor Emphasis by Roast Degree

출처 https://www.coffeeenterprises.com/2011/05/roasted-coffee-degree-of-roast-color/

결과적으로 고온 단시간 로스팅된 원두는 저온 장시간 로스팅된 원두보다 20% 정도 경제적으로 절약할 수 있다고 보고되는데, 그만큼 로스팅 시간을 짧게 가져가면 향미 성분이 길게 로스팅된 원두보다 대략 20% 정도 잔여 유효 성분이 더 남게 되어 추출 시 유익한 성분을 더 추출 가능하게 한다는 이유다. 로스팅 설계 시 로스팅 시간을 어떻게 가져갈 것인지는 반드시 항상 고려해서 설계하여야 한다.

4.2 열 공급량에 따른 로스팅 시간 변화의 이해

커피 로스팅 시간에 변화를 줄 수 있는 가장 손쉬운 방법은 투입 전, 혹은 투입 후 로스팅 진행되는 동안 열량의 강약 조절에 있다. 같은 로스터기에 같은 생산지의 커피를 같은 양으로 투입하되, 열량 공급을 다르게 설정하여 같은 로스팅 정도, P12에 배출했을 때를 자세히 기록한 도표를 보자. 커핑을 통하여 열량의 강약 조절 별 시간대의 각 커피의 향미 특성을 기록하여 열량 조절에 따른 로스팅 시간을 다르게 한 원두의 향미를 이해할 수 있도록 한다.

코스타리카 SHB, Peak point + 12℃. 태환 TR-200, 열량 10 (Time 6′60″= 660으로 표기)																				
℃	202	203	204	205	206	207	208	209	210	211	212	213	214	215	216	217	218	219	220	221
T	333	375	344	326	369	355	359	478	439	372	402	586	887	583	774	458	463	533	497	489
								P.P.	배출 온도 : 221℃, 배출 시간 : 6′21″											P12

코스타리카 SHB, Peak point + 12℃. 태환 TR-200, 열량 8.5 (Time 6′60″= 660으로 표기)																				
℃	202	203	204	205	206	207	208	209	210	211	212	213	214	215	216	217	218	219	220	221
T	370	432	397	361	394	414	350	486	434	433	435	640	633	699	582	651	551	622	637	515
								P.P.	배출 온도 : 221℃, 배출 시간 : 6′33″											P12

6′33″ 오류, 오기

코스타리카 SHB, Peak point + 12℃. 태환 TR-200, 열량 7.5 (Time 6′60″= 660으로 표기)																		
℃	201	202	203	204	205	206	207	208	209	210	211	212	213	214	215	216	217	218
T	544	463	512	496	548	574	583	482	680	629	809	712	1260	1291	846	673	755	735
배출 온도 : 218℃, 배출 시간 : 8′14″																		P12

코스타리카 SHB, Peak point + 12℃. 태환 TR-200, 열량 6.5 (Time 6′60″= 660으로 표기)											
℃	196	197	198	199	200	201	202	203	204	205	206
T	2172	2501	3623	7821	5707	3624	2700	3499	3397	3373	2602
배출 온도 : 207℃, 배출 시간 : 22′12″											P12

코스타리카 SHB, P12, 함수율 9.8%, 밀도 737, 투입량 200 g					
열량	10	8.5	7.5	7.0	6.5
배출 온도	221℃	221℃	218.5℃	213℃	207℃
배출 시간	6′21″	6′31″	8′14″	12′07″	22′12″
배출량	172.99 g	173.38 g	172.87 g	172.14g	169.93 g
볶음 수율	86.5%	86.69%	86.44%	86.07%	84.97%
건조 중량비 수율	95.89%	96.11%	95.83%	95.42%	94.20%
2일 후 W.B.(Agtron)	# 59.1	# 60.9	# 60.3	# 56.2	# 52.7
2일 후 G.C.(Agtron)	# 76.1	# 73.9	# 74.2	# 68.8	# 61.7
W.B.와 G.C. 차이	17.0	13.0	13.9	12.6	9.0

* 건조중량 : 생커피에 함유한 수분을 제거한 순수 생콩의 무게이며, {(100 − 함수율) ÷ 100} × 투입량으로 계산. 위 도표에서 코스타리카의 경우 {(100 − 9.8) ÷ 100} × 200 = 180.4 g

** 볶음 수율 : 투입된 원재료 대비 정제된 제품 무게의 비율이며, 배출 무게 ÷ 투입량 × 100으로 계산. 위 도표에서 코스타리카의 경우 173 ÷ 200 × 100 = 86.5%.

*** W.B. = Whole Bean. G.C. = Grinded Coffee. 상태의 색도(Agtron # 59.1)

결과 : 열량을 달리하여 로스팅의 전체 시간을 조절한 결과 배출량, 볶음 수율, 특히 시간은 3배 더 길게 로스팅된 결과, 열량이 높은 원두보다 낮은 온도에 배출한 저열량의 원두가 원두 색은

훨씬 진하게 나타나 있다. 14℃ 더 낮은 온도에 배출했음에도 로스팅 색의 정도는 훨씬 더 진행된 결과를 보여 준다. 더 낮은 온도에 배출했음에도 더 진하게 볶아진 것으로 해석할 수 있으며 배출량은 더 적게 나온 결과로 나타났다. 커핑을 해 보면 확연한 차이를 더욱 느낄 수 있는데 높은 배출 온도로 더 볶아진 원두인데도 상큼한 신맛이 두드러지며, 낮은 배출 온도인데도 쓴맛은 훨씬 더 강하게 느껴지는 특성을 보였다. 커핑하기 전, 원두 색으로 비교해도 알 수 있는데 커핑을 하기 힘든 조건에서는 원두를 먹어 보는 방법도 추천한다. 색으로는 로스팅 정도를 구분할 수 없을 정도의 같은 색, 같은 로스팅 정도의 원두인데도 실질적으로 커핑을 통해 향미를 느껴 보면 확연히 다르다는 것을 알 수 있다. 강하게 볶아진 원두가 아닌데도 덜 볶아진, 색이 더 연한 커피보다 쓴맛이 더 강하게 느껴지면 약하게 볶인 커피가 아니라 낮은 열량으로 길게 로스팅한 커피라는 것을 짐작할 수 있다. 육안으로 자세히 살펴보면 팽창이 덜 된 느낌이 확실히 느껴지고 연한 갈색으로 느껴져 다소 신맛을 기대해도 오히려 잘 부서지지 않고 질긴 느낌을 가지며, 쓴맛을 내는 경우 길게 로스팅된 원두로 짐작할 수 있다. 고온에서 오랜 시간 머무르는 동안 성분은 날아가고 쓴맛은 증가되기 때문이다.

4.3 품종별 커피 로스팅 시간의 이해

생육환경이 다른 다양한 커피 품종을 같은 온도에서 배출해 보면, 생커피의 품종, 재배 고도, 생육환경, 수확 상태, 가공 방식, 저장 상태, 크기 등의 다양성에 따라 화학적 성분 조성이 달라지고 물리적인 상태도 각기 다를 뿐 아니라 가열 후 열을 받아들이는 양도 다르게 나타나 수분이 건조되고 1차 팽창이 일어나는 온도와 시간도 제각기 다르며 온도 변화 추이도 일정하지 않다는 것을 알게 된다. 같은 생산지의 생커피도 해당 연도의 수확 상황에 따라 다르고 건조와 유통 과정에 따라서도 다르게 나타나므로 커피를 사게 되면 샘플 로스팅을 통해 면밀히 변화의 추이를 기록해 가며 로스팅을 해야 한다. 다음 도표는 에티오피아(습식, 건식)와 로부스타 외 9개 품종의 열량, 배출 온도, 투입량, 로스팅 환경 온도(기온)를 같은 조건으로 로스팅했을 때 결과에 대한 개요다.

에티오피아 이르가체페, TR-200, 환경 온도(기온) 11~16℃, 열량 7.3																			
온도 ℃ 생략 / 220℃ 배출										191	192	193	194	195	196	197	198	199	200
시간 660 = 6′60″ / 9′27″ 배출										409	540	496	564	479	602	546	577	491	524
비고																			
201	202	203	204	205	206	207	208	209	210	211	212	213	214	215	216	217	218	219	220
616	548	607	480	595	553	597	540	623	860	1156	2292	2117	1358	983	906	645	778	743	630
					1st														

파푸아뉴기니, TR-200, 환경 온도(기온) 11~16℃, 열량 7.3																			
온도 ℃ 생략 / 220℃ 배출										191	192	193	194	195	196	197	198	199	200
시간 660 = 6′60″ / 9′44″ 배출										397	597	584	638	667	719	643	616	638	697
비고																			
201	202	203	204	205	206	207	208	209	210	211	212	213	214	215	216	217	218	219	220
634	599	677	583	532	563	525	548	616	713	675	721	964	1334	988	1316	934	803	731	659
								1st											

부룬디, TR-200, 환경 온도(기온) 11~16℃, 열량 7.3																			
온도 ℃ 생략 / 220℃ 배출										191	192	193	194	195	196	197	198	199	200
시간 660 = 6′60″ / 10′28″ 배출										354	625	707	621	630	725	605	657	761	606
비고																			
201	202	203	204	205	206	207	208	209	210	211	212	213	214	215	216	217	218	219	220
567	624	658	673	584	666	621	580	1073	794	1505	1477	1092	1277	921	888	779	675	739	808
						1st													

코스타리카 SHB, TR-200, 환경 온도(기온) 11~16℃, 열량 7.3																			
온도 ℃ 생략 / 220℃ 배출										191	192	193	194	195	196	197	198	199	200
시간 660 = 6′60″ / 9′53″ 배출										291	503	572	578	573	638	505	534	683	658
비고																			
201	202	203	204	205	206	207	208	209	210	211	212	213	214	215	216	217	218	219	220
595	542	596	518	628	704	817	792	897	1846	864	1267	1311	883	813	818	764	638	799	648
						1st													

에티오피아 우르가 내추럴, TR-200, 환경 온도(기온) 11~16℃, 열량 7.3																			
온도 ℃ 생략 / 220℃ 배출											192	193	194	195	196	197	198	199	200
시간 660 = 6′60″ / 9′32″ 배출											564	690	679	584	757	678	506	578	661
비고																			
201	202	203	204	205	206	207	208	209	210	211	212	213	214	215	216	217	218	219	220
901	588	608	641	684	678	841	600	690	762	952	927	1276	945	1031	719	792	724	686	750
				1st															

말라위 피베리, TR-200, 환경 온도(기온) 11~16℃, 열량 7.3																			
온도 ℃ 생략 / 220℃ 배출											192	193	194	195	196	197	198	199	200
시간 660 = 6′60″ / 9′05″ 배출											497	533	576	616	636	591	526	593	520
비고																			
201	202	203	204	205	206	207	208	209	210	211	212	213	214	215	216	217	218	219	220
662	516	646	639	701	758	775	741	949	962	1060	1203	1202	1083	940	827	728	652	640	672
					1st			P.P.											

베트남 로부스타, TR-200, 환경 온도(기온) 11~16℃, 열량 7.3																			
온도 ℃ 생략 / 220℃ 배출										191	192	193	194	195	196	197	198	199	200
시간 660 = 6′60″ / 8′48″ 배출										409	586	497	508	633	605	575	560	616	683
비고																			
201	202	203	204	205	206	207	208	209	210	211	212	213	214	215	216	217	218	219	220
600	643	756	490	842	713	743	567	756	721	562	576	784	770	682	720	683	648	767	645

9개 품종별 커피 로스팅 이해(배출 온도 220℃)									
로스팅 회차	1	2	3	4	5	6	7	8	9
원산지	에티 W	P.N.G.	부룬디	인도네	코스타	에티 N	브라질	말라 P	로부스
밀도	**772**	731	761	738	737	765	711	740	**654**
함수율	7.4%	7.8%	7.9%	7.9%	9.8%	8.1%	10.7%	7.6%	6.8%
건조중량	185.2 g	184.4 g	184.2 g	184.2 g	180.4 g	183.8 g	178.6 g	184.8 g	186.4 g
배출 온도	220℃								
배출 시간	**9′27″**	9′44″	10′28″	9′46″	9′53″	9′32″	9′57″	9′05″	**8′48″**
배출량	175 g	176 g	174 g	175 g	171 g	174 g	170 g	176 g	179 g
볶음 수율	87.5%	88.0%	87.0%	87.5%	85.5%	87.0%	85.0%	88.0%	89.5%
건조량 수율	94.49%	95.44%	94.46%	95.01%	94.79%	94.67%	95.18%	95.24%	96.03%
7일 후 W.B.	**#49.8**	#51.7	#52.7	#60.5	#53.8	#54.1	#64.1	#47.3	**#74.7**
7일 후 G.C.	**#59.3**	#66.3	#59.3	#71.1	#64.2	#65.2	#76.6	#62.9	**#93.8**

* 건조중량 : 생커피가 함유한 수분을 제거한 순수 생콩의 무게이며, {(100 − 함수율) ÷ 100} × 투입량으로 계산. 위 도표에서 코스타리카의 경우 {(100 − 9.8) ÷ 100} × 200 = 180.4 g

** 볶음 수율 : 투입된 원재료 대비 정제된 제품 무게의 비율이며, 배출 무게 ÷ 투입량 × 100으로 계산. 위 도표에서 코스타리카의 경우 171 ÷ 200 × 100 = 85.5%.

*** W.B. = Whole Bean. G.C. = Grinded Coffee. 상태의 색도(Agtron #53.8)

9개 품종별 커피 로스팅 결과

① 고지대와 저지대의 경우 같은 온도 배출 시 로스팅 정도가 크게 달라진다 : 고지대의 경우 저지대보다 더 진하게 로스팅된다. #49.8과 #74.7의 차이인 #24.9의 차이로 커핑 시 현격

한 향미 차이를 나타낸다.

② 고지대와 저지대의 경우 같은 온도 배출 시 배출 시간이 크게 달라진다 : 고지대일수록 배출 시간이 길어진다. 고지대는 저지대보다 생커피의 잔존 유효 성분 함유량이 상대적으로 많다. 그 외 다양한 변수를 알 수 있는데 항상 커핑을 통하여 변화를 기록하고 다음 로스팅에 대비해 열량이나 투입량 조절 등을 통해 변화를 주도록 한다. 커피 밀도에 따른, 품종별 커피에 따라 같은 온도에 배출 시에도 각기 다른 색으로 판명되어 로스팅 정도의 차이를 나타낸다. 생산지별 로스팅을 할 때 같은 색으로 배출하려면 다른 온도로 배출해야 하고, 다른 온도로 배출하면 로스팅 시간이 달라져 같은 로스팅의 정도라고 하기에는 다소 무리가 있다.

4.4 커피 로스팅 시간 변화에 따른 커피 상태

열분해 초기에 시작되는 갈변 반응은 주로 단백질 성분으로 인한 마이야르 반응과 탄수화물 성분으로 인한 캐러멜 반응이 나타나는 것인데 선호하는 향미는 대부분 이 초기의 갈변 반응에 의해 결정된다. 각 생산지별로 함유하고 있는 성분이 다르기 때문에 갈변 반응을 일으키는 정도와 온도가 다르겠지만 로스팅 시 건조(97~115℃ 전후 시작) 단계를 떠나 열분해(170℃ 전후 시작)가 시작되는 온도는 차이가 있겠으나 대부분 190~210℃ 정도에서 1차 파열음을 시작으로 본격적인 갈색 반응이 진행된다.

고온의 영향으로 성분의 생성, 변화와 소멸 등 다양한 화학적 반응이 온도와 시간이라는 조건으로 인해 복잡하게, 복합적으로 진행된다. 구체적으로 어떠한 성분이 어느 온도 구간에서 생성되고 변화되고 소멸되는지 구체적 규명은 어려워도 어느 정도까지 로스팅된 정도에서 어떠한 향미가 조성되는지 커핑을 통하여 자세히 기록하여 어느 구간과 온도에서 사라지는지 짐작하게 하는 지표를 만들어 볼 수 있다.

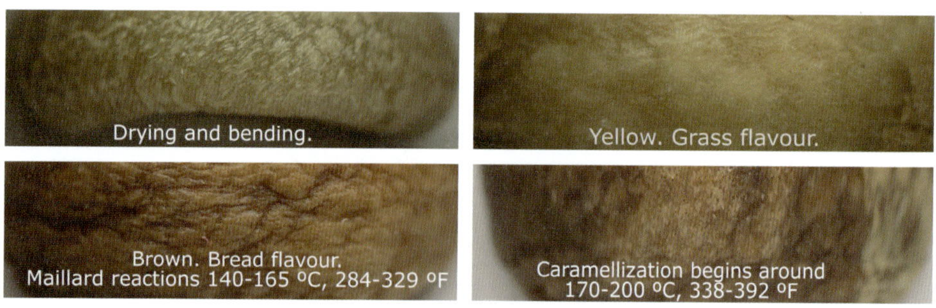

출처 https://vimeo.com/174769490

아래 도표는 같은 로스팅 정도에 도달하기까지 다른 시간대에 진입하게 되는 과정을 나타내는 그래프인데 ① 고온 단시간의 6분, ② 일반적인 8~12분, ③ 저온 장시간의 24분에 각각 강볶음(Dark Roasting)에 도달한 내용이며 그래표에 표시된 a 표시는 신맛(Sour), b 표시는 단맛(Sweet), c 표시는 쓴맛(Bitter)을 나타낸다.

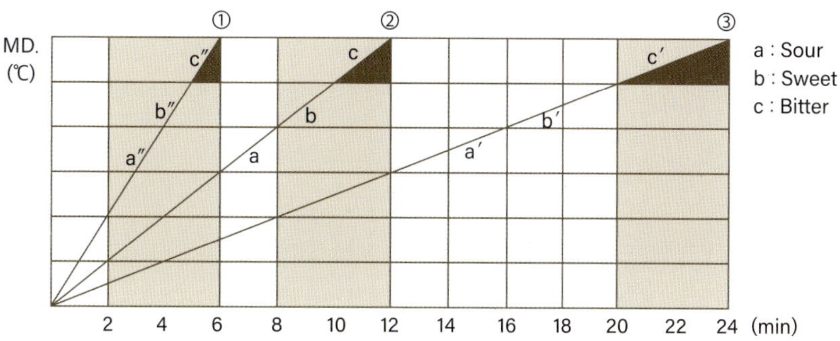

① 고온 단시간 6분 로스팅의 경우 a, b, c의 세 가지 맛을 모두 함유하고 있으며, ② 일반적인 로스팅 시간인 8~12분 로스팅의 경우 a의 맛은 약해지며 b, c의 두 가지 맛을 함유하고 있으며 ③ 저온 장시간의 경우는 c의 맛과 탄 맛과 탄 향이 함께 남게 된다.

①번의 경우 실제 잔류 성분 가운데 클로로겐산이나 트리고넬린 등의 분해가 충분히 이루어지지 못하는 경우 잡미라고 표현되는 복잡한 맛이 남아 있을 수 있다. 또한 추출의 유효 성분이 많이 남아 추출 시 범위가 넓어져 추출이 까다로워질 수는 있으나 신단맛의 새콤달콤한, 향긋한 커피 한 잔에 다가갈 수 있는 커피가 된다. 전체적으로 많은 유효 성분이 남아 다양한 커피 향미가 발현될 수 있는 조건을 남기는 로스팅으로 추출 기술로 발전될 수 있는 로스팅이라고 할 수 있다.

로스팅으로 인해 생성된 유효 성분은 로스팅이 끝난 후부터 날아가기 시작해서 시간이 지날수록 성분은 지속적으로 빠져나가고 계속된다. 로스팅 중 신맛을 줄이고 싶은 경우 신맛을 나타내는 구간에서 열량을 줄여 신맛을 조성하는 조건을 억제한 후 다시 열량을 공급하는 방법으로 시도할 수 있으나 로스터기의 성격을 잘 이해하고 적용해야 하는 어려움이 있다. 이론적으로는 방법을 시도해 볼 수 있겠지만 드럼의 높아진 열의 열량이란, 조절하여 나타나는 계기판의 숫자로 설명될 수 없는 한계가 분명히 존재하기 때문이다. 가열의 온도를 낮추기 위해 열량을 줄인다고 곧바로 커피의 온도가 낮아지는 것은 아닐 수 있으며 오히려 열량을 낮춤으로 추출에 중요한 변수인 팽창을 방해하는 요소로 작용하는 경우 추출을 통해 얻을 수 있는 성분은 줄어들 수 있을 것이다. 고온 단시간 로스팅이 팽창 정도가 가장 강하게 나타난다. 특히 진하게 표현된 ①, ②, ③번의 삼각형 면적을 자세히 보면 그 면적의 차이가 ① < ② < ③으로 나타나는데 고온 상태에서 길게 로스팅된 ③번의 경우는 ①번보다 상대적으로 쓴맛이 강하게 나타나는 결과를 확연히 알 수 있다. 긴 시간 동안 고온에 커피가 노출되므로 쓴맛의 생성이 더해지기 때문으로 볼 수 있다. 저온에서 고온으로 올라오는 시간이 다소 길어지면 색은 서서히 진해지지만 팽창이 원활하게 이루어지지 않으며, 고온에서 길게 가는 로스팅의 결과는 팽창 후 균열이 일어난 조직에서 튀어나오게 되는 기름 성분이 고온에서 그을리고 타게 되어 쓴맛의 강도가 점점 강해지는 원인이 된다.

5) 커피 로스팅 정도

커피 로스팅의 정도를 표시하는 방법은 다양하다. 미국에서 시작된 에그트론(Agtron)* 수치로 표시하는 방법, 일본에서 제시하는 L값에 의한 표시 방법, 그리고 오래전부터 사용해 오던 8단계 구분법이 있다. 이 중에서 8단계 구분법은 그 기준이 다소 모호하기는 하지만 최근까지 가장 폭넓게 사용되고 있다.

*** 에그트론(Agtron)**

미국 에그트론사에서 만든 분광 색도계로 가시광선보다 파장이 더 긴 전자기파 적외선을 쏘아 파장의 세기를 측정한 후 색의 좌표를 읽은 후 로스팅의 정도를 수치로 보여 주는 기계다. 1번 측정하여 결론을 내는 것이 아니라 여러 번 측정 후 결과물을 정한다. 균일한 로스팅을 위한 장치로 단계별 명칭이 아닌 수치로 표기하여 보다 정확한 로스팅 정도를 이해하도록 한다.

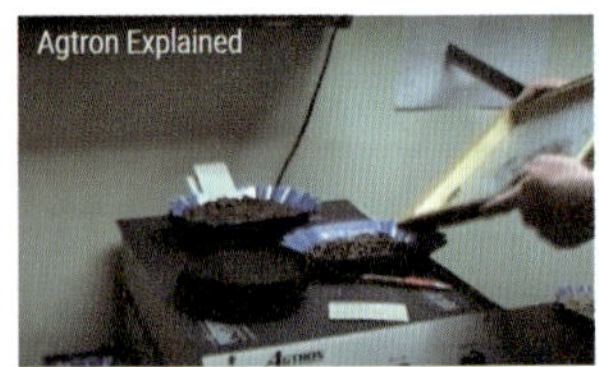

출처 https://www.youtube.com/watch?v=hjcWIFddu3Y

5.1 커피 로스팅 정도 구분

일본에서 제시하는 L값에 의한 표시는 빛을 조사한 뒤 그 반사도를 측정하여 수치화한 것으로 기계적 측정치이기 때문에 매우 객관적인 값이라고 볼 수 있지만 세계적인 추세에 따라 에그트론의 수치를 표준으로 인정하려는 경향이 늘고 있다. 에그트론 수치는 사람이 마실 수 있다고 여기는 로스팅 정도의 범주 내에서 적외선을 조사하여 그 반사값을 근거로 상한치를 95로, 하한치를 25로 보고 그 중간인 55를 미디엄 색(Medium Color)으로 규정하는 형식이다. 로스팅 중 '물리적 특성-변화하는 색'을 중심으로 기준을 잡은 것인데 화학적인 변화는 물리적 특성에 따라 일정하게 나타나지 않을 수 있어 색으로만 각 로스팅 정도에 따른 커피의 특성을 이해하기에는 다소 무리가 있다.

미국-SCAA			한국		일본	
타일 색	타일 No	단계별 명칭	단계별 명칭	간단 특징	단계별 명칭	L값
	#95	베리 라이트 (Very Light)	약약볶음	1차 Popping 시작 전후, 갈변 시작	라이트 (Light)	30.2
	#85	라이트 (Light)	약볶음	Popping Peak (1차 Popping + 4~5℃)	시나몬 (Cinnamon)	27.3
	#75	모더레이틀리 라이트 (Moderately Light)	강약볶음	Popping Peak + 4~8℃	미디엄 (Medium)	24.3
	#65	라이트 미디엄 (Light Medium)	약중볶음	Peak Point + 8~12℃	하이 (High)	21.5
	#55	미디엄 (Medium)	중볶음	Peak Point + 12~16℃	시티 (City)	18.5
	#45	모더레이틀리 다크 (Moderately Dark)	중강볶음	Peak Point + 16~20℃	풀시티 (Full City)	16.8
	#35	다크 (Dark)	강볶음	Peak Point + 20~24℃	프렌치 (French)	15.5
	#25	베리 다크 (Very Dark)	강강볶음	Peak Point + 24~28℃	이탈리안 (Italian)	14.2

자료 한국커피협회, 로스트 마스터, p. 223

미국과 일본이 로스팅 정도를 색으로 분별하는데 같은 색이라도 로스팅 시 배출 시간이나 배출 온도에 따라 확연히 다른 향미로 나타나므로 한국의 경우 로스팅에 가장 중요한 결정적인 요소인 갈변 반응에 따른 변수, 즉 1차 팝핑 이후에 일어나는 온도 상승에 따른 열량을 주의 깊게 보면서 각 로스팅의 정도를 분석하기로 한다. 커피는 향미의 과학, 로스팅이란 향미의 발현이며 건조 단계를 지나 마이야르와 캐러멜의 갈변 반응은 옐로잉 단계에서 시작하여 1차 크랙을 중심으로 가장 활발하게 진행되며 평균적으로 가장 많은 1차 크랙이 일어나는, 1차 크랙의 정점(Peak Point)을 기준으로 로스팅의 정도를 예측하여, 결정. 냉각으로 배출하는 이론이라고 할 수 있다.

5.2 커피 로스팅 정도에 따른 향미의 구분과 특성

위에서 언급한 바와 같이 로스팅 정도*를 구분하는 방법은 물리적인 특성에 의한 것이라 화학적인 특성을 물리적인 특성 분류에 따라 특성화한다는 것이 다소 무리가 있다. 일반적이고 객관적인 보편적 특성을 중심으로 기본적인 특성을 간단하게 정리하면 다음과 같다.

① **라이트(Light, #80)** : 라이트 또는 라이트 브라운(Light Brown)의 단계로 약볶음이며 시나몬색(Cinnamon Color), **황토색과 황갈색** 정도의 색을 띠며 약한 바디(Light Body)와 최소한의 향기(Minimal Aroma)로 곡물 향과 신맛(Acidity)이 시작되는 단계로 표면에 오일이 전혀 배어나지 않는다.

② **미디엄 라이트(Medium Light, #61~80)** : 약중볶음이며 모더레이틀리 라이트 브라운 컬러(Moderately Light Brown Color)의 **밝은 갈색**을 띠며 선명한 신맛(Bright Acidity)을 나타내며 다양한 개성(Varietal Characteristics)과 특성을 드러내고 표면은 마른 상태로 되어 있다. 에그트론 숫자의 구간이 20 정도로 넓은 범위에 걸쳐 있어 향미가 복합적으로 나타나 이를 규정하기가 어려우나 선명한 신맛이 두드러지며 단맛이 시작되는 단계로 본다.

③ **미디엄(Medium, #55~60)** : 중볶음이며 미디엄 브라운 컬러(Medium Brown Color)의 보통의 **갈색**을 띠며 전통적인 미국식 표준 로스팅 정도인 미디엄(Medium/American/Regular/City #55)으로 가장 일반적인 드립용(Drip) 추출을 원할 때의 로스팅 정도로 커핑을 위한 로스팅 시 반드시 적용되어야 하는 포인트다. 조화로운 신맛(Balanced Acidity)과 구수 달콤한 단맛과의 조화가 이루어지며 풍성한 바디(Full Body)를 느낄 수 있으며 표면은 대체적으로 마른 상태이다. 에그트론 숫자 구간이 5 정도로 로스팅 시 빠르게 지나가

는 구간이라고 할 수 있어 정확한 시점을 잡는 데는 쉽지 않을 수 있다. 커피의 항산화 효과는 미디엄 로스팅 시 최대치를 나타낸다고 보고되고 있다.

출처 https://vimeo.com/174769490

④ **미디엄 다크(Medium Dark, #45~54)** : 중강볶음이며 **진한 커피색**이라 불리는 리치 브라운 컬러(Rich Brown Color/Full City)를 띠며 에스프레소용 로스팅 포인트로 가장 많이 선택된다. 표면에 기름이 배어 나오기 시작하고 쓴단맛(Bittersweet), 쌉싸름하지만 뒤끝에서 달콤하게 알려진 맛들로 느껴지는 단계로 신맛과 함께 묵직한 중량감이 나타난다. 북부 이탈리안 에스프레소 로스팅 정도로 널리 알려져 있으며 세계바리스타대회(World Barista Championship)의 로스팅 정도의 표준으로 되어 있다. 에스프레소의 특성상 풍성한 크레마에 담겨진 커피의 많은 향기 성분이 입안의 존재감으로 바디를 느낄 수 있도록 정해지는 정도다. 에그트론의 숫자 구간이 10 정도로 일반적인 구간이라고 할 수 있다.

⑤ **다크(Dark, #35~44)** : 강볶음이며 매우 진한 갈색을 띠는 **검은 갈색** 컬러(Deep Brownish/Black Color/French)의 색이며 표면은 기름이 덮여 번들거리고 반짝거린다. 쓴맛이 지배적이며 신맛과 함께 커피 특성이 사라지게 되는 단계로 대부분 미국 에스프레소 로스팅 정도를 이루고 있다. 프랜차이즈 매장의 경우 매장 간 맛의 편차는 줄어들어 일관된 맛을 위한 로스팅 선택의 한 방법이 될 수 있다.

⑥ **베리 다크(Very Dark, #25~34)** : 강강볶음으로 기름이 표면을 뒤덮은 **검은색**으로 온통 쓰고 캐러멜향이 지배적인 탄내와 탄 맛으로 바디도 약해지고 무력해지며 커피의 맛의 특성이 사라진, 로스팅의 의미조차 없어지는 단계다. 누가, 어떻게 추출을 하든 추출 기술이 의미 없는 단계이다.

⑦ **익스트림 다크(Extreme Dark, #25)** : 초강볶음이며 온통 검고 반짝거림의 표면이며 탄 맛, 재 맛과 숯 맛의 느낌만이 남은, 커피를 로스팅했다는 의미 외 커피로서 가치 없는 구간으로 탄내와 함께 캐러멜 향의 단 향이 나기도 한다.

* 로스팅 정도에 대한 간단 이해

- 약볶음(Light) : 열분해가 시작되고 이것이 더 활발하게 진행되면 생커피의 신맛과 함께 단백질의 갈변 반응인 마이야르 반응으로 인한 신단맛 특성이 강하게 나타난다.
- 중볶음(Medium) : 온도 상승 속도가 빨라져 본격적인 발열이 시작되는 순간부터 쓴맛이 생성되기 시작하며, 이때부터 커피의 다양한 커피다운 향미가 강하게 남으며 커피의 신단맛이 조화롭게 생성된다.
- 강볶음(Dark) : 온도 상승 속도가 더욱 빨라지면서 쓴맛과 탄내가 나기 시작하고 지배적인 쓴맛과 캐러멜향이 남게 되며 탄내가 나는 정도로 급속히 숯향화된다.

정리 | 커피 로스팅 정도에 따른 향미 특성(열분해를 중심으로)

커피는 기호 식품으로 너무나 폭넓은 범위의 다양한 종류의 향기를 품고 있는 음료이다. 같은 사람이 같은 커피로 같은 조건의 추출을 해도 '똑같은 두 잔의 커피란 없다'고 거론될 정도로 미세하게 다른 변수로 얽혀 있는 결과물이다. 800여 가지의 혹은 수천 가지의 향기 성분 등 복합적인 향기 성분을 단순화하여 정리하면 다음과 같다.

플로럴(Floral)-꽃	자스민, 라벤더, 장미 같은 꽃향 나는 커피. 에티오피아에서 자주 나타난다.
프루티(Fruity)-과일	블루베리 등 작은 과일류와 오렌지 계열의 시트러스류, 열대 과일향
허벌(Herbal)-허브	바질, 민트 같은 풀 내음 향이 느껴지는 커피

너티(Nutty)	볶은 아몬드, 볶은 헤이즐넛, 볶은 땅콩의 견과류 향이 나는 커피
캐러멜/토피(Caramel/Toffee)	달콤하고 부드러운 느낌의 향을 가진 커피
초콜릿(Chocolatey)	밀크 초콜릿, 다크 초콜릿 같은 달콤한 향을 가진 커피

스파이시(Spicy)	계피, 정향, 후추 같은 향이 나는 커피
우디(Woody)	삼나무, 백향목과 같은 나무 향이 나는 커피
연기/토스트(Smoky/Toasty)	깊고 묵직한 불맛이나 구운 빵 같은 향이 나는 커피

커피의 향기를 표현하는 데 다양한 표현이 있지만, 대표적인 36가지의 향을 유기 반응, 갈변 반응, 건류 반응 그리고 향의 결점에 따른 향으로 분류해 보면 다음과 같다.

[르네뒤뱅(Le Ne du Vin) 커피 36가지 아로마 분류 및 명칭]			
1	효소 반응 (Enzymatic)	커피가 유기물로 살아 있을 때 내부에서 일어나는 효소반응의 결과로 다소 가벼운 향기로 느껴진다.	2. Potato (감자)
			3. Garden Peas (완두콩)
			4. Cucumber (오이)
			11. Tea Rose (장미)
			12. Coffee Blossom (커피 꽃)
			15. Lemon (레몬)
			16. Apricot (살구)
			17. Apple (사과)
			19. Honeyed (꿀)
2	갈변 반응 (Sugar Browning)	로스팅 과정 중 갈변반응에서 오는 결과로 밀도감이 느껴지는 향기이며 로스팅 진행 과정의 정도에 따라 각각 다른 향기가 난다.	10. Vanilla (바닐라)
			18. Butter (버터)
			22. Toast (토스트)
			25. Caramel (캐러멜)
			26. Dark Chocolate (다크초콜릿)
			27. Roasted Almonds (볶은 아몬드)
			28. Roasted Peanuts (볶은 땅콩)
			29. Roasted Hazelnuts (볶은 헤이즐넛)
			30. Walnuts (호두)
3	건류 반응 (Dry Distillation)	커피의 향미를 만들어 내기 위해 로스팅을 통해 가열할 때, 강하게 로스팅할 때 강볶음 단계에서 나오는 향기 성분이다.	6. Ceder (삼나무)
			7. Clove-like (정향)
			8. Pepper (후추)
			9. Coriander Seed (고수 씨앗)
			14. Blackcurrant-like (블랙커런트)
			23. Malt (맥아, 엿기름)
			24. Maple Syrup (단풍나무 시럽)
			33. Piped Tobacco (관담배)
			34. Roasted Coffee (볶은 커피)
4	향기 결점 (Aromatic Taints)	커피 성분의 화학적 변화 혹은 변질에서 오는 향기	1. Earthy (흙)
			5. Straw (짚)
			13. Coffee Pulp (커피 과육)
			20. Leather (가죽)
			21. Basmati Rice (태국 쌀)
			31. Cooked Beef (익은 소고기)
			32. Smoke (연기)
			35. Medicinal (의약품)
			36. Rubber (고무)

출처 https://iknowcoffee.co.kr/

(계속)

로스팅 열분해를 기준으로 정리한 일반적인 커피 향미의 특성 (P: Peak, 정점. 1차 크랙의 정점. P: point. 지점)							
	Peak + ℃	향기 (Aroma)	향미 (Flavour)	신단맛 (Acidity. Sweetness)	바디 (Body)	깔끔/거친 정도 (Clean/ Rough)	종합 평가
1	P.P.	레몬 같은. 구수함. 가벼운. 탁한	구수한 Nutty	**레몬 같은**. 밝은. 꿀. 새콤. **구수 달콤**. 떫은맛	새콤달콤한. 상큼. 가벼운 청량감	**탁한** 느낌의 **떫음**과 함께 **거친**	커피느낌보다 신맛 강한 **보리차나 숭늉** 같은
2	P4	강하고 무거운 신 향 꿀의 단 향 떫은 향	구수달콤 Nutty Caramely	풍성하고 달콤한. 강한 **신맛**. **새콤한**. **꿀, 조청의 단맛**. 떫은맛	신단맛의 꿀과 같은 풍성함. 매끄러운	약간 거친. **살짝 떫음**의 뒷맛	풍성한 신단맛. 커피다운 향기 부족
3	P8	가볍고 상큼한 깔끔한 신·단 향	선명한 신단맛 Candy Caramely	**선명한 신단맛**의 **기분 좋은 조화**. 맛있는 신단맛 커피	신단맛의 깔끔하고 상큼한 바디	맑고 깨끗하게 느껴지는 개운함	**신단맛의 조화로운** 깔끔함 커피다움
4	P12	달콤한. 쓴 향 시작 캐러멜의 살짝 쓴	조화로운 신단맛. 쌉싸래함 **Syrup Caramely**	다소 자극적 신맛. 기분 좋은 단맛. 살짝 쌉싸름하면서 깔끔하게 마무리	약하게 까칠해진 강인한 느낌의 개성	까칠한 느낌이나 **맑고 깨끗함**	커피 표면의 오일. 강한 커피향
5	P16	약한 약품 냄새 식으면서 단 향	신 향과 선명한 쓴맛 Caramel Chocolaty	신맛과 캐러멜의 단맛 **선명한 쓴맛**	**까칠한** 거친 **묵직한**	까칠한 느낌이나 **깨끗함**	갈변의 풍성한 향기 강한 커피향기
6	P20	Acrylic 혀에 쇠가 닿은 느낌	시큼, 신, 쓴 **Acrylic Chocolaty**	**신맛이 시큼함**으로 단 향은 남았으나 **쓴맛이 강해짐**	시큼함과 쓴맛으로 거친 느낌 강	까칠해진 혀에 쇠가 닿은 듯 날카로움	다양한 신맛 거의 사라짐 날카로워진
7	P24	뜨거울 때 **강한 Acrylic**	탄 날카로운 강한 시큼함 Acrylic Dark Chocolaty	날카롭고 강렬한 시큼함. 거친 쓴맛	거칠고 날카로운 예리한	과하게 거친 정도	과한 Acrylic 쇠가 혀에 닿은 느낌이 오래감
8	P28	탄내 자극적 약한 신	고무 탄 시큼. 탄 Oily	쓴맛 오히려 줄면서 약한 신. 구수 밋밋, 빈 맛	시큼함 거칠고 밋밋. 가벼움 쓴맛	거칠고 가벼워진 맛	혀. 마비되는 자극적 얼얼. 강성 마시기 불안
9	P32	무겁게 탄 고소. 구수	고무 탄 고소. 구수 Oily	고소. 구수한 향 시큼, 탄 향 쓴맛이 지배적	거칠고 탁한 탄 색 온통 쓴맛	거친 느낌 식은 후 탁해짐	혀의 마비 거칠고 쏘는 느낌 마시기 불안
10	P36	쓴, 탄 구수, 밋밋	탄 향	약한 쓴맛 등 맛이 사라진 빈 맛	전체적으로 탁함	밋밋 비어 있는	밋밋한 빈 탄 맛

출처 우리커피연구회 이정기

5.3 에스프레소를 위한 로스팅 정도 이해

에스프레소 추출은 일반 커피 기구 추출이나 드립 추출과는 달리, 상압 추출이 아닌 가압(9 bar) 투과식으로 크레마(Crema, Cream, Oil, Gas 등이 함유된 거품층)를 생성시켜 다양하고 복합적인 향미를 풍성한 바디와 함께 추출하는 방식이므로 크레마의 성분인 원두 내 크레마 생성을 위한 로스팅 정도로 미디엄 다크(Medium Dark)를 추천할 수 있으며 이는 가장 최고 품질의 크레마 색인 적갈색(Reddish) 추출을 권장하는 로스팅의 정도라고 할 수 있다.

출처 https://youtu.be/iEQty3bn3dk

그동안 로스팅 정도 구분에서 일본식 표기 중 가장 강하게 로스팅된 구분을 이탈리안(Italian)이라 칭하며 미국 기준의 베리 다크(Very Dark)의 에그트론 수치 #25 정도로 강강볶음에 해당되지만 2006년도에 처음 경험해 본 월드바리스타챔피언십에 선정된 이탈리아 에스프레소의 원두는 미디엄 다크(Medium Dark) 정도로 그 후에도 다크(Dark) 이상은 찾아볼 수 없었다. 미디엄 다크(Medium Dark)의 로스팅 정도는 북부 이탈리안 에스프레소 로스팅 포인트로도 널리 알려져 있으며 세계바리스타챔피언십대회(World Barista Championship)의 로스팅 정도의 표준으로 에그트론 치수로는 #45~54 안에서 로스팅이 된다. 이탈리아에서 제조되는 에스프레소용 반자동 머신의 추출 온도(92~94℃)와 연결해서 생각해 볼 때 일본식 이탈리안 로스팅 정도는 에스프레소 추출에 적합하지 않다는 것을 알 수 있다.

스페셜티 커피 시장의 변화 추세로 볼 때, 유효한 성분을 발현시키기 위해서도 다크 로스팅, 그 이상은 지양되고 있으며 커피 본연의 향미가 쓴맛이나 탄 맛으로 가지 않도록 변화되고 있다. 왜 태우는 로스팅을 하는 것일까. 함수율이 더욱 많이 빠져나가는, 그리하여 비용이 심각하게 더 지불되어야 하는데, 고유의 고급 커피 향미 성분을 태우는 정도까지 왜 로스팅을 하겠는가. 돈을 지불하는 소비자로서 자문해 보고 커피를 선택하여 마셔야 한다. 로스팅의 정도는 육안으로 식별이 가능하다. 태운다는 것은 모든 커피의 향미를 동일하게 쓴 탄 맛으로 만드

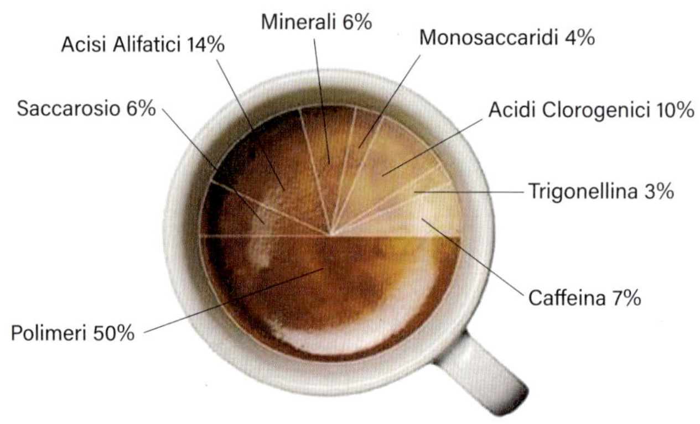

는 최선의 방법이다. 태운 커피를 마셔야 할까.

에스프레소 로스팅은 대개가 블랜딩을 하게 된다. 싱글오리진의 경우 단종의 커피를 통해 하지만 대부분 선(先)블렌딩(Blending Before Roasting, 섞어볶기) 혹은 후(後)블렌딩(Blending After Roasting, 볶아섞기)을 한다. 각각의 장단점이 있겠으나 많은 커핑의 경우를 통해 비교해 보면 거의 5:5의 비율로 선호도가 나타난다. 로스터로서 편리함은 선블랜딩이 좋으며 각 커피의 특색을 살리기에는 후블랜딩이 선호되고 있다. 블렌딩을 통해서는 조화로운(Balance) 맛을, 로스팅을 통해서는 강렬함(Intence)을 느끼게 하는, '강렬함과 조화로움'이 발현되는 기분 좋은 향미의 여운을 남기는 음료로 추출할 수 있어야 한다.

신맛과 선호도 높은 향기 중심의 블랜딩과 구수하고 고소한 향미 중심의 블랜딩으로 두 가지 향미 에스프레소를 P.P에서 16℃ 더 로스팅하여 한눈에 알아볼 수 있도록 도표화하였다. 짧게 로스팅 시간을 끝낼수록 신맛은 배가가 되어 구수고소한 향미의 로스팅부터 시작하여 신맛과 향기의 로스팅까지 각각 선블랜딩을 먼저 시도하였고 후블랜딩 순서로 로스팅한 결과이다.

구수와 고소, 에스프레소 블렌딩 1-1. 섞어볶기(선블렌딩. Blending Before Roasting) 브라질 : 인도네시아, 만델링 : 콜롬비아 = 5:3:2 태환 200 g / 열량 7.3 / 배출 온도 : 227℃ / 배출 시간 : 10′23″/ 수율 : 169 g(84.5%)															
온도	201	202	203	204	205	206	207	208	209	210	211	212	213	214	215
시간	598	478	444	582	519	720	391	482	544	411	622	523	520	578	531
비고						**P.S**					**P.P**				**P4**
온도	216	217	218	219	220	221	222	223	224	225	226	227	228	229	230
시간	597	835	554	547	728	686	560	551	435	465	668	530			
비고				**P8**				**P12**				**P16**			

에스프레소 블렌딩 1-2-1. / 브라질

태환 200 g / 열량 7.3 / 배출 온도: 230℃ / 배출 시간: 7′53″/ 수율: 170 g(85%)

온도	201	202	203	204	205	206	207	208	209	210	211	212	213	214	215
시간	662	469	551	448	414	573	418	391	378	417	313	372	468	399	463
비고										**P.S**					**P.P**
온도	216	217	218	219	220	221	222	223	224	225	226	227	228	229	230
시간	431	451	419	593	478	418	397	516	411	426	367	438	313	418	444
비고				**P4**				**P8**				**P12**			**P15**

에스프레소 블렌딩 1-2-2. / 콜롬비아

태환 200 g / 열량 7.3 / 배출 온도 : 229℃ / 배출 시간 : 7′24″ / 수율 : 167 g(83.5%)

온도	201	202	203	204	205	206	207	208	209	210	211	212	213	214	215
시간	224	343	532	453	382	492	404	438	522	467	376	369	451	399	456
비고								**P·S**					**P·P**		
온도	216	217	218	219	220	221	222	223	224	225	226	227	228	229	230
시간	474	585	443	543	373	439	469	605	564	596	499	539	469	479	
비고		**p4**				**P8**								**p16**	

에스프레소 블렌딩 1-2-3. / 인도네시아 만델링

태환 200 g / 열량 7.3 / 배출 온도 : 227℃ / 배출 시간 : 7′22″ / 수율 : 169 g(84.5%)

온도	201	202	203	204	205	206	207	208	209	210	211	212	213	214	215
시간	407	488	512	417	508	454	366	382	453	488	549	474	513	667	590
비고						**P·S**					**P·P**				**p4**
온도	216	217	218	219	220	221	222	223	224	225	226	227	228	229	230
시간	582	581	602	570	643	577	613	602	532	479	393	392			
비고				**P8**								**P16**			

신맛과 향기, 에스프레소 블렌딩 2-1. 섞어볶기(선블렌딩. Blending Before Roasting)

에티오피아 이르가체페:콜롬비아:브라질 = 5:3:2

태환 200 g / 열량 7.3 / 배출 온도: 229℃ / 배출 시간: 06′13″ / 수율: 172 g(86%)

온도	201	202	203	204	205	206	207	208	209	210	211	212	213	214	215
시간	410	343	340	356	379	405	374	360	374	399	292	316	326	339	393
비고									**P.S.**					**P.P.**	
온도	216	217	218	219	220	221	222	223	224	225	226	227	228	229	230
시간	478	459	439	471	461	588	395	588	327	580	532	538	365	469	
비고			**P4**				**P8**				**P12**			**P15**	

에스프레소 블렌딩 2-1-1. / 브라질 태환 200 g / 열량 7.3 / 배출 온도 : 229℃ / 배출 시간 : 06′13″ / 수율: 171 g(85.5%)															
온도	201	202	203	204	205	206	207	208	209	210	211	212	213	214	215
시간	377	358	344	433	328	379	398	416	408	366	305	351	355	360	363
비고								**P.S.**					**P.P.**		
온도	216	217	218	219	220	221	222	223	224	225	226	227	228	229	230
시간	366	412	328	363	341	389	315	424	420	315	361	380	266	498	
비고		**P4**				**P8**				**P12**				**P16**	

에스프레소 블렌딩 2-1-1. / 콜롬비아 태환 200 g / 열량 7.3 / 배출 온도 : 228℃ / 배출 시간 : 06′17″ / 수율 : 171 g(85.5%)															
온도	201	202	203	204	205	206	207	208	209	210	211	212	213	214	215
시간	452	386	318	300	488	395	415	392	485	401	304	228	385	346	321
비고								**P·S**					**P·P**		
온도	216	217	218	219	220	221	222	223	224	225	226	227	228	229	230
시간	440	451	342	295	355	491	475	438	416	384	447	586	366		
비고		**P4**				**P8**							**P15**		

에스프레소 블렌딩 2-1-1. / 에티오피아 이르가체페 태환 200 g / 열량 7.3 / 배출 온도 : 228℃ / 배출 시간 : 06′02″ / 수율 : 175 g(87.5%)															
온도	201	202	203	204	205	206	207	208	209	210	211	212	213	214	215
시간	369	382	360	344	318	365	392	364	325	354	364	343	409	336	386
비고								**P·S**					**P·P**		
온도	216	217	218	219	220	221	222	223	224	225	226	227	228	229	230
시간	401	515	473	597	662	822	578	580	450	480	567	477	461		
비고		**P4**				**P8**							**P15**		

에스프레소 로스팅 태환 200 g / 열량 7.3						
	Green Coffee	P·S	P·P	배출 온도	배출 시간	수율
구수 고소	B(50%)·M(30%)·C(20%)	206℃	211℃	227℃	10′23″	84.5% (169 g)
	Brazil	210℃	215℃	230℃	07′53″	85% (170 g)
	Colombia	208℃	213℃	229℃	07′24″	83.5% (167 g)
	Indonesia Mandheling	206℃	211℃	227℃	07′22″	84.5% (169 g)
신맛 향기	Y(50%)·C(30%)·B(20%)	209℃	214℃	229℃	06′13″	86% (172 g)
	Brazil	208℃	213℃	229℃	06′13″	85.5% (171 g)
	Colombia	208℃	213℃	228℃	06′17″	85.5% (171 g)
	Ethiopia Yirgacheffe	208℃	213℃	228℃	06′02″	87.5% (175 g)

거의 비슷한 온도에 배출해도 전체 배출 시간이 짧아지면 수율은 높아져 원두 무게는 달라진다. 동일한 온도에 배출해도 짧은 시간 내 로스팅을 마치면 신맛과 함께 좋은 향미 성분이 남게 된다. 로스팅을 통하여 유효한 성분이 잔존하게 한 결과 추출의 영역은 넓어진다. 정말 맛있는 에스프레소와 곤혹스런 맛의 차이가 너무 벌어진다. 모든 에스프레소를 일률적으로 쓴 맛 추출로 통일시키려고 하지 않는 한 로스팅을 통하여 추출해 낼 수 있는 범위는 너무 넓다. 동일한 추출 조건을 통하여 선 · 후블렌딩 원두를 수차례 커핑 시 선 · 후블렌딩에 대한 평가는 거의 동일하게 나타났으며 우열을 가릴 수 없었고 늘 반반의 선호도를 나타냈으며, 표시를 하지 않은 채 커핑 시에는 선 · 후블렌딩 커피 구별이 거의 불가능하였다.

문제는 여러 종류의 선블렌딩된 원두의 양에 정확한 비율로 담아지기가 거의 불가능하기에 세 가지 종류만을 로스팅하였는데, 각각 로스팅한 커피를 정확한 분배율로 혼합한 원두량과 똑같은 비율이라고 보기에는 어렵기에 오차범위 내 변수를 항상 유념해야 한다. 비교 커핑은 늘 여러 번에 걸쳐서 하되, 한 번의 경우에도 온도가 식어 감에 따른 향미 비교는 필수라고 할 수 있다.

맛의 일관성을 유지하기 위하여, 지속적인 관점에서 로스팅의 선 · 후블렌딩 중 변수가 적은 방법으로 선택하는 것이 좋다. 에스프레소 로스팅 시 선블렌딩과 후블렌딩의 장단점은 다르게 나타나는데 간단히 비교해 보면 다음과 같다.

에스프레소 로스팅과 블렌딩		
방법	장점	단점
섞어볶기 선(先)블렌딩 Blending Before Roasting	서로 다른 커피들이 일정한 속도로 로스팅이 진행되기 때문에 물리적인 상태를 비슷하게 맞출 수 있어 추출의 안정성이 높아진다.	커피의 성분 함량의 차이에 따라 각기 다른 나라별 커피 크기에 따라 로스팅 후 차이가 나는 다른 색을 나타내는 경우가 있다.
볶아섞기 후(後)블렌딩 Blending After Roasting	단종 커피의 특성을 충분히 발휘할 수 있는 로스팅을 통하여 개성을 드러낼 수 있으며 단종의 커피 양을 미리 확보할 수 있다.	로스팅 정도를 맞추어 배출해도 단종의 커피를 혼합하였을 때 동일한 색을 나타내기 어렵다. 수율 차이로 단종 재고가 늘 발생한다.

* 각 대륙별 생산지별 등의 단종 커피 특성을 충분히 인지하여야 한다.

에스프레소는 커피의 혁명이라고 불렸다. 추출 속도의 혁명이고 원가에서도 혁명이었다. 붉은 빛의 참기름을 짜내듯 반짝이는 윤기에 풍성함이 느껴지는 짜릿한 각성의 효과 만점, 하루를 시작할 때, 하루를 깨우기 위해 마신다.

에스프레소의 크레마의 색은 로스팅의 정도를 나타내며 향미를 예측하게 한다. 데마타세 가장자리에 내려앉은 크레마의 느낌이 거품층의 느낌보다 부드러운 질감의 오일리(Oily)한 적색이 살짝 가미된 황금색의 크레마, 신맛과 함께 고운 향기의 기운이 느껴진다.

에스프레소의 크레마가 없었다면 라테 아트는 불가능하다. 데미타세 잔에 백조가 그려져 에스프레소 마키아토 음료로 제공되었는데 다 마셔도 사라지지 않은 백조의 형상은 잘 추출된 에스프레소의 크레마 품질과 잘 생성된 우유 스팀이 그 원인이다. 라테 아트 역시 에스프레소의 크레마가 잘 추출되었을 때 보다 아름답게 그려진다.

6 커피 로스팅 가열 방법

커피의 향미를 결정하는 요소는 다양하다. 같은 나라와 지역에서 생산된 커피라도 당해 연도의 기후와 강우량, 평균 기온의 상승 등에 따라 미묘한 차이가 있다. 특히 커피의 유통과정과 보관 시 상태나 로스팅 방식 등은 커피 향미의 최종적인 결과에 매우 중요한 영향을 미친다.

로스터들은 이러한 변수를 정확히 파악하기 위해 꾸준히 샘플 커피를 받아 로스팅을 하고 커핑을 하면서 최적의 향미을 찾아가는 노력을 기울이게 된다. 열량과 투입량을 조절하는 것도 전체적인 로스팅 결과에 중요한 역할을 하는데 일정한 품질을 유지하려면 지속적인 실험과 데이터 분석이 필수적이며 다양한 방법들이 시도되고 있다.

6.1 다양한 가열 방법

커피의 향미 발현의 범위는 어디까지 가능할까. 다양한 로스팅의 방법 중 어떻게 로스팅을 하는 것이 최선일까. 이에 대한 답은 로스터가 다양한 방법에 따른 로스팅을 한 후 반드시 비교 커핑을 통하여 찾아가야 하는 결과물이다. 생산지별 대표적인 커피 향미를 가장 선호되는 향미로 발현되도록 로스팅을 마치는 것은 모든 로스터들의 과제다. 고급스럽게 느껴지는 신맛과 우수한 향기, 구수한 단맛과 고소하게 느껴지는 달콤한 향기의 발현 등 로스팅의 다양한 방법 중 5가지 대표적인 방법으로 로스팅한 도표를 통해 200℃ 이상, 즉 갈변 반응이 일어나는 온도 구간의 로스팅 시간을 비교하여 배출 후 결정되는 향미를 비교해 보기로 한다. 그러나 커핑에서 최우선의 향미로 평가된 방법이어도 지속가능한 로스팅의 방법으로 선택되어야 한다.

탄수화물 성분이 120℃ 이상으로 로스팅이 되는 경우 아크릴아마이드* 2군 발암물질이 검출되었고, 지나치게 볶은 태운 커피에서는 단백질 성분과 지방 성분이 탈 때 발생하는 1군 발암물질인 벤조피렌이 검출되었다. 어떠한 방법으로 커피 로스팅을 통해 커피의 매력적인 향미를 발현하든 이제는 건강 음료가 되기 위한 커피 로스팅이 더욱 연구되어야 한다.

*** 아크릴아마이드(Acrylamide)**

커피는 로스팅 방식에 따라 건강에 미치는 영향이 달라진다. 건강한 커피를 고르려면 아크릴아마이드 함량을 고려해야 한다. 아크릴아마이드는 국제암연구소(IARC)에서 발암 추정 물질(2A군)에 속하는 성분으로 체내에서 분해되지 않아 혈액 등 조직에 축적된다. 아직 동물실험에서만 발암성이 입증돼 인간에게도 암을 유발하는지에 대한 전문가들의 논쟁이 이어지고 있다. 아크릴아마이드 함량은 커피 로스팅 온도와 시간에 따라 달라지는데 커피를 높은 온도, 고온에서 장시간 볶으면 아크릴아마이드가 다량으로 발생할 수 있다. 인스턴트 커피가 원두커피보다 상대적으로 함량이 높게 나타났으며 커피를 65℃ 이상 뜨겁게 마시지 않는 한 발암 가능성이 높지 않다는 것이 국제암연구소(IARC)와 2023년 문헌 검토 연구의 결론이다. 그러나 실제로 커피가 암 발생 위험을 높인다는 강력한 근거는 부족하고 항산화 성분 등 긍정적인 효과가 다수 보고되고 있다.

6.1.1 스트레이트(Straight)

로스팅을 시작하고 끝날 때까지 초기 정해진 열량을 그대로 유지하고 로스팅을 마칠 때까지 열량 조절 없이 원하는 로스팅 포인트에 맞추어 배출하는 방법으로 가장 일반적이다.

Straight Roasting / 코스타리카 SHB, 태환 TR-200, 열량 7.3, Peak Point + 8℃										
배출 온도 216.5℃	201	202	203	204	205	206	207	208	209	210
	599	526	533	601	570	575	699	728	1148	1002

211	212	213	214	215	216	217	1℃ 올라가는 동안 소요되는 구간의 길어지고 짧아지는 정도를 살펴 필요 열원의 열량에 따라 달라지는 갈변의 생성 정도를 짐작할 수 있다.
1106	1155	1114	946	883	733	662	

6.1.2 더블(Double)

로스팅을 시작하고 끝낸 후 배출하고 냉각이 끝난 상태의 원두를 다시 투입, 원하는 로스팅 정도에 도달 후 배출하여 냉각하는 두 번의 로스팅을 반복하는 방법이다. 1차 크랙 시작, 정점 등의 기준을 적용할 크랙이 이뤄지지 않아 같은 온도에 배출하는 기준으로 로스팅을 한다.

Double Roasting / 코스타리카 SHB, 태환 TR-200, 열량 7.5(1st)-7.2(2nd)									
배출 온도 217℃								209	210
								548	505
211	212	213	214	215	216	217	위 도표의 스트레이트 로스팅이 끝나고 냉각 후 다른 방법의 로스팅 후 다시 투입하여 스트레이트 방법으로 2회 로스팅한 결과다.		
547	432	629	460	509	475	549			

6.1.3 쇼트(Short)

로스팅 시작 시 열원의 열 공급량을 최대치로 설정하거나 생커피 투입량을 줄이는 방법으로 끝날 때까지 정해진 최대치 열량을 그대로 유지한 채 고온 단시간 로스팅하는 방법이다. 모든 진행이 빠르게 이루어지므로 팽창이 다른 방법에 비해 보다 잘 이루어진 결과를 볼 수 있다.

Short Roasting / 코스타리카 SHB, 태환 TR-200, 열량 10.0										
배출 온도 218℃	201	202	203	204	205	206	207	208	209	210
	400	358	406	468	377	372	356	435	498	455
211	212	213	214	215	216	217	218	1℃ 올라가는 동안 소요되는 구간이 다른 방법에 비해 짧아진 결과, 다른 방법에 비해 고온에 짧은 시간 노출되었다.		
471	620	555	678	643	683	693	439			

6.1.4 S-커브(S-Curve)

로스팅을 시작하고 끝날 때까지 정해진 열량으로 진행하다가 갈변의 시작인 1차 크랙 시작 구간에서 본래 설정한 열량보다 줄여(7.3에서 6.2) 일반적으로 선호도 높은 향미 발현 구간인 1차 크랙 구간을 길게 가져가는 방법이다.

S-Curve Roasting / 코스타리카 SHB, 태환 TR-200, 열량 1.0(투입), 7.3(190℃), 6.2(205℃)																
배출 온도 217℃							201	202	203	204	205	206	207	208	209	210
							455	500	463	507	438	379	482	394	526	437
211	212	213	214	215	216	217	로스팅 시작 후 건조가 끝나는 즈음인 190℃에서 7.3, 가장 활발히 갈변이 시작되는 205℃에서 6.2로 줄여서 217℃에서 배출									
462	694	683	565	718	875	1016										

6.1.5 슬로(Slow)

로스팅을 시작하고 끝날 때까지 시작 시 설정한 낮은 열량을 유지하여 전체 로스팅 시간을 천천히 로스팅, 저온 장시간 로스팅하는 방법이다.

Slow Roasting / 코스타리카 SHB, 태환 TR-200, 열량 6.5																			
191	192	193	194	195	196	197	198	199	200	201	202	203	204	205	206	207	208	209	210
912	914	846	875	952	1051	1073	960	969	975	985	1027	1132	1375	1553	2954	4825	2652	3556	1805
211	배출 온도 211℃						낮은 열량을 주어 로스팅을 진행하니 고온에 오랜 시간 노출되어 다른 방법과 같은 온도 배출이 불가능(색이 진함), 원두 색 기준으로 배출												
1172																			

6.2 다양한 가열 방법에 의한 커피 상태

동일한 조건의 로스터기와 동일한 커피로 로스팅 시, 열량의 조절과 로스팅 횟수 등에 차이를 두었을 때 나타나는 커피의 상태를 커핑을 통해 비교해 보면 같은 원산지의 동일한 조건의 커피임에도 놀랄 정도로 향미의 차이가 벌어진다는 것을 알게 된다. 선호도에 따라 선택하게 되는 기준과 방법이 다르겠지만 많은 커핑의 결과 Short > Straight > S-Curve > Slow or Double 순으로 선호도를 보였다.

다양한 가열 방법에 의한 커피 커핑		
스트레이트	같은 열량으로 끝까지	가장 일반적인 방법으로 신단맛의 균형적인 향미 발현
더블	전체 로스팅을 반복. 배출, 냉각 후 다시 투입	가장 밋밋한 맛으로 품질 좋은 커피는 지양, 단순 커피 향
쇼트	최대 열량으로 끝까지	스트레이트와 함께 항상 가장 높은 선호도, 신단맛 보존 탁월
S-커브	건조 종료 부분과 갈변 시작 구간 늘려 배출	분쇄 시 깔끔한 향기, 맛은 밋밋하나 향기 발현은 다소 우월
슬로	최저 열량 느려진 시간, 낮은 온도 배출, 냉각	밋밋하고 단순한 커피 향미, 탄 맛의 선명한 생성

6.3 로스팅의 가열에 따른 커피 추출

로스팅의 이유는 추출이다. 추출을 하도록 만드는 주요 과정이 로스팅인데 로스팅 결과에 따라 추출의 조건이 결정된다. 커피의 향미는 로스팅에 의해 결정되는 부분이 지배적이다. 로스팅 전, 추출을 먼저 고려하여 추출 시 결과에 대한 향미를 예측하여 향미의 발현을 위한 로스팅이 설계되어야 한다.

로스팅의 가열에 따른 커피 추출 이해				
구분	Peak + ℃	향	맛	추출
1	P.P.	강한 신 향	곡물, 나무, 풀 맛	커피의 성분은 조성되었으나 거의 추출 불가능
2	P4	신+밋밋, 단 향	탁함, 거친 맛	팽창 부족으로 추출 시 가는 분쇄 추천. 뜸들임 필요. 추출 물의 온도 반드시 높일 것, 드립 추출도 다소 어려움
3	P8	상큼, 신 · 단 향	신단맛, 조화로움	신단맛이 조화롭게 어우러짐, 추출 온도를 높여 상큼한 신단맛 추출 권장. 드립 추출에 적절한 로스팅 포인트
4	P12	신 · 단 향, 너트	풍성한 신단맛	아메리카노 단맛 위주의 Esp 추출, 인퓨전 추출 적용, Esp의 바디감보다 맛 위주의 아메리카노에 적절
5	P16	캐러멜, 초콜릿	약신, 단, 쓴맛	신단맛의 Esp와 아메리카노 가능, 인퓨전 선택, 드립 추출 시 쓴맛, 추출 액량으로 조절, 전자동 Esp 머신 최적 커피
6	P20	초콜릿, 고소	신단맛, 쓴맛 강함	반자동 Esp 머신 25초 25 mL 최상의 크레마 색과 맛 가능
7	P24	쓴 향, 캐러멜	쓴맛과 시큼한 맛	쓴맛과 시큼한 부정적 톡 쏘는 신맛, 베리에이션 음료용
8	P28	쓴 · 탄 향, 묵직	쓴 · 탄 맛	강한 쓴맛, 탄 맛 시작, 추출 기술 적용하기, 30 mL 이하 추출
9	P32	아크릴, 약품	강쓴, 강탄	쓴 · 탄 맛 지배적, 추출의 차이가 거의 없음, 타다 남은 재의 느낌
10	P36	고무 탄 향	탄탄탄 맛, 빈 맛	추출 기술 의미 없음, 쓴 · 탄 맛, 쓴 · 탄내, 식으면 더욱 탁해짐

* Esp = Espresso

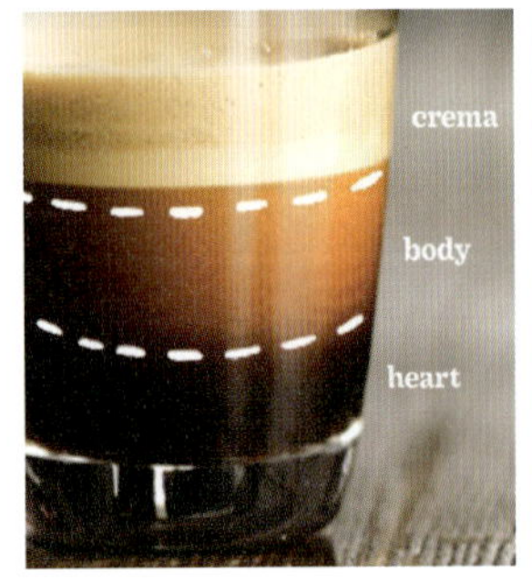

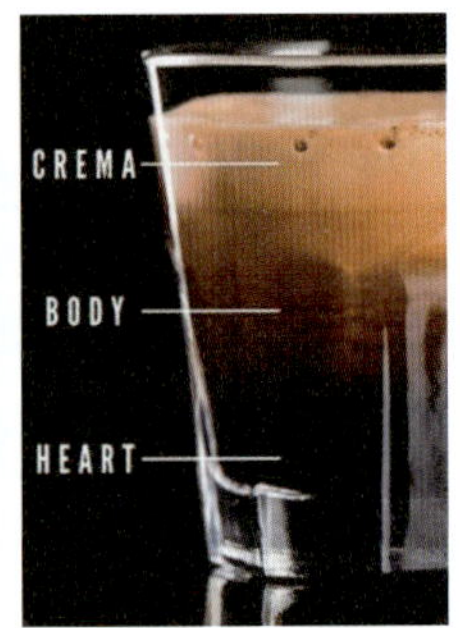

7) 커피 로스팅 종료와 관리

7.1 배출과 냉각

로스터가 원하는 기준에 맞게 로스팅 정도가 진행된 원두는 드럼에서 배출이 되자마자 곧바로 냉각으로 이어져 로스팅 정도가 더 이상 진행되지 않도록 반드시 주의를 기울여야 한다. 대형 로스팅을 하는 경우, 하루 로스팅 양이 대량화될수록 배출 후 빠른 냉각은 로스팅 포인트를 지키는 가장 중요한 일이다. 대형 로스팅 원두 제조사의 경우 정전 시를 대비하여야 하며, 배출 시간이 길어지는 경우 배출되어 냉각되는 원두와 아직 드럼 안에 남겨진 원두 사이에 로스팅 정도의 차이가 발생하므로 최대한 동시 배출과 동시 냉각을 목표로 계획하고 설계해야 한다.

로스팅 정도가 강하게 계획된 경우 원두는 발열의 상태일 수 있으니 더욱 예민하게 배출과 동시에 냉각을 늘 미리 결정해 두어야 한다. 냉각을 시작하는 쿨링 모터를 미처 누르지 못하고 배출한 원두가 다소 강하게 볶아진 경우 원두는 발열 상태에서 배출되어 삽시간에 까맣게 타 버리게 되고, 심지어 화재로까지 이어질 수 있다. 가능한 짧은 시간에 공기 냉각이 이루어져야 하는데 로스팅하는 커피 용량이 많아질수록 첫 배출 후 드럼 내 용량의 원두가 다 배출되기까지의 시간이 최대한 짧아야 한다. 각자의 로스팅으로 전체 원두가 배출되는 시간이 어느 정도 되는지 체크하고 냉각기를 미리 켜 놓아야 한다.

SCA의 경우 커핑 규정, 로스팅 부분에서 보면 로스팅이 끝난 후 반드시 공기 냉각한 원두로만 커핑을 하게 되어 있는데 향미 보존을 위한 중요성을 일깨워 주고 있다. 대용량 로스터기의 경우 원두를 짧은 시간 안에 공기 냉각하는 것은 거의 불가능하여 물 분무 냉각의 급속 냉

동 구조로 이루어진다. 급속 냉동이란 냉동고에 넣는 이치로 원두를 더 이상 로스팅이 진행되기 전에 순식간에 냉동화하는 것을 의미 한다. 소형의 로스터들이 대부분 4분 안의 공기 냉각에 맞추어 있는데 대용량 로스터의 배출과 냉각은 완벽한 로스팅의 포인트를 결정지은 후 더 이상 진행되지 않기 위하여 반드시 미리 고려해야 한다. 배출 시작 후 마지막 원두가 배출될 때까지 몇 초 정도가 소요되는지 살펴야 한다.

어느 시점에서 온도와 시간에 배출하느냐가 향미의 결정적인 원인이 되지만, 배출 순간 가능한 공기 냉각을 권장하지만 최대한 빠른 시간 내 냉각을 통하여 원하는 로스팅 포인트가 유지되도록 해야 한다.

7.1.1 로스팅 종료 후 실천 사항

① 로스터가 원하는 로스팅 정도에 도달하기 2~3℃ 전에 쿨링 모터(Cooling Motor, 냉각기)를 가동, 냉각 배기 조절 레버를 1로 변경하여 빠른 속도로 냉각되도록 한다. 쿨링 모터를 가동하면 냉각 교반기가 작동하여 송풍기의 회전력이 강해진다.

② 로스팅 포인트에 도달하면 드럼 내 원두를 배출한다.

③ 충분히 예열되고 달궈진 드럼 내 잔열을 이용하여 연속적인 로스팅을 할 때는 이전 로스팅 배출 온도에서 5~10℃ 전, 일정한 온도 전에 생커피를 로스터의 호퍼 내에 담아 둔다(일정한 투입 온도를 미리 정하는 경우도 있는데, 건조 시간을 단축하기 위하여 배출 후 즉시 투입되는 방법도 사용하고 있다).

④ 이전 로스팅된 원두를 모두 배출한 후 호퍼에 미리 담아 놓은 커피를 투입한다.

⑤ 타이머를 0으로 조절하고 가스의 압력과 냉각 배기 조절 레버를 확인한다.

⑥ 호퍼 속의 커피가 잔여분 없이 투입된 것을 확인하고 개폐구를 닫는다(원두가 다 배출되기 전에 생커피가 투입되어 생커피가 그대로 원두와 섞여 배출되지 않도록 주의한다. 가끔 생두가 섞인 원두는 그라인더의 날을 손상케 하며, 다른 피해도 크다).

⑦ 냉각이 끝난 원두를 냉각기로부터 분리, 배출 후 3분 30초~4분 정도가 지나면 냉각 배기

조절 레버를 배기 쪽으로 돌려 중앙에 놓고 냉각 교반기를 열어 원두를 배출한다.

⑧ 원두 배출이 완료되면 냉각 교반기의 배출구를 닫고 로스팅 진행 상태를 살핀다.

⑨ 전체 로스팅이 완전히 종료되면 열전달 공급원의 버너를 잠근 후 로스터기의 가스 밸브와 가스 공급 장치를 꼼꼼하게 챙겨 잠근다.

⑩ 항상 로스터기 옆에는 반드시 소화기를 준비해 두고 만약의 사고에 대비한다.

⑪ 전체 로스팅이 끝나면 냉각 배기 조절 레버를 배기 쪽으로 돌리고 가스 밸브를 잠근 후 로스터기를 공회전시키며 40℃에서 최소 80℃ 이하의 온도까지 서서히 식힌다.

⑫ 로스터기의 온도가 상온과 같아지는 온도로 표시되면 은피 서랍통, 사이클론 아래 은피 통을 비우고, 냉각 교반기 아래의 빈 공간도 청소한다. 미처 비워 내지 못하고 청소하지 않은 채 모아진 은피는 다음 로스팅 때 뜨거워진 연기로 인해 화재의 원인이 되므로 반드시 로스터기의 온도가 내려가면 모아진 은피를 모두 비워 내고 청소한다.

* 참고 : 로스터기의 청소는 로스터의 사용량에 따라 그 주기가 달라질 수밖에 없다. 사용을 하지 않고 오래 방치하는 것은 더욱 위험하다. 로스터를 생산한 회사마다 각 회사의 홈페이지에 들어가면 로스터기 청소 동영상을 통해 자세한 설명하고 있다. 로스터기 청소 대부분의 원인은 로스팅 시 탈피되는 은피인데 연기를 배출하는 통로인 연통의 경우와 연통이 꺾여서 올라가는 부분은 더욱 관리가 필요하다. 장비 없이 청소는 거의 불가능하므로 늘 전문가의 조언을 들으면서 로스터기의 성능 유지와 위생, 화재 예방을 위하여 내부와 블로워, 관이 막히지 않도록 주의 깊게 살피고 주기적인 청소를 하여야 한다. 점화의 어려움, 자주 꺼지는 현상, 탄 냄새가 나는 등 향미에 좋지 않은 영향을 주는 것으로 나타난다.

출처 https://www.youtube.com/watch?v=fMMhrauSL0Q

7.1.2 로스팅 종료 이후 관리

로스팅을 마친 커피는 다양한 향미 성분을 함유하게 되는데 이러한 향미 성분은 변화하기 쉬운 특성을 갖고 있다. 한 잔의 음료가 되기 전까지 로스팅 직후에 함유한 성분이 추출까지 이어질 수 있도록 품질 보존을 위한 관리는 매우 중요하다. 신선한 원두로의 보관*과 포장, 유통 과정은 로스팅이 끝난 직후부터 산화와 산패 과정을 최대한 늦추는 방법으로 이어져야 한다. 나무에서 잘 익은 커피 열매는 수확의 과정에서부터 변질이 시작되어 로스팅을 마친 이후의 산패 속도는 무척 빠르게 진행된다. 모든 원두 생산 회사가 로스팅 이상으로 연구하는 과제가 로스팅 후 관리, 즉 신선함의 유지 관련 분야이다.

생커피의 가격과 로스팅을 끝낸 원두커피의 가격은 제조사마다 다르겠지만 상당한 차이를 보인다. "스타벅스는 에티오피아의 고집을 꺾을 수 없다고 판단해 손을 든 것이다. 여기에는 커피 원료 1파운드(0.45 kg)를 75센트(695원)에 사들인 뒤, 0.5파운드를 13달러(12,051원)에 파는 '불공정 무역'을 규탄하면서 스타벅스에 압박을 가해 온 서구 비정부기구의 기여도 컸다"(한겨레, 2007. 06. 21. 기사). 원두가 되면 가격 상승폭이 달라지는 이유는 여러 가지 요인 가운데 수명이 짧아진다는 것에 있다고 해도 과언이 아니다. 유통 기한 내 판매되지 못하는 원두는 산화와 산패, 변질된 원두가 된다.

커피의 가치는 향미에 있고 로스팅을 마친 원두 안의 향기는 지속적으로 날아간다. 향기의 속성은 날아간다는데 있다. 붙잡아 둘 수 없는 속성으로 날아가는 속도를 늦추는 것으로 해답을 찾아야 한다.

> "커피는 영양을 위하여 사거나 마시지 않는다. 우리는 커피를 중량으로 사며 잔으로 값을 지불하지만 그 가치는 양이 아닌, 맛과 향기로만 매길 수 있다. 커피의 가치는 소비자에게 즐거움과 만족을 주는 데 있으며, 그것은 맛과 향기, 생리적 · 심리적 효능으로 이루어진다."
>
> -마이클 시베츠(Micheal Sivetz)
>
> "신선하고 풍부한 향이 살아 있는 커피" - 문준웅

신선한 원두는 공기 중의 산소와 만나면서 증발(Evaporation), 반응(Reaction), 산화(Oxidation)의 3단계를 거친다. 공기 중에 만나는 각각의 환경적 요소에 따라 변화의 속도가 달라지는데 SCAA의 커핑 규정에 의하면 로스팅을 끝낸 지 8시간에서 24시간 안에 커핑을 하도록 되어 있다. 보관의 방법에 따라 다르지만 24시간이 지나면 산화되기 시작하고 커피의 품질이 변화한다는 것을 의미하는 반증인데 그만큼 원두의 신선도는 중요하다.

단단한 밀도의 생콩이 로스팅을 통하여 현무암과 같은 다공질(多孔質, Vesicular)의 상태로 변화하게 되는데, 열을 흡수하여 수분이 증발되는 화학적 변화가 이루어져 이산화탄소가 다공질 안으로 들어가 채워지면서 부피가 늘어나고 무게는 줄어들게 된다. 수분이 이산화탄소로 변화하는 과정인데 원두 1 g당 2~5 ml 정도 발생하고 대부분 이산화탄소(CO_2)로 채워진 다공질 안의 기체는 시간이 지날수록 외부의 환경 조건에 따라 속도의 차이를 두면서 날아가고 새로운 화학적 반응을 일으킨다.

다공질의 상태는 추출을 용이하게 하면서 산패를 가속화하는 원인이 된다. 다공질 상태의 원두는 공기 중에 포함된 다양한 물질과 만나 다공질 안으로 침투하여 변화가 시작되는데 환경적인 원인은 크게 네 가지로 공기(산소), 습도(습기), 햇빛, 온도다. 원두의 산패를 근원적으로 막을 방법은 아직 없고, 환경 조건에 따라 산화와 산패 속도가 좌우되어 변질이 가속화되므로 신선도를 유지하기 위해 분쇄하지 말고 원두 상태로 최대한 산소와의 접촉을 피하고 습도와 온도의 관리가 중요하게 우선되어야 한다.

원두의 산패란 지방의 변질을 의미하며 공기 중의 산소와 반응하여 유기물이 산화되어 지방산을 발생시키고 항산화 물질은 감소하고 향미는 시큼하고 불쾌한, 오래된 재떨이에서 나는 쾌쾌한, 찌들어진 담배 재 냄새로 바뀌고 악취로 변하게 된 독(毒)으로 남겨진 재(滓)의 상태가 된 경우다. 커피의 지방 성분은 14~17% 최대 18%로 로스팅 과정 중 내부 압력으로 인한 팽창 등의 부서짐으로 인해 덩어리로 존재하던 지방이 유동성 있는 기름이 되어 내부의 기체 압력으로 인해 세포벽이 깨진 채 통로를 만들어 내어 표면으로 흘러나온다. 강하게 볶을수록 산화와 산패가 가속화되고 수명이 짧은 이유가 된다.

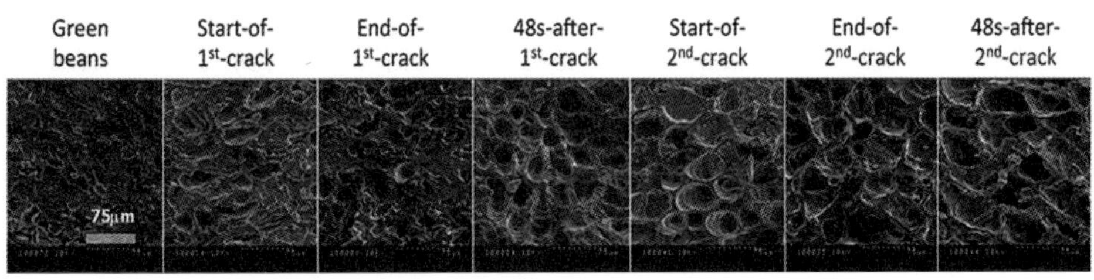

SEM images tracking the progress of a roast. Modified from Wang.

출처 https://www.coffeesciencelab.com.au/blog...oscope-iii

① **공기(산소)** : 원두가 공기 중의 산소와 만나게 되면 산소를 흡착하여 산화 작용으로 산패가 진행된다. 포장된 용기 안에 소량의 산소가 존재한다면 그 용기 안의 원두는 용기 안의 소

량의 산소만으로도 산패된다. 산화 속도는 공기 내 산소량과도 연관이 있으므로 최대한 공기를 빼낸 상태에서 포장하여야 한다. 산화와 산패의 정도는 분쇄 전 혹은 마시기 전에 후각을 통해 구별하는 것이 좋다.

② **수분(습도)** : 로스팅을 끝낸 커피는 다공질의 형태로 변화되어 흡습성이 매우 강해지므로 즉시 방습되는 포장을 하여 습기가 흡수되지 않도록 해야 한다. 대략 상대습도가 100%일 때 3~4일, 50%일 때 7~8일, 0%일 때는 3~4주 후에 변패되는 것으로 나타나 습도가 높을 때는 포장 시 방습제도 고려해야 한다. 포장 시 소량으로 나누어 분쇄하지 않은 통커피 상태로 보관하되 포장지에서 꺼낸 경우는 바로 분쇄하여 사용하고, 특히 오랜 시간 보관할 경우 냉장보다 냉동 보관을 추천하는데 냉동 보관 후 꺼낼 경우 대략 24시간 정도의 해동 시간을 거쳐 포장지에서 꺼내 사용하도록 한다.

③ **저장 온도** : 원두의 저장 온도가 높을수록 산화 속도는 빨라진다. 상온(25℃)의 경우, 냉장 온도(5℃)에 보관할 때보다 산화 속도가 5배 빨라진다. 소량으로 나누어 포장 후 냉장고에 보관한 원두는 상온에 보관한 원두보다 산화 속도가 5배 정도 느려진다. 또한 30℃ 이상의 온도에서는 10℃의 경우보다 10배 이상 빠르게 산화한다고 보고되고 있는데, 커피 생산 국가들의 경우 적도 근처의 열대 기후이므로 로스팅이 끝난 원두의 보관에는 다소 치명적인 환경 조건을 가지고 있다고 해도 과언이 아니다. 최대한 낮은 온도에서 보관하는 것이 좋으며 냉장 보관의 경우 다른 음식들로 인한 오염을 예방해야 하며 햇빛이 비치지 않는 그늘에 보관하여 저장과 보관의 온도를 높이지 않도록 주의해야 한다.

④ **로스팅 정도와 분쇄** : 로스팅 정도가 강할수록 다공질 형태가 더욱 다공화되어 산패 속도는 빨라진다. 분쇄된 상태라면, 가늘게 분쇄할수록 공기와의 접촉 면적이 넓어져 산패 속도가 더욱 빠르게 진행된다. 분쇄는 추출하기 바로 직전에 해야 한다. 에스프레소의 경우 미리 갈아 둔 원두는 밍밍한 맛의 원인이 되고 크레마가 얇아지고 연한 색을 만드는 원인이 된다.

*** 원두 보관**

- **용기에 담아 밀봉(공기 속 산소 차단)하여 최대한 햇빛이 들지 않는 서늘한 곳에 두고 가능한 빠른 시일 내 소비한다(유리병 보관의 경우 유리병 안에 소량의 산소만 존재해도 용기 안의 원두는 소량의 산소로 인해 산패된다. 유리병이 아닌 다른 용기도 동일한 결과가 된다).**
- **반드시 분쇄하지 않은 원두 상태로 밀봉한다. 분쇄했다면 즉시 소비하도록 한다.**
- **가능한 소량으로 나누어 포장하되 포장된 원두 개봉 후에는 가능한 빠른 시일 내 소비한다.**

 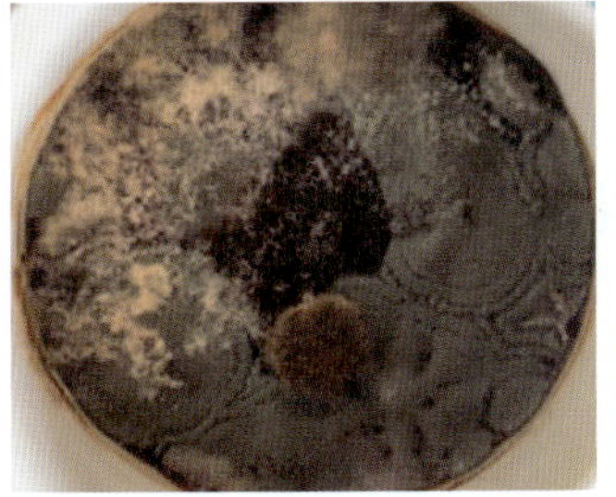 

추출된 커피에 핀 곰팡이

출처 www.dreamstime.com, www.freepik.es/fotos-premium

대한민국 커피 소비 1년 405잔, 세계 2위. 세계 평균 152잔의 3배에 이른다. 프랑스 551.4잔(1위), 미국 318잔(3위). 2022년 국내 커피 시장 규모는 3조 1,717억 원, 전국 커피전문점 9만 6,650개(출처 : http://www.newsian.co)에 이른다. 위 사진은 추출된 커피음료에 곰팡이가 핀 사진들이다. 커피는 언제나 곰팡이의 공격을 받지만 곰팡이가 피기 전 산패는 반드시 냄새로 먼저 드러난다. 소비자가 스스로 신선한 향이 살아 있는 커피를 검증해 낼 수 있도록 후각 훈련할 것을 권장한다.

8 로스팅된 커피의 포장

로스팅이 끝난 커피는 로스팅을 마친 직후부터 다공질의 형태로 변화하여 가스를 방출하게 되는데 로스팅을 마친 커피를 곧바로 포장지에 담아 실링(Sealing, 밀봉기)을 해 두면 풍선처럼 부풀어 올라 터지기 직전까지 계속해서 가스가 방출된다. 로스팅이 끝나면 보관과 동시에 곧바로 포장하는 것이 가장 바람직한데 가스가 자연스럽게 빠져나가고 공기 중의 산소는 다공질의 원두에 흡착되지 않도록 올바른 기능성을 겸비한 포장을 해야 한다.

① **방습성** : 급속 냉각이 되거나 대기 중 습기에 노출되면 원두에 미생물이나 박테리아, 심지어 썩거나 곰팡이 발생의 원인이 될 수 있으므로 반드시 습기가 차단되는 기능성 포장지를 선택해야 한다.

② **차광성** : 햇빛의 자외선은 나쁜 영향을 미치므로 자외선이 차단된 보관을 원칙으로 한다.

③ **방기성** : 공기 중의 산소를 반드시 차단해야 한다. 포장 후 포장지에 남은 공기 또한 압력을 이용하여 빼내는 진공 포장법과 탈산소제 등을 이용하여 산소를 최대한 빼내야 한다.

④ **보향성** : 품질을 유지하기 위하여 향기를 보존하는 기능성 포장지를 선택한다.

8.1 올바른 원두 포장 방법

로스팅을 마친 후 시간이 지날수록 다공질의 형태에서 계속적으로 가스를 배출하고 공기와의 접촉으로 산화와 산패가 진행되므로 가능한 빠르게 포장을 끝내 향미 성분이 최대한 남아 있는 상태에서 추출에 들어가도록 한다. 포장의 방법과 포장지의 재질 등이 중요하며 포장은 소비자들에게 제품에 대한 정보를 전달하는 역할에 충실하고 잔여분의 보관 기능에 타당한 요건을 갖추어야 한다.

8.1.1 밸브 포장(기체 방출 밸브)

가장 많이 사용되는 방식은 아로마 밸브(포장된 상태에서 커피의 향을 맡고 싶을 때 밸브를 코에 가까이 하고 누르기를 반복하면 밸브를 통해 포장지 안의 커피 향을 맡을 수 있고 맛 또한 짐작할 수 있다), 프레시 밸브(커피 향을 통해 신선함의 정도를 감지할 수 있다), 원웨이 밸브(One-Way Valve)라고 부른다. 로스팅을 마친 원두에서 지속적으로 방출되는 가스는 밀폐 포장 후 계속 방출, 심한 경우 풍선처럼 되다가 결국 터지게 된다. 내부 압력이 외부에 비해 커질 때 밸브 속, 고무 디스크 사이가 벌어지면서 이산화탄소가 자동적으로 빠져나가게 되고, 외부의 공기는 안으로 들어갈 수 없다. 일정 시간 경과한 후 내 · 외부 압력이 같아지면 고무 디스크는 밀착되어 외부의 산소 등을 차단하게 된다.

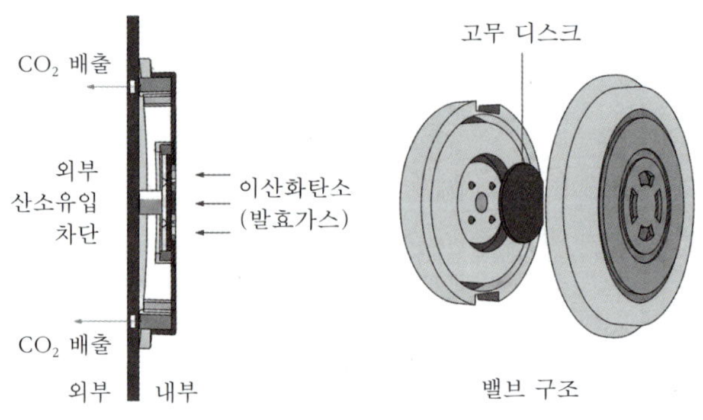

자료 https://www.suancoffee.com/ 수정

8.1.2 진공 포장

방습, 차광, 방기 기능의 포장지에 포장하여 신선도를 유지, 보존하는 방식으로 가장 오래된 방식이다. 금속제 용기를 대신하여 가스가 통과하지 못하는 복합 필름을 이용한 진공 포장이 주로 사용되는데, 내부의 공기를 얼마나 최대한 빼내고 차단하느냐가 주요 관건으로 캡슐이나 드립백 포장에 주로 사용된다.

출처 https://youtube/slxvCuf-vzo

8.1.3 질소 포장(가스치환방식- Modified atmosphere packaging, MAP)

포장 내 공기를 최대한 빼낸 후 남은 공기를 질소로 바꾸어 보존 기간을 늘리는 방법이다. 질소 포장 시에는 포장 내의 산소가 1% 미만이 되도록 제거하는 진공 상태가 되어야 한다. 진공의 상태에서도 잔존 공기가 존재하게 되는데 이를 질소 가스로 치환시켜 포장 내 산소 함량을 극최소화하는 포장 방법이다. 변환된 질소 가스는 인체에 무해한 식품용 질소 가스이며 불활성 기체이므로 화학 반응을 일으키지 않아 원두의 산화를 최대한 막을 수 있으나 알루미늄 캔을 주로 사용하게 되어 비용이 많이 드는 단점이 있다. 현재까지 원두 포장 방법 중 가장 오랜 기간 신선한 원두를 유지하는 방법으로 알려져 있다.

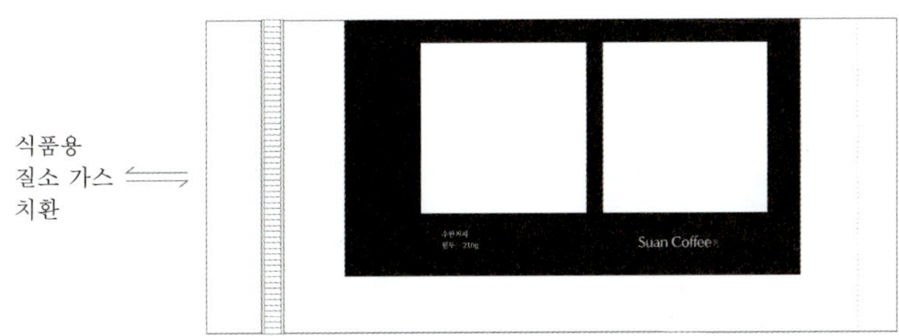

출처 https://www.suancoffee.com/

8.1.4 탈산소제

밀봉 용기나 포장지 안에 탈산소제를 넣어 용기 안에 존재하는 소량의 산소라도 빼내거나 제거하여 산화를 방지하는 방법이다. 산소를 투과하는 종이 또는 플라스틱 필름 안에 산소를 흡수하는 소재를 넣어 포장하게 되는데 탈산소제(의류나 음식, 라면 등 포장 시 신선 보존제로 산소 흡수제 가스 역할의 작은 포장재를 말하며 뜯어 보면 투명의 작은 알약과 같은 형태)를 넣어 잔존 산소를 제거한다.

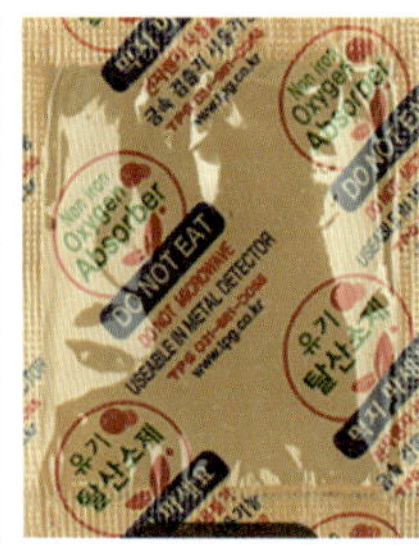

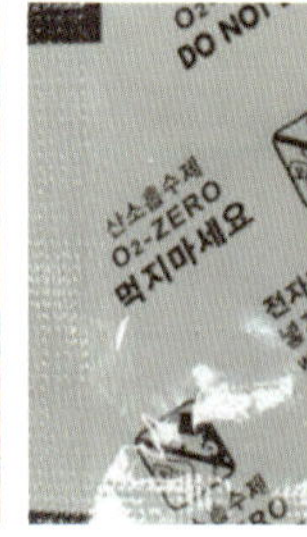

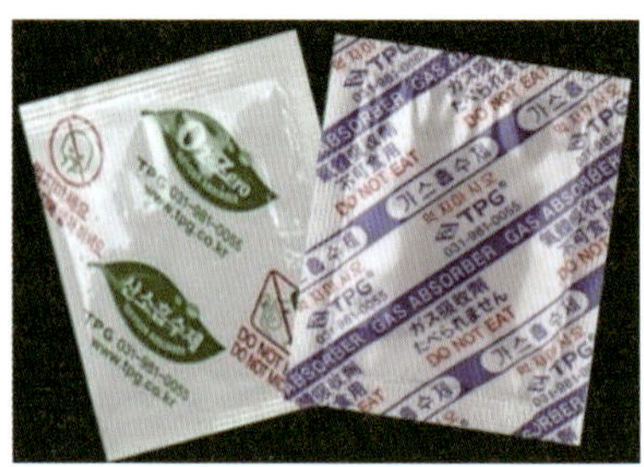

8.1.5 포장지 재질

포장지의 재질은 원두의 산화와 산패를 최대한 늦추고 가능한 로스팅 후의 품질을 그대로 유지하는 데 매우 중요한 역할을 한다. 포장 외부의 산소나 습기가 내부로 침투하여 산화 반응을 유도하기 때문에 이를 차단하고 보호할 수 있는 포장 재질을 선택해야 한다. 포장 재질에 따라 산소투과율은 달라지는데 알루미늄(Al)은 두께가 1.0 mil(0.0254 mm) 이상일 때 완전한 산소 차단성을 지니지만 유연하지 않아 포장지로 사용이 어렵고 알루미늄 증착 필름(PET 필름 등 다양한 기재에 알루미늄 등 증착을 통해 다양한 기능을 부여한 고기능성 필름으로, 식품 포장

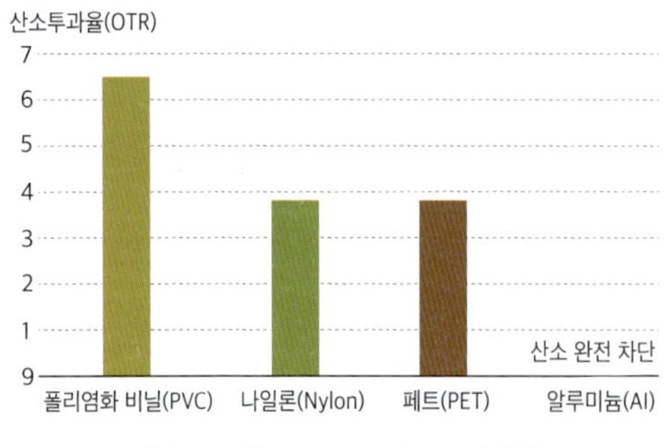

자료 https://www.suancoffee.com/ 수정

출처 https://ko.aliexpress.com/

부터 산업용까지 다양한 산업에서 사용된다)을 사용한다. 알루미늄 증착 필름 포장지는 산소와 습기 차단성이 뛰어나 커피의 품질을 더 오래 보존한다.

산화 방지를 위한 다양한 방법을 소개하였으나 최상의 해결책은 후각을 통하여 산화된 커피를 소비자가 스스로 걸러내는 것이다. 항상 커피를 마시기 전 가능한 자신의 후각을 통하여 먼저 산패된 원두나 추출 후 오래된 커피는 가능한 거부하는 것이 좋다. 속이 쓰려오거나 두통이 심해진다는 부작용이 느껴질 때 지나친 카페인 과다 섭취나 재료가 된 원두의 산패가 원인일 수 있다.

원두의 포장은 향미 보전과 함께 소비자들에게 원두의 정보를 전달하는 역할을 한다. 그러나 포장지에 표기된 내용을 읽으면서 알게 되는 것보다 손쉽게 알 수 있는 방법이 원두를 소비자들에게 보여 주는 방법이다. 생두의 생김새와 로스팅의 정도 등 다양한 정보를 읽기 전, 눈에 보이는 색감으로, 생김새로 향미를 예측하게 해 주는 방법은 불투명한 포장지에 적혀진 내용만으로 소비자들이 직접 구매하게 하는 방법보다 소비자들이 원두의 상태를 실제 확인하게 되면서 구매 욕구가 생겨날 수 있게 하는 방법이다.

8.1.6 원두 정보 표기

로스팅된 원두 판매 시 커피/원두 식품위생법 제10조에 의거한 한글 표시 사항들이 적혀 있어야 한다. 제품명, 식품의 유형, 원산지, 제조 및 (수입)판매원, 유통 기한, 제조 일자, 내용량, 원재료명, 포장 재질, 보관 방법, 반품 및 교환처, 고객 상담실 번호, 부정 · 불량 식품 신고는 국번 없이 1399 문구 등이 들어가야 한다. 각 구청에 식품제조업 신고를 마쳐야 하며 위생법에 따라 적용되어야 한다.

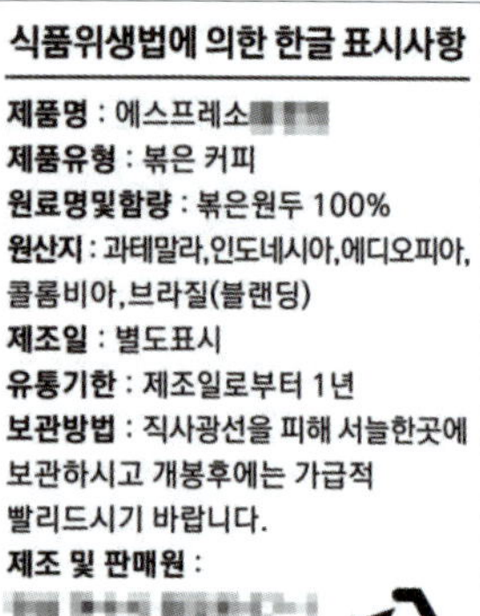

식품위생법에 의한 한글 표시사항

제품명 : 에스프레소
제품유형 : 볶은 커피
원료명및함량 : 볶은원두 100%
원산지 : 과테말라,인도네시아,에디오피아,콜롬비아,브라질(블랜딩)
제조일 : 별도표시
유통기한 : 제조일로부터 1년
보관방법 : 직사광선을 피해 서늘한곳에 보관하시고 개봉후에는 가급적 빨리드시기 바랍니다.
제조 및 판매원 :
포장재질 : 폴리에틸렌
반품 및 교환 : 판매처

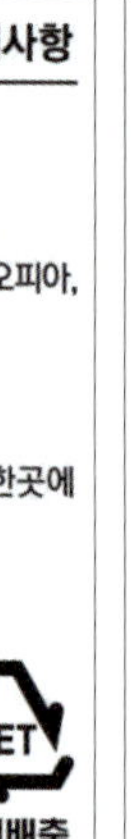

식품위생법에 의한 한글 표시사항

•제품명 : Espresso
•식품유형 : 원두커피
•제조원 :
•원료명 및 함량 : 수입산 아라비카 원두 100%
•중량 : □ 500g □ 1kg
•유통기한 : 제조일로부터 1년
•보관방법 : 직사광선을 피해 밀봉 실온보관
•포장재질 : 폴리에틸렌(내면도포)
•반품 및 교환 : 구입처 또는 판매원
본 제품은 공정거래 위원회 고시 소비자 피해보상 규정에 의거 교환 또는 보상받을 수 있습니다.
소비자 불만 등의 신고는 국번 없이 1399
제조일 :

제품명	폴 바셋 시그니처 블렌드-풀 포텐셜	식품유형	커피
내용량	1,010g	품목보고번호	2019045670638
포장재질	폴리에틸렌(내면)		
제조원	씨케이코퍼레이션즈(주)충청남도 천안시 서북구 성거읍 모전1길 292-53		
유통전문 판매원	엠즈씨드(주) 서울시 강남구 도산대로 75길 20		
보관방법	서늘한 곳에 밀폐보관		
원재료명 및 함량	커피원두100%(브라질60%,에티오피아40%)		
품질유지기한	제품 후면 표기일까지		
반품및교환처	구입처 및 판매원	고객센터	1899-8829
주의사항	•본 제품은 소비자 피해보상 규정에 의거, 교환 또는 보상받을 수 있습니다.(질소충전) •부정·불량식품 신고는 국번 없이 1399		

이제 커피도 합리적인 근거가 표시된 세부 정보에 따라 소비자들이 정당한 커피의 가치에 대한 댓가로 가격을 치르고 보다 우월한 향미를 지닌 커피를 선택하여 마시는 시대로 변모하고 있다. 우수한 커피에 대한 충분한 세부 정보를 상세하게 전달하고 그에 상응하는 가격을 제시하는 한 예시를 든다.

예시) 싱글 오리진 라벨

Leoncio
Herbazu
West Valley
Costarica

SL28 1)
1,500m 2)
White Honey 3)
22°C, 41% 4)
11'00", DTR21% 5)
L2 6)
V., N., G.V., Z. 7)
P01.20180717 8)

Suan Coffee®

마이크로 랏 / 수상 내역
농장명
지역명
국가명

커피의 품종 1)
SL28 품종

재배지역의 고도 2)
1,500m 고도에서 재배

커피열매의 가공 3)
White Honey 방식으로 가공

생두의 보관 4)
실내온도 22°C, 상대습도 41%에서 보관

로스팅 프로파일 5)
전체 로스팅 시간 11분, 발현 시간 비율 21%

로스팅 레벨 6)
6단계 로스팅 레벨(L1, L2, M3, M4, D5, D6)중 L2 단계

원두의 포장 7)
진공(Vacuum) / 질소(Nitrogen) / 그린 밸브(Green Valve) / 지퍼(Zipper)

품질관리번호 8)
2018년 7월 17일 'Probatone 5' 로스팅 머신을 이용한 첫 번째 Batch 제품

출처 https://www.suancoffee.com/study

"수안커피 포장지에는 품종, 가공, 지리적 특성뿐만 아니라 생두 보관, 로스팅 등 여러 세부 정보를 표기하였습니다. 이러한 정보들은 특정 커피를 표현할 때 어떤 향미 묘사보다 더 실체적이고 객관적이며 소비자의 커피에 대한 이해를 돕고 취향에 맞는 커피를 선택할 수 있도록 하는 지식을 공유할 수 있습니다. 품종, 고도, 가공 방식을 통해서 생두가 가진 고유한 특성에 대한 정보를 얻을 수 있으며 로스팅 프로파일, 로스팅 레벨을 통해서 원두가 가지게 된 특징을 알 수 있습니다. 또한 생두 보관, 원두 포장, 품질 관리 번호 방식을 표기하여 원재료의 보관부터 제품이 최종적으로 완성되기까지의 정보를 공유하고 있습니다."

COFFEE COFFEE COFFEE

씨앗에서

음료까지

커피 커피 커피

5장

커피의 분쇄와 추출

5장 커피의 분쇄와 추출

원두커피를 마시려면 일단 분쇄하여 추출한다. 따라서 분쇄는 이후에 진행되는 추출에 의한 결과물의 성질을 결정하는 기본 과정 중 하나인 셈이고, 추출은 그렇게 성질이 결정된 커피로부터 다양한 향미 특성을 가진 성분들을 분리해 내는 과정이다.

이 장에서는 커피가 분쇄에 따라 가지게 되는 향미 특성과 추출이 진행되는 각 단계에서의 조건에 따라 나타날 수 있는 향미의 변화에 대해 검토하고 이해해 본다.

1) 분쇄

분쇄는 커피 추출의 시작이지만, 분쇄의 목적이나 분쇄기의 기능, 분쇄에 따라 일어나는 추출 현상 등을 어느 정도 이해한 후에야 적절한 분쇄 방식이나 그에 맞는 분쇄기를 선택할 수 있다. 아직은 우리의 레귤러커피 문화가 시작된 역사가 짧아 분쇄의 중요성에 대한 인식이 덜하지만, 거의 모든 커피 추출에서 일단 분쇄부터 하여 추출이 진행되고 있는 만큼 실제로 이에 대한 이해는 필수적이다.

1.1 분쇄의 정의와 목적

1.1.1 분쇄의 정의

분쇄(Size Reduction)란 재료의 입도를 작게 한다는 뜻이다. 파쇄(Crushing)라는 말이 큰 물체를 단순히 부순다는 의미가 강한 반면 분쇄는 가루를 낸다는 의미에 미세화(Grinding : 갈다)라는 개념을 포함한다. 어떤 경우든 우리가 분쇄를 하는 방법은 큰 덩어리를 파쇄(破碎) 또는 분쇄(粉碎)하여 분체(粉體 : 가루모양)로 만들어 가는 방식을 취하고 있다. 이런 형태를 Top-Down 방식이라고 한다.[1]

1 커피나 밀가루 등에 해당하는 것은 아니지만, 이와는 상대적 형태로 핵에 뭉쳐 가는 방식도 있는데 이는 Bottom-Up 방식이라고 한다.

1.1.2 분쇄의 목적

일반적으로 분쇄를 하는 일차적인 목적은 다음 세 가지다.

① 고체의 크기를 잘게 부순다.
② 고체의 표면적을 넓게 한다.
③ 복합성분의 고체를 해체한다.

커피의 분쇄는 잘게 부수어 표면적을 넓게 하는 데 있다. 이렇게 하는 이유는 온전한 상태의 커피로부터 커피의 향과 맛을 형성하는 고형물을 좀 더 쉽게 분리해 내려는 목적에서다.

1.2 분쇄에 영향을 주는 요인

커피에서의 분쇄는, 일차적으로 커피의 성분을 쉽게 분리해 낼 수 있어야 하고, 이차적으로는 적절한 향미 성분을 선별적으로 분리해 내는 데 도움이 되어야 한다.[2] 따라서 올바른 분쇄를 위해서는 이 두 가지를 모두 이해해야만 한다.

커피 성분이 쉽게 분리되기 위해서는 커피가 곱게 분쇄되어 표면적이 넓어야 한다.[3] 그렇지만 한편, 향미 성분의 선별적 분리라는 목적을 달성하려면 분쇄 상태에 따라 분리되어 나오는 성분의 향미 특성뿐만 아니라 추출 조건에 따라 추출되어 나오는 성분의 향미 특성까지도 복합적으로 이해하고 있어야 한다. 그래야 비로소 적절한 분쇄도를 결정할 수 있다.

커피는 거의 대부분의 경우 추출하기에 앞서 분쇄를 한다. 분쇄할 때에는 먼저 분쇄도를 생각하지만, 날의 형태와 구조에 따른 분쇄 형태도 중요하고, 발열에 의한 향미 손실도 고려해야 하며, 미분이 추출에 미치는 영향도 이해해야 할뿐더러, 은피 제거 여부도 매우 큰 영향을 미친다.

1.2.1 분쇄 입자의 크기

일반적인 분쇄는 조분쇄, 중분쇄, 미분쇄, 초미분쇄로 구분한다. 커피는 중분쇄에 속하지만, 이

2 향미 성분을 선별적으로 분리해 낸다는 것은, 원하는 향미 특성을 가지는 커피를 만들기 위해서 원하는 성분은 쉽게 녹아 나오도록 하고 원하지 않는 성분의 분리는 억제할 수 있어야 한다는 것이다.

3 한편으로는 로스팅 단계에서 커피가 잘 팽창되어 있어야 할 것이다.

를 다시 고운 분쇄, 중간(보통) 분쇄, 굵은 분쇄로 분류할 수 있다.

이에 관하여 명확한 기준은 없는 듯하나,[4] 다음 표와 같은 기준을 세울 수 있다.

입자 분류	날 간격(mm)	추출법
고운 분쇄(Fine grind)	0.1~0.5	1분 정도에 추출할 때
중간 분쇄(Regular grind)	0.5~1.0	2~3분에 추출할 때
굵은 분쇄(Coarse grind)	1.0 이상	3분 이상 추출 시

커피 입자의 크기는 작을수록 표면적이 증가하면서 미분과 표면 용해도가 높아지고, 클수록 입자 중앙부 성분의 추출에 긴 시간이 필요하다. 한편으로 수율은 입자가 굵으면 낮아지고 고우면 높아진다. 같은 양의 커피를 분쇄도가 다르게 분쇄하면 고운 분쇄일수록 표면적이 넓어지면서 표면 추출이 많이 일어나고 이에 따라 추출수율이 높아진다.[5]

1.2.2 입자의 균질도

분쇄의 고른 정도도 수율에 변화를 가져온다. 같은 분쇄도로 분쇄한 커피를 같은 사람이 같은 방식으로 추출해도 다르게 나타나는 경우 이런 점을 의심해 볼 수 있다. 고르다는 것은 크기와 형태의 양면을 추구한다.

커피는 볶음도에 따라 약볶음일수록 커피의 연성이 강하므로 판재형 분쇄가 더 심하게 나타나고, 강볶음으로 진행될수록 경성(硬性)이 강해지면서 판재(板材)형이 덜 나타난다.

추출 시간이 비교적 긴, 드립 등 상압추출에서는 입자 형태에 의한 영향이 비교적 적게 작용하지만, 비교적 약볶음의 커피를 사용하는 경향이 있으므로 Slicing Burr보다는 Crushing Burr를 채용할 필요가 있고, 추출 시간이 짧은 에스프레소 분쇄는 경도(硬度)가 높은 강볶음의 커피를 사용하는 경향이 있으므로 판재형이 적게 나타나기 때문에[6] 구조적으로 간단하면서도 비교적 정교한 Slicing Burr를 채택하는 것이다.

4 분쇄도를 표시하는 기준은 눈금의 크기를 메시로 표시하는 JIS 수치와 메시 번호로 표시하는 Tyler 수치가 있기는 하지만 국제적으로 커피 분쇄의 기준으로 확립되어 있는 것은 아니다.

5 다만 이 수율의 문제는 미분 발생과 매우 밀접한 관계를 가지고 있어서 조심스럽다. 같은 분쇄기, 동일한 분쇄도로 분쇄한 경우라 해도 볶음도에 따라 미분이 더 심하게 발생하거나 현저하게 덜 발생하는 경우는 간이 농도 측정기로는 믿을 만한 데이터를 도출하기 어려운 점이 있다.

6 볶음이 약할 경우 연성(軟性)이 강하여 판재(板材)형 분쇄가 많이 나타나므로 추출이 까다로워진다.

1.2.3 미분

미분 상태에 대한 관찰

드물게는 레귤러 분쇄에서도 나타나는 현상이지만, 에스프레소 분쇄에서는 흔히 작은 콩알처럼 뭉치는 현상이 일어나는데, 이는 입자가 먼지처럼 곱게 분쇄되어 뭉치면서 나타나는 현상이다. 이런 입자들 때문에 필터가 막히거나 물의 흐름을 타고 미분이 여과되지 않고 많이 나오기도 한다. 이런 현상은 분쇄기의 날이 마모되면 더 심하게 나타나는데, 날이 그렇게 곱게 분쇄되도록 작동하는 것이 아니고 날의 상태가 불안정할 때 커피끼리 으깨지면서 나타나는 현상이다.

미분은 커피의 향미를 불안하게 변화시키는 요소 가운데 매우 큰 비중을 차지하는바, 많은 이들이 미분에 대하여 그다지 심각하게 생각하지 않는 경향이 있는데, 드립에서는 물론이고 에스프레소에서는 치명적 결함이 될 수 있는 요소다.

미분은 입자의 크기가 매우 작기 때문에 점성이 작용한다. 그래서 체로 치는 정도로 미분을 털어 내는 것은 한계가 있다. 체로 미분을 털어 낸 커피 입자를 현미경으로 보면 상당량의 미분이 달라붙어 있는 것을 볼 수 있는데, 이것이 추출에 미치는 영향은 결코 무시하기 어렵다.

분쇄기를 일정한 눈금에 고정시킨 채 커피를 분쇄해도 커피의 분쇄 상태는 고르지 않은 크기를 가지게 되는데, 분쇄기의 구조적 한계에 의해 고르게 분포되지 않고 고운 입자가 뭉쳐서 몰려 있게 되는 경우도 흔히 발생한다. 이런 경우 같은 수율로 추출되기를 기대할 수는 없다. 에스프레소 추출에서는 거의 치명적이라고 말할 수 있는데, 현실은 거의 무시당하는 수준이다.

1.2.4 은피(銀皮, Silver Skin)

커피의 향미를 저급하게 변화시키는 요소로, 은피를 다루지 않고 지나갈 수는 없는 일이다. 은피는 커피라는 식물이 가지는 화학적 방어체계의 하나다. 떫거나 텁텁하고 씁쓸하여 그야말로 지푸라기 같은 맛을 가진다.

대규모 체계적인 공장에서 사용하는 레귤레이터 외에 일반적인 소형 분쇄기에서는 이를 제거할 방법이 없기 때문에 어쩔 수 없이 섞인 채로 커피를 추출하기는 하나 이를 제거할 수만 있다면 매우 고급스러운 맛을 구현해 낼 수 있을 것이다.

정리

분쇄의 문제는 깊이 연구되거나 알려진 바가 별로 없기 때문에 종종 다루지 않고 넘어가게 되기는 하지만 추출 시간이나 방법에 따라 적절한 분쇄도를 찾아야 하고, 되도록 균일하게 분쇄되는 분쇄기를 선택해야 한다. 또한 원두커피의 중심선에 묻혀 있는 은피나 분쇄할 때 발생하는 미분은 추출도와 커피의 품질에 큰 영향을 미치므로 이를 제거할 수 있다면 더 좋은 품질의 커피를 만들 수 있을 것이다.

1.3 분쇄기의 구조와 기능

분쇄기의 기본 구조는 원두커피를 담는 통과 분쇄를 수행하는 날 부분, 분쇄된 커피가 담기는 분쇄 커피 통 부분으로 구성된다. 커피 분쇄기의 근본 기능은 커피를 분쇄하는 데 있지만, 보통은 분쇄 입자의 크기를 조절할 수 있도록 하면서 분쇄된 커피를 담아 두는 공간을 가진다. 여기에 전동 장치를 더하면 편의성이 높아진다.

분쇄 기능은 기본적으로 다양한 추출 특성에 맞추어 분쇄 정도를 조절할 수 있어야 한다. 조금 더 고급 기능을 더한다면 타이머를 설치하여 분쇄량을 설정할 수 있도록 할 수 있다.

더 고급 기능을 더한다면, 커피를 두 가지 이상 사용할 수 있도록 하거나, 필요에 따라 분쇄도나 분쇄 속도를 설정에 의해 자동으로 선택할 수 있도록 할 수 있을 것이며, 냉각 장치를 더할 수 있을 것이다.

여기에 소음을 최소화하거나 내구성을 높이고, 안전 장치와 함께 자동 청소 장치 등의 편의 기능을 추가할 수도 있을 것이다.

1.4 분쇄기의 방식과 분쇄 형태

분쇄기의 작동 방식은 세 가지로 정리할 수 있다. 가장 단순하면서 저렴하게 만들 수 있는 형태는 칼날이 돌아가면서 커피를 분쇄하는 방식이고(블레이드 타입), 다음은 두 개의 날 간격을 조절하여 날과 날 사이에서 분쇄가 진행되는 방식이며(버 타입), 마지막으로 가장 고급 방식이라고 할 수 있는 레귤레이터 형태(롤 타입)가 있다.

블레이드(Blade) 타입

버(Burr) 타입

칼날 방식의 분쇄기는 칼날이 돌아가면서 원두커피를 깨부수는 형태여서 분쇄도를 조절하기 어렵기도 하고, 분쇄 상태도 고르지 않아서 일부 가정용 소형 분쇄기에나 쓰이는 방식이다. 날 간격 조절 방식의 분쇄는 납작한 맷돌 같은 형태의 날을 사용하는 것(플랫 타입 버)과 절구 모양의 날을 사용하는 것(코니컬 타입 버)이 있다. 그다지 복잡하지 않으면서도 비교적 고른 분쇄 상태를 구현해 주기 때문에 중소형 분쇄기에서 주로 채택하고 있다. 카페 등 대부분의 업소용 분쇄기가 여기에 해당한다.

날 형태가 마주 보는 롤 형태로 구성되는 롤 그라인더는 롤러의 간격을 조절하여 원두커피를 압착분쇄하는 방식이다. 분쇄 속도도 빠르면서 매우 균일하게 분쇄되기 때문에 대형으로 만들어지면서 규모가 큰 공장에서 공업용으로 사용된다. 대체로 분쇄할 때 발생하는 열을 식혀 주는 기능이나 은피를 제거하는 기능을 포함하고 있기 때문에 분쇄 커피의 품질이 가장 우수한 방식이다.

2) 추출

커피 추출에 있어 주어진 커피로부터 어떤 향미를 기대한다면, 그런 향미가 우러나와 주기를 바라기보다는 원하는 향미가 나오는 조건을 만들어 주어야 할 것이다. 실험을 통해 이미 알려져 있는 몇 가지 이론만 확실하게 이해하고 적용하기만 해도 때로는 깜짝 놀랄 정도로 좋은 결과가 나타날 수도 있는 것이 과학적 접근의 위력이다.

추출은 원두커피로부터 커피 고형물을 우려내는 일이고, 우리가 추출을 공부하는 까닭은 추출한 커피가 향기롭고 맛있어서 마시는 순간 우리에게 즐거움을 주기 바라기 때문이다. 추출한 커피가 맛있어지는 요인은 다양하지만 기술적으로 맛있게 추출하기 위해서는 원두커피의 성질을 고려하여 적절한 성분을 우려낼 수만 있으면 될 것이다.

여기에서는 커피 성분을 우려낼 때 커피와 물이 교차하는 동안 작용하는 다양한 조건과 그 조건에 따라 추출되는 성분의 향미 특성을 이해한 후 몇 가지 도구를 사용하는 방법과 그로부터 기대할 수 있는 향미 특성에 대해 살펴본다.

2.1 추출의 3대 과정

커피나 차는 반드시 용매를 사용하여 그 성분을 우려낸다. 그런데 어떤 도구를 사용하든 어떤 방식으로 추출하든 모든 종류의 추출에 있어서 반드시 거치는 과정을 세 단계로 나누어 커피 우려내기(추출)의 3대 과정이라고 하는데, 침투, 용해, 분리의 과정을 말한다.

이 과정은 사람이 뭔가를 먹을 때 음식을 입에 넣고, 씹어 잘게 부순 후 삼키면, 위와 소장 대장을 거치면서 소화흡수가 진행되는 것처럼 커피 추출에 있어서 당연히 일어나는 가장 자연스러운 과정이어서 커피 추출에 관해서 제대로 이해해 보고자 하는 이라면 반드시 알아야 될 내용이다. 각 과정에서 일어나는 일을 나누어 명확히 알아보자.

2.1.1 침투(浸透)

커피의 녹은 성분을 용질(溶質), 녹아들도록 하는 액체를 용매(溶媒), 섞여 있는 상태를 용액(溶液)이라고 한다. 잔에 들어 있는 커피란 결국 커피 용액인 셈이다. 커피의 녹는 성분인 용질이 커피 입자로부터 떨어져 나와 물에 녹아드는 일은 커피 분쇄 입자의 표면과 내부에서 거의 동시에 시작되는데, 경우에 따라 주로 표면에서 일어나거나 내부에서도 활발하게 녹아드는 일이 일어나기도 한다. 이는 분쇄 커피 입자 속으로 어떤 조건의 용매가 어느 정도 배어 들어갔느냐에 의해 시작되는 일이다. 이렇게 용매가 입자 속으로 배어 들어가는 일을 침투라고 한다.

2.1.2 용해(溶解)

용매인 물이나 알코올, 또는 기름 등이 입자의 표면에 닿거나 입자 속으로 배어 들어가면 입자에서는 녹아들지 않는 성분과 녹는 성분이 얽혀 있다가 녹는 성분이 떨어져 나와 용매 속으로 섞여든다. 이를 용해라고 한다. 드립뽑기에서 처음 약간의 물을 붓고 기다리는 과정을 거치는데, 이 처음 붓는 물은 커피 입자와 만나 침투와 용해가 일어나는 일을 유도하기 위한 물이다. 따라서 이때 처음 붓는 물은 녹임물 아니면 마중물, 또는 용해수라고 할 수 있다. 이 일은 짧은 시간에 추출이 진행되는 에스프레소 추출에서도 일어난다. 다만, 분쇄 입자가 워낙 작고 짧은 시간에 추출이 끝나기 때문에 그 비중이 작기는 하다.

2.1.3 분리(分離)

드리퍼를 사용하여 커피를 우려내는 경우, 녹임물을 붓고 30초에서 2분 정도 기다렸다가 분쇄 커피 입자 속에 녹아 떨어져 있던 커피 성분들이 입자 바깥으로 나오도록 유도하는 물을 부어 준다. 이것이야말로 우림물인 셈이다. 물론 커피 입자 겉에서 녹아 떨어진 성분들은 이미 물에 섞여들었다. 이때 추출이 일어나는 과정을 세밀히 살펴보면, 분리된 커피 성분에 의해 입자 속에 커피 성분과 용매가 섞인 상태인 커피 용액이 진한 상태로 형성되어 있다고 상상할 수 있다. 이런 상태에서 입자 외부를 맹물과 같이 농도가 낮은 용매가 둘러싸게 되면, 농도가 진한 입자 내부로부터 농도가 낮은 바깥으로 커피액이 확산되어 나온다. 이를 분리라고 한다. 확산에 의해 분리가 진행되는 것이다.

정리

이렇게 분쇄한 커피에 물을 부어 침투, 용해, 분리가 진행되는 과정에서 분쇄 상태와 용매의 온도나 커피와 만나 추출이 진행되는 각 과정의 조건 등에 의해 커피의 향기나 맛이 달라진다. 이런 조건이나 상황을 잘 따져 볼 수 있다면 한 잔의 좋은 커피를 비교적 쉽게 만들어 낼 수 있다.

2.2 커피와 물의 교차 방식

커피는 물 같은 용매[7] 와 교차하는 순간에 추출이 일어나는데, 커피 입자 내부의 수용성 성분은 물의 침투에 의해 녹은 후에 바깥쪽의 용매(물)와 농도가 같아지려는 성질에 따라 입자 속의 수용성 커피 성분이 입자 밖으로 확산되어 나오는 원리에 의해 분리가 진행된다. 이때 커피와 물의 교차 방식은 침지 형태와 투과 형태로 이해할 수 있다.

커피든 차든 우려내는 형태의 모든 추출은 침투 용해 분리의 과정을 거친다고 했다. 일반적인 커피 추출에서는 분쇄 후에 이 과정이 진행된다. 이때 물리적 특성에 의해 기본적으로 나타나는 아래와 같은 몇 가지 현상이 있다.

① 온도가 높을수록 침투와 용해가 잘 진행된다.

② 물(용매)의 양이 많을수록 강한 추출이 일어나서[8] 자극적인 맛이 강하게 나타난다.

③ 같은 온도의 같은 양의 물을 사용하되 시간이 길어지면 좀 더 강하게 추출된다.

④ 커피의 분쇄 상태에서는 분쇄도와 고른 정도가 중요한데, 굵거나 고운 분쇄도에 따라 표면적이 달라지면서 분자량이 다른 다양한 성분들이 커피 입자 내부로부터 추출이 진행되어 나오는 상황에 관한 이해가 중요해진다.

이런 몇 가지 특성을 기반으로 커피와 물의 교차 방식에 따라 일어나는 추출 현상을 이해해 보기로 한다.

2.2.1 침지 추출 진행에 따라 일어나는 현상의 이해

침지 추출은 커피가 물에 잠긴 상태에서 추출이 진행되는 방식을 말한다. 이 방식에서는 어떤 상태로 잠겨 있는지에 따라 추출 현상이 달리 진행되는데, 물속 커피 간의 간격이 전체적으로 평형을 이루어 고른 상태를 유지할 경우와 물속에 커피가 잠겨 가라앉은 상태로 추출이 진행될 경우는 향미 특성이 현저하게 달라진다. 이런 상태를 세 가지로 분류하여 살펴보자.

7 물을 용매(고형물을 녹이는 매개체)로 사용하여 커피를 추출하면 커피액이 된다. 커피액은 달리 말하면 커피 용액인데, 이는 커피로부터 녹아 나온 커피 고형물인 용질과 물이라는 용매로 이루어지는 것이다.

8 강한 추출이 일어난다고 하는 것은 물이 많을수록 커피 입자 속으로 침투한 물에 녹아든 커피 성분이 쉽게 입자 밖으로 분리되어 나오는 현상을 말한다.

세 가지 침지 현상의 이해

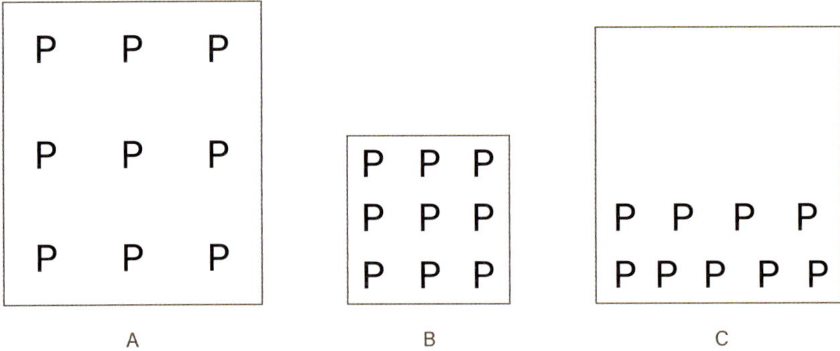

- A는 많은 물을 사용하여 침지 방식으로 추출하되 물에 입자가 고르게 분포되도록 저어 주면서 추출하는 경우이다.
- B는 물을 적게 사용하여 침지 방식으로 추출하되 커피 입자가 고르게 분포되어 추출되는 경우이다.
- C는 많은 물을 사용하여 침지 방식으로 추출하되 커피 입자가 뜨거나 가라앉은 상태로 추출되는 경우이다.

- A는 고르게 추출되기는 하나, 강렬한 추출이 일어나 신맛이나 쓴맛을 포함한 폭넓은 맛 특성이 강하다.
- B는 고르게 추출되면서 입자 속으로부터의 분리가 약하게 진행되면서 추출수율이 낮은 상태로 끝나기 때문에 단맛이 강하다.
- C는 분쇄 커피 입자가 몰린 쪽과 물만 있는 쪽의 추출이 다르게 진행되어 신맛이 약간 강조된 가벼운 느낌의 맛이 나타나게 된다.

이 침지 방식으로 추출하는 커피는 위의 원칙만 이해하여 커피와 물의 비율만 일정하게 한다면 어떤 사람이 뽑든 맛의 편차가 적게 나타나므로 커피의 향미를 표준화하기에 비교적 쉬운 방법이라고 할 수 있다.

2.2.2 투과 추출의 진행에 따라 일어나는 현상의 이해

투과 추출은 커피 입자가 통과할 수 없는 필터나 도구 등에 커피를 가두어 두고 물이 입자 주위를 통과하면서 내용물을 분리해 내어 여과지(기)의 밖으로 나와 용액으로 완성되는 형태의 추출이다. 이 방식으로 추출할 때의 물과 커피가 교차하는 형태는 매우 다양한데, 이 다양성에 따라 추출액의 성질도 다르기 때문에 일정한 맛을 재현하기가 매우 까다롭다. 그러다 보니 커피와 물의 조건과 물 붓는 방법을 조율하여 자신이 좋아하는 향미를 구현할 수 있는 수많은 나름의 전문가들이 나타나게 되었다. 그렇지만 어떤 방식을 익히든, 혹은 스스로 고안하여 사용하든 반드시 이해해야 할 기본 원리가 있다.

투과 추출에서는 침지와 비교하여 층의 개념을 중요하게 여기고 이해해야 할 것이다. 그것은 공간적 층과 시간적 층이라는 개념이다.

공간적 층이란 물을 부었을 때 용매인 물이 커피 층을 통과하여 지나갈 때 중력 때문에 항상 위에서 아래로 흘러 내려가는데, 이에 따라 상부 층을 통과할 때의 물은 농도가 '0'이거나 낮으므로 강력한 추출을 일으키고, 내려가면서 점차 진해지는데, 진한 만큼 추출력은 약해지기 때문에 나중에 통과하는 층의 커피 성분은 덜 추출되는 현상을 일으키는 점을 이해해야 한다는 것이다.

시간적 층이란 투과 추출에서 처음 물을 부을 때 추출이 일어나는 성분과, 이어서 시시각각 추출되어 나오는 성분이 달라지는 현상에서 나온 개념이다. 처음 물을 부었을 때, 입자 표면으로부터 녹아 떨어져 나오는 성분을 위주로 쉽게 추출되는 성분의 추출이 진행된다면, 이어서 물이 부어지는 동안 녹아나오는 성분은 추출이 진행됨에 따라, 커피 입자 속으로부터 분리되어 나온 성분의 비율이 높아지는 면이 있다. 이런 현상과 함께 뒤로 갈수록 점차 입자로부터 분리되기 어려운 성분의 비율도 높아져 가는바, 이를 시간적 층에 의한 추출 성분의 변화로 이해하면 좋을 것이다.

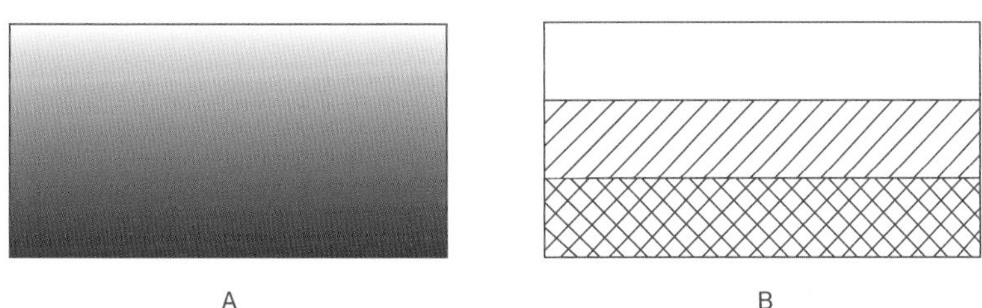

A와 B는 비슷한 그림이지만,

A는 추출이 진행되는 커피 용액(물)의 농도 변화를 나타내는데, 내려갈수록 진해지고 있음을 보여 준다. 추출이 진행되면서 용매가 진해지는 만큼 추출력은 약해지고, 이에 농도가 높아진 용매가 지나가는 커피 층은 그만큼 분리가 덜 진행되는 상태가 된다.

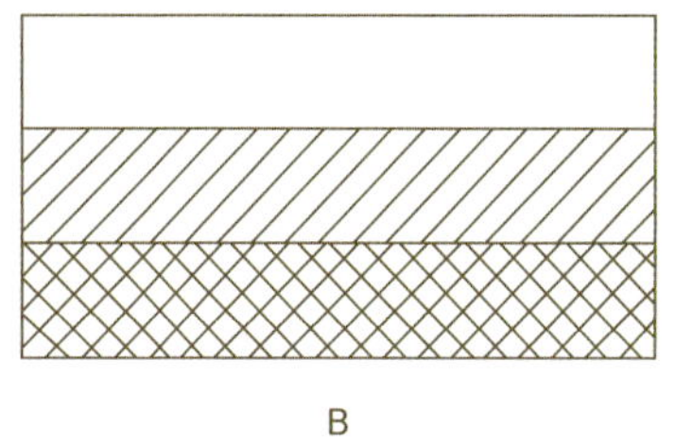
B

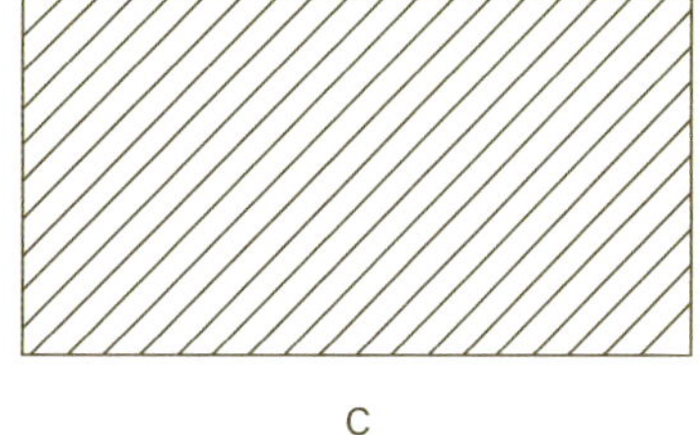
C

B는 추출이 진행된 후에 커피 수용성 성분(용질)이 남은 정도이다. 상부는 상대적으로 과다 추출, 하부는 상대적 과소 추출로 볼 수 있다.

그러나 침지 방식에서는 이런 편차가 일어나지 않고 전체가 고르게 추출된다. C가 그런 상태를 보여 준다.

두 그림으로 보면 추출된 내용물의 절대량은 비슷해 보이지만, B의 상부는 과다 추출이 일어났고 하부는 과소 추출에 그친 형태여서 그 향미가 안정적이기 어렵다.

한편, 어떤 원리에 의한 추출이든 추출이 진행되어 추출수율이 높아질수록 커피 내부로부터 녹아나오는 성분들의 성분비가 달라진다. 먼저 물에 잘 녹는, 친수성이 강한 성분과 분자량이 작은 성분이 나오고, 뒤로 갈수록 친수성이 약한 성분과 분자량이 큰 성분의 비율이 높아진다. 이에 따라 신맛이나 쓴맛 특성이 강해진다. 이런 현상은 일정 수율까지는 반드시 일어나는 일이다.

2.3 커피와 물의 교차 조건

분쇄된 레귤러커피와 물이 교차하는 순간에 추출액의 향미를 결정하는 조건은 용매인 물의 온도와 추출에 사용되는 물의 양, 그리고 추출하는 데 걸리는 시간이다.

2.3.1 용매(물)의 온도

물의 온도는 기본적으로 높을수록 강한 추출을 일으키고 낮을수록 약한 추출을 일으킨다.

그런 까닭에 추출에 사용하는 물의 온도가 높을수록 달콤함을 느끼게 하는 성분과 함께 다양한 성분이 우러나오고, 낮을수록 쉽게 분리되는 성분의 비율이 높아지면서 향이나 맛이 단순해진다고 말할 수 있다. 이는 물의 온도에 따라 물 분자가 가지는 운동에너지가 다르기 때문에 일어나는 현상이다.

2.3.2 용매(물)의 양

용매의 양은 많을수록 강한 추출을 일으키고 적을수록 약한 추출 현상을 일으킨다. 기본적으로는 커피 사용량에 비례하여 용매의 사용량을 늘려야 하는 면이 있지만 추출 방법에 따라 교차하는 상태의 차이 때문에 완전히 비례하지는 않는다.

침지 추출에서는 일정한 비율에 의해 비교적 균일한 향미를 재현할 수 있지만, 투과 추출에서는 투과하는 상태에 따라 시간적 층과 공간적 층의 발생에 따라 향미가 달라지기 때문이다. 이 때문에 투과 추출에서는 커피 사용량이 많아지는 상황에 따라 물의 사용량을 줄여야 하는 상황이 발생한다. 반대로 커피 사용량이 일정량 이하로 적어지면 오히려 물 사용량의 비율을 올려야 하는 경우도 발생한다. 물이 커피와 교차하는 시간이 너무 짧아져서 커피의 고형물을 미처 분리해 내지 못하는 상황이 나타나기 때문이다.

2.3.3 추출 시간

추출이 진행되는 시간은 길수록 많은 성분이 분리되어 나온다. 처음에는 빠른 속도로 분리되어 나오다가 뒤로 갈수록 느려지기는 하나 어쨌든 시간이 흐르면 더 많은 성분이 녹아 나온다.

시간의 흐름에 따라 커피 성분이 녹아나오는 현상을 단계별로 보면 다음과 같다.

① 처음은 커피 입자 표면의 성분이 커피 입자로부터 분리되는 한편, 입자 속으로 용액(溶液 : 물)이 침투해 들어간다.

② 다음 단계로, 입자 속으로 침투해 들어간 용액에 쉽게 용해(溶解)된 커피 성분이 확산 현상에 따라 분리되어 나온다.

③ 계속해서 쉽게 용해되지 않던 성분까지 순차적으로 녹아 나온다.

이 각 단계에서 추출되는 성분은 각각의 특징적인 향미 특성을 가지므로 그 특성을 파악하여 적절한 조건으로 커피를 추출할 수 있다면 원하는 향미 특성의 커피를 만들 수 있을 것이다.

2.4 커피 향미의 형성 요인

커피의 분쇄와 커피와 물의 교차 방식, 그리고 커피와 물의 교차 조건을 이해하면 추출에서 커피의 향미가 어떻게 형성되는지를 이해할 수 있다. 이를 이해하려면 수율과 추출성분비의 두 가지 측면에서 접근해야 한다.

커피 추출은 추출 도구와 함께 커피를 선택하고 그에 적절한 분쇄도를 선택한 뒤에 비로소 추출한다. 그리고 추상적이기는 하나 즐기는 기술이나 제공하는 기술은 더 중요한 요소다.

추출 도구는 침지, 투과, 또는 혼합식 원리가 적용되고, 커피는 생커피와 볶음 상태를 고려할 수 있어야 한다. 분쇄는 분쇄도의 균일성과 함께 은피의 혼합 정도도 크게 영향을 미친다. 추출은 용매를 이용하여 용질을 분리해 내는 일이어서 분리가 진행되는 순간의 추출 교차 조건이 차이를 만들어 낸다.

즐기는 기술이나 제공 기술은 음료 자체도 중요하지만, 마시는 환경과 함께 담아내는 용기와 제공하는 태도가 중요하다. 말 한마디를 해도 진심이 담긴 말이어야 한다.

추출에 있어서 수율과 추출성분비란, 수율은 커피로부터 몇 %의 고형물을 분리해 냈는지를 말하고, 추출성분비는 좋은 향미를 가진 성분과 부정적 향미를 가진 성분, 향미가 없는 성분의 비율을 따질 수 있다. 좋은 향미를 가진 성분의 비율이 높으면 좋은 커피가 되고, 부정적 향미 성분의 비율이 높으면 부정적인 커피가 된다. 향미가 없는 성분은 양질감(입촉감)에 의해 선호도에 영향을 미친다.

커피가 결정되어 있는 상태에서 수율과 성분비를 결정하는 것은 분쇄와 추출 교차 조건이라고 할 수 있는데, 분쇄 상태에 따라 커피 전체에 고르게 또는 부분적으로 작용하는 용매의 사용 비율, 온도, 교차 시간이 일으키는 변화를 이해해야 한다.

추출 기술이란 목적하는 향미를 구현하기 위한 다양한 조건의 선택과 적용의 기술이라고 할 수 있다. 추출에 있어서의 선택과 적용 기술이란 말을 조금 정리해 본다면, 결정되어 있는 커피로부터 분리해 내고 싶은 향미 성분이 선택적으로 분리될 수 있다고 여겨지는 합리적 조건을 결정하고, 그 조건에 가장 근접한 기술을 적용하는 것이라고 할 수 있다.

분쇄에 의해 결정되는 물리적 특성은 분쇄도가 중요하지만, 미분이나 은피가 포함된 정도도 비수용성 성분의 함유도와 함께 커피 입자 표면으로부터 떨어져 나오는 성분과 속에서 우러나오는 성분의 비율에 차이를 만들어 내어 향미 특성과 선호도에 크게 영향을 미친다.

추출 교차 조건은 도구의 상태를 고려한 물과의 교차 온도, 용매의 성질과 양, 교차 시간을 생각할 수 있다. 교차 온도는 용매와 커피가 만나 추출이 진행되는 동안의 온도를 중요하게 여

다양한 추출 조건에 따라 나타나는 향미 특성

분쇄에 따라 나타나는 특성과 그 표현

추출수율 / 분쇄	높다. 날카로운 느낌, 신맛 강함	낮다. 달콤구수하며, 신맛 약함
굵다. 내부추출성분이 많으며 맑은 맛	맑으나 신맛이 날카롭다.	맑으면서 달콤구수하다.
곱다. 표면추출비가 높아 거칠다.	거칠고 신맛이 뚜렷하다.	거칠면서 달콤구수하다.

교차 방식에 따라 나타나는 특성(표준 분쇄)

세 가지 추출 방법	용수비	추출수율	향기	맛	촉감	비고
더부어뽑기	2-3-1					
침지뽑기(커피메이커)	8					
되부어뽑기	10					

교차 조건에 따라 나타나는 특성

교차 조건	높을 경우	낮을 경우	비고
온도	고온일수록 단맛이 강하게 추출	모든 맛이 약해져서 떫거나 쓴맛이 두드러짐	용수비가 낮으면 고온이 되기 어려운 점을 고려
양(용수비)	용수비가 높을수록 신맛	청량감이나 달콤구수한 특성이 강함	커피 품질에서 오는 청량감과 추출에서 오는 강신맛 구분
시간	길수록 강한 바디와 풍성한 균형감	짧으면 가볍지만 개성은 살아나는 경향	짧은 경우는 표면추출의 영향이 큼

추출수율에 따라 나타나는 특성

추출수율	향미 특성	비고
16~25(18~22)%	까칠한 바디와 거친 느낌	고운 분쇄에 의해 미분 발생 유도
10~16(12~13)%	강한 신맛	조청 맛을 동시에 추구하는 것이 좋다.
6~10(7~8)%	달콤구수함, Sweetness	품질에 의한 영향이 크게 작용

(계속)

추출도에 따라 나타나는 맛의 특성/분쇄도 1.0 mm에서의 추출수율과 맛의 특성 예

추출수율	기준 추출수율	맛의 특성	표준 용수비	비고	권장 분쇄
15% 이상	18%	Bitter(쓴맛보다 까칠함)	20	비수용성 성분비가 높아 맛의 왜곡이 일어나며, 묽으면 맛이 약해짐	곱게
10~15%	13%	Sour(선명한 신맛)	10	맑으면서 단맛도 강하나 자극적이면서 선명한 신맛	중간
6~10%	8%	Sweet(달콤구수한 맛)	5	표면추출성분이 많아 약간 거친 느낌	굵게

마시는 조건에 따라 다르게 느껴지는 향미 특성

항목 \ 수치	높을 경우	낮을 경우
농도	신맛이 강하게 느껴진다. 균형을 중요하게 여기는 섞음커피에 좋다.	신맛이 약하게 느껴진다. 달콤구수함과 개성이 뚜렷한 커피가 좋다.
온도	모든 맛이 약하게 느껴져서 강성의 향미 특성이 필요하다.	체온에 가까운 온도에서는 단맛을 위주로 모든 향미 특성이 풍부하게 느껴진다.

* 맛의 표현에서는 신맛과 달콤구수함의 조화를 중심으로 표현하며, 청량감은 결정되어 있는 것이나 Sour와 농도에 의해 영향을 받으므로 이 점을 고려한다.
* 입촉감(바디)의 강하고 약함은 커피의 본질 특성과 농도에 의해서 조절된다.
* 양질감은 분쇄도에 의해 크게 달라진다.
* 고울수록 거칠고 굵어지면서 맑아지나, 수율이 올라가면 신맛이 선명해진다.
* 목표 추출수율은 어떤 맛을 내고 싶은지에 따라 결정해야 할 사항이다.

겨야 하고, 용매의 성질과 양은 용매의 화학적 성질과 사용 커피와의 비율을 말하며, 교차 시간은 커피와 용매가 만나 추출이 진행되는 시간을 말한다. 이 조건은 커피 입자 속으로부터 우려내는 성분과 표면으로부터 떨어져 나와 바디에 영향을 미치는 비수용성 성분의 함량을 결정한다.

이런저런 조건에 의해 추출된 커피는 농도가 진하거나 묽은 상태가 된다. 낮은 수율에서의 진함과 높은 수율에서의 진함은 전혀 다르다. 과다 추출은 수율이 지나치게 높은 경우를 말하고, 과소 추출은 수율이 지나치게 낮은 경우를 말한다. 일반적인 추출에서는 거의 대부분의 경우, 과다 추출이든 과소 추출이든 부분적으로 일어날 수 있는데 전문가가 되려면 이를 잘 이해해 둘 필요가 있다.

2.5 기본적인 추출 기술

위 이론을 바탕으로 몇 가지 도구 사용법과 추출 기술을 소개해 본다.

2.5.1 폴오버 브루잉 · 드리퍼를 사용하는 단번에 뽑기와 되부어뽑기

폴오버(Pour-Over) 브루잉은 가장 오랜 역사를 가진 드리퍼 사용법이다. 기본적인 요령은 말 그대로 위에서 들이붓듯이 물을 부어 주는 방식인데, 사용하는 도구의 특성에 따라 천천히 물을 부으면서 막대 등을 이용하여 골고루 추출되도록 저어 주면서 진행하는 경우도 있다. 그 요령이 비교적 단순하여 물의 온도나 양만 적절히 조절하면 편차가 작은 맛을 낼 수 있다. 여기에서는 흔히 사용되어 왔던 방법과 함께 이론적으로 좀 더 발전된 요령을 소개한다.

드리퍼 서버 필터를 올린 모양

① **(싱글) 폴오버 브루잉(단번에 뽑기)** : 가장 고전적이면서 기본적인 방법의 하나로, 곱게 분쇄한 커피를 사용하면서 단번에 물을 붓는 추출 방법이다. 볶음도에 상관없이 커피 8 g을 고운 분쇄하여 필터에 담아 드리퍼에 앉힌 후, 끓는 물로 한바탕 데운 서버에 팔팔 끓는 물 20배 160 mL를 계량하여 커피가 고루 적셔지면서 잘 섞이도록 최대한 빠르게 부어 주기만 하면 된다.

그 원형은 곱게 분쇄한 커피에 끓는 물 20배 정도를 국자 등으로 퍼서 단번에 부어 추출하는 것인데, 서구에서는 지금도 사용되고 있는 방법이다. 드리퍼 안쪽 면 한가운데를 향하여 넘치지 않을 정도로 최대한 빠르게 부어 준다. 커피와 물이 빠른 속도로 대류를 일으키면서 섞일 수 있도록 하는 것이 중요한 요령이다.

이 방식으로 추출한 커피는 많은 양의 물이 한꺼번에 커피와 만나면서 온도가 높은 상태로 추출되기 때문에 단맛과 함께 향기가 강한 특성을 띤다.

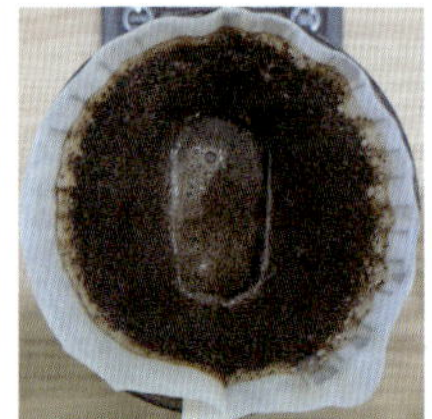

단번에 뽑기의 물 붓는 위치와 추출 후 모양

② **더블 익스트랙션(되부어뽑기, 겹되부어뽑기)** : 일체의 요령을 배제하면서 맛을 진하게 하는 방법으로, 커피를 중간 또는 굵게 분쇄하여 중복 추출하는 기술을 하나 제시한다.

중볶음커피 15 g을 중간 또는 굵게 분쇄하여 필터에 담고, 뜨겁게 데운 서버에 팔팔 끓는 물 4~8배를 계량하여 담은 후, 즉시 커피가 골고루 적셔지도록 달팽이붓기로 부어 준다.

추출액이 다 내려오면 드리퍼를 찌꺼기가 담긴 상태 그대로 다른 서버에 올려 추출된 커피로 다시 한번 부어 준다. 2차 추출을 시작하기 전에 3~4분 정도 간격을 두면 쓴맛은 더 늘지 않지만 좀 더 진하면서 달콤구수한 맛이 강화된 커피를 만들 수 있다.

1차 추출 때 커피 미분에 의해 필터의 일부가 이미 막혀 있기 때문에 추출이 느리게 진행되면서 추출 성분이 늘어 농도 진한 커피가 될 것이다. 이를 120 mL까지 희석하여 즐긴다. 기호에 따라 희석 비율을 높이거나 낮출 수 있다.

3분 지나면 되부어 주고, 1분 지나서 다시 되부어 주는 방식도 써 볼 만하다. 이를 겹되부어뽑기라고 하며, 약간 번거롭기는 하나 앞의 되부어뽑기에 비해 더 안정적인 맛을 낸다고 할 수 있다.

1차 붓기

부은 후 물이 빠져나간 모습

되붓기
(빨간 선은 물 붓는 라인)

되붓기 후 커피가 가라앉은 모양(비교적 평평해짐)

커피의 상태에 따라 온도를 높이거나 낮추어 진행할 수 있고, 분쇄 상태에 따라 겹되붓기를 하거나 기다리는 시간을 길게 또는 짧게 할 수 있다.

극단적 스위트니스를 위해서는, 30 g의 굵은 분쇄 커피에 100 g의 끓는 물을 사용하여 4분 되부어뽑기로 추출한 후, 120~600 mL로 희석하여 마실 수도 있다. 극단적으로 부드러우면서 달콤한 커피를 원할 때 쓸 만한 기법이다.

③ **더부어뽑기(필터 드립 추출법)** : 드립퍼를 사용하는 추출에서 널리 쓰이는 이 방식은[9] 커피와 만나는 물의 양이 많으므로 신맛이나 쓴맛이 나오는 현상을 피하기 어렵다. 그렇지만 그 신맛과 쓴맛의 강도는 조절할 수가 있다. 일반적인 요령은 추출에 사용할 물의 온도를 좀 낮추어 진행하여 신맛이나 쓴맛이 덜 나오도록 하면서 구수한 맛을 추구한다. 추출이 시작되어 끝나는 순간까지 지속적으로 물과 커피가 만나고 있는 상태에서 추출이 진행되도록 하지만 반드시 그래야 되는 것은 아니다.

여기에서는 신맛을 피할 수는 없지만 단맛을 강하게 추출하여 신맛과 조화를 이루어 강렬하면서도 풍성한 느낌을 받을 수 있는 기술 하나를 소개한다.

일단 자세를 안정적으로 한다. 한 손에는 주전자를 쥐고, 다른 한 손으로는 테이블을 짚어 흔들림이 없도록 한다. 물 붓기는 일정한 양을 붓는 훈련[10]을 한 뒤에, 커피의 볶음 상태에 따라 물의 온도를 결정한 후(되도록 약볶음이나 중볶음 커피를 사용) 전체 부어 줄 양의 2:3:1이나 3:4:2 비율로 붓되, '붓는 시간은 짧게, 기다리는 시간은 길게'의 요령으로 한다. 짧은 시간에 붓되, 고르게 붓기 위해 달팽이 선처럼 붓도록 노력한다. (달팽이 선은 밖으로 나갈수록 간격이 넓어지며, 절대로 중복되지 않는다.)

물 붓는 간격은 굵은 분쇄일 경우 각 2분, 도저히 못 참겠으면 레귤러 굵기로 분쇄하여 1.5분으로 진행한다. 일반적인 일본식 드립이라면 커피 사용량의 10배 정도, 적어도 6배 이상의 물을 사용하며 그 이하는 단맛이 강하게 느껴지므로 달콤추출법(스윗브루잉)이라고 부를 수 있겠다.

추출이 끝나면 원하는 정도로 희석하여 마신다.

9 흔히 핸드드립이라고 하는데, 영어 어법에 맞지 않는 일본 특유의 용어다.

10 한 번에 짧은 시간(2초)에 30 g을 전면에 고르게 붓는 연습을 할 것을 권하고 싶다. 이런 훈련을 정확하게 하기 위해서는 자기 손에 익은 주전자를 가지는 것이 좋을 것이다.

실전추출 · 레귤러 추출 1

잔당 15 g의 커피에 6배수 끓는 물로 추출, 120 mL 제공

총 90 g을 붓되, 2:3:1(총 부을 양의 2/6:3/6:1/6)의 비율로 붓는다. 30:45:15 g씩이 된다.

① **분쇄 커피 계량하여 담기** 1인분 기준, 약한 중볶음 15 g의 굵은 분쇄 커피

② **주전자 물 온도 맞추기** 주전자는 주둥이가 굵은 것으로 준비한다. 약볶음 혹은 약중볶음 커피이므로 가능하면 끓는 물, 낮아도 95℃ 이상으로 추출

③ **녹임물 붓기** 달팽이붓기로 총 30 g을 1초에 15 g의 속도로 2초 동안 붓는다. (저울에 올려놓고 추출)

④ **1차 추출** 2분 지나서 45 g을 가운데에서 바깥으로 3초 동안 부어 준다.

⑤ **2차 마무리 추출** 또 2분 후 마무리로, 15 g을 가운데에서 바깥으로 1초 정도에 부어 준다.

⑥ **서버에서 가수하여 양을 맞추어 예쁜 잔에 담아 서비스한다.**

실전추출 · 레귤러 추출 2 〈달콤추출법〉

30 g의 커피로 5배수 추출, 120 mL 두 잔 제공

총 다섯 배, 150 g을 붓되, 역시 2:3:1(총 부을 양의 2/6:3/6:1/6)의 비율로 붓는다. 50:75:25 g씩이 된다.

① **분쇄 커피 계량하여 담기** 2인분 기준, 약한 중볶음 30 g의 굵은 분쇄 커피

② **주전자 물 온도 맞추기** 주전자는 주둥이가 굵은 것으로 준비한다. 매우 적은 양의 물을 사용하는 경우이므로 최대한 고온의 물을 사용한다. 95℃ 이상의 물을 사용

③ **녹임물 붓기** 달팽이붓기로 50 g을 3초에 걸쳐서 재빨리 붓는다. (저울에 올려놓고 추출)

④ **1차 추출** 2분 지나서 75 g을 가운데에서 바깥으로 5초 이내에 부어 준다.

⑤ **2차 마무리 추출** 또 2분 후 마무리로, 25 g을 가운데에서 바깥으로 2초 안에 부어 준다.

⑥ **서버에서 가수하여 양을 240 mL로 맞추어 예쁜 잔에 나누어 담아 서비스한다.**

2.5.2 플런저 침지법 · 프렌치프레스

일반적으로 프렌치프레스(French Press)라고 알려져 있는 플런저(Plunger)는 가장 기본적인 침지식 도구로, 아마도 개인용으로는 지구상에서 가장 널리 사용되는 커피 추출 기구일 것이다.

프렌치프레스(plunger)

준비물 : 약중볶음커피, 플런저, 계량 서버(저울), 우유(5인당 1 L), 컵, 필터

이 도구를 사용하는 가장 큰 이유는 분쇄 커피와 뜨거운 물만 있으면 커피 잔에 커피를 담아 마실 수 있다는 간편성 때문일 것이다. 우리나라에서는 추출 시에 커피와 함께 섞여 나오는 찌꺼기 때문에 그다지 널리 사용되지는 않지만, 그것도 커피의 한 부분이라고 생각하면 이보다 편리한 도구는 없다고 할 수 있겠다. 추출 순서는 아래와 같다.

실전추출

① 물을 끓인다.
② 커피를 분쇄한다.
③ 플런저에 담는다.
④ 끓인 물을 적정량 계량하여 부어 준다.
⑤ 필터부를 적당히 빈 공기층이 남도록 끼운다.
⑥ 커피가 뜨면 속에서 잘 섞이도록 통째로 돌려준다.
⑦ 가만히 두면 커피가 다시 떠오를 텐데 그때마다 물과 잘 섞이도록 돌려준다.
⑧ 4분 정도 지나 필터를 살그머니 눌러 커피 찌꺼기와 물을 분리시킨 후 컵에 따라 마무리한다.

이때 ④번 과정에서 사용하는 커피의 5배-9배-15배의 물을 사용하여 추출해 본다. ⑧번 과정에서는 커피가 휘말려 떠오르지 않도록 조심스럽게 진행하면 커피 찌꺼기가 덜 나올 것이다. 이 도구는 우유거품을 만드는 데에도 유용하게 쓰인다. 잘만 만들면 카푸치노 아트를 구사할 수 있을 정도로 고운 거품 우유를 만들 수 있다.

2.5.3 커피메이커 투과 또는 침지법 · Electric Automatic Coffee Maker

오랜 시간 표준적인 사용 방법이 알려져 있는 커피메이커는 너무나 흔한 가정용 커피 추출기계이지만, 이것으로도 추출 방법에 변화를 줄 수 있다.

커피메이커

보통은 필요한 양의 커피를 추출하기 위하여

① 적정량의 분쇄 커피를 필터에 담는다.

② 필요한 양의 물을 물통[11]에 채운 후, 이 경우에 일반적으로는 5~6 g의 커피를 한 잔용으로 보고, 한 잔당 커피액량은 120 mL로 계산한다.

③ 스위치를 누르기만 하면 커피가 추출된다.

생각을 조금 바꾸어 보면,

반 정도 물만 사용하여 적은 양의 커피를 추출한 뒤 물로 희석하여 즐기는 방법도 있고,

생각을 좀 더 획기적으로 바꾸어 보면,

대부분의 커피메이커에는 서버를 제거했을 때 드리퍼 추출구가 폐쇄되는 기능이 있는데, 이 기능을 활용하면 침지식으로 추출할 수도 있다.

실전추출

① 유리 서버를 제거한 채로 필터에 커피를 담는다(유리 서버를 끼운 채 물을 부으면 물이 내려와 버린다).

② 사용 커피 3~6배 분량의 뜨거운 물을 커피에 직접 부어 준다.

③ 커피가 떠오르면 바스푼 등으로 저어서 고르게 추출되도록 한다. 이 경우의 커피 사용량은 한 잔당 15 g 정도를 권한다.

④ 4분 정도 지나 필터부를 닫고 서버를 끼워 주면 커피가 분리되어 나온다.

또는 사용할 물의 양을 반으로 나누어 먼저 반 정도를 붓고 2분 정도 지나 반 정도를 마저

11 물통에 사용할 물은 반드시 찬물을 부어 준다.

부은 후 다시 2분 정도 지나 분리할 수도 있다. 이렇게 하면 굳이 중간에 저어 줄 필요도 없을 것이다.

커피 사용량의 12배 정도로 희석해서 즐길 수 있다. 좀 진하게 즐기고 싶으면 6~8배, 묽게 맑게 즐기고 싶으면 15~20배로 즐겨도 좋다. 너무 묽다고 여길 수도 있겠지만, 좋은 커피를 사용할 경우 맑고 달콤함이 매력적으로 느껴지기도 한다.

2.5.4 모카포트 투과법

가압투과 원리가 적용되는 수동식 에스프레소 추출 기구인 모카포트(Mocha Pot)는 많은 이들이 사용하고 있지만 커피를 맛있게 뽑으려면 좀 복잡한 면이 있어서 우리나라에서는 그다지 흔하게 쓰이지 않는다.

이 도구의 정확한 사용은 분쇄에서 시작된다. 입자가 굵으면 제대로 추출되지도 않지만, 자갈 사이로 모래가 빠지듯 미분도 많이 나온다.

모카포트

실전추출

① 먼저 정확히 계산한 적정량의 찬물을 하부 보일러(작은 물탱크)에 부어 준다.*

② 정확히 분쇄한 커피를 수평밀도 정확히 맞추어 꼬리 달린 바스켓에 담는다.

③ 바스켓을 하부 물탱크에 끼우고 상부 커피서버를 돌려 끼운다.

④ 약한 불에 올려 추출될 때까지 기다린다.

* 이 도구는 에스프레소 모카포트다. 따라서 이때 사용할 물은 커피 사용량의 3.5배를 권장한다. 지나치게 많이 부어 주면 시거나 쓴맛만 강하게 나온다.

물의 양이 적절하다면 약한 불에 올려 천천히 추출될수록 진하면서 좋은 맛이 나올 것이다. 3~4분까지 길어지게 불을 조절할 것을 권한다.

정확히… 정확히… 정확히…

반복한 까닭은 가압추출에서는 세팅의 정밀도가 맛에 미치는 영향이 그만큼 크기 때문이다.

2.5.5 클레버 브루어 침지법

이 기구는 흔히 클레버 드리퍼라고 하지만, 드립 원리보다는 침지 원리를 중요하게 여기는 기구다. 따라서 클레버 브루어(Clever Brewer)라고 하는 것이 옳겠다.

클레버 브루어

실전추출

① 필터에 커피를 담아 기구에 앉힌다.

② 적정량의 물을 붓고(4배든 20배든 분명한 기준이 있어야 한다), 커피가 떠오를 때마다 휘저어 섞어준다.

③ 역시 4분 정도 지나 기구를 서버 위에 올리면 개스킷이 개방되면서 커피가 분리되어 나온다.

이때 1차 침지 후 여과한 커피를 되부어뽑기로 추출하거나 되부어 2차 침지 추출을 할 수도 있겠고, 클레버 브루어를 처음부터 서버에 올려 드리퍼처럼 사용할 수도 있다.

2.5.6 배큐엄 브루어 침지법

일반적으로 사이펀(siphon)이라는 이름으로 알려져 있는 배큐엄 브루어(Vacuum Brewer)는, 원리로 보자면 모카포트와는 반대로 진공흡입 현상을 이용하는 추출 기구다.

배큐엄 브루어

실전추출

준비물 : 가열 장치를 포함하는 사이펀 세트, 서버, 분쇄 커피[12], 정수(淨水)

① 작업을 쉽게 할 수 있도록 공간을 충분히 확보한 후, 준비물을 적절한 위치에 배치한다.
② 제공할 양에 맞추어 커피를 준비한다.
③ 추출하려는 분쇄 커피의 양에 맞추어 적정량의 정수를 준비한다.
④ 상부 길죽한 로드 하단부에 필터를 고정시켜 거꾸로 세워 놓는다.
⑤ 손잡이가 달린 하부 둥근 플라스크에 계산된 적정량의 물을 담는다. 처음부터 끓인 물을 담아도 된다.
⑥ 플라스크의 가열할 면을 버너 위에 올린 후 가열을 시작한다.
⑦ 상부 로드를 플라스크에 걸쳐 둔 채 준비한 커피를 담은 후 물이 끓기 시작하면 로드를 플라스크에 끼워 결합시킨다.
⑧ 플라스크의 물이 로드로 올라오면 막대 형태의 긴 도구를 사용하여 커피가 물과 골고루 섞이도록 잘 저어 준다.
⑨ 커피 분쇄도에 따라 1~4분 정도 커피가 떠오르지 않도록 저어 준다.
⑩ 적절히 우러나왔다고 여겨지면 플라스크를 버너와 분리한다.
⑪ 플라스크의 온도가 내려가면서 진공 상태가 됨에 따라 로드의 커피가 모두 빨려 내려오게 된다.
⑫ 그대로 또는 적정 농도로 희석하여 커피를 즐긴다.

추출 과정이나 추출 후, 향신료 등 다른 재료를 사용하여 향기나 맛에 변화를 줄 수도 있을 것이다.

12 다양한 볶음도의 커피를 사용할 수 있다. 추출 시간 조절이 자유로우므로 분쇄도도 다양하게 선택할 수 있지만, 추출 특성을 고려하여 중볶음 굵은 분쇄 커피를 적절한 용기에 담아 두면 좋다.

COFFEE COFFEE COFFEE

씨앗에서

음료까지

커피 커피 커피

6장

에스프레소

1. 에스프레소의 특성
2. 에스프레소의 네 가지 요소
3. 에스프레소 메뉴

6장 에스프레소

1) 에스프레소의 특성

1.1 에스프레소의 정의

에스프레소(Espresso)는 영어로 '익스프레스(Express)'의 의미로, 이탈리아에서 시작된 추출량이 적고 진한 커피를 말하며, '데미타세(Demitasse)'라는 작은 잔에 담아 마신다. 에스프레소는 분쇄 후 압축된 원두케이크(Coffee Cake) 층을 에스프레소 머신의 압력이 실린 뜨거운 물이 통과하면서 추출된 진한 커피로 정의할 수 있다.

에스프레소를 추출하기 위한 기준에 대한 정의를 살펴보면 전문가마다 약간의 차이가 있지만 바리스타가 커피에 대해 이해하는 것이 중요하다. 에스프레소 과학자로 유명한 안드레아 일리(Andrea Illy), 세계 최고의 바리스타를 선발하는 WBC(World Barista Championship), Espressology 설립자이자 호주커피앤티협회(Australian Coffee and Tea Association)의 전 회장이자 『에스프레소 퀘스트』의 저자인 인스토레이터(Instaurator)의 에스프레소 커피 추출 기준을 살펴보면 다음과 같다.

안드레아 일리 & 리난토니오 비아니

- 분쇄량 : 6.5±1.5 g(5~8 g)
- 물 온도 : 90±5℃
- 물 압력 : 9±2 bar
- 추출 시간 : 30±5초
- 추출량 : 고객 요구에 따라 15~50 mL 범위 내에 추출, 최적의 추출량은 25~30 mL

WBC

- 커피 양 : 커피와 분쇄 입도에 따라 다양한 무게(g) 범위로 추출할 수 있다.
- 물 온도 : 90.5~96℃
- 물 압력 : 8.5~9.5 bar
- 추출 시간 : 20~30초 권장(의무는 아님)
- 추출량 : 에스프레소는 1온스(oz) 음료로, 크레마[1]를 포함하여 25~35 mL

1 커피 신선도에 따라 크레마 양이 다르고 $\frac{1}{3}$ 미만의 크레마 양이 좋다.

인스토레이터

- 커피 양 : 포터필터에 분산 스크린까지 알맞게 가득 차도록 정확한 양을 담는 것이 중요하다.
- 추출 시간과 추출량
  - 추출액이 처음 떨어질 때까지는 4~5초의 시간이 지나야 한다.
  - 도피오 추출량이 크레마를 포함하여 45 mL(1.5온스) 추출되는 시간이 20~30초가 되어야 한다.
  - 커피의 종류와 로스팅 정도에 따라 30 mL(1온스)가 추출되는 시간이 20초 또는 40초 사이일 때 완벽한 에스프레소가 추출될 수 있다.

가장 중요한 것은 바리스타가 상황에 따라 위의 추출 조건 범위 안에서 최상의 에스프레소를 추출하는 것이다. 바리스타에 대한 지식뿐만 아니라 커피 생산지와 로스팅 과정 등 모든 생산 과정을 이해하여야 적절한 에스프레소를 추출하는 기술을 얻을 수 있다.

1.2 에스프레소 커피의 이화학적 특성

1.2.1 크레마

에스프레소 머신의 압력이 실린 뜨거운 물이 커피 케이크 층을 통과하게 되면, 추출액 표면에 거품층인 크레마(Crema)가 형성된다. 커피 속에 들어 있는 불용성의 미세한 지방과 섬유질은 가스와 만나 현탁액을 형성하는데, 여기서 가스 성분의 대부분은 이산화탄소(CO_2)로 휘발성 아로마와 함께 물에 용해되어 빠르게 거품이 되어 추출되는 것이다.

크레마의 색깔과 지속성은 에스프레소 품질 평가에서 중요한 요소이며, 부드러운 촉감과 함께 용액층을 덮어 커피의 온도와 향을 보존해 주기도 한다.

1.2.2 고형분 함량

에스프레소 커피는 다른 방식으로 추출된 커피보다 고형분 함량이 많다. 고형분 함량은 에스프레소 커피의 중요한 화학적 특성으로 커피의 농도와 추출수율과도 관련이 있으며, 밀도에도 영향을 미친다. 고형분 함량은 추출 시 원두의 양과 물의 비율에 의해 좌우되는데 로스팅 정도와 추출 온도도 영향을 미친다. 커피를 강하게 로스팅할수록 높은 온도에서 추출할수록 고형분 함량이 많이 추출된다.

1.2.3 점도

에스프레소 커피의 점도는 순수한 물의 약 2배로 커피 유화액 내에 있는 작은 알갱이 모양으로 분산된 불용성 지방의 양과 관련 있으며, 점도는 바디(Body)와 관련이 있다.

1.2.4 산

산도(Acidity)는 에스프레소에서 중요한 관능적 변수로 퀴닉산(Quinic Acid), 클로로겐산(Chlorogenic Acid)과 함께 초산(Acetic Acid), 개미산(Formic Acid), 사과산(Malic Acid), 구연산(Citric Acid), 젖산(Lactic Acid) 등의 유기산이 관여한다. 에스프레소 커피의 pH는 5.2~5.8로 로스팅 강도 또는 추출 시간 및 추출 온도 등에 따라 달라진다. 에스프레소 커피의 산도를 단순하게 pH만으로 설명하기에는 부족하다. 미국 스페셜티커피협회(SCAA)는 유기산인 초산, 사과산, 구연산 등을 추출된 커피에 소량 첨가하여 커핑 테스트를 진행한다. 이는 커피의 산도를 다양하게 평가할 수 있도록 하기 위하여 산도를 미각적으로 훈련하기 위함이다.

1.2.5 카페인

커피의 카페인 함량은 분쇄도, 커피와 물이 접촉하는 시간 및 온도와 연관이 있다. 즉, 평균 20~30초의 빠른 속도와 고온 및 고압으로 약 25 mL 추출되는 에스프레소는 다른 추출 기구를 이용한 커피에 비해 카페인 추출량이 적다.

에스프레소 커피의 이화학적 특성	
특성	**수치(아라비카 기준)**
크레마의 양	최소 10%
총 고형분	52.5 mg/mL
점도	1.70 mPa·s
pH	5.2
카페인	2.6 mg/mL
클로로겐산	4.3 mg/mL
총지질	2.5 mg/mL

출처 Espresso Coffee: The Science of Quality, Elsevier

1.3 에스프레소 커피의 관능적 특성

1.3.1 시각적 특성 : 크레마

에스프레소를 시음하기 전 우선 시각적으로 품질을 평가한다. 적합한 원두 분쇄도와 투입량으로 에스프레소를 추출하면 붉은 갈색의 풍성한 거품층인 크레마가 형성된다. 이는 높은 압력의 물이 커피 케이크를 통과하면서 원두의 불용성 오일(Insoluble Coffee Oil)을 유화시켜 커피 표면을 덮는 거품층으로 추출된 것이며 커피의 향을 담고 있다.

크레마의 색깔은 에스프레소 품질을 평가하는 첫 번째 단계이다. 크레마 색상은 연한 갈색에서 진한 갈색으로 나타나는데 추출이 잘된 에스프레소는 표면이 붉은 진갈색이다.

크레마의 밀도와 지속성 또한 중요한 요소인데 에스프레소를 제공할 때 크레마는 농밀하면서 부드러워야 한다. 크레마의 지속성은 단순하게 사라지는 시간으로 측정할 수도 있으나, 안드레아 일리는 단순한 방법으로 크레마 위에 설탕을 한 스푼 얹었을 때 가라앉는 속도로 크레마의 지속성을 평가할 수 있다고 하였으며, 세계바리스타대회(WBC)에서는 한 방향으로 데미타세잔을 기울이면서 크레마의 밀도와 지속성을 평가하기도 한다.

크레마

잔을 기울였을 때

설탕을 넣었을 때

1.3.2 미각적 특성 : 신맛, 단맛, 쓴맛의 조화

추출이 잘된 에스프레소에서는 그린커피의 성격에 따라 시럽, 초콜릿, 꿀, 과일과 같은 다양한 맛을 경험할 수 있다. 에스프레소는 입안에서 향기가 서서히 감소하는데 이는 지방이 혀에 도포된 후 커피 고형분이 미뢰에 끼어 있어 후미가 다른 추출법보다 오랫동안 지속된다. 에스프레소는 신맛, 단맛, 쓴맛 등의 조화로운 맛의 균형이 중요하다. 에스프레소의 본고장 이탈리아에서는 에스프레소 커피 품질을 평가할 때 단맛을 매우 중요하게 여긴다. 품질 좋은 에스프레소 맛을 '쓴맛이 섞인 단맛에 약간의 신맛'으로 표현한다. 그러나 지역에 따라 선호되는 맛이 다르다. 에스프레소의 맛은 사용하는 원두에 따라 차이가 있겠지만 우선 추출이 잘못된 경우에는 날카로운 신맛, 쓴맛, 텁텁한 맛 등 좋지 않은 맛이 추출되며, 볶은 커피의 품질이 좋지 않은 경우에는 풀향, 발효향, 악취, 곰팡내 등이 나기도 한다.

1.3.3 촉각적 특성 : 바디

에스프레소에서 바디는 입안을 가득 채우는 느낌으로 마우스필(Mouthfeel)이라고도 표현하며 바디가 약하면 품질이 떨어지는 것으로 평가된다. 추출이 잘된 에스프레소는 입안에서 크림 같은 매끄러운 풀 바디를 느끼게 해 준다.

정리 | 크레마로 알 수 있는 추출 평가

분쇄도와 투입량에 관련된 바리스타 기술, 추출 온도와 압력의 기계적 요인, 추출된 커피 양의 조절 등이 잘못되면 크레마의 색깔, 질감, 지속성에 그대로 반영된다.

추출 정도	특징	사진
과소 추출	• 현상 : 커피의 성분과 향미가 충분히 추출되지 못하여 크레마의 색깔이 너무 연한 경우, 지속성이 없는 경우, 크레마층이 얇거나 추출 후 곧바로 사라지는 경우 • 원인 : 입자 크기가 너무 크거나, 원두 양이 적거나, 물 온도가 낮거나, 압력이 낮음	
적정 추출	• 현상 : 붉은 광택의 진갈색 크레마를 형성, 지속성이 길고 부드러운 질감의 크레마 • 원인 : 커피 입자 크기, 원두 양, 추출량, 추출 온도, 추출 압력 등이 적당함 • 좋은 품질의 크레마를 추출하기 위해서는 분쇄도 조절과 투입량 등의 바리스타 기술이 요구됨	
과다 추출	• 현상 : 크레마의 색상이 너무 진한 갈색 또는 눈에 보일 정도의 큰 거품과 하얀 무늬 등이 형성된 경우, 크레마 사이로 검은 커피액이 보이는 경우 • 원인 : 입자 크기가 너무 작거나, 커피 투입량이 많거나, 물 온도가 높음	

2) 에스프레소의 네 가지 요소

커피 또는 에스프레소의 4대 요소는 4M's라고도 한다. 사용된 커피를 뜻하는 Miscela, 분쇄를 의미하는 Macinacaffe, 머신을 의미하는 Macchina, 바리스타의 손을 뜻하는 Mano이다.

2.1 원두(Miscela)

2.1.1 그린커피에 대한 지식

맛있는 에스프레소를 추출하기 위해서는 품질 좋은 그린커피를 선택하는 것이 중요하다. 실력을 갖춘 바리스타라면 그라인더와 머신을 다루는 기술뿐만 아니라 커피 블렌딩에 대한 이해가 필요하다. 이를 위해서는 생커피 품종, 그린커피 가공법, 그린커피 품질, 생산 지역 특성 등 전반적인 커피 가공 과정과 그에 따른 맛 특성을 이해해야 한다.

2.1.2 조화로운 맛을 내기 위한 블렌딩 작업

생산지, 품종, 그린커피 가공법 등 다양한 방법의 블렌딩 작업으로 단맛, 신맛, 바디, 향미, 후미 등 조화로운 맛을 형성하게 된다. 그린커피 블렌딩은 단지 몇 가지 산지를 섞는 단순한 작업으로 생각될 수도 있으나 조화로운 맛을 만드는 것은 생각보다 쉽지 않다. 여러 생커피를 섞게 되면 각각의 그린커피가 본래 가지고 있던 향미가 사라져 버릴 수도 있기 때문에, 오히려 너무 많은 종류의 커피를 섞는 것은 부정적인 결과물을 가져올 수도 있다. 최근에는 블렌딩을 하지 않은 싱글 오리진(Single Origin) 커피나 두 가지 종류만 블렌딩하는 커피의 인기가 높다. 블렌딩 정보는 제조 회사마다 원두 포장지에 생산지, 품종, 그린커피 등급 등으로 표기하기도 하고, 생산지 정보 없이 제품명과 블렌딩 제품의 맛 특성만 표시하는 경우도 있다.

2.1.3 원두커피의 신선도와 숙성도에 따라 달라지는 향미

조화로운 맛으로 블렌딩을 해도 제조 후 몇 개월이 지난 원두라면 신선한 향을 기대할 수 없다. 또한 볶은 지 몇 시간 안 된 커피는 안정적이고 부드러운 커피 향미를 낼 수 없다. 원두커피는 로스팅 과정과 로스팅 후에도 천천히 탄산가스를 방출하는데, 가용성 성분이 물에 용해되는 것을 방해하기 때문에 어느 정도 탄산가스가 방출된 후에 추출하는 것이 좋다.

일반적으로 에스프레소 커피 추출에 사용되는 원두는 탄산가스 방출을 위해 로스팅 후 며칠이 지난 숙성된 원두를 추천한다. 사용하는 원두커피에 따라 또는 매장 환경에 따라 바리스타가 찾은 가장 좋은 향미가 추출되는 시기가 추출하기 가장 좋은 시점이라 할 수 있으며, 그에 따라 재고를 관리하는 것이 바람직하다.

2.2 분쇄(Macinacaffe)

2.2.1 분쇄의 목적

분쇄 작업은 에스프레소 추출과 향미에 중요한 역할을 한다. 원두를 분쇄하여 표면적을 증대시켜 커피 성분이 물과 접촉하였을 때 쉽게 용해되어 추출될 수 있도록 한다. 에스프레소는 원두를 미세한 입자로 분쇄하여 추출하는데, 입자의 크기가 작을수록 입자 내의 조직과 세포의 CO_2 가스와 휘발성 향미 물질이 쉽게 잘 추출된다.

커피 추출 도구에 따라 알맞은 입자 크기로 분쇄해야 하는데 미세한 입자로 분쇄해야 하는 에스프레소는 에스프레소 전용 그라인더를 사용한다. 바리스타는 커피 입자를 미세한 차이로 조절할 수 있어야 하며, 원두를 분쇄하여 분쇄 시 발생하는 열을 최소화해야 한다. 분쇄 시 발생하는 열은 커피의 향미를 소진시키므로 정기적으로 그라인더 날을 청소하고 관리해 주어야 하며 칼날의 마모시기에 맞춰 교체해 주는 것이 중요하다.

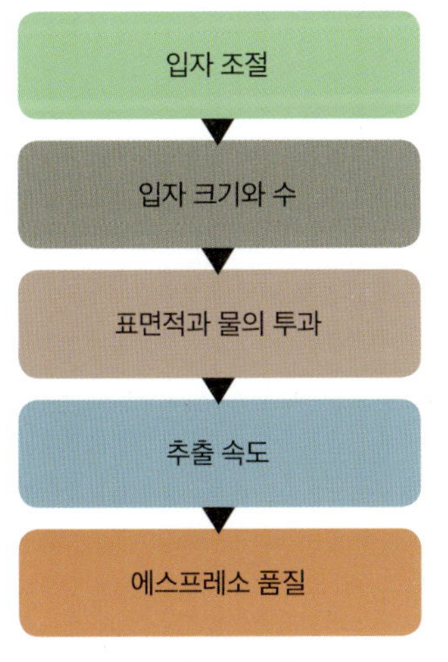

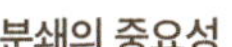
분쇄의 중요성

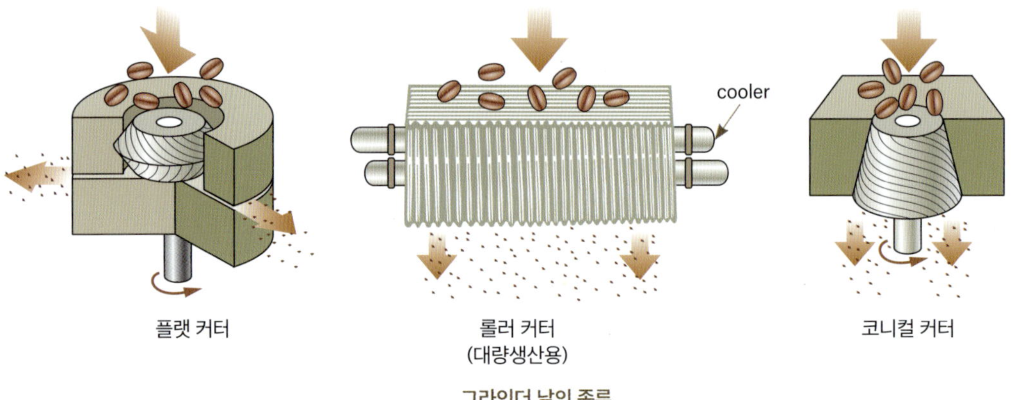

그라인더 날의 종류

그라인더는 날의 종류에 따라 플랫 커터(Flat Cutter), 롤러 커터(Roller Cutter), 코니컬 커터(Conical Cutter) 등이 있는데, 이 중 어떤 그라인더를 사용해도 커피 입자를 모두 균일한 크기나 형태로 분쇄할 수는 없다. 현미경으로 분쇄된 커피를 보면 입자 크기가 다양한데, 입자 크기가 일정한 범위 안에 분포되도록 하는 것이 중요하다.

2.2.2 그라인더 부위별 설명

이름	설명
전원 버튼	스위치를 켜면 호퍼에 담긴 원두가 분쇄되어 도저로 이동한다.
호퍼	원두커피를 담는 통이다. 일주일에 한 번 그라인더의 원두 통(Hopper)을 비운 후, 물로 깨끗이 씻어 주고 마른행주로 닦아 낸다. 그러지 않으면, 원두 통에 묻은 원두 기름으로 인해 시간이 지나면서 찌든 냄새가 나고 새로 투입되는 원두에도 묻게 된다.
원두 투입 레버	레버를 잠그면 호퍼에 담긴 원두가 도저로 이동하는 것을 막아 준다. 원두가 담긴 호퍼를 그라인더에서 분리할 경우 레버를 잠근 후 이동한다.
원두 입자 조절 레버	숫자가 커질수록 입자가 굵어지고, 숫자가 작을수록 입자가 가늘어진다.
도저	분쇄된 원두가 보관되는 통이다.
분쇄 커피 도싱 레버	앞으로 당기면 도저 안에 있는 커피가 배출된다.
포터필터 받침대	도싱 레버를 당겨 원두커피를 받을 때 포터필터를 걸쳐 놓는 받침대다.

그라인더 부위별 명칭(수동)

그라인더 부위별 명칭(자동)

[Model : Mazzer Super Jolly Vup Grinder 64 mm Flat Burr]

2.2.3 분쇄도에 따른 추출 결과

입자 굵기에 따른 추출 결과

① **적정 분쇄인 경우** : 정상 추출의 경우로 기존 입자 크기를 유지한다. 입자 크기, 투입량, 패킹 상태, 기계 조건, 추출 시간이 모두 정확하여 풍부한 크레마와 추출 후 모양이 잘 유지된 커피 케이크를 볼 수 있다.

정상 추출 시　　정상 추출 후 포터필터 상태　　정상 추출 후 커피 케이크 모양

② **굵은 분쇄인 경우** : 추출 속도가 빠른 과소추출의 경우로 입자를 가늘게 조정한다.

- 입자 조절 레버를 고운 방향으로 돌린다. 조절 정도는 추출 현상에 따라 조절하는데, 추출이 조금 빠른 경우는 한 칸 또는 두 칸 정도만 조절한다.
- 조절된 입자로 추출을 테스트하기 위해서는 먼저 두 잔 분량을 갈아 내고 분쇄 입자를 확인해야 정확하게 조절할 수 있다. 대부분의 그라인더는 미리 갈아진 소량의 원두가 호퍼와 분할계량기 사이에 남아 있기 때문에 이를 모두 없애기 위함이다.

- 에스프레소 추출 테스트로 입자 조절이 알맞게 되었는지 확인한다. 추출이 여전히 빠르게 이루어진다면 앞의 과정을 반복한다. 너무 많이 조절한 경우에는 추출이 느려진다. 이러한 경우에는 '입자를 굵게' 하는 방법으로 조절한다.

과소 추출 시 | 과소 추출 후 포터필터 상태 | 과소 추출 후 커피 케이크 모양

③ 가는 분쇄인 경우 : 추출 속도가 느린 과다 추출의 경우로 입자를 굵게 조정한다.

- 입자 조절 레버를 굵은 방향으로 조금씩 조절하며 추출 현상을 확인한다.
- 조절된 입자로 추출하기 위해서는 두 잔 정도의 원두를 갈아서 버린 후 추출 테스트를 한다. 이때 충분한 양을 버리지 않으면 조절하기 전의 원두 입자가 호퍼와 분할계량기 사이에 남아 있기 때문에 이를 모두 없애기 위함이다.
- 추출이 원활하지 않을 경우는 위 방법으로 다시 입자를 조절하여 추출 테스트를 반복한다.

과다 추출 시 | 과다 추출 후 포터필터 상태 | 과다 추출 후 커피 케이크 모양

❶ 입자 조절하기

❷ 두 잔 분량의 원두를 갈아서 버리기

❸ 추출 정도 확인하기

과소 및 과다 추출인 경우 입자 조절

2.3 에스프레소 머신(Macchina)

2.3.1 머신의 종류

에스프레소 머신은 커피 추출 시 9 bar를 유지시켜 약 90℃ 이상의 물을 포터필터의 케이크 층으로 통과시켜 진한 커피 추출액을 만들어 낸다. 1900년대 초 이탈리아의 루이지 베제라(Luigi Bezzera)가 증기압을 이용한 에스프레소 머신의 특허를 출원하였으며, 가지아(Gaggia)가 스프링으로 동력이 전달되는 피스톤 방식의 머신에 대한 특허를 얻어 크레마가 생성되는 오늘날

반자동 에스프레소 머신

완전자동 에스프레소 머신

자동 에스프레소 카푸치노 머신

의 에스프레소 머신 형태로 발전하였다.

머신의 종류는 전문 바리스타가 사용하는 반자동 머신부터 완전자동 머신, 가정용 에스프레소 머신 등 다양하다. 반자동 머신은 별도의 그라인더를 통해 입자 조절과 분쇄를 하고 탬핑하여 추출하는 것으로 주로 커피전문점에서 사용하며, 뷔페 레스토랑, 패스트푸드점, 도넛숍 등에서는 간단한 버튼으로 추출이 가능한 완전자동 머신을 선호한다. 하지만 베이커리, 카페, 레스토랑 등 커피전문점이 아닌 곳에서도 반자동 머신을 사용하는 경우는 흔하다.

2.3.2 머신 부위별 설명

이름	설명
전원 (Main Switch)	머신에 전력을 공급하는 스위치. 전원을 작동시킨 후 머신 보일러가 예열될 때까지 어느 정도 시간이 걸려 24시간 기계를 끄지 않고 작동시키는 매장이 많다.
보일러 압력계 (Boiler Pressure Manometer)	전원이 꺼져 있을 때는 바늘이 '0'에 위치하며, 전원을 작동시키면 서서히 올라가 바늘이 0.8~1.5 사이에 위치한다. 스팀온수 보일러가 예열되어야 머신을 사용할 수 있다.
추출 압력계 (Water Pressure Manometer)	커피가 추출되는 동안 압력을 확인할 수 있다. 추출 버튼 작동 시 바늘이 9기압 전후로 올라가야 기계가 제대로 작동하는 것이다.
포터필터 (Portafilter)	커피를 담을 수 있는 필터로 '포터필터' 또는 '필터홀더'라고 한다. 포터필터는 기계에 장착하여 보관해 기계와 같은 온도로 유지시켜 추출하는 것으로 항상 뜨거운 상태를 유지해야 커피 맛에 나쁜 영향을 주지 않는다. 포터필터가 차가운 경우는 추출 전 추출 버튼을 작동시켜 뜨거운 물로 예열한 후 사용한다.
그룹헤드 (Group Head)	포터필터를 장착하는 부분으로, 예열된 압력이 걸린 물이 나온다. 그룹의 개수에 따라 1그룹, 2그룹, 3그룹 머신 등으로 구분하며, 우리나라에서는 2그룹 머신을 가장 많이 사용한다.
그룹 캐스킷 (Group Gasket)	포터필터가 그룹헤드에 잘 장착되어 추출 시 압력이 새지 않도록 막아 준다. 정기적으로 교환이 필요하다.
스크린 홀더와 샤워스크린 (Screen Holder & Shower Screen)	스크린이 포터필터에 물을 고르게 분사하는 역할을 하며, 스크린 홀더는 스크린을 고정시켜 주는 역할을 한다.
추출 버튼	추출 버튼은 일반적으로 싱글 포터필터용 버튼 두 개, 더블 포터필터용 버튼 두 개, 사용 시 추출량을 조절할 수 있는 연속추출 버튼이 있다.
온수 버튼	뜨거운 온수추출 버튼으로, 아메리카노, 차, 음료 등에 사용된다.
스팀 밸브 (Steam Valve)	왼쪽으로 돌리면 스팀이 열리고 오른쪽으로 돌리면 스팀이 멈추는 스팀노브와 손잡이 모양으로 아래에서 위로 올리면 스팀이 나오는 스팀레버가 있다.
스팀 노즐 (Steam Nozzle)	우유 스팀 시 스팀이 분사되는 증기분출구로 '스팀완드'라고도 한다. 분사구 개수는 기계에 따라 3~5개이다.
배수 트레이 (Drain Tray)	커피 추출구, 온수 추출구 등에서 떨어지는 물을 배수로 흘려 주는 받침대다. 분리할 수 있어서 매일 청소해 준다.
컵 워머(Cup Warmer)	컵을 따뜻하게 예열할 수 있어 컵을 올려놓는다.

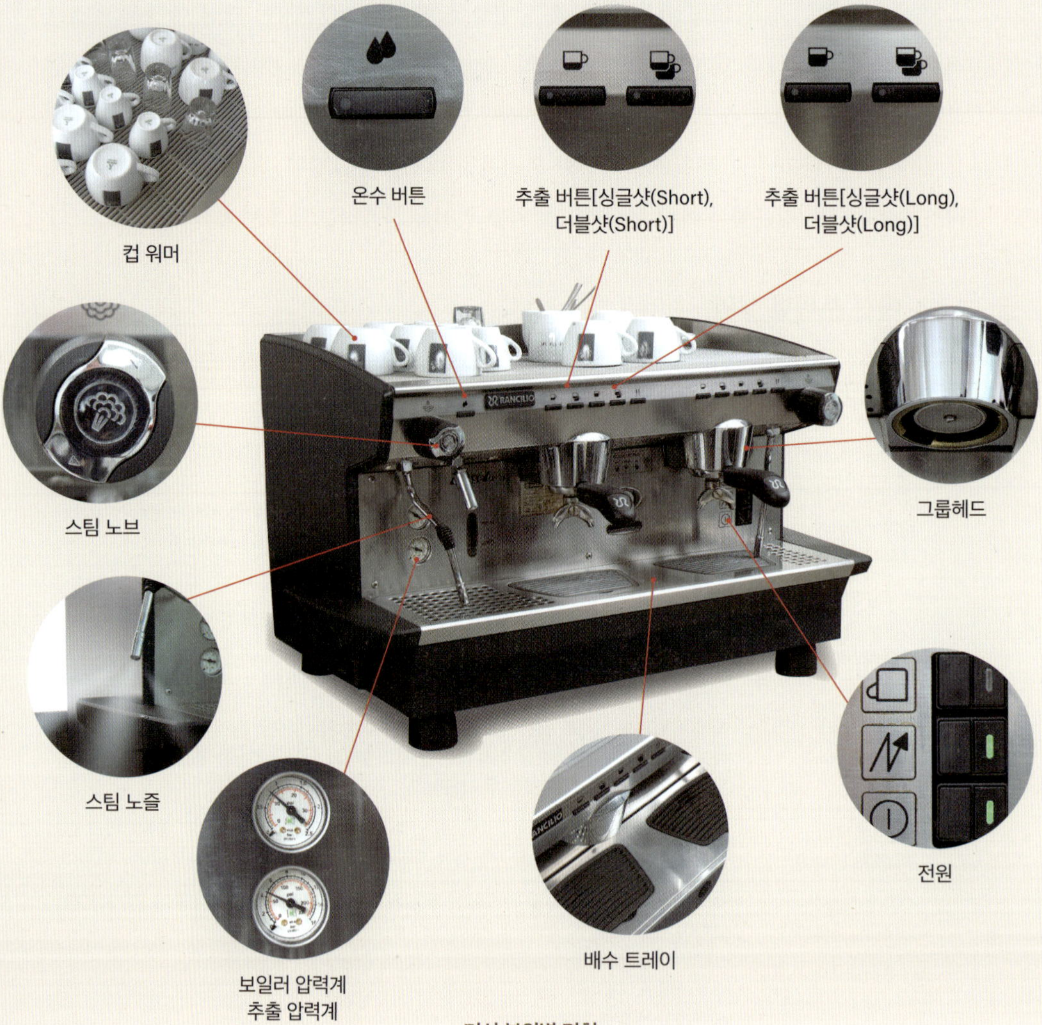

컵 워머

온수 버튼

추출 버튼[싱글샷(Short), 더블샷(Short)]

추출 버튼[싱글샷(Long), 더블샷(Long)]

스팀 노브

그룹헤드

스팀 노즐

보일러 압력계
추출 압력계

배수 트레이

전원

머신 부위별 명칭

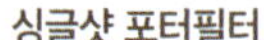

싱글샷 포터필터

더블샷 포터필터

2.3.3 에스프레소 머신 청소 방법

① **역류 세척(백 브러싱)** : 그룹헤드의 스크린과 그룹 내부에 있는 배관을 정기적으로 청소하지 않으면 배관에 원두 가루와 석회질 등이 쌓여 막힐 수 있다.

❶ 포터필터 안의 바스켓을 빼낸 후, 구멍이 없는 블라인드 바스켓(Blind Basket)을 끼운다.

❷ 블라인드 바스켓에 에스프레소 머신용 세제를 1티스푼 정도 넣은 후, 그룹헤드에 장착시킨다.

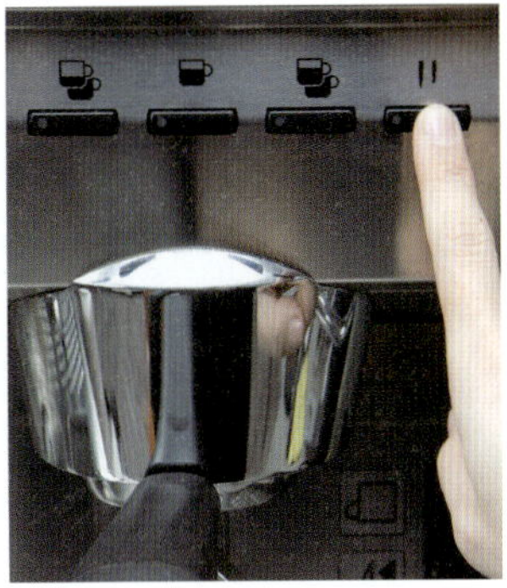

❸ 추출 버튼을 눌러 약 10초간 작동시킨 후 끈다. 이 작업을 두세 번 반복해 준다. 이때 추출된 물은 블라인드 바스켓에 의해 배출되지 못하고 그룹헤드 뒷부분으로 밀려 흐르게 되어, 그룹헤드 스크린과 배관을 세척하여 커피 찌꺼기를 없애 준다.

❹ 포터필터를 그룹헤드에서 빼낸 후 흐르는 물에 깨끗이 헹군다.

❺ 포터필터를 다시 그룹헤드에 장착한 후 ❸번 과정을 반복하여 남아 있는 세제물을 없앤다.

② **스크린 홀더와 스크린 세척**

- 그룹헤드 안쪽에 고정되어 있는 가운데 나사를 풀어 납작한 모양의 스크린 홀더와 스크린을 그룹헤드에서 분리한다.
- 그룹헤드 스크린과 샤워헤드를 물에 담가 깨끗이 씻어 준다. 커피 찌꺼기가 심한 경우에는 커피 전용 세제를 사용하여 세척한다.

스크린 홀더와 스크린 세척

2.4 바리스타(Mano)

2.4.1 바리스타란?

바리스타는 이탈리아어로 '바(Bar)에서 일하는 사람'이라는 뜻이다. 바리스타는 완벽한 에스프레소를 추출하고 메뉴를 만드는 능력과 그린커피부터 로스팅 단계까지의 이해, 커피 종류에 따른 향미 특성, 머신의 완벽한 활용능력 등이 요구된다. 또한 주방에서 일하는 조리사의 특성과는 달리 고객과 직접 서비스 접점에서 만나게 되므로 고객의 입맛을 만족시키는 능력뿐만 아니라 서비스 마인드도 함께 겸비해야 한다.

2.4.2 에스프레소 커피 추출하기

① **잔 점검하기** : 사용할 잔이 뜨거운지 확인한다.

② **포터필터 빼기** : 몸 쪽에서 왼쪽으로 45도 정도 돌리면 그룹헤드에서 포터필터가 분리된다.

③ **필터 바스켓 닦기** : 필터 바스켓에 묻은 물기나 찌꺼기를 없애기 위한 작업으로 마른행주를 이용하여 닦는다.

④ **그라인더 작동하기** : 포터필터 받침대에 포터필터를 올려놓고 그라인더를 작동시킨다.

⑤ **커피 도싱*하기** : 포터필터에 분쇄된 커피가루를 채우는 작업으로 도싱 방법은 바리스타마다 조금씩 다르다. 처음 기술을 익힐 때는 더블 포터필터를 사용하여 적정량을 저울로 확인하면서 항상 일정한 양을 담을 수 있도록 연습한다. 추출 시 항상 일정한 방법의 도싱(Dosing)이 중요하다.

*** 도싱**

- 방법 1

❶ 포터필터의 가운데 부분에 커피가루가 볼록 올라올 정도로 가득 담는다. 참고로 포터필터 바스켓 안에 표시된 선은 탬핑 후 커피가루가 채워졌을 때의 적정선이다.

❷ 포터필터에 가득 담긴 커피가루를 손가락, 그라인더 실린더 뚜껑, 또는 도싱 툴을 이용해 포터필터 안의 빈 공간을 채워 가며 평평하게 하는 작업을 한다. 고른 분포로 레벨링(Levelling)을 하는 것이다.

- 방법 2

❶ 포터필터가 반 정도 차도록 커피가루를 담은 후 포터필터의 외벽을 탬퍼 손잡이 부분으로 살짝 쳐 주는 탭핑(Tapping) 작업을 하거나 또는 포터필터를 아래로 살짝 두드려 커피가루가 가라앉도록 한다.

❷ 도싱 레버를 당겨 포터필터의 빈 공간이 채워질 양만큼만 도싱한 후 탬핑한다.

❶ 잔 점검하기

❷ 포터필터 빼기

❸ 필터 바스켓 닦기

❹ 그라인더 작동하기

❺ 도싱하기

❺ 정량 조절하기와 수평 맞추기 (레벨링)

⑥ **탬핑과 탭핑*하기** : 탬핑(Tamping)이란 커피가루를 포터필터에 담아 탬퍼로 꾹 눌러 고르게 다지는 작업을 말한다. 탬퍼는 포터필터에 맞는 사이즈를 사용해야 하며 일반적으로 알루미늄 재질로 된 것이 단단하고 균등하게 다지기 좋다. 탬핑과 탭핑(Tapping)의 순서는 다음과 같다.

- 1차 탬핑 : 탬퍼로 적당한 힘을 가해 커피가루가 수평이 되게 눌러 다지는 탬핑 작업을 한다. 포터필터 아래쪽의 추출구는 커피액이 추출되는 부분으로 위생이 중요하다. 그러므로 포터필터를 작업대에 앞부분만 걸쳐 놓은 상태에서 탬핑하거나 깨끗한 작업대에서 실행한다.
- 탭핑 : 탬퍼의 손잡이 부분으로 포터필터 외벽을 가볍게 쳐 주는 탭핑 작업을 하여 포터필터 내벽에 붙어 있는 커피가루를 떨어트린다.
- 2차 탬핑 : 내벽에서 떨어진 커피가루가 단단하게 다져질 수 있게 탬핑을 한다. 이때도 1차 탬핑과 마찬가지로 수평을 유지하며 골고루 힘을 준다. 탬핑이 끝난 후 포터필터 안의 커피가루가 적정선에 가깝게 잘 다져진 것을 볼 수 있다.

*** 탭핑 작업과 2차 탬핑 작업 없이 1차 탬핑 후 곧바로 추출할 수도 있다. 탬핑 기술에서 중요한 것은 커피가루가 고르게 분배되도록 적당한 압력으로 탬핑하는 것이다. 도싱과 탬핑은 추출 시간, 추출량과 관련이 있으므로 이를 고려하여 기술을 익히는 것이 중요하다.**

⑦ **가장자리 청소하기** : 개스킷(Gasket)과 접촉하는 면을 손으로 쓸어 커피 찌꺼기가 없도록 한다. 이 작업은 넉박스(Knock-box) 위에서 한다.

⑧ **열수 흘리기** : 물이 통과하는 부위의 온도를 높이거나 낮추고, 그룹헤드 부위에 묻어 있는 찌꺼기를 청소하기 위해 추출 버튼을 눌러 물을 흘려 버린다.

⑨ **포터필터 장착하기** : 포터필터를 그룹헤드에 장착한다. 포터필터의 날개 부분과 그룹헤드의 장착 부분이 잘 맞는지 확인하면서 장착한다. 이때 투입량이 너무 많으면 제대로 장착되지 않을 수도 있으므로 주의가 필요하다.

⑩ **추출 버튼 누르기** : 장착 후 버튼을 먼저 누른 다음 재빨리 잔을 추출구 아래에 놓는다. 추출 버튼을 누르고 3~5초 후면 포터필터에서 에스프레소가 추출된다. 이때 흐르는 커피액 줄기는 황금색을 띠며 줄기는 마치 꿀이 떨어지는 느낌과 같다.

❻ 1차 탬핑

❻ 탭핑하기

❻ 2차 탬핑

❻ 2차 탬핑

❼ 가장자리 정리하기

❽ 열수 흘리기

❾ 포터필터 장착하기

❿ 추출 버튼 누르기

❿ 추출

2.4.3 카푸치노용 우유거품 만들기

우유거품은 스팀 노즐(스팀 분사구)에서 분사되는 스팀을 이용하여 만들며, 우유에 공기를 주입하여 거품을 만들고 우유의 온도를 올려 주는 역할을 한다. 우유거품이 곱게 만들어져야 카푸치노를 마실 때 입에 느껴지는 감촉이 좋으며 거품이 오래 유지된다.

① **준비작업하기** : 우유는 신선하고 차가운 우유를 사용한다. 항상 필요한 만큼의 우유를 데워야 하므로 만들어야 할 커피 잔 수에 따라 피처의 용량을 달리하여 사용한다.

- 600 mL(20온스) 피처 : 180 mL 잔 커피 두 잔, 240 mL 잔 커피 한 잔
- 960 mL(32온스) 피처 : 180 mL 잔 커피 세 잔, 240 mL 잔 커피 두 잔

피처는 우유 온도와 마찬가지로 차가운 것을 사용하는 것이 좋다. 형태는 아래에서 위로 갈수록 좁아지는 모양이며 주둥이는 넓적한 것보다 뾰족한 것이 좋다.

② **피처에 우유 붓기** : 우유 사용량을 결정하여 피처에 담는다. 우유가 회전하며 거품이 생기는 공간이 필요하므로 1/3 이상은 담지 않도록 주의한다.

③ **스팀 배출하기** : 스티밍 전에 짧게 스팀을 빼 줘서 스팀 분사구에 고여 있는 물이 우유와 섞이지 않도록 한다.

④ **우유에 스팀 노즐 담그기** : 스팀 완드(증기봉)의 노즐(증기분출구) 부분 0.5 cm만 우유에 담근다. 그 이유는 표면에만 살짝 담근 상태에서 밸브를 작동시키면 공기가 빠른 속도로 주입되어 큰 거품이 한꺼번에 생기고 반대로 너무 깊이 담그면 공기가 주입되지 않아 거품이 만들어지지 않기 때문이다.

⑤ **스팀 밸브 열기** : 밸브를 재빠르게 충분히 열어 준다.

용량별 피처

우유에 스팀 노즐 담그기

공기 주입하기

⑥ **공기 주입하기** : 스팀 피처 높이를 아래로 낮추어 스팀 노즐 위치를 확인하여 표면원의 2/3 지점에 놓아 우유가 회전하는 모습을 관찰하면서 소리를 들어 회전점의 위치를 찾아준다. 회전하는 우유의 모습은 마치 욕조 속에 있는 물이 빠져나갈 때의 모습과 비슷하다. 스팀 분사구가 우유 표면에 있으면서 치익치익 소리와 함께 우유에 공기가 주입되면서 거품이 만들어지고 부피가 증가한다. 이 작업을 너무 오래 하면 거품과 우유를 완전히 혼합시킬 시간이 단축되어 질감이 풍부하지 않은 성글성글한 거품이 생기므로 온도가 올라가기 전 짧은 순간에 공기 주입 작업을 마치도록 주의한다.

공기 주입 과정

⑦ **혼합하기와 온도 맞추기** : 원하는 양만큼 거품이 만들어졌으면 온도가 약 60~65℃ 정도까지 올라가도록 한다. 이때 공기 주입 소리는 거의 나지 않고 회전만 하고 있으며 공기 주입 단계에서 생성된 거품과 우유가 혼합된다. 눈으로 봤을 때 거품 느낌보다는 생크림 같은 액상 형태로 보이게 주입된 공기를 마이크로(Micro)화한다.

노즐 닦기

⑧ **밸브 잠그기** : 우유의 온도가 약 60~65℃로 데워지면 스팀 밸브를 완전히 잠근다. 우유 온도를 너무 올리면 우유 비린내가 나고 단맛이 줄어들며 농도가 변한다.

⑨ **노즐 닦기** : 스팀 밸브를 다시 한번 짧게 작동시켜 증기와 함께 남아 있는 우유를 빼낸다. 스팀 분출구에 묻어 있는 우유를 젖은 행주로 재빨리 깨끗하게 닦아 준다.

⑩ **우유거품 분배하기** : 2잔용을 스티밍했을 때는 액체 우유층과 거품층이 분리되기 전에 재빨리 분배한다.

3) 에스프레소 메뉴

3.1 에스프레소(Espresso)

에스프레소는 스트레이트 샷을 그대로 마시는 음료로 커피의 강한 향미와 오래 지속되는 후미를 즐길 수 있다.

1. 예열된 데미타세 잔에 직접 커피를 추출한다.
2. 고객의 요구에 따라 추출량을 달리하여 리스트레토(12~15 g), 에스프레소(18~22 g), 룽고(25~30 g), 도피오(더블샷)로 추출한다.
3. 물(또는 탄산수)과 설탕을 함께 내놓는다.

정리 | 추출량에 따른 에스프레소

- 리스트레토(Ristretto) : 15~20 mL. 에스프레소 추출 시 커피와 물이 접촉하는 초기에 좋은 향미가 추출되며, 시간이 지날수록 농도는 연해지지만 쓴맛과 강한 신맛이 추출된다. 에스프레소 마니아들은 양은 적지만 좋은 향미만을 음용하기 위해 추출을 짧게 하는 리스트레토를 즐긴다. 특히, 로스팅이 약해지는 경향을 보일수록 리스트레토 추출로 가는 추세가 나타난다.

리스트레토

- 에스프레소(Espresso) : 25~30 mL. 일반적으로는 25 mL를 표준으로 한다.

에스프레소

- 룽고(Lungo) : 35~40 mL. 에스프레소보다 조금 더 길게 추출하는 것으로 영어의 'Long'을 의미한다. 25 mL를 추출한 에스프레소에 비해 원하지 않는 향미가 섞이게 되지만, 양으로는 가장 많다. 카페모카나 캐러멜 마키아토 등 시럽을 첨가하는 메뉴에 커피맛을 살리기 위해 룽고로 추출하기도 한다. 좋은 향미를 유지하기 위해 40 mL 이상 추출하는 것은 권장하지 않으며, 40 mL 이상의 에스프레소를 원한다면 도피오, 즉 더블샷을 내리는 것이 좋다.

룽고

- 도피오(Doppio) : 영어의 'Double'을 의미하며, 에스프레소 두 잔을 한 잔에 추출하는 것이다.

도피오

3.2 카푸치노(Cappuccino)

에스프레소에 우유와 거품이 조화를 이루는 커피 메뉴로 이탈리아 카푸치노는 150~180 mL 잔에 제공한다. 카푸치노는 진한 에스프레소에 우유와 우유거품이 어우러지는 음료이므로, 에스프레소 향미가 우유로 인해 사라지지 않도록 주의한다. 잔의 크기가 달라져도 커피와 우유의 양을 1 : 4로 유지한다. 만약 300 mL 잔에 카푸치노를 만든다면 더블샷을 베이스로 한다.

❶ 150 mL 크기의 잔에 에스프레소 커피를 추출한다.

❷ 우유거품을 만든다.

❸ 우유거품을 따르기 직전 피처를 잘 흔들어 우유와 우유거품을 잘 혼합하여 우유와 우유거품이 분리되지 않도록 한다.

❹ 에스프레소 위에 부을 때는 스팀 피처를 높이 들고 천천히 부어 크레마 아래로 우유거품이 들어가 크레마가 사라지지 않도록 한다.

❺ 잔에 반 정도 우유가 차면 스팀 피처를 잔에 가까이 대고 하얀 거품이 가운데에 자리 잡도록 하여 잔에 가득 채워 준다. 이때 비율은 크레마와 우유거품이 길이 비율로 3 : 7, 면적 비율로 1 : 1을 이루고, 색상은 진한 커피색 크레마와 하얀 우유거품이 선명하게 대비되는 것이 좋다.

정리 | 카푸치노 평가

카푸치노는 바리스타 자격증 시험 및 대회에서 바리스타의 기술을 평가하는 주요 메뉴다. 바리스타의 우유거품 제조 기술을 평가할 수 있는 메뉴로 에스프레소 한 잔에 밀도 있는 우유와 1~1.5 cm 정도 두께의 거품으로 만들어진다. 전통적인 카푸치노는 150~180 mL 잔에 에스프레소와 우유로만 만들어져 토핑이나 가루향신료 없이 제공된다.

❶ 시각적으로 카푸치노는 크레마와 우유의 색상이 조화롭고 외형이 부드러우며 광택이 나야 한다.
❷ 잔의 가장자리에는 크레마 색상이 뚜렷하고 가운데 부분에 우유거품이 자리를 잡고 있어야 한다.
❸ 스푼으로 거품을 걷어 냈을 때 1 cm 이상의 거품이 있어야 하고, 거품의 질은 거친 거품이 아닌 부드럽고 실크 같은 질감이어야 한다.

거품 두께 확인

3.3 에스프레소 마키아토(Espresso Macchiato)

마키아토란 '흔적', '얼룩'의 뜻으로 에스프레소 위에 우유로 흔적을 남겨 준다는 의미를 담고 있는 메뉴다.

❶ 데미타세 잔에 에스프레소를 추출한다.

❷ 우유거품을 만든다.

❸ 에스프레소가 추출된 데미타세 잔에 우유거품을 살짝 얹거나 잔에 가득 채운다.

3.4 카페 콘파냐(Caffè Con Panna)

콘파냐란 '생크림을 얹는다'는 뜻으로 에스프레소 위에 생크림을 살짝 얹은 메뉴다.

❶ 데미타세 잔에 에스프레소를 추출한다.

❷ 에스프레소가 추출된 에스프레소 잔에 생크림을 얹는다. 이때 테두리에는 크레마 색깔이 보이도록 생크림을 얹어 시각적으로 커피 색깔이 보이게 한다.

3.5 아메리카노(Americano)

이탈리아에서 즐겨 마시는 에스프레소에 뜨거운 물을 희석하여 드립커피 농도로 만든 음료다. 미국 사람들이 즐겨 마시는 에스프레소 음료라서 '아메리카노'라 불린다.

방법 1

❶ 커피 잔에 뜨거운 물을 150~210 mL 받는다.

❷ 에스프레소 샷잔에 에스프레소를 추출한다.

❸ 뜨거운 물이 담긴 잔에 에스프레소를 붓는다.

방법 2

❶ 커피 잔에 에스프레소 커피를 추출한다.

❷ 에스프레소가 추출된 커피 잔에 뜨거운 물을 부어 준다.

*** 샷의 액량을 자동으로 추출할 수 있는 머신의 경우**

아메리카노 잔을 머신에 직접 놓고 커피를 받아서 아메리카노를 만들면 크레마가 있는 맛있는 커피를 만들 수 있다.

3.6 카페라테(Caffè Latte)

'라테'란 우유라는 뜻으로, 우유에 커피를 섞어 커피 맛이 강하지 않은 부드러운 우유 커피다. 에스프레소에 데운 우유를 섞어 제공되며 카푸치노보다 우유의 비율이 훨씬 높다.

❶ 커피 잔에 에스프레소를 추출한다.
❷ 우유를 데운다. 약간의 공기 주입으로 거품을 조금만 형성한다.
❸ 에스프레소에 데운 우유를 붓는다.

*** 향을 첨가한 라테**

카페라테에 바닐라, 캐러멜, 헤이즐넛 등 향 시럽을 첨가하여 다양한 라테 베리에이션 메뉴를 만들 수 있다.

3.7 카페모카(Caffè Mocha)

에스프레소에 초콜릿 소스와 데운 우유를 넣어 섞은 음료로, 커피와 초콜릿의 맛이 조화롭게 어울리는 메뉴다.

1. 잔에 초콜릿 소스 또는 파우더를 넣어 준다.
2. 에스프레소를 추출하여 초콜릿과 잘 섞어 준다.
3. 따뜻하게 데운 우유를 잔에 8부까지 부어 준다.
4. 우유거품 위에 초콜릿 소스로 장식할 수 있다.

3.8 라테 마키아토(Latte Macchiato)

'마키아토'는 흔적, 얼룩이란 뜻으로 우유거품 위에 에스프레소로 흔적을 남겨 주는 메뉴다. 라테처럼 연하고 카푸치노처럼 부드러운 우유거품이 특징이다.

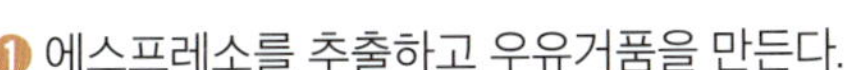

1. 에스프레소를 추출하고 우유거품을 만든다.
2. 잔에 우유거품을 9부 정도 가득 붓고 그 위에 에스프레소를 천천히 부어 준다.
3. 시각적으로 우유, 에스프레소, 우유거품의 층으로 구분되는 효과를 얻을 수 있다.

COFFEE COFFEE COFFEE

씨앗에서

음료까지

커피 커피 커피

7장

커피 향미의 감별

1. 생커피 감별
2. 볶음커피 감별
3. 추출커피 감별 1
4. 추출커피 감별 2

7장

커피 향미의 감별

커피의 향미는 생커피가 근본적으로 가지는 향미 특성과 볶음에 의해 조성되는 향미 특성을 근간으로 다양한 추출 조건에 의해 녹아나온 향미 성분의 구성비에 의해 결정된다. 이 장에서는 생커피의 향미 특성부터 볶기, 우려내기에 따라 조성되는 커피의 향미 특성과 마실 때의 조건에 따라 느껴지는 향미 특성을 순서대로 학습해 본다.

여기서 잠깐, 커피의 향미를 감별하려 들기 전에 감별하고자 하는 요소에 대해 먼저 생각해 보자.

커피는 근본적으로 기호음료이기 때문에 한 잔 마셨을 때 즐거움을 느낄 수 있어야 할 것이다. 먹는 것에서 즐거움을 느끼기 위해서는 일단 맛있어야 한다. 사람이 먹고 마시는 것 가운데 맛있다는 음식에 보편적으로 적용할 수 있는 기준이 있다. 우선 기분 좋게 하는 냄새와 좋은 맛을 꼽을 수 있겠고, 다음은 먹을 때의 식감이나 마실 때의 양질감(바디)이 좋아야 한다. 여기에 보기 좋은 것과 먹고 마시는 순간의 온도나 농도가 중요한 역할을 할 것이다.

그렇지만 여기에서는 보기에 좋은 정도나 온도, 농도 등의 요소는 커피 자체의 감별 대상이 아니므로 기본적으로 향기, 맛, 바디의 세 가지 요소를 중심으로 학습해 보도록 한다.

1) 생커피 감별

이 분야는 기본적으로 품종, 생육환경, 수확 시기, 가공 방식, 저장 상태로 분류하여 다섯 단계로 나누어 진행해 볼 것을 권한다. 여기에 상황이 되면 생커피를 발효 가공한 커피를 추가로 경험해 볼 수 있을 것이다.

1.1 품종

생커피 품종에 따른 향미의 차이는 아라비카와 로부스타의 차이로부터 시작하여 일반적인 브라질과 마일드계 콜롬비아의 차이를 이해한 후, 티피카와 버번의 차이로부터 시작하여 다양한 마일드계 커피의 세계로 들어설 수 있겠고, 기회가 된다면 로부스타의 특성도 살펴볼 수 있을 것이다.

이들 커피의 차이를 결정하는 중요한 요소 중 하나는 생육환경에 따라 식물의 생명을 유지하고자 하는 본능으로부터 형성되는 방어체계인 폴리페놀 성분이 가지는 특성이다. 클로로겐산으로부터 나타나는 떫거나 시큼한 느낌이나 트리고넬린으로부터 나타나는 것으로 여겨지는 꽃이나 허브계의 향 등이다. 카페인은 쓴맛의 특성을 가졌다고는 하나 식물성 병원체에 대한 방어체계의 특성 때문인지 커피에 있는 함량 정도로는 실제로 혀에서 맛의 특성으로 뚜렷하게 느껴지지는 않는 듯하다.

따라서 감별하는 기준으로는 향기 특성, 맑고 탁한 차이와 신맛 특성을 중심으로 판단할 것을 권한다. 바디는 입속에서 느껴지는 촉감의 특성이므로 기본적으로는 커피로부터 녹아든 고형물이 많을 때 강하다고 평가해야 할 것이다. 따라서 같은 커피라도 농도가 강하면 바디는 강하게 느껴질 수밖에 없다. 그러나 현실적으로는 거친 느낌이 강하거나 쓴맛이 강한 자극을 줄 경우 바디가 강한 것으로 판단하는 경향이 있다.

1.1.1 세계 3대 커피

상업적으로 세계 3대 커피는 마일드, 브라질, 로부스타이다. 예전에는 비슷한 이름의 분류로 세계 3대 프리미엄 커피라는 게 있었는데, 자메이칸 블루마운틴, 하와이안 코나와 예멘 모카를 꼽았었다. 지금은 워낙 비싼 고급 커피들이 많아지면서 이런 이름을 붙이기가 어려워졌다.

✓ 마일드가 맑은 달콤한 향기와 선명한 신맛 특성을 가졌다면,

✓ 로부스타는 탁하면서 구수한 향기에 좀 쓴맛이 나는 특성을 가졌고,

✓ 보통의 브라질은 그 중간 정도의 특성이 있다.

세계 3대 커피의 향미 특성				
향미 품종	향기	맛	바디	기타
마일드 (Mild)				
브라질 (Brazil)				
로부스타 (Robusta)				

* 마일드 커피로는 콜롬비아 커피를 선택하고, 브라질이나 로부스타는 쉽게 구할 수 있는 커피를 사용한다.
여기에서는 등급을 정하는 것이 아니므로 향기에서는 맑고 탁함과 함께 꽃이나 과일, 허브 향 등을 언급할 수 있겠고, 맛에서는 신맛과 단맛을 기준으로 언급하며, 바디는 입속에서 느껴지는 촉감을 강하고 약함으로 언급한다. 특히 바디는 쓴맛이나 거친 느낌과는 다른, 입속에서 느껴지는 풍부함의 정도를 목넘김과 함께 감별하는 것이 중요하다.

세계 3대 커피의 3종 7컵				
시료	향기	맛	바디	품종
1				
2				
3				
4				
5				
6				
7				

* 3종 7컵 구분 검사는 세 가지 커피를 사용하여, 7개의 시료를 5-1-1, 4-2-1, 3-3-1, 3-2-2의 조합 중 하나로 구성하여 향미 감별 능력을 시험해 보는 방법이다.

이 외에 최근에는 아시아 신흥 생산국을 중심으로 병충해에 강하고 단위 면적당 생산량이 많은 하이브리드 품종의 생산이 늘고 있는데, 조금씩 다르기는 하나 대체로 좋은 커피로 볼 만한 향미가 부족하여 싱겁거나 메마른 느낌의 특성을 띤다.

전에는 커피의 3대 품종으로 아라비카, 로부스타, 카네포라 종을 꼽았었는데, 이제는 아시아 등 신흥 생산국을 중심으로 하이브리드 종의 생산이 급속히 늘고 있어서 무시할 수 없는 품종이 되었다. 게다가 다양한 육종 실험에 의해 병충해에 강할 뿐만 아니라 향미 특성까지 좋은 것도 나타나고 있어서 가히 신3대 품종이라고 할 수 있겠다.

커피의 신 3대 품종				
향미 / 품종	향기	맛	바디	기타
아라비카 (Arabica)				
로부스타 (Robusta)				
하이브리드 (Hybrid)				

* 아라비카종 커피로는 콜롬비아 커피를 선택하고, 로부스타는 콩고나 우간다 커피를 사용하며, 하이브리드 종은 매우 다양하여 향미나 품질 특성도 한마디로 단정하기 어려운데, 여기에서는 티모르나 기타 아시아계 커피를 선택해 보자.

커피 신3대 품종의 3종 7컵				
시료	향기	맛	바디	품종
1				
2				
3				
4				
5				
6				
7				

1.1.2 대표적인 아라비카 원종 커피

커피의 종류는 많지만 그 향미 특성이 크게 다른 대표적인 원종 커피들로, 일차적으로는 에티오피아*의 짐마, 시다모, 하라 지역의 특성과 함께 서인도제도나 파푸아뉴기니의 티피카계와 동아프리카를 중심으로 하는 버번계의 커피가 있다. 여기에 느닷없이 나타나 각광을 받고 있는 게이샤 품종을 더하여 이해하면 좋겠다.

*** 에티오피아**

에티오피아는 유전적 차이를 가진 품종을 7,500개체 이상 수집하여 분류하고 있다고 하나, 실제로는 그 2배 이상의 다양한 품종이 있을 것으로 본다. 각각의 개체가 다른 곳에서 집중적으로 재배되면 그대로 하나의 원종으로 분류될 수 있을 것이다.

대표적인 아라비카 6종 커피의 향미 특성				
향미 / 품종	향기	맛	바디	기타
에티오피안 짐마 N.				
에티오피안 시다모 W.				
에티오피안 하라				
티피카계 PNG				
버번계 케냐				
게이샤계 파나마				

* 에티오피안 짐마는 조금 북쪽의 리무나 레켐티를 같은 계열로 보아 사용할 수 있고, 하라는 생산량이 심하게 줄어 구하기 어려울 수 있다. 티피카계는 파푸아뉴기니 대신 서인도제도의 커피나 서아프리카 카메룬의 커피를 사용할 수도 있다.

** 게이샤는 원래는 게샤(Gesha)라는 이름의 품종인데, 흔히 게이샤*라고 불리게 되었다.

*** 게이샤**

파나마의 에스메랄다 농원에서는 특별히 게이샤라는 단어보다는 에스메랄다 스페셜이라는 이름으로 부르는데, 이는 게샤 품종의 커피가 에스메랄다 농원에서 새로운 변종으로 진화했다고 보기 때문이다. 그러나 2008년에 마주쳤던 에스메랄다 게이샤와 2020년의 에스메랄다 스페셜은 이미 형태에서부터 향미까지 다른 특성을 보이고 있는 것을 보면 토양과 날씨 등 환경에 따른 영향으로 지속적으로 변화하고 있는 것으로 볼 수 있다.

1.1.3 그 외 마일드계 아라비카종 커피

이차적으로는 향미 특성도 차이가 큰 편이지만 생산량에 있어서도 비중이 큰 콜롬비아, 인도네시아, 과테말라 커피와 멕시코 커피의 차이를 이해한다. 이 커피들은 향기의 차이도 꽤 뚜렷하지만 커피 맛의 양대 흐름이라고 할 수 있는 신맛과 단맛의 성질도 다르게 나타난다.

아라비카 마일드 3종 커피의 3종 7컵				
시료	향기	맛	바디	품종
1				
2				
3				
4				
5				
6				
7				

1.2 생육환경

에티오피아는 아라비카종 커피의 원산지로 알려져 있다.[1] 이 나라의 커피는 오랜 시간 한자리에서 적응해 가면서 자생하다 보니 환경에 따라 다양한 유전적 특성을 가지게 되었다. 그 향미 특성을 크게 세 지역으로 나누어 서부 리무나 레켐티 지역과, 남서부의 짐마 지역이 하나의 특색을, 남부 시다마 지역의 시다모가 다른 하나의 특색을 가지며, 동부의 하라 지역에서 생산되는 커피들이 나름의 특성을 띠게 된 듯하다. 지금은 가공 설비의 보급과 함께 수세 가공 커피도 꽤 생산되고 있지만, 전통적으로는 자연건조식으로 가공한 커피가 많이 생산되었다. 시다마 남부 아바야 호수 오른쪽에 자리 잡은 이르가체페 지역은 비교적 강수량이 많아서 수세식으로 가공하는 커피가 생산되었는데, 최근에는 시다모 계열의 수세 가공 커피들이 높은 품질로 생산되어 인기를 얻고 있다.

이 커피들의 맛이 다르게 형성되는 까닭은 기후나 토양 등 생육환경의 차이에 따라 유기산을 비롯한 화학적 성분의 조성이 달라지기 때문에 나타나는 현상 때문일 것이다. 같은 품종의 커피를 심어도 고도나 토양이 다르면 영양 성분의 조성이 달라지면서 향미 특성이 달라지고 기후가 다르면 방어체계의 함량이 달라지면서 그에 따른 향미 특성도 달라진다. 폴리페놀에서 유래하는 피톤치드와 비슷한 기능의 꽃향기를 가지는 커피는 다른 방어체계에 속하는 클로로겐산이나 카페인 같은 성분도 더 많이 가지게 되기 때문에 떫거나 탁하면서 시큼한 특성을 함께 띤다.[2]

1 남수단은 에티오피아와 함께 아라비카종 커피의 원산지일 수 있다.

2 드물기는 하나 꽃향기같이 좋은 느낌을 주는 향기를 가지면서 맛에서도 깨끗한 특성을 보이는 커피들도 있다. 이런 특별한 커피는 대체로 특별히 높은 가격으로 거래된다.

아라비카종 커피의 원산지로 보이는 에티오피아 커피는 크게 세 가지 흐름을 가진다. 남수단의 오른쪽에 위치한 짐마 계열, 시다모 계열, 하라 계열이 그것이다. 이들 커피는 그 형질을 형성하는 데 있어 사람의 손을 타지 않았기 때문에 이런 특성을 이해하기에 가장 적합할 것이다. 에티오피아 커피가 알려지고 퍼져 나가기 시작한 초기에는 하라리(Harari)라고 불리던 하라 지역의 커피가 명성을 누렸다. 그러나 최근 수확량을 기준으로 보면 짐마 계열과 시다모 내추럴과 시다모 워시드 계열을 중시해야 한다. 이런 관점에서 이르가체페는 시다모 계열의 일종으로 볼 수 있다.

이 커피들로부터 나타나는 향미 특성은 아마도 생산지 고도와 기후 특성에 의해 형성될 수 있는 형태의 표준으로 보인다.

에티오피아 수세 가공 커피의 향미 특성				
향미 / 품종	향기	맛	바디	기타
남서부 리무 G2				
남부 시다모 G2				
남부 이르가체페 G2				

* 비슷한 특성을 이해하기 위해 위에서 이미 다룬 커피들이지만, 여기에서는 방어 체계 성분들에 의해 조성되는 것으로 보이는 향기의 특성과 맑거나 탁한 느낌을 중심으로 향기와 맛의 성격을 살펴본다.

에티오피아 수세 가공 커피의 3종 7컵				
시료	향기	맛	바디	품종
1				
2				
3				
4				
5				
6				
7				

에티오피아 3대 건조 가공 커피의 향미 특성				
향미 / 품종	향기	맛	바디	기타
남서부 짐마 N.				
남부 시다모 G4				
동부 하라 N.				
남서부 Gesha				

* 여기에서는 향기의 특성과 함께 떫은 느낌을 중심으로 탁하고 거친 정도와 바디의 성격을 살펴본다.

** 에티오피안 하라는 생산량이 심하게 줄어 구하기 어려울 수 있고, 게이샤의 원산지라고 여겨지는 남서부 게샤(Gesha)는 남부 호수와 가까운 지역에 있어서인지 향미가 매우 거친 면이 보인다. 이 커피도 구할 수 있다면 함께 그 향미를 비교해 보면 좋을 것이다.

에티오피아 3대 건조 가공 커피의 3종 7컵				
시료	향기	맛	바디	품종
1				
2				
3				
4				
5				
6				
7				

생산지의 고도가 높을수록 Acidity(상큼한 청량감)와 단맛이 선명하게 나타나고, 낮을수록 Acidity는 약하게 나타나면서 단맛보다는 구수함이 나타난다. 고도가 높으면서 습도도 비교적 높은 곳에서 생산되는 커피들은 꽃향기가 나타날 확률이 높다.

에티오피아나 북부 탄자니아, 케냐에서 수세 가공으로 생산되는 커피들은 고도가 높은 곳에서 생산되는 커피의 특성을 고스란히 보여 주고, 남부 탄자니아나 인도네시아 저지대에서 생산되는 커피들은 비교적 낮은 지역에서 생산되는 커피의 특성을 잘 보여 준다. 과테말라나 코스타리카의 SHB(Strictly Hard Bean, 고도가 높은 곳에서 수확되는 커피는 밀도가 높아 단단함에서 유래한 듯하다)나 HB, 멕시코나 엘살바도르 등의 SHG(Strictly High Grown, 고도가 높은 곳에서 재배된 커피라는 뜻)나 HG 등은 생산지 고도에 대한 표기다.

에티오피아 아바나 호수 근처에서 생산되는 커피나 인도네시아 수마트라의 토바호 주변에서 생산되는 커피는 개성 있는 향기 특성이 나타나는 경우가 많다. 아무래도 주변 습도가 높아 그에 대응하는 방어체계를 형성해서 그런 것으로 보인다.

생산지 고도에 따른 커피의 향미 특성

향미 / 품종	향기	맛	바디	기타
탄자니아 North				
탄자니아 South				
과테말라 SHB				
과테말라 HB				

* 이 항목에서는 Acidity(밝은 신맛 사이로 느껴지는 청량감)의 차이를 이해한다.

** 이런 특성을 정확하게 접하기에는 어려움이 있다. 일단 품종이 같아야 될뿐더러 가공 방식도 같아야 정당한 비교가 되기 때문이다. 게다가 우리나라에서는 South Tanzania 커피는 구하기도 쉽지 않다. 같은 고도라고 해도 남북회귀선 근처의 1,200 m에서 생산되는 커피의 특성과 적도 근처의 1,200 m 지역에서 생산되는 커피의 특성은 다를 수밖에 없다.

생산지 고도에 따른 커피의 3종 7컵				
시료	향기	맛	바디	품종
1				
2				
3				
4				
5				
6				
7				

* 탄자니아든 과테말라든 품종은 같으면서 생산지 고도가 다른 두 가지를 선택하고 생산지가 다른 한 가지 커피를 선택하여 시험한다. 같은 나라의 같은 품종으로 고도가 다른 곳에서 생산된 커피라면 모두 시료로 선택할 수 있을 것이다.

1.3 수확 시기

수확의 적기란 재배지의 커피가 가장 집중적으로 적절히 익은 순간을 말한다. 이 시기를 맞추지 못하면 미숙, 적숙, 과숙[3]이 섞인 상태로 수확될 가능성이 높고, 그만큼 품질이 떨어져서 복잡한 향미 특성을 띨 수밖에 없다.

3 과일이 정확하게 잘 익은 순간을 적숙 또는 완숙이라고 하고, 설익은 경우는 미숙, 지나치게 익은 경우는 과숙이라고 한다.

커피를 수확하는 단계에서 잘 익은 열매들을 위주로 골라서 수확하는 일은 시키는 입장에서도 쉬운 일이 아니다. 커피 열매 10개를 따 오는 인건비가 1원 남짓인데 어떻게 고급 노동을 원할 수 있겠는가! 그래도 케냐에서는 국책으로 잘 익은 열매를 따도록 권장하고 있고, 케냐 커피는 시장에서 가장 좋은 가격으로 판매되고 있다. 브라질은 기계로 수확하려다 보니 제대로 익기도 전에 약을 뿌려 강제로 수확하고, 브라질 커피는 그저 그런 품질에 그저 그런 가격으로 판매되고 있다. 더 많은 나라들에서는 적절하다 싶은 수확철이 오면 색깔에 상관없이 열매를 따 버린다.

검붉은 자주색으로 익은 달콤한 자두와 퍼렇고 시큼한 자두와 새콤하면서 시큼한 노란색이 섞인 빨간 자두의 맛이 생각난다.

수확 시기에 따른 커피의 향미 특성				
향미 / 품종	향기	맛	바디	기타
케냐				
과테말라				
브라질				

* 여기에서는 체리의 익은 정도에 따라 나타나는 신맛의 차이를 이해한다.
** 설익은 걸 땄을 때에는 볶은 커피에서도 설익은 과일의 시큼함이 느껴진다. 반 박자 느리게 혀 안쪽에서. 잘 익었을 때 딴 커피들은 밝은 신맛과 달콤함이 나타난다.

수확 시기의 적정도에 따른 커피의 3종 7컵				
시료	향기	맛	바디	품종
1				
2				
3				
4				
5				
6				
7				

* 여기에서는 가장 좋기로는, 한 지역에서 집중 수확기보다 보름 정도 이르게 수확한 커피와, 집중 수확기에 일반적인 방법으로 수확한 커피, 그리고 보름 정도 지나서 완전히 검은색에 가까워진 커피를 수확하여 가공한 커피들을 구하여 시료로 사용하면 좋을 것이나 현실적으로 구하기는 어렵다.
** 잘 익은 커피를 수확한 경우로 케냐 커피를 선택하고, 대충 수확한 커피로는 과테말라의 일반적인 커피를, 설익은 커피를 수확한 경우로는 브라질을 선택하되, 되도록 향미 특성이 비슷하거나 같은 품종의 커피를 사용하여 신맛 특성을 중심으로 시험한다.

1.4 수확 후 가공 방식

수확 후 가공 방식은 커피의 향미가 결정되는 여러 조건 가운데 사람의 의도에 의해 결정되는 가장 중요한 요소 중 하나다. 기본적으로는 자연건조 방식과 수세 가공 방식으로 나뉘고, 여기에 준건조, 준수세식이라는 방식이 더해진다.[4]

에티오피아는 가장 전통적인 가공 방식을 사용하고 있고, 브라질은 가장 기계화된 가공 방식을 적용하고 있으며, 케냐는 맑고 깨끗한 향미를 극단적으로 내기 위한 세척 방식을 적용하고 있다. 인도네시아는 습식 도정 방식을 채택하고 있고, 환경오염을 피하고자 준수세식을 활용하는 나라들도 있다.

이런 가공 방식의 차이에서 오는 향미 특성은 다양한 생육환경에 따라 형성되는 향미 특성 이상으로 차이를 만들어 낸다. 최근에는 파치먼트를 건조하기 직전 단계에서 다양한 형태의 발효를 유도하여 더 극적인 향미의 변화를 꾀하기 시작한 곳도 많아지고 있다.[5]

4 보통은 반건조, 반수세식이라고 표현하고 있는데, 그 영문 표기는 Semi-Dried, Semi-Washed인바, 준건조, 준수세식이라고 표기하는 것이 옳을 듯하다. 준수세식의 경우, 실제로는 물이 사용되지 않는다.

5 이스트 발효나 무산소 발효 같은 노골적인 발효 공정 외에도 허니 프로세스라고 하는 일종의 준건조 과정에서의 향미 변화도 비슷한 의도로 진행된다.

에티오피아 커피의 수확 후 가공 방식에 따라 달라지는 향미 특성				
향미 / 가공 방식	향기	맛	바디	기타
Wet G2				
Dry G4				
Honey				
Anaerobic				

* 여기에서는 에티오피아 한 지역에서 생산된 Washed, Dried와 Honey Process, Anaerobic Fermentation으로 가공된 커피들의 향미 특성을 이해한다.

** 시다모 지역이나 이르가체페 지역의 커피를 사용할 것을 권장하지만, 다른 나라에서 생산된 커피로 진행해도 무방하다. 최근 추세에 따라 무산소 발효로 가공한 커피의 향미 특성을 함께 이해할 수 있다면 좋을 것이다.

수확 후 가공 방식에 따라 달라지는 커피의 향미 3종 7컵				
시료	향기	맛	바디	가공 방식
1				
2				
3				
4				
5				
6				
7				

1.5 저장 상태

현실적으로 지난 20여 년간 국내의 커피 로스터리에서 일어난 일들을 보면, 허술한 저장에 의해 커피의 질이 떨어지는 경우가 너무나 흔했다. 한술 더 떠서 생커피를 수입하여 판매하는 회사들도 생커피는 볶지 않은 상태이기 때문에 보관이 쉬운 것으로 여겨, 보관 조건을 못 맞추어 커피의 상태를 극단적으로 나쁘게 만들어 버리는 경우를 흔히 보아 왔다.

커피의 기본적인 품질도 중요하지만 저장 중에 변질되는 경우가 너무 많고, 그렇게 변질된 커피의 가치는 극단적으로 떨어질 수도 있다. 따라서 커피를 볶아서 파는 입장이라면 좋은 조건으로 매입하는 일보다 좋은 조건으로 관리하는 일의 중요함을 반드시 알아야 한다.

생산되어 지나간 시간에 의한 커피의 변질 정도를 짐작하게 하는 New Crop, Current Crop

Old Crop

Past Crop

New Crop

과 Past Crop, Old Crop의 차이와 함께, 잘 보관되었던 커피와 무심하게 보관한 커피의 차이를 이해해야 한다. New Crop은 수확한 지 1년 이내의 커피를 말하고, Past Crop은 생산 후 1~2년 사이의 커피를 지칭하며, Old Crop은 2년 이상 묵은 커피를 말한다. Current Crop은 새로운 커피가 생산되어 소비지에 도착하기 전까지 약 6개월의 기간에 유통되는 커피를 말한다.[6]

저장 상태에 따른 커피의 향미 특성				
저장 상태 \ 향미	향기	맛	바디	기타
New Crop				
Current Crop				
Past Crop				
Old Crop				
냉장 저장				
상온 저장				

* 여기에서는 수확 후 경과 시간에 따른 향미의 변질 정도를 이해하되, 저장 장소의 온도에 따른 변질 정도를 함께 이해해야 할 것이다. 특히 Past Crop이나 Old Crop의 저장 상태에 따른 변화는 매우 큰 차이가 있으므로 반드시 학습해 둘 것을 권한다.
** 온도에 따른 저장에 대해서는 여름을 저온창고에서 난 커피와 상온창고에서 난 커피의 차이를 볼 수 있으면 좋을 것이다.

6 오래된 커피일수록 가장자리 쪽부터 하얗게 변한 백화현상이 심하게 나타났다. 새로 생산된 뉴크롭이라고 불리는 커피는 가공되고 판매되어 로스터에게 도달하는 시간이 약 6개월 걸리기 때문에 최종적으로 볶아져서 소비자에게 도착할 수 있는 시간이 반 년 정도가 고작인 셈이다. 이후로는 그냥 뉴크롭으로 취급하기는 하지만 커런트 크롭이라는 이름으로 팔릴 수밖에 없다.

저장 상태에 따른 커피의 3종 7컵				
시료	향기	맛	바디	품종
1				
2				
3				
4				
5				
6				
7				

1.6 후발효 가공

후발효 가공이란 소비지에 도착한 생커피의 가치를 높이기 위해 효모나 유산균 등을 이용하여 의도적으로 발효 가공하여 만든 커피를 말한다. 최근 이런 형태의 후가공을 거쳐서 상품화한 커피들이 속속 나타나고 있기는 한데 아직은 초보 단계에 머물러 있다고 볼 수 있다.

이런 커피들은 너무나 다양한 향미 특성을 보이기 때문에 특정하여 학습하기에는 좀 복잡한 면이 있다. 대체로 효모로 발효한 커피는 향기 특성이 강해지면서 탁하고 덜 자극적이면서 구수하거나 두루뭉술한 특성을 보이고, 유산균으로 발효한 경우는 자극적이면서 신맛 특성이 강하게 나타나 개성이 또렷해진다고 평가할 수 있다.

발효 상태에 따른 커피의 향미 특성				
향미 / 발효 상태	향기	맛	바디	기타
일반 커피				
효모 발효				
효모 후발효				
유산균 후발효				

* 여기에서는 후발효 커피 가운데 효모 발효 커피와 유산균 발효 커피, 발효하지 않은 커피를 비교해 보면 좋을 것이다.
** 가능하다면 수확 후 가공 과정의 발효 커피를 함께 비교해 보기를 권한다.

발효 상태에 따른 커피의 3종 7컵				
시료	향기	맛	바디	품종
1				
2				
3				
4				
5				
6				
7				

* 이 항목에서는 효모를 사용한 후발효 커피와 유산균을 사용한 후발효 커피를 중심으로 발효하지 않은 커피와 함께 감별 능력을 파악하도록 한다.

2) 볶음커피 감별

볶기의 기본 기술은 색깔 내기와 로스팅 진행 속도의 조절이다. 그 결과로서 커피마다의 향미 특성과 추출 조건이 결정된다. 그리고 실제로 커피를 볶아서 파는 사람의 입장에서는 여러 가지 이유로 필요에 따라 섞음커피를 만든다. 따라서 섞기에 따라 나타나는 향미의 차이도 이해해야 하는데, 조금 애매하기는 하나 여기에서 다룬다.

2.1 볶음도

커피를 볶으면서 나타나는 향미의 변화는 명확하다. 이를 체계적으로 이해하려면 약볶음에서 중볶음을 거쳐 강볶음으로 진행되어 가면서 나타나는 현상을 순차적으로 이해해야 한다.

향기는 구수함, 풀내 같은 것에서 달콤함과 커피다운 냄새들[7]이 나타나 점차 강해진다. 기름이 배어 나오기 시작하면 탄내와 함께 고소한 향도 나타나고 더 진행되어 기름이나 쓴맛도 타 버릴 정도가 되면 다시 구수함이 느껴지기도 한다.[8]

맛은 폭넓은 다양한 신맛과 단맛의 변화와 함께 쓴맛의 생성과 소멸을 중심으로 이해하는 것이 좋다. 우선 신맛은, 단맛과 함께 혀의 옆쪽과 앞쪽에서 다양하게 느껴지는 신맛으로부터[9] 가운데에서 선명하게 느껴지는 자극이 강한 신맛을 거쳐[10] 폭은 좁게 느껴지나 쏘는 듯 매우 자극적으로 느껴지는 강산성 신맛을 구분할 수 있으면 좋겠다. 단맛은, 향기 요소인 구수함과 함께 달콤하다는 느낌이 신맛과 어우러지면서 나타나다가 신맛과 병행하여 나타나는 달다는 느낌을 거쳐, 쓴맛이 느껴진 뒤에 숨어서 따라오듯 나타나는 단맛 정도로 느낄 수 있을 듯하다. 쓴맛은 약볶음에서는 떫은맛에 기대듯 나타나는 경우도 있으나, 보통은 중볶음으로 진행되면서 나타난다. 강한 중볶음으로 가면서 노골적인 쓴맛이 나타나다가 강볶음으로 가면 쏘는 듯한 강신맛과 어울려 더 강하게 느껴지다가 탄볶음 단계[11]로 가면서 서서히 사라져 간다.

볶음도는 다양한 이름으로 구분하고 있지만 여기에서는 현실적으로 만날 수 있는 볶음의 단계들을 팝핑[12]과 크래킹[13]을 기준으로 일단 네 단계로 구분하여 이해한 후, 더 나아가서는 이를 세분하여 12단계로 나누어 구분할 수 있으면 좋을 것이다.

약볶음은 팝핑의 시작을 중심으로 12℃ 정도를 구간으로 하고, 중볶음은 그로부터 12℃ 진

7 커피다운 냄새는 당의 갈변 반응에 따라 나타나는 달콤 구수한 냄새가 중심이 되는데, 커피의 볶음도를 판단하기 위한 기준으로 삼을 수 있다. 볶음도가 강해질수록 고소함이 강하게 느껴진다.

8 이런 설명과는 달리 아로마키트에서 제시하는 향기의 흐름으로 이해해도 좋을 것이다.

9 이때 느껴지는 신맛은 폭넓게 느껴지다가 금방 사라진다.

10 이때부터 혀의 중심부가 아리다는 느낌이 계속 남는 현상이 일어나는데, 이는 강산성 성분에 의해 혀의 세포가 파괴되면서 일어나는 현상이다.

11 일반적으로는 이런 분류를 사용하지 않지만 볶음이 극단적으로 강해지면 쓴맛을 내는 성분도 탄화되어 현저하게 줄어들기 시작하는데, 이런 단계를 탄볶음으로 구분하였다.

12 볶는 단계에서 처음 일어나는 파열음의 단계는 내부의 압력을 견디지 못하고 터지는 현상이 일어나는 것이므로 팝핑으로 지칭하기로 한다. 밀도가 낮은 커피는, 벌어지기는 하나 터지는 소리는 들리지 않는 경우가 많다.

13 볶는 단계에서 두 번째 들리는 파열음은 주로 커피 볶음이 진행되어 경도가 높아짐에 따라 커피 표면이 깨지면서 나는 소리이므로 크래킹이라고 지칭하기로 한다.

행되어 탄내가 분명히 나타나는 순간까지로 보자. 이는 일반적으로 알려져 있는 시티 로스트가 끝나 가는 순간이자 크래킹의 초기 단계이다. 강복음은 다시 이로부터 12℃ 진행된 순간까지로 본다. 이는 일반적으로 알려져 있는 풀시티 로스트를 중심으로 프렌치 로스트의 초기 단계라고 볼 수 있는데, 커피가 그런대로 자신의 특성을 어느 정도 가지고 있는 단계라고 볼 수 있다. 그 이후의 단계는 탄볶음으로 분류하여 학습해 보기로 하자.

볶음도에 따른 커피의 향미 특성 1				
향미 / 볶음도	향기	신맛	단맛	쓴맛
약볶음				
중볶음				
강볶음				
탄볶음				

* 여기에서는 일차적으로 가장 기본적인 네 단계의 커피를 향기, 신맛, 단맛과 쓴맛을 기준으로 구분해 보기로 한다.

볶음도에 따른 커피의 3종 7컵 1					
시료	향기	신맛	단맛	쓴맛	볶음도
1					
2					
3					
4					
5					
6					
7					

* 여기에서는 약볶음, 중볶음과 강볶음의 커피를 사용하여 시험해 본다.

복음도에 따른 커피의 향미 특성 2				
향미 / 볶음도	향기	신맛	단맛	쓴맛
강약볶음				
중중볶음				
약강볶음				
강강볶음				

* 여기에서는 약볶음의 마지막 단계(하이 로스트), 중볶음의 중간 단계(시티 로스트), 강볶음의 초기 단계(풀시티 로스트)와 강볶음의 마지막 단계(프렌치 로스트)인 네 단계의 커피를 향기, 신맛, 단맛과 쓴맛을 기준으로 구분해 보기로 한다.

볶음도에 따른 커피의 3종 7컵 2					
시료	향기	신맛	단맛	쓴맛	볶음도
1					
2					
3					
4					
5					
6					
7					

* 여기에서는 강약볶음, 중중볶음과 약강볶음의 커피를 사용하여 시험해 본다.

볶음도에 따른 커피의 향미 특성 3				
향미 / 볶음도	향기	신맛	단맛	쓴맛
강약볶음				
약중볶음				
중중볶음				
강중볶음				
약강볶음				

* 여기에서는 중볶음을 중심으로 다섯 단계의 커피를 향기, 신맛, 단맛과 쓴맛을 기준으로 구분해 보기로 한다.

볶음도에 따른 커피의 3종 7컵 3					
시료	향기	신맛	단맛	쓴맛	볶음도
1					
2					
3					
4					
5					
6					
7					

* 여기에서는 약중볶음, 중중볶음과 강중볶음의 커피를 사용하거나 앞의 세 가지 또는 뒤의 세 가지 커피를 사용하여 시험해 본다.

2.2 가열 방식

커피 볶기의 가장 기본적인 기술이 볶음도를 정확히 하는 것이라면 두 번째 기본 기술은 커피가 일정 색깔이 될 때까지 걸리는 시간이다. 이는 커피가 가진 근본 향미의 특성을 얼마나 남겼는지의 척도가 될 것이다. 짧은 시간 안에 볶을수록 물리적으로는 더 팽창할 것이고 화학적으로는 처음 커피가 가지고 있던 성분들이 많이 남을 것이다. 긴 시간 동안 볶을수록 물리적으로는 덜 팽창할 것이고 화학적으로는 많은 성분이 변화할 것이다. 이런 특성을 이용하여 특정 향미를 강조하거나 특정 추출 조건에 맞추는 일이 가능해진다.

가열 시간만이 아니고 가열 방식도 적지 않은 차이를 만들어 낼 것이다. 로스팅이 진행되는 동안 커피에서 일어나는 이화학적 변화는 볶음 진행 상황에 따른 열 공급량에 따라 다를 수 있다.

건조 단계에서 공급되는 열량의 정도가 다르면 팽창도가 달라져 물리적 특성이 달라질 수 있고, 이는 추출에 영향을 미칠 수 있을 것이다. 남은 함수율도 달라져서 열전달 속도에도 영향을 미친다. 열분해 초기 단계에서 가해지는 열량의 강약은 물리적 특성과 화학적 특성에 모두 영향을 미칠 것이다. 열분해 중간 단계 이후로 가해지는 열량의 강약은 상대적으로 적은 차이이기는 하나 역시 이화학적 특성에 영향을 미칠 것이다. 물리적으로 팽창도에 차이가 생겨 추출 특성에 차이가 나타날 것이고, 특히 유기산의 변화는 추출 특성과 복합적으로 작용할 것으로 볼 수 있어서 주목할 필요가 있다고 본다.

탄화가 시작되면서 나타나는 변화는 커피만의 특성과 상관없는 일반 곡물이 보편적으로 가지고 있는 유기물의 탄화에 의해 나타나는 특징을 중심으로 파악할 필요가 있다. 이때의 열량 공급 방식은 그 강약에 따라 커피의 물리적 상태에 큰 영향을 끼친다.

볶음 시간에 따른 커피의 향미 특성				
향미 / 가열 방식	향기	신맛	단맛	쓴맛
짧은 볶음 (7분 이내)				
보통 볶음 (10~12분)				
긴 볶음 (15분 이상)				

* 여기에서는 일차적으로 가장 기본적인 가열 방식으로 공급 열량만 다르게 하여 비슷한 컬러가 되도록 볶은 커피를 향기, 신맛, 단맛과 쓴맛을 기준으로 구분해 보기로 한다.

볶음 시간에 따른 커피의 3종 7컵					
시료	향기	신맛	단맛	쓴맛	볶음 시간
1					
2					
3					
4					
5					
6					
7					

가열 방식에 따른 커피의 향미 특성				
향미 / 가열 방식	향기	신맛	단맛	쓴맛
단순 가열				
중복 가열				
철(凸)자형				
요(凹)자형				

* 여기에서는 단순 가열 방식과 중복 가열(Double Roast), 철(凸)자(S-Curve) 형태의 가열 방식과 그 반대인 요(凹)자(역S-Curve) 형태의 가열 방식으로 비슷한 컬러가 되도록 볶은 커피를 향기, 신맛, 단맛과 쓴맛을 기준으로 구분해 보기로 한다.

가열 방식에 따른 커피의 3종 7컵					
시료	향기	신맛	단맛	쓴맛	가열 방식
1					
2					
3					
4					
5					
6					
7					

2.3 섞음 상태

섞음커피의 상태는 볶는 요령에서는 흔히 말하는 섞어볶기(BBR, Blend Before Roast)와 볶아섞기(BAR, Blend After Roast)라는 요령에 의한 상태가 있다. 그러나 향미의 차이를 조성하는 더 중요한 조건은 어떤 커피를 어떤 비율로 섞을지에 달려 있다고 봐야 한다.

섞음커피를 만드는 목적은, 원하는 향미 특성을 가지는 커피를 만드는 데 있겠지만, 실제로 제조하는 사람의 입장에서는 목표로 했던 향미 특성을 지속적으로 일관되게 가질 수 있도록 유지하는 일이 중요하여, 그렇게 될 수 있도록 그에 적절한 커피를 선택하고 비율을 정하는 것이다.

여기에서는 볶는 요령보다는 단종커피의 향미 특성을 고려한 섞음 상태와 섞는 비율에 의해 나타나는 향미 특성을 중심으로 하는 감별 능력에 대해 학습하기로 한다.

기본적인 섞음커피의 향미 특성 1				
향미 / 향미 경향	향기	맛	바디	기타
마일드 블렌드				
브라질 베이스				
로부스타 블렌드				

* 여기에서는 마일드계 커피만의 섞음커피와 브라질을 기본으로 하는 커피, 로부스타를 중심으로 하는 섞음커피의 향미 특성을 학습해 본다.

기본적인 섞음커피의 3종 7컵 1				
시료	향기	신맛	구수함	섞음 형태
1				
2				
3				
4				
5				
6				
7				

기본적인 섞음커피의 향미 특성 2				
향미 / 향미 경향	향기	맛	바디	기타
신맛				
중간 맛				
구수한 맛				

* 신맛 계열로는 동아프리카 커피를 중심으로 구성하고, 구수한 맛 계열로는 티피카계와 건조 가공 커피를 근간으로 구성하며, 중간 맛으로는 중남미계를 중심으로 티피카계나 건조 가공 커피를 섞을 수 있다.

기본적인 섞음커피의 3종 7컵 2				
시료	향기	신맛	구수함	섞음 형태
1				
2				
3				
4				
5				
6				
7				

3 추출커피 감별 1 · 상압추출커피

커피는 거의 대부분 분쇄하여 추출한다. 따라서 추출 커피는 가장 먼저 분쇄에 의한 차이를 이해하고 이후 추출 조건에 따른 차이를 이해해야 한다. 추출 조건은 기본적으로 침지식 추출과 투과식 추출에 의한 향미 특성의 차이를 이해하고 커피와 물의 교차 조건에 따른 향미 특성의 차이를 이해하는 것이 옳겠다.

추출 조건에 따른 향미의 차이도 처음에는 드립퍼를 사용하는 것과 같이 중력가속도에 따르는 상압으로 추출하는 경우에 나타날 수 있는 차이를 이해한 후, 다음으로는 에스프레소와 같이 압력을 가하여 추출하는 가압추출에서의 차이를 함께 이해할 필요가 있다.

3.1 분쇄도에 따른 차이

커피를 분쇄하면 표면적이 넓어지고 그 표면의 세포가 파괴된 상태가 되면서 미분도 많이 발생한다. 분쇄에 의해 표면적이 넓어지고 미분이 많아지면 표면으로부터 녹아 떨어지는 성분의 비율이 높아진다. 커피 성분이 물에 녹아드는 현상은, 입자 표면으로부터 성분이 녹아 떨어지는 현상과 입자 내부로부터 용매에 성분이 녹아 우러나오는 이중구조로 이해할 수 있다.

볶은 통커피로부터 커피 용질을 녹여 낼 경우, 극단적으로 표면적이 좁기 때문에 시간은 길게 걸리겠지만 표면으로부터 녹아나온 성분의 비율은 줄고 커피 속으로부터 녹아나온 성분의 비율이 높아질 수밖에 없다. 반대로 에스프레소 분쇄 또는 터키시 분쇄로 알려져 있는 매우 고운 분쇄로 커피를 추출하면 표면적이 극단적으로 넓어지면서 표면으로부터 떨어져 나온 성분의 비율이 극단적으로 높아질 수밖에 없다.

이런 차이에서 오는 향미 특성은 사람의 선호도에 매우 큰 영향을 미치므로 잘 이해하고 기억해 둘 필요가 있다.

분쇄도 차이에 의해 나타나는 향미 특성 1				
향미 / 분쇄 상태	향기	맛	입촉감	기타
통커피				
굵은 분쇄				
고운 분쇄				

* 여기에서는 향기에서는 맑고 거친 정도를 중심으로 그 차이를 이해하고, 맛에서는 신맛의 성질을 중심으로 그 차이를 이해하며, 입촉감(바디)에서는 강약과 함께 거친 정도를 이해할 수 있어야 한다.

분쇄도가 다른 커피의 3종 7컵 1				
시료	향기	신맛	입촉감	섞음 형태
1				
2				
3				
4				
5				
6				
7				

분쇄도의 차이에 의해 나타나는 향미 특성 2				
향미 / 분쇄 상태	향기	맛	입촉감	기타
굵은 분쇄				
중간 분쇄				
고운 분쇄				

* 역시 향기에서는 맑고 거친 정도를 중심으로 그 차이를 구분하고, 맛에서는 신맛의 성질을 중심으로 그 차이를 구분하며, 입촉감(바디)에서는 강약과 함께 거친 정도를 구분할 수 있어야 한다.

분쇄도가 다른 커피의 3종 7컵 2				
시료	향기	신맛	입촉감	섞음 형태
1				
2				
3				
4				
5				
6				
7				

3.2 추출 원리 · 방식, 도구, 분쇄도

커피를 추출하는 도구는 다양하다. 각 도구마다 추출이 진행되는 방식이 크게 또는 작게 다르고, 그에 따라 추출된 커피 향미의 특성도 다를 수밖에 없다. 추출이 진행되는 과정에서 분명한 차이를 일으키는 원리로는, 가장 먼저 커피와 물이 만났다가 분리되는[14] 교차 진행의 방식이 침지 형태인지 투과 형태인지를 구분할 수 있어야 한다. 이에 따른 차이는 비교적 뚜렷하기 때문이다.

교차 원리에 의해 나타나는 향미 특성				
향미 / 교차 원리	향기	맛	입촉감	기타
침지 추출				
투과 추출				
침지 후 투과 추출				

14 여기에서 말하는 분리는 추출의 3대 과정에서 말하는, 커피 입자 속의 커피 용질이 커피 입자 밖으로 나오는 것을 말하는 분리가 아니고, 커피 분쇄 입자와 커피 용액이 분리되는 과정인 여과에 의해 일어나는 분리를 말한다.

교차 원리에 의해 나타나는 특성의 3종 7컵				
시료	향기	신맛	입촉감	섞음 형태
1				
2				
3				
4				
5				
6				
7				

3.3 추출 온도, 양, 시간

추출이 진행되는 온도나 사용하는 물의 양, 물과 커피가 교차하고 있는 시간 등은 커피의 향미에 다양한 영향을 미친다. 온도에 따른 추출 커피의 향미 차이, 추출에 직접 사용되는 물의 양과 추출이 진행되는 데 걸린 시간 등은 커피의 향미 형성에 다양한 영향을 끼친다.

추출 온도에 따라 발현되는 향미 특성				
향미 / 추출 온도	향기	맛	입촉감	기타
상온(25℃)				
중온(60℃)				
고온(95℃)				

* 상온 추출은 콜드브루 커피인 셈인데, 이 온도에서는 분쇄 커피의 내부로 물의 침투가 매우 느리게 진행되기 때문에, 짧은 시간에 추출할 경우 표면에서의 용해 성분을 위주로 향미가 형성될 수밖에 없다.

추출 온도에 따라 발현되는 향미의 3종 7컵				
시료	향기	신맛	입촉감	비고
1				
2				
3				
4				
5				
6				
7				

용매(溶媒)의 비율에 따라 나타나는 향미 특성				
향미 / 용매비	향기	맛	입촉감	기타
5배				
10배				
20배				

* 용매비란 커피 사용량과 물 사용량의 비율을 말한다. 추출 후 희석에 의해 농도를 일치시켜 향미를 비교해 본다.

용매비에 따라 나타나는 향미의 3종 7컵 (용매비 : - - 배)				
시료	향기	신맛	입촉감	비고
1				
2				
3				
4				
5				
6				
7				

추출 시간에 따라 발현되는 향미 특성				
향미 / 추출 시간	향기	맛	입촉감	기타
1분				
4분				
10분				

* 여기에서는 먼저 분쇄도와 추출 시간의 관계를 고려해야 한다. 그런 후에 객관적인 평가를 위해서는 침지 추출에 의해 검토하는 것이 좋겠다. 그러나 투과 추출에 의한 평가를 하고 싶다면, 용매비를 일정하게 정한 후 되부어뽑기에 의해 진행하는 것이 좋을 것이다. 더부어뽑기에 의해 진행할 경우, 역시 용매비는 일정하게 하면서 각 단계별 대기 시간을 달리하면 될 것이다.

추출 시간에 따라 발현되는 향미의 3종 7컵 (추출 원리 : /용매비 : 배/시간 : 분)				
시료	향기	신맛	입촉감	비고
1				
2				
3				
4				
5				
6				
7				

3.4 수율

같은 커피를 추출하였을 경우 일정한 분쇄 이후에 가장 분명하게 차이를 보여 주는 지표는 추출수율이라고 할 수 있다. 예를 들면, 20%를 추출했을 경우와 12%를 추출했을 경우, 그리고 8%를 추출한 커피의 향미 특성은 매우 다르다. 각 경우에 추출되어 나오는 용질의 성분비가 다르기 때문이다. 그런 가운데 각각의 수율에 따른 일정한 특성을 가진다.

따라서 이런 특성을 이해하면 어떤 커피를 대할 때 그 커피의 수율에 변화를 주었을 때의 향미 특성을 상상할 수 있을 것이고, 이로부터 더 나은 향기와 맛을 가지는 커피를 만들 수도 있을 것이다.

추출수율에 따라 나타나는 향미 특성				
향미 / 수율	향기	맛	입촉감	기타
약 20%				
약 12%				
약 8%				

* 여기에서는 되부어뽑기로 추출하되, 분쇄도 혹은 분쇄도와 용매비의 복합 변수에 의해 기준수율을 구현할 수 있을 것이다.

추출수율에 따라 나타나는 향미의 3종 7컵 (추출수율 : - - %)				
시료	향기	신맛	입촉감	비고
1				
2				
3				
4				
5				
6				
7				

3.5 농도

커피를 즐기는 데 있어서 많은 이들에게 농도는 별로 깊이 이해하려 들지 않는 요소인 듯하다. 바디와 쓴맛을 동일하게 여긴다든가, 진한 것도 쓴 것과 혼동(混同)하는 일이 매우 흔하게 일어난다. 풍성함, 진한 것과 쓴 것은 전혀 다른 요소여서 이걸 명확하게 구분할 수 있어야 할 것이다.

중후하다거나 풍성한 느낌은 거의 모든 사람들이 좋게 받아들일 수 있는 요소이고, 진한 것은 맛의 성격에 따라 좋고 나쁨이 갈라지기도 하지만 쓴맛은 동물이 근본적으로 싫어하는 맛이다.

농도에 따라 나타나는 향미 특성				
향미 / TDS	향기	맛	입촉감	기타
약 2.0				
약 1.25				
약 0.6				

* 여기에서는 클레버 브루어로 추출하여, 희석에 의해 농도의 차이를 구현한 후, 커핑 순서를 바꾸어 가면서 마셔 보기를 권한다. 커핑 순서를 바꿀 때에는 첫 번째 커피를 세 번 정도 마셔 본 후에 다음으로 넘어가는 것이 좋겠다.

농도에 따라 나타나는 향미의 3종 7컵 (TDS : 약 2.0 - 약 1.25 - 약 0.6)				
시료	향기	신맛	입촉감	비고
1				
2				
3				
4				
5				
6				
7				

3.6 신맛

신맛은 다양하다. 이를 세분하여 사람이 본능적으로 좋아하는 신맛과 꺼리는 신맛을 구분할 수 있다면 좋은 커피와 그렇지 못한 커피를 구분하는 데 꽤 쓸모 있는 능력이 될 것이다.

이를 구분하는 것은 전문적인 연구 토론을 거쳐야겠지만, 일단 새콤한 맛과 신맛, 시큼한 맛으로 구분해 보면, 새콤하다는 말은 단맛을 동반하는 밝은 신맛을 가진 경우를 지칭하고, 신맛은 단맛은 약하면서 신맛이 자극적인 경우를 지칭하며, 시큼함은 탁한 느낌과 함께 설익은 과일의 신맛을 연상시키는 경우로 나누어 보겠다.

새콤한 맛은 어시디티(Acidity, 상큼함 또는 청량감)를 포함하는 고품질의 커피로부터 느낄 수 있는 맛이고, 신맛은 로스팅이 중볶음으로 진행되면서 형성되는 자극적인 신맛이나 추출도가 높아지면서 나오는 강산성을 띠는 신맛을 말하며, 시큼함은 조기에 수확한 경우나 낮은 품질의 커피로부터 느낄 수 있는 맛으로 정의해 두자.

다양한 신맛의 이해				
향미 / 신맛 계열	향기	맛	입촉감	기타
새콤한				
신				
시큼한				

* 새콤한 경우와 신 경우의 시료는 케냐 커피나 에티오피아 시다모 계열의 수세 가공 커피를 사용하면서 추출수율의 차이로 구현하고, 시큼한 경우는 브라질 커피를 사용하기를 권한다.

세 가지 신맛을 나타내는 커피의 3종 7컵				
시료	향기	신맛	입촉감	비고
1				
2				
3				
4				
5				
6				
7				

4) 추출커피 감별 2 · 가압추출커피

에스프레소 커피는 기본적으로 짧은 시간에 커피를 추출하여 재빨리 제공하는 것을 목표로 발전한 커피 추출 기술이다. 짧은 시간에 커피를 추출하려면 분쇄를 곱게 해야 한다. 그런데 일정 분쇄도 이하로 곱게 분쇄하면 물의 표면장력 때문에 중력에 의한 추출이 어려워져서 고압으로 추출할 수밖에 없고, 여기에 에스프레소의 강한 자극을 줄여 부드럽고 풍성한 느낌으로 즐길 수 있도록 크레마가 형성되도록 하기 위해 9기압이 작용하도록 했다.

기계적 추출 과정을 살펴보면, ① 가압펌프를 통해 높은 압력을 얻은 물이, ② 액량을 계량하는 유량계(Flowmeter)를 거쳐, ③ 추출 보일러에 데워져 있는 물을 밀어내면, ④ 뜨거운 물이 관로를 통해, ⑤ 지글러[15]로 빠져나와, ⑥ 그룹헤드를 지나 산포망[16]을 거쳐, ⑦ 포타필터의 커피 케이크를 통과하면서 커피액으로 바뀌어 한 잔의 커피로 완성된다.

에스프레소 커피의 품질을 결정하는 요소를 크게 두 파트로 나누면 기계의 작동에 의한 요소와 사람이 해 주어야 하는 요소로 나눌 수 있다. 이 가운데 위에서 말한 에스프레소 머신 각 과정의 기능이 정확하게 작용한다면 일단 기계적 문제는 없다고 볼 수 있다.

사람이 해 주어야 하는 요소는, 우선 ① 추출할 커피의 적정 분쇄도를 찾는 일과 ② 필터바스켓의 크기에 맞추어 적정량의 커피를 담는 일[17], ③ 커피가 고르게 추출될 수 있도록 수평밀도를 맞추는 일, ④ 적정 온도로 추출될 수 있도록 그룹헤드에서 열수를 흘려 내는 일, ⑤ 추출액량을 적절히 맞추는 일이다.

각 단계에 어떤 조건으로 추출이 진행되는지에 따라 향미가 달라지는바, 기계적으로 잘 조율된 상태에서 사람이 해 주는 조건으로부터 발생하는 몇 가지 중요한 변화 요소에 따른 향미 특성을 학습해 보기로 한다.

4.1 분쇄도

좋은 에스프레소의 출발은 분쇄의 정확도로부터 시작된다. 터무니없이 굵거나 고울 경우는 논외로 하고, 미세한 분쇄도의 차이에서 오는 향미의 변화를 이해해 보자.

에스프레소 분쇄도의 차이에서 오는 향미 특성

분쇄도 \ 향미	향기	맛	입촉감	기타
굵은 분쇄				
적정 분쇄				
고운 분쇄				

* 굵은 분쇄일 경우 표면 추출도가 높아지면서 신맛이 강해지는 경향이 있고, 고운 분쇄일 경우 신맛도 나빠지면서 쓴맛이 강해지는 경향이 있다. 추출액량은 투샷 40~50 mL, 30 g 정도로 할 것을 권한다.

15 에스프레소 머신 그룹헤드의 직전에 배치되어 있는 물의 흐름을 억제하는 장치

16 Dispersion Screen 또는 그룹 스크린이라고 한다.

17 적정량의 커피를 담는 일은 바스켓의 용량에 딱 맞추는 것을 말한다. 바스켓 공간이 확정되어 있으므로 적정 용량보다 많이 담으면 케이크의 저항력이 커져서 편류가 일어날 가능성이 급격하게 높아진다.

에스프레소 분쇄도에 따른 3종 7컵				
시료	향기	신맛	입촉감	비고
1				
2				
3				
4				
5				
6				
7				

4.2 사용량의 적정성

널리 사용되고 있는 반자동 에스프레소 머신은 필터바스켓의 크기에 의해 커피 추출이 일어나는 공간의 용량이 결정된다. 따라서 덜 담으면 바스켓 내부에서의 안정성이 떨어지고, 더 담으면 팽창에 의해 지나치게 저항력이 강해지면서 물의 흐름이 왜곡되어 편류가 일어나게 된다. 이에 따른 추출이 진행될 때의 현상과 향미 특성을 알아 두어야 한다.

에스프레소 커피 사용량의 차이에 따른 향미				
향미 / 사용량	향기	맛	입촉감	기타
적을 경우				
적정한 경우				
많을 경우				

* 양이 적을 경우는 추출액에 용질이 적어지면서 묽어지고, 많이 담았을 경우는 저항력이 강해지면서 케이크의 약한 쪽이나 바스켓과의 접촉면을 따라 추출이 진행되어 거칠고 신맛도 강해지면서 농도도 불안정하게 나타난다.

에스프레소 담는 양에 따른 커피의 3종 7컵				
시료	향기	신맛	입촉감	비고
1				
2				
3				
4				
5				
6				
7				

4.3 수평밀도

용매인 물이 고압으로 케이크를 통과하는 순간 커피 케이크의 저항력이 약한 곳이 있다면 고압의 물은 그 약한 곳으로 흘러 통과하게 된다. 이는 눈으로 보기에 평평한 것과는 전혀 다른 문제다. 필터바스켓에 커피를 담아 그룹헤드에 장착할 때 커피가 그룹 산포망 하부에 닿아 밀리는 현상이 일어나지 않도록 탬퍼를 사용하여 다지기를 하는데, 커피를 다져 주기 전에 커피가 고르게 담겨진 상태여야 케이크 전체의 수평밀도가 고르게 되어 저항력이 케이크 전면에 고르게 작용하면서 고른 추출이 일어나는 것이다.

고르게 추출된 에스프레소는 맛이 비교적 매끄러우면서 풍성함을 가진다. 편류가 발생하면 심할 경우 커피 케이크에 구멍이 뚫리기도 하면서 시거나 쓴 자극이 강해지며 농도도 묽어진다.

에스프레소 수평밀도에 의해 발생하는 향미 특성				
향미 / 수평밀도	향기	맛	입촉감	기타
다지기를 한 경우				
다지기를 하지 않은 경우				
수평밀도를 맞춘 경우				

* 일단 정량을 담아 추출한다는 전제하에 향기는 Grassy가 나타나는지를 보고, 맛은 신맛의 특성과 달콤한 정도에 유의한다. 입촉감은 풍성함과 아린 정도를 느껴 본다. 가능하면 추출수율도 측정해 보기를 권한다.

패킹 시의 수평밀도에 따른 3종 7컵				
시료	향기	신맛	입촉감	비고
1				
2				
3				
4				
5				
6				
7				

4.4 추출액량

에스프레소 추출량은 볶음도에 따라 달라지는 것이 옳다고 여기지만, 기본적으로 일정량은 추출하는 것이 좋을 것이다. 그 액량을 특정하기는 쉽지 않은 일이겠지만, 기본적으로 룽고, 에스프레소와 리스트레토를 기준으로 액량에 따른 특성을 이해한 후, 조금 더 세분한 액량으로 학습하면 좋을 것이다.

모든 커피가 다 그런 것은 아니지만, 일반적으로 액량이 적으면 풍성함과 함께 강한 신맛을 느낄 수 있고, 액량이 많아지면 쓰거나 자극적인 커피가 될 것이다. 그러나 액량이 너무 적으면 강한 향기와 함께 오히려 씁쓸함이 더 나타날 수도 있다.

에스프레소 추출액량의 차이에서 오는 향미 특성				
향미 / 커피	향기	맛	입촉감	기타
룽고				
에스프레소				
리스트레토				

* 룽고 추출액량은 투샷 80~100 mL, 70 g 정도로, 에스프레소 추출액량은 투샷 50~70 mL, 40 g 정도로, 리스트레토는 투샷 35~40 mL, 25 g 정도로 할 것을 권한다.

에스프레소 추출액량에 따른 3종 7컵				
시료	향기	신맛	입촉감	비고
1				
2				
3				
4				
5				
6				
7				

정 리

커피의 감별에 있어 품질의 높고 낮음을 전혀 생각하지 않을 수는 없겠지만, 학습을 진행해 가면서 주안점은 다른 커피가 어떻게 다른지를 명확하게 이해하는 데 두면 좋겠다.

학습해 가는 요령은, 개인이 단독으로 시료를 준비하여 학습하기는 매우 번거로운 일이니 교육기관에서 진행하는 학습 과정이나 그룹을 형성하여 계획을 짜서 지속적으로 학습해 가면 좋을 것이다.

한두 번 해 본다고 분명하게 감별 능력이 생기기도 쉽지 않은 일이니, 개인이든 그룹이든 부단히 노력하여 수준 높은 감별 능력을 키울 수 있기를 바란다.

COFFEE COFFEE COFFEE

씨앗에서

음료까지

커피 커피 커피

8장

커피와 건강, 그리고 서비스

8장

커피와 건강,
그리고 서비스

1) 커피와 건강

1.1 커피의 주요 성분

오늘날 전 세계인의 기호음료로 가장 사랑받고 있는 것은 커피다. 과거 인스턴트 형태의 커피에서 벗어나 볶음커피 고유의 맛과 향이 풍부한 커피는 바쁘고 지친 현대인의 생활에 활력을 준다. 커피는 커피나무에서 얻은 생커피를 로스팅할 때 생성되는 성분들이 서로 어우러져 커피의 독특한 맛과 향을 형성한다. 커피에는 다양한 영양 성분이 들어 있으며, 생커피가 로스팅될 때 일부 성분이 소실 또는 증가되어 커피의 성분 변화가 초래된다. 모닝커피를 마시며 하루를 시작하는 현대인의 건강에 미치는 커피 한 잔의 영향은 매우 크다. 이 장에서는 커피의 다량 또는 미량 성분에 대한 이해를 토대로 커피가 건강에 미치는 영향을 알아보도록 한다.

1.1.1 생커피와 볶음커피의 성분

생커피 성분은 커피나무의 품종, 기후 · 토양 · 고도 등의 재배 환경, 생커피 가공 및 저장 환경에 따라 그 조성과 함량이 다양하다. 또한 로스팅 후 볶음커피의 조성은 생커피와 많이 다르다. 커피나무의 여러 품종 중 널리 알려진 아라비카종과 로부스타종의 주성분에는 탄수화물(다당류, 올리고당), 지방, 단백질, 무기질, 클로로겐산(chlorogenic acid), 알리파틱산(aliphatic acid), 휴믹산(humic acid), 카페인 등이 있다.

생커피와 볶음커피의 성분 및 함량(건조물 %)

성분	아라비카종		로부스타종	
	생커피	볶음커피	생커피	볶음커피
다당류	50.0~55.0	24.0~39.0	37.0~47.0	-
올리고당	6.0~8.0	0~3.5	5.0~7.0	0~3.5
지방	12.0~18.0	14.5~20.0	9.0~13.0	11.0~16.0
단백질	11.0~13.0	13.0~15.0	11.0~13.0	13.0~15.0
무기질	3.0~4.2	3.5~4.5	4.0~4.5	4.6~5.0

(계속)

성분	아라비카종		로부스타종	
	생커피	볶음커피	생커피	볶음커피
클로로겐산	5.5~8.0	1.2~2.3	7.0~10.0	3.9~4.6
아미노산	2.0	-	2.0	0
알리파틱산	1.5~2.0	1.0~1.5	1.5~2.0	1.0~1.5
휴믹산	-	16.0~17.0	-	16.0~17.0
카페인	0.9~1.2	1.0	1.6~2.4	2.0

출처 Coffee : Botany, Biochemistry and Production of Beans and Beverages. Clifford, MN. (1985).

① 탄수화물

- **생커피** : 생커피의 탄수화물은 가용성과 난용성으로 나뉘며 아라비카종이 로부스타종보다 탄수화물 함량이 높다.

생커피 탄수화물의 종류 및 함량(건조물 : %)		
탄수화물의 분류	아라비카종	로부스타종
가용성	9.2~13.5	6.2~11.9
• 단당류	0.2~0.5	0.2~0.5
• 올리고당	6.0~9.0	3.0~7.0
• 다당류	3.0~4.0	3.0~4.4
난용성	46.0~53.0	34.0~44.0
• 셀룰로오스	41.0~43.0	32.0~40.0
• 헤미셀룰로오스	5.0~10.0	3.0~4.0
총탄수화물	55.2~66.5	41.2~55.9

  - 가용성 탄수화물 : 단당류, 올리고당, 다당류
  - 난용성 탄수화물 : 셀룰로오스, 헤미셀룰로오스

- **볶음커피** : 로스팅 과정에서 생커피의 성분이 분해되거나 새로운 성분이 생성되는 등 많은 변화가 일어난다.
  - 생커피의 당 단백질, 가용성 탄수화물, 셀룰로오스가 분해되어 단당류(갈락토오스, 만노오스, 아라비노오스, 리보스)가 생성된다.
  - 서당(설탕)은 일부 전화(Inversion, 轉化)되어 과당과 설탕의 혼합물이 된다.

- 생커피의 단당류와 단백질의 마이야르 반응(Maillard Reaction)으로 갈색 물질과 휘발성 향미 성분이 생성된다.

생커피와 볶음커피의 비교 : 로스팅 가열작용은 생커피의 성분에 화학적 변화를 초래하여 새로운 물질이 생성되며, 생커피에 없던 성분이 볶음커피에 새롭게 나타나는 탄수화물 성분도 있다.

생커피와 볶음커피의 탄수화물 조성 비교	
구분	탄수화물 성분
생커피와 볶음커피의 공통 탄수화물	아라반(Araban), 아라비노스(Arabinose), 셀룰로오스(Cellulose), 갈락탄(Galactan), 글루코오스(Glucose), 말토오스(Maltose), 글루쿠론산(Glucuronic Acid), 라피노즈(Raffinose), 만난(Mannan), 만노스(Mannose), 수크로오스(Sucrose), 스타키오스(Stachyose), 퀸산(Quinic Acid), 자일로스(Xylose)
생커피에만 함유된 탄수화물	아라비노갈락탄(Arabino Galactan), 전분(Starch), 리그닌(Lignin), 갈락투론산(Galacturonic Acid), 펙틴(Pectin), 글루코-갈락토만난(Gluco-galactomannan)
볶음커피에만 함유된 탄수화물	과당(Fructose), 갈락토오스(Galactose), 글루칸(Glucan), 리보오스(Ribose)

② 지방

생커피 : 생커피의 지방 함량과 조성은 품종 · 추출 방법 · 분석 기술 등에 따라 달라질 수 있으나 생커피에는 7~17% 정도의 지방이 있다. 아라비카종과 로부스타종의 평균 지방 함량은 각각 15%, 10% 정도이다. 대부분의 지방이 배젖(Endosperm)에 있고, 미량은 생커피 표면에 있다. 지방 종류와 구성 성분은 다양하며, 생커피 부위에 따라 지방 조성이 다르다.

- 생커피 표면에 있는 0.2~0.3% 정도의 얇은 왁스(Wax)층은 생커피의 건조를 막아 주며 미생물로부터 생커피를 보호하는 기능을 한다.
- 중성지방은 생커피 배젖에 있으며, 글리세롤과 지방산의 에스테르결합 형태를 띤다. 지방산 종류는 주로 포화지방산(팔미트산, 스테아르산), 단일불포화지방산(올레인산), 다가불포화지방산(리놀레산) 등이다.
- 다이터펜(Diterpene)에 속하는 카웰(Kahweol), 카페스톨(Cafestol)은 다른 식물에서는 볼 수 없고 생커피에만 있는 지방이며 각종 지방산과 에스테르의 결합으로 존재한다. 이러한 성분은 열, 햇빛, 산 등에 약하므로 로스팅 과정에서 쉽게 파괴될 수 있다.

- 다이터펜 중 메틸카페스톨(16-O-methylcafestol)은 로부스타종에서만 볼 수 있어서 블렌딩 커피에서 아라비카종과 로부스타종 커피의 비율을 측정하는 표준으로 이용된다.
- 스테롤은 아라비카종에 5.4% 정도 포함되어 있으며 종류로는 시토스테롤(Sitosterol, 53%), 스티그마스테롤(Stigmasterol, 21%), 캠페스테롤(Campesterol, 11%) 등이 있다.

볶음커피 : 생커피의 지방 종류에 따라 로스팅 시 흡열 정도와 흡열에 의한 변화 정도가 다르다. 이때 커피 향미의 원인이 되는 다양한 물질도 생성된다.

- 중성지방, 스테롤에 대한 변화는 없고, 유리 지방산이 증가한다.
- 카월, 카페스톨의 분해로 많은 휘발성 물질이 생성되고, 이러한 변화는 총 지방량 증가의 원인이 된다.
- 로부스타종에 비하여 아라비카종의 카월 함량은 로스팅 후에도 거의 변화가 없다.

③ 단백질

생커피 : 생커피 품종에 따라 단백질 함량은 8.7~12.2% 정도이며, 구성 성분인 아미노산 종류도 다양하다. 유리 아미노산은 1% 이하의 극미량으로 존재한다. 아라비카종과 로부스타종을 비교하면 단백질을 구성하는 아미노산 종류와 함량 차이가 크다.

볶음커피 : 로스팅에 의한 가열작용으로 생커피 단백질이 파괴되면서 20~40% 정도의 아미노산이 소실된다. 특히 열에 예민한 아미노산인 아르기닌, 시스테인, 세린, 트레오닌 등은 거의 파괴된다. 그러나 중간 정도 또는 강하게 로스팅할 때 아라바카종, 로부스타종에서 아미노산 중 글루탐산이 가장 많이 증가한다. 열에 의한 단백질 조성 변화는 볶음커피의 특징이다.

- 아미노산과 탄수화물의 갈변 반응인 마이야르 반응이 발생한다.
- 각종 향미 성분과 휘발성 성분 등과 같은 새로운 물질이 생성된다.

④ 비단백질 질소화합물 : 단백질을 구성하지 않는 질소 성분으로 핵산, 퓨린염기, 질소염기 등이 있으며, 생커피 품종에 따라 함량이 다양하다.

핵산은 아라비카종에 0.7%, 로부스타종에 0.8% 정도 함유되어 있다.

퓨린염기는 아라비카종, 로부스타종에 각각 0.9~1.4%, 1.7~4% 정도 함유되어 있다. 카페인은 퓨린 유도체의 대표 성분으로 커피의 쓴맛을 내며, 기타 퓨린염기는 로스팅에 의해 파괴된다.

- 질소염기는 로스팅 가열반응에 대해 안전성이 있는 성분과 그렇지 않은 성분으로 분류된다. 열에 대해 불안정한 성분 중 특히 트리고넬린(Trigonelline)은 열 반응에 의해 니코틴산과 기타 향미 성분으로 분해된다. 이러한 특성을 이용하여 트리고넬린과 니코틴산 비율은 로스팅 정도를 측정하는 데 활용된다.

⑤ **무기질** : 생커피의 무기질 함량은 4% 내외로 대부분 수용성이며 무기질 종류가 다양하다. 무기질 중 항진균작용이 있는 구리(Cu)가 생커피에 극미량 존재하는데, 아라비카종보다 로부스타종에 더 많이 있다. 로부스타종 커피에서 곰팡이 발생이 적은 이유도 바로 구리 때문이다.

생커피의 무기질 종류 및 함량	
무기질	함량(건조물 중 %)
칼륨(K)	1.68~2.0
마그네슘(Mg)	0.16~0.31
황(S)	0.13
칼슘(Ca)	0.07~0.035
인(P)	0.13~0.22

⑥ **비타민** : 일반 식품과 같이 생커피에도 비타민 B_1, 비타민 B_2, 니코틴산, 판토텐산, 비타민 B_{12}, 비타민 C, 엽산, 비타민 E 등과 같은 다양한 종류의 비타민이 존재한다. 비타민 종류와 특성에 따라 로스팅에 의한 열작용으로 파괴되는 정도는 다르다.

- 비타민 B_1, 비타민 C는 로스팅 과정에서 대부분 파괴된다.
- 니코틴산, 비타민 B_{12}, 엽산은 열에 의한 영향을 덜 받는다. 니코틴산 함량은 생커피보다 볶음커피에서 증가하는데, 그 이유는 로스팅에 의해 트리고넬린이 분해되어 니코틴산이 생성되기 때문이다.
- 비타민 E 중에는 알파-토코페롤(α-tocopherol)과 베타-토코페롤(β-tocopherol)이 대부분이며, 로스팅으로 커피의 총토코페롤, 알파와 베타-토코페롤 양이 감소한다.

⑦ **산** : 커피의 신맛은 다양한 유기산에 의한 것이며, 커피 산도는 추출된 커피의 질과 오묘한 맛을 결정짓는 중요한 요인으로 작용한다. 특히 아세트산, 시트르산, 인산 등이 커피의 신맛

에 영향을 준다. 또한 로스팅에 의해 일부 산 함량이 증가하거나 감소하여 볶음커피 특유의 신맛이 나타난다.

- 생커피에는 클로로겐산 · 카페익산 · 시트르산 · 말산 · 퀸산 · 아세트산 등이 주를 이루고 젖산 · 푸마르산 · 포름산이 극미량 존재한다.
- 클로로겐산은 생커피에 가장 풍부한데 로스팅이 진행되면서 급격히 감소한다.
- 로스팅에 의해 증가하는 휘발성 산은 포름산(중볶음) · 아세트산(강볶음)이며, 비휘발성 산으로는 인산 · 젖산 · 퀸산 등이 있다.
- 로스팅에 의해 감소하는 산에는 비휘발성의 말산, 시트르산이 있다.

⑧ **휘발성 물질** : 휘발성 물질은 로스팅 과정에서 생성되는 향미와 색소 성분이다. 커피에 0.1% 정도로 함유되며 700여 종의 휘발성 물질이 있다. 로스팅에 의한 생커피 성분의 갈변반응(Browning Reaction)은 갈색 색소 중합체를 생성시켜 볶음커피의 다양한 색과 향을 만든다. 특히 멜라노이딘은 커피의 쓴맛을 내고, 황 성분(Mercaptane)의 증가는 커피를 장기간 보관할 때 나타나는 쾨쾨한 냄새의 원인이다.

커피의 갈변 반응

1.2 커피의 생리활성물질

생커피와 볶음커피에는 다양한 특성을 가진 화학 성분이 있으며, 커피에 용해된 성분의 작용과 효능에 따라 건강에 미치는 영향도 다르게 나타날 수 있다. 커피에는 인체 생리에 영향을 주어 건강과 직결될 수 있는 성분, 즉 생리활성물질(Bioactive Substances)이 있고 그 종류가 다양하며 국내외 학술지를 통하여 그 효능에 대한 연구가 보고되고 있다. 커피의 생리활성물질이 가진 효능에 대해 논란은 있으나 일부 연구자들은 커피를 기능성 식품(Functional Food) 또는 약용 식물(Medical Herb)로 제안한다. 여기에서는 건강에 영향을 미치는 커피 성분을 주요 생리활성물질로 간주하고 이들에 대한 생리적 작용과 기능을 살펴본다.

커피(아라비카종)에 함유된 생리활성물질의 종류	
아그마틴(Agmatine)	안토시아닌(Anthocyanin)
카페산(Caffeic Acid)	카페인(Caffeine)
카테킨(Catechin)	클로로겐산(Chlorogenic Acid)
크로뮴(Chromium)	다이터펜(Diterpene)
페룰산(Ferulic Acid)	플라보노이드(Flavonoid)
마그네슘(Magnesium)	니코틴산(Nicotinic Acid)
폴리페놀(Polyphenol)	피로갈산(Pyrogallic Acid)
퀴놀린산(Quinolinic Acid)	세로토닌(Serotonin)
수용성 섬유(Soluble Fiber)	스페르미딘(Spermidine)
탄닌산(Tannic Acid)	트리고넬린(Trigonelline)

1.2.1 카페인

커피의 쓴맛 성분인 카페인은 트리메틸 퓨린염기에 속하며 커피 알칼로이드 중 함량이 제일 높다. 커피의 카페인 함량은 추출 방법에 따라 다르며 커피 음용 시 카페인의 생리적 특이 반응도 개인에 따라 차이가 크다.

카페인은 생커피에 유해한 미생물과 세균 오염을 예방하는 항균효과가 있다.

다양한 커피와 기타 음료 · 식품의 카페인 함량			
음료, 기타 식품의 종류	추출 방법	카페인 함량(mg)	
		평균치	변동 범위[1]
추출 커피(8온스)[2]	필터 드립 추출	85	65~120
	디카페인 커피 추출	3	2~4
	에스프레소(1온스)	40	30~50

(계속)

음료, 기타 식품의 종류	추출 방법	카페인 함량(mg)	
		평균치	변동 범위[1]
차(8온스)	침출	40	20~90
	인스턴트	28	24~31
	냉침출(8온스 잔)	25	9~50
청량음료(8온스)		24	20~40
에너지 드링크		80	0~80
코코아 음료(8온스)		6	3~32
코코아 밀크 음료(8온스)		5	2~7
밀크 초콜릿(1온스)		6	1~15
다크 초콜릿(1온스)		20	5~35
초콜릿 시럽(1온스)		4	4

주 : 1) 카페인 함량의 편차는 커피, 차, 기타 재료의 종류, 추출법, 제조원, 커피와 차의 양 등을 고려하여 해석하여야 함.
2) 8온스 양은 일반 머그잔(350 mL) 2/3 정도의 용량

출처 USA & National Soft Drink Association, USA

- 유해 곰팡이를 번식시켜 식품 부패를 초래하는 특정 곰팡이균(Aspergillus 속, Penicillium 속)의 성장을 억제하는 항곰팡이 효과가 있다.
- 곰팡이 독(Mycotoxin)의 일종인 아플라톡신(Aflatoxin), 오크라톡신A(Ochratoxin A) 등의 생성을 예방하는 항박테리아 효과가 있다.

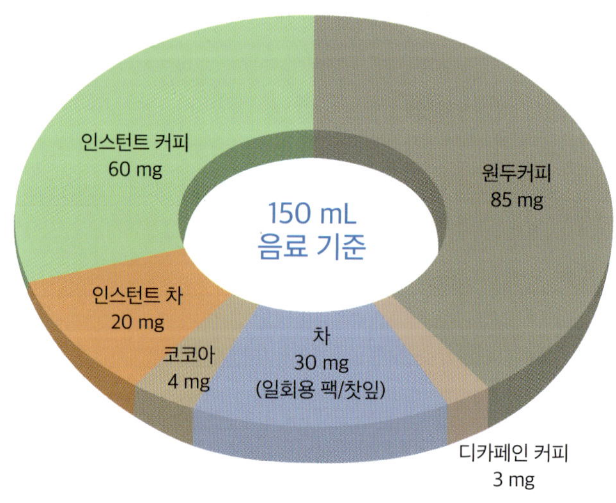

커피 한 잔의 카페인 함량 비교

출처 Food & Chem. Toxicol. 34, 119, 1996

- 동물 실험에서 자외선 노출에 의한 암 유발을 억제하는 효능이 있다.
- 생리적 효능으로 한시적 활력을 제공하며, 이뇨 효과 등이 있다.
- 여성의 경우 임신기 태아와 수유기 영유아의 건강관리를 위해 200 mg/day(커피 2잔 정도) 이하로 카페인 섭취를 줄일 것이 권장된다.

1.2.2 클로로겐산과 카페익산

① **클로로겐산** : 커피에는 다양한 퀸산 유도물질이 있는데 그중 클로로겐산이 특징적인 작용과 효능을 가진 가장 중요한 성분이다. 생커피의 클로로겐산 함량은 아라비카종 3.8~7.0%, 로부스타종 5.7~8.6% 정도이다. 그러나 볶음이 강하게 진행됨에 따라 클로로겐산 함량이 현저히 줄고 강볶음의 볶음커피에는 2~3% 정도만 남는다. 페놀성 물질인 클로로겐산은 유해한 활성산소와 기타 유리 라디칼을 제거하는 항산화 기능을 나타낸다. 또한 활성산소 중 치명적인 산화적 스트레스를 초래하는 수산화 라디칼(Hydroxy Radical)을 제거하는 능력이 탁월하다. 인체 생리와 관련해 클로로겐산은 흡수율과 대사율이 높기 때문에 적정량의 커피는 산화적 스트레스를 경감시키는 데 도움이 될 수 있다.

② **카페익산** : 커피 열매에서 카페익산은 퀴닌산과 에스테르화된 형태로 존재하며, 커피의 대표 산으로 알려진 클로로겐산의 유도체를 생성한다. 카페익산은 유해한 활성산소 라디칼을 제거하여 세포막 산화를 예방하는 페놀성 물질로 알려져 있다. 특히 활성산소 중 반응성이 강한 과산화수소에 대한 소거능력이 뛰어나므로 산화적 손상을 예방할 수 있는 항산화 효능이 높다고 할 수 있다. 불포화지방산의 과산화 억제기능도 있으며 BHA · BHT · 알파-토코페롤 등의 항산화제와 비슷한 정도의 효능을 보인다.

③ **카월 · 카페스톨** : 커피의 지방 성분인 카월(Kahweol)과 카페스톨(Cafestol)은 20개 탄소를 가진 탄화수소 구조로 이루어진 다이터펜(Diterpene) 그룹에 속한다. 이들은 커피에서만 볼 수 있는 지방류로서, 일반 식품의 지방과 달리 생리활성물질로 작용한다. 세포 성분에 대한 반응성이 강하여 산화적 손상을 유발하는 활성산소 생성을 억제하고 산화적 스트레스를 예방하는 것으로 알려져 있다.

또한 동물실험에서 커피의 카월 · 카페스톨이 독극물과 발암물질에 대한 보호작용이 있는 것으로 보고되었다. 독극물 노출 시 이들 커피 지방은 독극물 활성화 효소의 작용을 억제하고 항독성 효능을 발휘하여 간세포를 보호한다. 발암물질에 대한 생커피의 항암 효능의 일부분도 이들 성분에 의한 것으로 보인다.

커피의 지방 조성에서 카월 · 카페스톨의 함량*은 극미량이지만 생리활성물질로서의 비중은 크다. 즉, 유해한 활성산소와 유리 라디칼이 생성되는 것을 억제함으로써 산화적 스트레스를 경감시키는 항산화 작용을 하며 독극물과 발암물질에 대해 해독작용과 유사한 기능을 보인다.

*** 추출 방법에 따른 커피의 카월 · 카페스톨 함량의 차이**

추출법		카월(mg/100 mL)	카페스톨(mg/100 mL)
프렌치프레스		0.1~7.1	0.3~6.7
터키식		1.7~5.3	1.5~3.7
에스프레소		0.1~2.6	0.1~1.9
종이 여과		0~0.1	0~0.1

④ **니코틴산** : 니코틴산(Nicotinic Acid)은 나이아신 또는 비타민 B_3로 불리는 수용성 비타민으로 생커피에 미량 존재한다. 생커피 로스팅 과정에서도 니코틴산이 생성되는데, 생커피에 1% 정도 포함된 트리고넬린의 열분해에 의해 니코틴산이 합성되며, 이때 다른 물질도 함께 합성된다.

로스팅 정도에 따라 볶음커피의 나이아신 함량이 다른데 약하게 볶은 볶음커피에는 10 mg/100 g, 강하게 볶은 볶음커피에는 40 mg/100 g 정도이다. 강하게 로스팅하는 이탈리안 커피의 나이아신 함량이 더 높으며, 커피를 마실 때 볶음커피에 있는 나이아신 총량의

85% 정도가 섭취되는 것으로 알려져 있다. 나이아신은 체내 대사작용에 필수적으로 요구되는 조효소를 합성하여 대사를 원활하게 하며, 기억력 증진 및 고콜레스테롤 치료에도 이용된다.

⑤ **멜라노이딘** : 로스팅 과정의 높은 열에 의해 생커피의 당류와 아미노산의 마이야르 반응에 의해 생성된 고분자 물질이 멜라노이딘(Melanoidin)이다. 멜라노이딘은 인체에 유해한 활성산소를 제거하는 항산화와 항암 효능이 보고되고 있다. 커피 추출물을 이용한 동물 실험에서 일부 멜라노이딘 물질이 지질 과산화를 억제시키는 효과를 보였다. 또한 세포막 성분 중 산화적 손상이 쉽게 일어나는 불포화지방산을 보호하고 지질 과산화의 연속고리를 차단할 수 있다.

1.3 커피 한 잔의 다양한 효능

기호식품으로서의 커피는 적당량 섭취 시 생활에 활력을 주고 건강 증진에 도움을 줄 수 있다. 그러나 과다하게 마시는 커피는 건강에 나쁜 영향을 줄 수 있으므로 건강에 도움이 되는 커피 성분의 효능을 이해하여 커피의 맛과 향을 즐길 수 있는 계기가 마련되어야 할 것이다.

커피의 추출법과 특성에 따라 한 잔의 커피에 용해되는 성분의 조성과 농도가 다를 수 있으므로 개인 건강에 미치는 영향도 다를 수 있다. 또한 개인에 따라 1회 마시는 커피의 양, 커피를 마셔 온 기간, 1일 마시는 잔 수 등에 대한 차이를 고려하면 커피의 효능이 개인마다 달리 적용되어야 한다.

1.3.1 항균 작용

예로부터 커피는 기관지 통증, 감기와 기타 질병의 민간요법에 많이 활용되어 왔다. 세균과 바이러스에 대한 커피의 방어 효능 연구 결과 커피 성분이 바이러스 감염에 의해 손상된 조직을 복구하고 박테리아에 대하여 항균 활성을 보였다. 커피 성분 중 하이드록시시남산(Hydroxycinnamic Acid) 유도체에 해당되는 카페익산, 클로로겐산, 퀴닌산 등은 항미생물 작용이 있으며 프로토카테킨산(Protocatechnic Acid)도 동일 효과가 보고되었다.

생커피의 로스팅 과정에서 생성된 화학 성분은 신체기관 점막에 세균이 부착되는 것을 예방하는 항점착성 성질(Antiadhesive Property)이 있으며, 특히 편도선 점막세포에 감염을 초래하는 스트렙토코커스 균(*Streptococcus mutans*)에 대하여 항균 작용을 보였다.

한 잔의 커피에는…

"노화 예방 및 세포 산화 방지에 좋은 항산화 성분이 가득"

(Coffe & cardiovascular disease: Pharmacol Res. 2007)

"오렌지 주스보다 더 많은 수용성 식이섬유질 함유"

(Dietary fiber in brewed coffee: J Agric Food Chem. 2007)

"입안이 건조할 때는 카푸치노 한 잔이면 OK"

원두 15 g 카푸치노를 5분 동안 마시면 타액 분비 촉진

(Cappucino coffee treatment of xerostomia: Gdansk Academy of Med. 2002)

"최대의 항산화 효과는 중간 정도 볶음의 커피가 최고"

(Effect of roasting on the antioxidant activity of coffee brews: J Agric Food Chem. 2002)

"장 건강에 유익한 유산균(비피도박테리아)의 활성화 촉진"

생커피의 실버스킨은 유산균 성장을 자극

(Characterization of a new potential functional ingredient: coffee silver skin: J Agric Food Chem. 2004)

커피 한 잔에 가득한 건강

자료 National Coffee Association, USA., INC

1.3.2 항산화 작용

지질 과산화 반응에 의해 생성되는 과산화물과 2차 생성물은 세포의 산화적 손상을 유발하고 과산화에 의한 병리현상을 초래한다. 지질 과산화와 산화적 세포 손상을 억제하는 항산화 물질의 섭취는 산화적 스트레스를 줄일 수 있는 좋은 방법이다. 이에 커피와 같은 식품으로부터 섭취되는 폴리페놀과 비타민 C, 비타민 E 등의 항산화 물질은 세포를 건강하게 지키는 중요한 역할을 한다.

미국 영양유전체학(Nutrigenomics) 심포지엄의 보고에 의하면, 커피로부터 섭취되는 항산화 성분이 1일 총섭취량의 31% 정도이다. 즉, 우리가 섭취하는 항산화 영양소 급원 중 커피 음료가 차지하는 비율이 높다고 할 수 있다. 커피에 함유된 항산화 물질로는 하이드록시

나믹산 계열(카페익산, 클로로겐산, 쿠마릭산, 페루릭산, 시나믹산), 플라보노이드, 폴리페놀 등이 있다.

① **클로로겐산은 활성산소 제거 효능으로 산화적 스트레스를 감소시킨다** : 커피에 풍부한 클로로겐산은 세포의 산화적 손상을 예방하는 항산화 효과가 탁월하다. 즉, 치명적인 산화적 스트레스를 초래하는 수산화 라디칼 등과 같은 강력한 활성산소를 제거함으로써 우리 몸의 산화적 손상을 예방한다. 특히 커피의 클로로겐산은 체내 흡수율과 대사율이 높으므로 세포에 대한 항산화 효능을 극대화할 수 있다. 클로로겐산에 존재하는 여러 이성체 중에는 카페오일퀴닉산(5-caffeoylquinic acid)이 강력한 항산화력이 있는 것으로 알려져 있다. 이처럼 유해산소 제거 효능이 담긴 적당량의 볶음커피 한 잔은 산화적 스트레스 경감에 간접적인 도움을 줄 수 있다.

② **카페산은 불포화지방산의 과산화 현상을 억제한다** : 하이드록시시남산 유도체인 카페익산은 페놀성 수소를 지질 과산화 라디칼(Lipid Peroxyl Radical)에 전달하여 지질 과산화 현상의 연속 흐름을 총체적으로 막는다. 카페익산의 항산화 능력은 인공 항산화제(BHA, BHT 등)와 천연 항산화제 중 알파-토코페롤보다 우수하고, 자유 라디칼 제거능력도 강력하다. 특히 산화력이 강한 활성산소인 과산화수소를 제거하는 특이성이 있으므로 세포의 치명적인 산화적 손상을 예방하는 효과가 크다고 할 수 있다. 즉, 카페익산의 특징적 효능은 지질 과산화의 표적이 되는 세포막의 불포화지방산을 보호하여 세포막의 정상적 구조와 기능이 유지되도록 하는 것이다.

③ **로스팅으로 생성된 신생물질이 세포의 산화를 예방한다** : 커피의 화학 성분뿐만 아니라 로스팅 후 생성되는 각종 신생물질이 커피의 항산화 효능에 영향을 미치는 것으로 알려져 있다. 이와 같은 항산화 신생물질(Roasting-induced Antioxidants)은 주로 로스팅 초기에 합성되며, 커피의 항산화 효능에 기여한다. 그러나 생커피의 대표적 페놀성 물질인 클로로겐산은 로스팅 과정에서 거의 소실된다.

로스팅에 의한 마이야르 반응에서 생성되는 멜라노이딘 등의 고분자 물질도 지질 과산화에 대한 억제력과 항산화력이 우수한 것으로 나타났다. 한편, 생커피 로스팅 후 나타나는 볶음커피의 총체적 항산화력은 멜라노이딘 합성에 관여하는 아라비노갈락탄, 퀸산, 페놀성 물질, 단백질 등에 의한 복합 효능으로 보고되었다.

1.3.3 항암 작용

① **독성물질을 해독하고 암 유발 인자를 제거한다** : 커피의 특정 성분이 해독작용으로 암 유발 인자를 제거하고 암 예방 효능을 가지는 것으로 알려져 있다. 커피의 지방 성분으로 다이터펜계에 속하는 카월 · 카페스톨은 독성물질에서 발생되는 라디칼 생성을 억제할 뿐만 아니라 독성물질 자체를 해독하여 암 유발 인자를 제거한다. 커피의 독성물질 해독 작용은 신체기관 중 특히 간세포를 보호하여 간암 예방에 기여하는 것으로 보고된다.

카월 · 카페스톨에 의한 해독 과정은 다음과 같다. 독성물질을 활성화하는 효소 작용을 억제시키고, 간세포가 독성물질에 직접 노출되는 것을 차단한다. 또한 독성물질에 의해 생성될 수 있는 라디칼이 2차 발암물질로 작용하는 것을 억제하여 간세포의 손상을 예방한다.

다이터펜계 커피 지방의 이와 같은 효능이 다수 연구자들에 의해 인정받고 있지만 항암 효능 등의 건강기능성에 대해 많은 후속 연구가 필요하다.

② **항산화 작용으로 특정 암을 예방한다** : 커피의 카페익산 · 폴리페놀류 · 특정 휘발성 향기 성분 등과 같은 생리활성물질은 암 예방 효능을 나타낸다. 이들 성분은 항산화 작용을 통하여 부분적인 항암 효능을 나타내는 것으로 알려져 있다. 각종 암 중 특정 암에 대해 이 성분들의 효력이 나타나는데, 대체로 간암과 신장암의 발병률은 감소시키는 반면에 난소암과 췌장암에 대한 예방 효능은 없는 것으로 보인다.

③ **자외선 차단효과로 피부암을 예방한다** : 2007년 미국 러트거스대학의 앨런(Allan H.) 박사 연구 팀은 실험을 통해 커피와 차를 마시는 사람은 피부암에 노출될 확률이 낮으며, 특히 커피 카페인이 햇빛 차단제(Sunscreen) 효과를 보인다고 밝혔다. 이와 같은 커피 카페인의 피부암 예방 효능은 1일 3~5잔 커피를 마실 때 인체에 보유된 카페인 농도를 기준으로 한 것이다. 커피 카페인의 자외선 차단 효능이 피부암 발생을 억제하는데 자외선에 노출되는 피부 세포 손상을 방지하고 피부암 유발 인자가 생성되지 않도록 한다. 그러나 커피 카페인의 피부암 예방 효능에 대한 효과와 안전성은 임상연구가 더 필요하다.

④ **신체의 에너지 소비를 증대한다** : 신체에서 잉여분의 에너지는 체지방으로 저장되어 비만을 유발하는데, 적절한 커피 섭취는 부분적으로 신체 에너지 소비량을 늘리므로 정상적인 체중 유지*에 도움이 되는 것으로 알려져 있다. 커피 연구 보고서에 의하면 커피를 마실 때 외부 환경에 적응하기 위해 필요한 대사량을 증대시킬 수 있으며 지방 산화를 촉진시키는 효과도 나타난다.

이와 같은 커피의 효능은 육체적 활동에 대한 효율성을 높이므로 특히 운동선수들의 일시적인 체력 유지에 도움이 된다. 수영, 달리기, 사이클링과 같이 에너지 소비량이 많은 운동을 할 때 더욱 효과적이다. 이때 커피는 신체 에너지 활용도를 최대로 만들며, 운동으로 인한 근육 통증을 감소시키는 효과가 있다.

*** 다이어트에 좋은 커피**

주요 커피 품목(한 잔 기준)의 열량(단위 : Kcal)

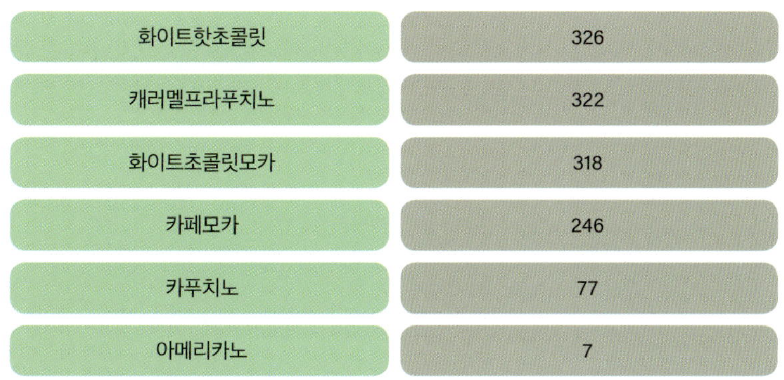

품목	열량
화이트핫초콜릿	326
캐러멜프라푸치노	322
화이트초콜릿모카	318
카페모카	246
카푸치노	77
아메리카노	7

1) 유명 커피 브랜드 제품 기준
2) 참고 : 밥 1공기 = 300 Kcal

인스턴트 커피 vs. 원두커피의 열량(단위 : Kcal)

품목	열량
캔 커피(200 mL)	82
커피(100 mL) + 설탕(5 g) + 크림(10 g)	42.5
커피(100 mL) + 설탕(5 g)	27
커피(100 mL) + 크림(10 g)	23.3
원두커피 한 잔	5

자료 승정자 외, 칼로리 핸드북(2005) 참조

⑤ **생리적 활력과 집중력 유지** : 영국 웨일즈대학 연구자들에 따르면 1일 1~2잔의 커피는 스테미나를 증대시키고, 신체 피로를 낮추어 작업 능률을 높인다고 한다. 특히 아침시간에 커피 한 잔은 경쾌한 생체리듬을 유지시키고 하루 일과를 즐겁게 한다. 또한 집중력과 사고력을 필요로 하는 두뇌 작업을 할 때 커피 한 잔은 일의 완성도를 높인다. 이와 같은 커피의 긍정적 효능은 오스트리아 인스브룩대학병원 연구 팀의 결과에서도 나타난다. 정상 남성들을 대상으로 한 커피효능실험에서 커피를 마실 때 주의력과 집중력이 향상되어 기억력을 단기간 유지시켜 주는 효과가 있음이 보고되었다. 커피의 여러 성분 중 특히 카페인의 효과가 비중 있게 작용한 것으로 보인다.

긴장된 상태에서 시험을 치를 때 커피 한 잔을 마신다면 한시적이지만 사고력과 집중력을 높여 좋은 결과를 얻을 수도 있다.

1.4 커피의 건강증진기능

커피의 성분과 로스팅 작용에 의해 생성된 볶음커피의 새로운 성분이 다양한 추출법을 거치면서 한 잔의 커피에 용해된다. 적당량의 커피를 마시면 생리활성물질의 섭취에 의해 건강에 도움이 되며 질병 예방효과도 볼 수 있다.

커피가 우리의 건강에 미치는 영향과 효능에 관한 연구는 부정적인 연구 결과도 있지만 커피가 기호음료로 자리매김한 현시점에서 적절하게 마시는 커피가 건강에 어떤 유익함을 주는지 알아보자.

1.4.1 건강한 혈관 유지

혈관계 질환은 신체 노화와 식이, 운동 등의 환경적 요인에 의해 발생하는 만성 퇴행성 질환의 일종이다. 특히 혈관에 축적된 저밀도 지단백질(LDL)의 산화는 혈관계 질환의 임상적 증세를 악화시킬 수 있는 요인이 된다. 커피와 건강에 대한 여러 연구는 적절한 커피 섭취가 혈관을 건강하게 유지하는 것으로 보고하고 있다.

① **저밀도 지단백질(LDL)의 산화를 억제하여 혈관계 건강을 지킨다** : 우리가 즐겨 마시는 차, 커피, 코코아 등의 기호음료 가운데 저밀도 지단백질의 산화에 대해 가장 강한 것은 어느 것일까? 네슬레 연구센터(Nestle Research Center, 스위스 로잔)의 조사에 의하면 음료 한 컵 기준으로 커피가 저밀도 지단백질의 산화에 대해 가장 강한 억제효과를 보였으며 이는 커피

의 뛰어난 항산화 능력 때문이다.

커피 성분 중 클로로겐산, 카페익산 등의 페놀성 물질과 기타 관련 성분이 저밀도 지단백질을 산화로부터 보호하는 항산화 효능을 보이며, 건강한 혈관 유지에 영향을 주는 것에 대한 연구 결과도 많다. 또한 하루에 마시는 적당량의 커피 음용으로 혈청 저밀도 지단백질의 산화를 충분히 예방할 수 있다고 하며, 이와 같은 커피의 혈관 건강 효능은 동맥경화 증세와 심장질환 발병률을 낮춘다.

② **혈중 과산화물에 의한 혈관의 산화적 손상을 억제한다** : 혈관 내부에 축적된 과산화물은 혈관 조직의 산화를 유도하여 혈관계 질환을 악화시키고 관련 합병증을 유발한다. 적절하게 마시는 커피가 혈관 내강에 지질 과산화물이 축적되는 것을 막고, 혈관 조직의 산화를 예방하여 혈관 건강을 돕는다.

커피의 이러한 효능은 널리 알려진 커피의 페놀 물질뿐만 아니라 디클로로메탄 추출물에서 얻어지는 커피 성분인 퓨란, 피롤, 말톨 등에 기인한다. 이들 성분은 지질 과산화의 지표이며, 대표 과산화물로 알려진 말론디알데하이드(Malondialdehyde) 생성을 저해한다.

혈관계 건강과 커피의 관련성 실험이 스코틀랜드 심장건강연구(Scottish Heart Health Study)에서 이루어졌는데, 커피를 전혀 마시지 않는 사람보다 하루에 1~2잔 이상의 커피를 마시면 특히 관상동맥질환의 발병 위험과 사망을 줄일 수 있었다. 연구에서 장기간 커피를 마셔 온 40~59세의 성인 남녀 11,000명을 대상으로 관상동맥질환으로 인한 사망률을 8년

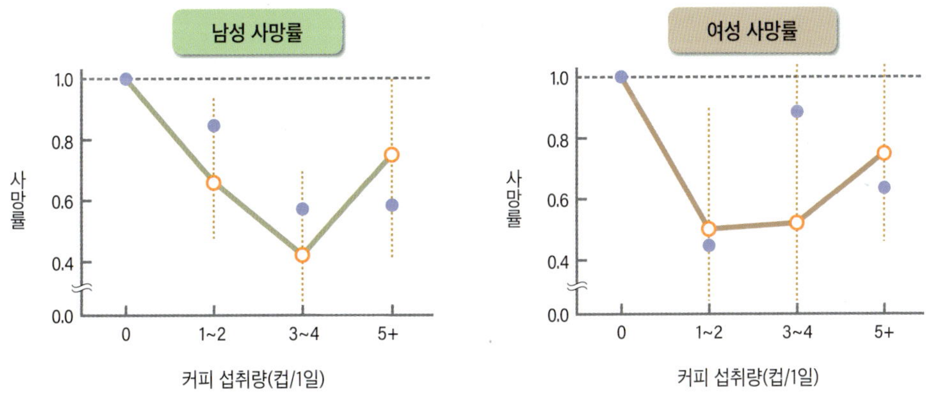

커피 섭취가 관상동맥질환의 발병 위험과 사망률에 미치는 영향

자료 Scottish Heart Health Study(1999)

간 추적하였다. 그 결과 1일 평균 3~4잔의 커피 음용이 관상동맥질환 예방에 도움이 되는 것으로 나타났다.

그러나 커피를 과다 음용한 경우에는 호모시스테인(Homocysteine) 증가를 초래하여 심혈관계 질환을 악화시킬 수 있으므로 적절한 커피 음용이 권장된다.

1.4.2 당뇨병의 대사성 장애 개선

최근 식생활의 서구화와 생활양식의 변화 등이 각종 성인병의 발병률을 높이는 데 기여하며, 특히 제2형 당뇨병은 국민 건강을 위협하는 만성질환이 되고 있다. 여러 원인에 의하여 당뇨병이 발생하지만 세포의 산화적 손상은 당뇨병을 악화시키고 당뇨 합병증을 유발한다. 커피의 일부 항산화 물질 또는 생리활성 성분이 산화적 손상을 유발하는 활성산소 제거 및 산화적 스트레스 억제작용을 하여 항당뇨 효과를 보인다.

① **적당량의 커피가 산화적 세포 손상으로 인한 당뇨병 증세를 억제한다** : 현대인의 기호음료인 커피에 항산화 효능을 보이는 폴리페놀 물질과 기타 생리활성 성분이 다량 용해되어 있으므로 적절히 마시는 커피는 산화적 세포 손상으로 악화되는 당뇨 합병증 관리에 도움이 될 수 있다.

세계에서 커피 소비가 가장 높은 핀란드인을 대상으로 한 실험과 하버드 의과대학에서 실시한 연구에서도 커피의 항당뇨 효과가 보고되었다. 각종 변수(연령, 교육, 육체적 활동, 흡연, 체질량지수 등)를 통제할 때 하루 2잔 정도의 커피가 당뇨병의 발병 위험을 낮춘다고 발표하였다.

② **커피의 클로로겐산 · 유사 성분 등이 당뇨병 대사장애를 개선한다** : 커피에 포함된 100여 종 이상의 화학 성분 가운데 특히 클로로겐산은 혈중 포도당 대사를 개선하는 생리활성물질로 작용한다. 식사 후 혈당 조절이 쉽지 않은 당뇨병 환자의 경우에 클로로겐산은 혈당을 서서히 상승시킴으로써 혈당 조절을 용이하게 하는 것으로 알려져 있다. 커피의 혈당 조절 효능은 고혈당으로 인한 각종 이상 대사와 이로 인해 발생하는 당뇨 합병증세가 악화되는 것을 막을 수 있다.

클로로겐산과 비슷한 생리활성을 가진 커피 성분들도 항당뇨 기능이 있는데, 고혈당, 포도당 대사의 이상 증상, 세포의 산화적 손상 등을 개선하는 효과가 있다.

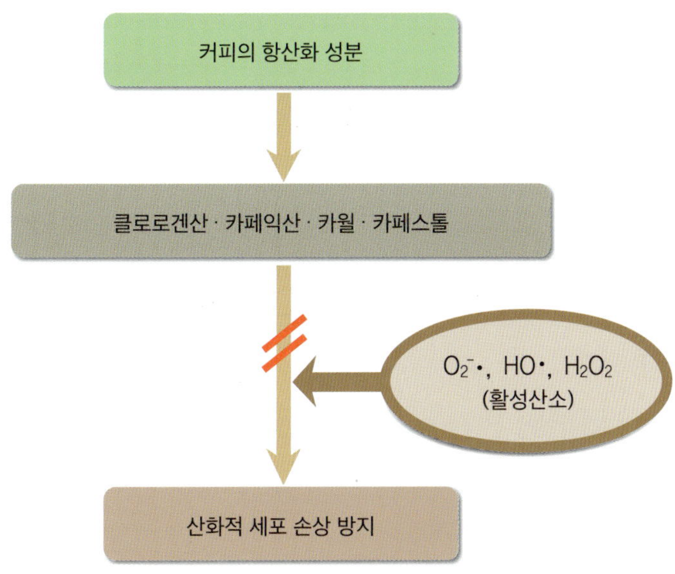

커피의 활성산소 제거와 산화적 세포 손상 보호작용

③ **커피의 건강 기능 일부는 항당뇨 특이성이 있는 커피 성분의 복합효능이다** : 생커피의 항산화 성분인 클로로겐산, 카페익산, 니코틴산 등이 일부 당뇨 대사성 이상 현상을 억제하고 볶음커피에서 생리활성이 인정된 일부 휘발성 물질과 신생물질도 함께 작용하여 커피에 항당뇨 기능을 부여하는 것으로 추정된다.

1.4.3 산화적 세포 손상의 억제

인체 대사에 산소는 반드시 필요하지만 산소 이용 과정에서 발생하는 활성산소와 관련 유리기 등은 세포 성분의 구조와 기능에 손상을 주고 산화적 스트레스를 가중시켜 퇴행성 병리현상의 원인이 되기도 한다. 인체 내 항산화 효소가 이러한 산화적 손상을 방어하며, 일반 식품뿐만 아니라 커피 성분에도 활성산소 생성을 억제하고 산화적 스트레스를 낮추는 기능이 있다.

① 커피 성분이 산화적 손상을 일으키는 활성산소를 선택적으로 제거한다

- 활성산소 중 강력한 산화제로 작용하는 과산화수소는 세포막의 과산화를 초래하여 산화적 세포 손상을 촉진하고 DNA 손상도 초래한다. 커피 고유 지방이며, 항산화 물질인 카월 · 카페스톨은 과산화수소 생성을 최소화하여 이러한 산화적 손상을 억제하는 효능이 있다.

• 커피에 있는 폴리페놀 물질인 카페익산은 과산화수소뿐만 아니라 초과산화물(Superoxide)도 제거하는 능력이 있다. 특히 카페익산은 체내 대사과정에서 항산화력을 가진 물질로 변하여 유해 활성산소의 소거 능력을 갖는다.

• 화학 반응성이 큰 수산화 라디칼은 인체 손상 조직에서 많이 볼 수 있다. 커피의 클로로겐산은 수산화 라디칼의 활성을 억제시키고, 연쇄적인 유리 라디칼 생성을 차단하여 세포의 산화적 손상이 악화되는 것을 막는다.

1.4.4 노화 억제

장수시대가 도래하면서 신체 나이를 줄이고 건강 수명을 늘리기 위한 관심이 증가하고 있다. 이에 우리 몸 세포의 노화현상(Aging Process)을 지연시켜 주는 건강기능성 식품과 항노화 활성이 부여된 제품이 넘쳐나고 있다.

현대인의 기호음료인 커피를 적절히 마시면 노화 억제에 도움이 되는 것으로 알려져 있는데 다음에서는 생리적 노화에 대한 커피의 작용에 대하여 설명한다.

① 커피의 페놀성 · 비페놀성 일부 성분에 의한 세포막 보호기능이 항노화*를 돕는다

• 노화 진행의 원인에는 여러 가지가 있으나 반응성이 큰 활성산소와 유리기 등에 의한 세포의 산화적 손상을 노화의 주원인으로 보고 있다. 특히 세포막에서 발생하는 지질 과산화 현상과 세포 구성 물질의 손상은 노화를 촉진하여 노화 색소(Aging Pigment)를 축적시킨다.

• 지질 과산화물 중 일부는 세포 단백질을 손상하여 노화 가속화 물질(Lipofuscin-like Substances)을 생성하고 DNA 손상을 통하여 세포를 노화시킨다.

• 커피의 페놀성 · 비페놀성 일부 물질이 유해한 활성산소와 유리 라디칼의 생성을 억제하는 것으로 알려져 있다. 이와 같은 효능은 커피 성분의 항산화 작용과 관련이 있으며, 세포막의 구조적 손상과 과산화 현상 등을 차단하여 항노화(Antiaging)에 기여한다.

• 커피의 항노화성 페놀 물질로는 카페익산과 그 대사물, 클로로겐산과 이성체가 있으며, 비페놀 물질에는 트리고넬린, 니코틴산, 카페인 등이 있다.

* 커피 열매 추출물을 이용한 항노화 제품의 생산

- 외부 환경의 스트레스로부터 커피 씨앗을 보호하기 위해 커피 열매는 '항산화 물질'을 스스로 생산한다.
- 커피 열매 추출물이 세포 손상을 일으키는 유리 라디칼 생성과 노화 색소 축적을 억제하고, 노화 세포를 복구시키는 것으로 소개되고 있다.

항노화 크림

항노화 앰플

항산화제 분말팩

커피 열매 추출물을 이용한 항노화 · 항산화제 제품

1.4.5 중추신경계의 퇴행 예방

신체 노화는 노인성 질환의 발병요인으로 작용하는데 중추신경계 퇴행과 신경전달물질 결핍 등에 의한 파킨슨병(Parkinson's Disease)은 장수시대를 사는 현대인이 특히 우려하는 질병 중 하나이다. 최근 연구 자료에서 적절한 커피 섭취가 파킨슨병 발병 위험을 감소시킨다고 밝혀져 커피 애호가들에게 많은 관심을 불러일으키고 있다.

① **1일 적당량의 커피가 파킨슨병을 억제시킨다** : 1일 적당량의 커피를 규칙적으로 마시는 사람은 파킨슨병에 대한 유병률이 낮은 것으로 나타난다. 싱가포르대학병원 신경과에서 하루 3컵의 커피를 10년간 마셔 온 중국인들을 조사했는데, 이들은 커피를 마시지 않는 경우보다 파킨슨병에 걸릴 확률이 낮았다. 커피를 과하지 않게 적당량 마시면 파킨슨병을 유의성 있게 예방할 수 있음을 보여 주는 결과이다.

미국 거주 일본인 남성(45~68세) 집단을 대상으로 파킨슨병에 대한 커피의 영향을 조사했는데, 연령 변수를 통제할 때 1일 적당량의 커피 섭취가 파킨슨병 유병률을 감소시키는 것으로 나타났다. 커피 성분 중 나이아신 혹은 커피에 첨가되는 우유, 설탕 등은 파킨슨병의 발생 여부에 영향을 미치지 않는 것으로 보인다. 유전적 · 환경적 요소도 파킨슨병에 영향을 미치므로 커피의 효능 연구 시 이러한 문제도 고려해야 한다.

② **파킨슨병의 진행 정도에 커피가 긍정적으로 작용한다** : 미국 메이오 클리닉센터(Mayo Clinic Center)에서 커피를 마신 기간에 따른 파킨슨병의 진행 여부를 살펴보는 연구가 진행되었다. 커피를 지속적으로 마셔 온 파킨슨병 환자 200여 명을 대상으로 파킨슨병의 진행 정도를 알아보고, 결과에 영향을 줄 수 있는 환자의 변수 요인(교육, 흡연, 음주 등)은 통제하였다. 메이오 클리닉의 발표에 의하면 장기간 커피를 마셔 온 사람이 그렇지 않은 사람보다 파킨슨병의 진행 속도가 확연하게 느린 것으로 나타났다.

③ **커피 카페인이 퇴행성 중추신경계 질환(파킨슨병)의 예방 기능을 갖는다** : 적당량의 커피에서 섭취되는 카페인이 파킨슨병 등과 같은 중추신경계 퇴행성 질환에 대해 예방 효능을 나타낸다. 대뇌 신경전달물질의 결핍으로 파킨슨병은 근육경직, 운동장애 등을 유발하는데 흰쥐모델실험에서 커피 카페인은 신경성 독성 저하, 운동성 결함 개선 효능을 보인다. 또한 카페인 대사물의 일종인 파라잔틴(Paraxanthine)도 신경세포를 보호하여 파킨슨병을 감소시켰다.

미국 하버드대학의 아스체리오(Ascherio) 박사 연구 팀에 의하면, 카페인이 제거된 커피(Decaffeinated Coffee)보다 카페인이 있는 일반 커피를 마셔 온 정상인에서 파킨슨병 예방 효능이 탁월함을 알 수 있었다. 이 연구에서 퇴행성 만성질환(파킨슨병, 뇌출혈, 암 등)이 없는 남녀 13만 5,000여 명에 대해 카페인 섭취와 파킨슨병의 상관관계를 10년 이상 추적하였다. 개인의 생활양식과 식품 섭취 빈도 등을 조사하여 매 2~4년 주기로 재조사 및 분석하였으며, 연령과 흡연 등의 요인도 통제하였다. 하버드대학에서 실시한 커피 카페인과 파킨슨병 간 관련성 연구에서 커피와 기타 카페인 음료를 섭취한 남성과 1일 1~3컵 정도의 커피를 마신 여성에서 파킨슨병에 대한 유병률이 낮은 것으로 나타났다. 그러나 카페인 제거 커피의 경우는 이러한 효과를 보이지 않았다.

---

* 참고 : 위에서 살펴본 바와 같이 커피에는 인체의 생리활성에 관여하는 좋은 성분들이 많이 들어 있다. 그러나 과다섭취 시 발생할 수 있는 부작용들도 있으므로 개인의 건강을 고려하여 적정량을 마시는 것을 권장한다.

---

2) 커피와 서비스

커피를 서비스하는 바리스타의 기본은 바른 자세와 서비스 마인드이다. 고객에게 신뢰를 주기 위해서는 밝은 표정과 미소, 정직함, 신속함 등을 보여 주는 것이 중요하다.

2.1 바리스타의 기본 자세

여러 명의 바리스타가 근무하는 대형 커피전문점의 경우 각자가 맡은 부문의 업무를 성실하고 능률적으로 수행해 주어야 회사가 발전하는 동시에 종사원 개개인도 보람 있는 생활을 영위할 수 있다. 일에 대한 자부심을 가지고 고객에게 기쁨과 감동을 준다는 관점에서 업무를 수행할 필요가 있다. 고객에게 기쁨과 감동을 주기 위해서는 고객이 직접 표현하지 않는 마음까지도 읽어 내는 정성이 필요하다.

2.1.1 바리스타의 몸가짐

- 일에 대한 자부심과 책임감을 가져야 한다.
- 고객의 마음을 읽어 내는 정성으로 고객에게 기쁨과 감동을 준다.

① 머리

- 머리는 흐트러져 있지 않도록 항상 단정하게 손질한다.
- 앞머리는 흘러내리지 않도록 스프레이를 사용하여 깔끔하게 정리한다.
- 매일 머리를 감아 비듬이 떨어지지 않도록 청결을 유지한다.
- 자주 빗질을 하고 수시로 거울로 확인하여 단정한 머리 모양을 유지한다.
- 가급적이면 짙은 염색과 파마는 피한다.
- 긴 머리는 리본이나 머리망을 사용하여 단정히 올린다.
- 지나치게 유행을 따르는 헤어스타일은 피한다.
- 바리스타용 모자도 위생을 위하여 권장된다.

② 손과 손톱

- 손은 항상 청결하게 유지한다.
- 특별한 경우가 아니라면 매니큐어를 바르지 않는 것을 원칙으로 한다.
- 손톱은 되도록 짧게 깎고 단정하게 다듬는다.
- 손톱 밑에 이물질이나 때가 끼어 있지 않도록 한다.
- 특정 손가락의 손톱만 기르지 않도록 한다.

③ 구두와 양말

- 신발은 깨끗이 닦아 항상 청결함을 유지한다.
- 신발은 발에 부담을 주지 않는 것을 우선하여 단화를 선택한다.
- 신발은 장식이 요란한 디자인을 피하고 화려한 색보다는 검은색을 선택한다.
- 신발에 끈이 있다면 끈을 잘 묶고 낡은 신발은 되도록 착용하지 않는다.
- 구두나 신발을 구겨 신거나 질질 끌고 다니지 않도록 한다.
- 양말은 색상에 신경을 쓰고 바지나 구두의 색상과 같은 계열의 양말을 신는다.
- 목이 짧은 양말보다는 목이 길어서 바지 안으로 충분히 들어가도록 한다.
- 여성의 경우 스타킹은 커피색이나 살색 계통의 색상이 좋다.
- 스타킹이 흘러내리거나 올이 나가지 않도록 주의한다.

④ 유니폼

- 상의, 하의, 앞치마, 모자 등은 깨끗하게 관리하여 착용한다.
- 정해진 유니폼이 없으면 근무하기 편한 단정한 옷으로 입는다.
- 주 2회 이상 세탁하고 다림질하여 항상 깔끔하고 단정함을 유지한다.
- 단추가 떨어져 있거나 바느질이 터진 곳이 없는지 확인한다.
- 가능하면 진남색이나 검은색 계통의 바지를 입는다.
- 명찰은 자신의 얼굴이므로 왼쪽 가슴에 이름이 보이도록 항상 착용한다.
- 어깨에 비듬이나 머리카락이 묻어 있지 않아야 한다.
- 단추가 떨어져 있거나 바느질이 터진 곳이 없는지 확인한다.
- 상의가 하의 밖으로 빠져 나오지 않도록 한다.

⑤ 화장

- 되도록 화장을 하지 않는 것을 권장하지만 필요한 경우 너무 화려하지 않게 자연스러운 화장을 한다.
- 향이 강한 화장품이나 향수는 사용하지 않도록 한다.
- 입술과 눈화장은 짙은 색은 피하고 자연스러운 중간 톤의 색으로 엷게 화장한다.

⑥ 액세서리

- 기본적으로 귀걸이, 목걸이, 반지 등의 액세서리 착용은 금하지만 필요한 경우라면 화려한 것은 피하고 간결한 것으로 한다.
- 지나치게 고가의 시계나 장신구의 착용은 피한다.

2.1.2 대기 자세

① 서비스 전담인 경우에는 두 손을 모으고 허리를 편 자세로 손님들을 향해 서 있는다.

② 직원들끼리 큰 소리로 웃으며 잡담을 하지 않는다.

③ 얼굴을 만지거나 벽에 기대서 다리를 꼬고 서 있는 등의 부적절한 자세를 삼간다.

④ 수시로 정리정돈 및 먼저 제거 등 주변을 청결하게 한다.

⑤ 뒷짐을 지거나 주머니에 손을 넣고 서 있지 않는다.

⑥ 고객과의 필요 없는 장시간 대화는 피한다.

⑦ 고객을 손가락으로 가리키지 않는다.

2.2 인사 예절

인사는 예절의 기본으로 고객에게 진심으로 환영하는 마음의 표현이다. 그러므로 고객에게 감사하는 마음으로 예의 바르고 정중하게, 밝고 상냥하게 인사를 해야 한다. 인사는 형식에 얽매여서 하는 딱딱한 인사보다 서로의 따뜻한 마음을 주고받을 수 있는 정겨운 인사를 해야 한다. 그러므로 인사는 첫째, 마음에서 우러나와야 한다. 둘째, 상대방에 대한 존경심과 친절함을 가져야 한다. 셋째, 상대방이 느낄 수 있는 첫 번째 감동을 준다. 넷째, 즐거운 마음에서 밝은 표정으로 망설이지 않고 자연스럽게 한다. 다섯째, 인사는 상대방을 위하는 것이 아니라 나 자신을 위한 것이다.

2.3 전화 응대

전화는 얼굴 없는 만남이며 동시에 음성을 통한 만남이다. 그러므로 전화 응대를 할 때는 정성을 기울여 부드럽고 상냥한 목소리로 친절하게 받도록 해야 한다. 왜냐하면 전화를 거는 방법이나 받는 태도로 인하여 고객이나 상대방의 기분을 상하게 하는 경우가 많기 때문이다.

- 고객이 제기하는 불평사항에 대해서 변명을 하지 않는다.
- 고객은 항상 정당하다는 생각을 가진다.
- 본인 실수가 아니더라도 고객 앞에서 해당 직원의 잘잘못을 운운하지 않는다.
- 고객이 제기하는 불평사항에 대해 개인적인 감정을 드러내지 않는다.
- 항상 고객의 입장에서 동조하고 이해하는 자세를 갖는다.

2.3.1 불평 처리 요령 및 절차

고객으로부터 불평을 들으면 고객의 불편 내용을 경청하고 불평의 상황을 판단하여 즉시 조치를 취한다. 만약 불평의 정도가 심하여 본인이 처리하기 곤란하면 매니저나 책임자에게 보고하여 신속하게 처리하도록 한다. 불평한 고객이 매장을 떠날 때는 매장에 대해 좋은 인상을 가지고 떠날 수 있도록 하는 것이 매우 중요하다.

고객의 불평을 처리하는 절차는 다음과 같다.

① 고객으로부터 불평 청취

- 다른 고객에게 방해가 되지 않도록 불평 고객을 다른 장소로 이동시킨다.
- 고객의 입장에서 불평 내용을 주의 깊게 경청한다.
- 되도록이면 불평 내용을 기록한다.

② 고객의 입장에 동조

- 상대방을 동조해 가면서 긍정적으로 듣는다.
- 고객의 입장에서 나도 그럴 수 있다는 생각을 한다.
- 변명은 피한다.

③ 정중한 사과

- 고객의 불평 내용에 대해서 정중하게 사과한다.
- 항상 개인의 입장이 아닌 매장을 대표한다는 공적 입장에서 판단해야 한다.

④ 해결방안 제시

- 권한 범위 내에서 해결방안을 제시한다.
- 불평 상황에 대해서 합리적인 보상을 한다.

⑤ 불평사항 시정

- 고객이 제기한 불평사항을 신속하게 처리한다.
- 적극적인 자세로 임한다.
- 모든 일이 마무리된 후 불평한 고객에게 시정 내용을 다시 확인한다.

⑥ 처리 결과 보고 및 기록

- 고객이 불평한 사항에 대해서 만족도를 확인한다.
- 고객의 불평 내용 및 처리 결과를 윗사람에게 보고한다.
- 재발 방지를 위해서 고객 불평 내용을 기록한다.

참고문헌

국내문헌

김상은, 김종환, 이상원, 이문조(2013). 로스팅 정도에 따른 원두커피의 벤조피렌 함량 연구. 한국식품영양과학회지 42권 1호. 한국식품영양과학회.

스캇 라오 저, 최익창 역, 서필훈 감수(2016). 커피로스팅. 커피리브레.

승정자, 성미경, 이영근, 김생려, 최미경, 조혜경(2005). 우리가 즐겨먹는 음식 칼로리 핸드북. 교문사.

신혜경, 이정기(2022). 실전커피로스팅: 커피향미의 발현. BOOKK.

우스이 류이치로 저, 김수경 역(2022). 세계사를 바꾼 커피 이야기. 사람과나무사이.

이혜은, 정승은(2012). 아프리카 커피산업 동향. 세계농업 제145호. 한국농촌경제연구원.

정현우(2021). 에티오피아 커피의 디카페인 공정과 로스팅 정도에 따른 관능적 품질 특성. 경희대학교 대학원 조리외식경영학과 석사논문.

차상화(2022). 국산커피 그 꿈과 비전으로의 초대(대한민국 대표커피를 이용한 농촌 융복합 6차산업화), 2022. 12. 14. 자료

한국커피전문가협회(2011). 바리스타가 알고 싶은 커피학. 교문사.

한국커피협회(2010). 바리스타 2급 자격시험 예상문제집: 한국커피협회 인증. 커피투데이.

한국커피협회(2015). 로스트마스터. 커피투데이.

국외문헌

Andrea Illy, Rinaatonio Viani(2005). Espresso Coffee: The Science of Quality. Elsevier Academic Press.

Ascherio A., Zhang S.M., Hernan M.A., Kawach I., Colditz G.A., Speizer F.E., Willett W.C.(2001). Prospective study of caffeine consumption and risk of Parkinson's disease in men and women. Ann Neurol, 50(1), 56-63.

Barone, J.J., Roberts, H.R.(1996). Caffeine Consumption. Food and Chemical Toxicology, 34, 119-129.

Ernesto Illy(2002). One of life's simple pleasures is really quite complicated The complexity of Coffee. Scientific American, June 2002.

M.N. Clifford, K.C. Willson(1985). Coffee: Botany, Biochemistry and Production of Beans and Beverages. Croom Helms; AVI Pub. Co., London, Westport, Conn.

Woodward M., Tunstall-Pedoe H.(1999). Coffee and tea consumption in the Scottish Heart Health Study follow up: conflicting relations with coronary risk factors, coronary disease, and all cause mortality. J Epidemiol Community Health, 53, 481-487.

온라인 자료 및 웹사이트

http://apps.fas.usda.gov/psdonline/psdQuery.aspx

http://www.a.to/25Jw21O

http://www.bigtanews.co.kr/article/view/big202301110007

http://www.hani.co.kr/arti/international/arabafrica/217564

https://archive.starbucks.com/record

https://cafe.daum.net/coreacoffeeschool

https://commons.wikimedia.org/wiki/File:Coffee_Tree,_in_Olfert_Dapper_Wellcome_L0011012.jpg

https://en.wikipedia.org/wiki/Coffea_charrieriana

https://ko.wikipedia.org/

https://kr.pinterest.com/pin/397090892122095855

https://mjcoffeescience.tistory.com

https://news.nate.com/view/20231017n37780

https://sports.khan.co.kr/article/202006171331003

https://v.daum.net/v/20200206090654337

https://what-is-coffee.tistory.com/175

https://worldcoffeeresearch.org

https://www.americanbeverage.org

https://www.beanbros.co/pages/gesha-village-estate-ethiopia

https://www.bigtanews.co.kr/article/view/big202301110007

https://www.bing.com/videos/riverview/relatedvideo?q=%ED%83%9C%ED%99%98%EC%9E%90%EB%8F%99%ED%99%94%EC%82%B0%EC%97%85&mid=D47AC3E103DEFAC9EF3DD47AC3E103DEFAC9EF3D&ajaxhist=0

https://www.botanicaethiopia.com

https://www.bsca.com.br

https://www.coffeeenterprises.com/2011/05/roasted-coffee-degree-of-roast-color/

https://www.coffeeresearch.org/

https://www.coffeeshrub.com

https://www.cofleesciencelab.com.au/blog...oscope-iii

https://www.doichaangcoffee.com

https://www.dreamstime.com

https://www.facebook.com/coffeelibre

https://www.firescope.io/blog/structure-of-coffee-roaster

https://www.foodsafetykorea.go.kr/portal/fooddanger/testUnfitD om.do7menu_no=4409&menu..{jrp=MENU_NEW02

https://www.freepik.es/fotos-premium

https://www.insectimages.org/browse/detail.cfm?imgnum=5556067
https://www.kaucoffeemill.com/the-anatomy-of-a-coffee-bean
https://www.knoema.com/
https://www.leeknuttila.com/2017Io4/o2/how-long-does-green-stay-fresh
https://www.masteroast.co.uk/your-brand1.html
https://www.ncausa.org
https://www.newsian.co.kr
https://www.osen.co.kr/article/G1109524033
https://www.paradise-tour.net
https://www.peoplefoodandnature.org
https://www.perfectdailygrind.com
https://www.stibee.com/api/v1.0/emails/share/ojBBEDMyQU-jtVSr_m-LNLVyv7wh0rM
https://www.stronghold.coffee/?lang=ko
https://www.suancoffee.com
https://www.taehwan.co.kr
https://www.technology.org
https://www.usda.gov
https://www.vimeo.com/174769490
https://www.youtube.com/watch?v=fMMhrauSLOQ
https://www.youtube.com/watch?v=grFhHh7H7PM
https://www.youtube.com/watch?v=hjcWIFddu3Y
https://www.youtube/iEQty3bn3dk
https://youtube/slxvCuf-vzo
Microsoft Copilot: AI 도우미